dr. ulrich
strunz

das mental programm

dr. ulrich strunz

forever young

das mental programm

+++ neue strategien für mehr lebensfreude, kreativität und konzentration +++

+++ zwei-wochen-erfolgsplan für einen fitten kopf +++

+++ mit gehirntraining, entspannungstechniken, brainfood +++

HEYNE

10 Vorwort

12 das gehirn – nichts verblüfft mehr

14 **Wer wird Millionär?**
15 Die verblüffende Kraft der Gedanken
16 **Immer wenn er Pillen nahm**
18 **Mindness statt Chemie**
19 Die Sache mit dem schönen Geist
19 Was alles gehört zu Mindness?

22 **Komplizierter als eine Walnusshälfte**

23 Aufbau des Gehirns
24 Wo Wissen und Gefühle sitzen

26 Der Hirnscan liest Gedanken
27 So blicken Forscher ins Gehirn

28 **Nervenbotenstoffe – körpereigene Drogen**

29 Flüsterpost der Nervenzellen
31 Botenstoffe und die Stimmung
32 Botenstoffe und die Kreativität

34 **Wie sich das Gehirn entwickelt**

35 Jeden Tag ein neues Hirn
37 Das kranke Hirn ist hausgemacht

38 **Die Mär vom dummen alten Hirn**

39 Use it or loose it
39 Jungbrunnen fürs Gehirn
40 Ein alter Kopf funktioniert auch besser

42 **Anti-Aging für den Kopf**

42 Bewegung lässt Hirnzellen wachsen

43 Das beste Futter für die Intelligenz
45 Kleines Mentalprogramm
46 Legales Brain-Doping

50 **Die Grenzen der Gehirnforschung**

50 Ja, Ihr Gehirn ist besser als ein Computer
51 Die schöne neue Welt des Gehirns
52 Das große Rätsel Bewusstsein

54 **Intelligenz ist nicht allmächtig**

55 Kann man Intelligenz testen?
56 Test: Und wie gescheit sind Sie?
58 Warum der IQ-Test veraltet ist
59 Intelligenz ist erlernbar – lebenslang
60 Die acht Säulen der Intelligenz

64 **Kreativität – knacken Sie den Ideen-jackpot!**

64 Pommes sind kreativ
67 Entdecken Sie Kreativitätsblockaden
68 Vorsicht – hausgemachte Antikreativa
69 Intuition – vertrauen Sie der inneren Stimme
72 Interview mit Kreativitätsforscher Dr. Gottlieb Guntern: »Kreativität ist ein Fähigkeitsmosaik«

80 **81 intelligenzhäppchen**

a von Abschreiben bis Auswendig lernen

82 **Abschreiben** macht klug
83 **Acetylcholin** bringt das Gehirn in Schwung

84 **Alpha-Zustand** – der Geist der Erfinder
86 **Alzheimer** – die Seuche des Vergessens
90 **Aminosäuren** – Gehirndoping der erlaubten Art
94 **Angst** essen Seele auf
98 **Antioxidanzien** schützen vor Verblödung
101 **Auswendig lernen** schult den Geist

b von B-Vitamine bis Burnout

105 **B-Vitamine** gegen die Vergesslichkeit
107 Auch das **Bauchhirn** redet ein Wörtchen mit
108 **Beeren** schützen vor Demenz
109 In **Bildern** denken macht alles einfacher
110 **Biofeedback** – die Kraft der Gedanken
111 **Body-Mind-Medizin** – moderner Weg zur Heilung
113 20 x **Brainfood**
120 **Burnout** – Taubheit für Freude und Leid

d von Damasio bis Dolce Vita

122 Warum ich so gern **Damasio** lese
123 **Denksport** – im Laufschritt ins Nirvana
125 **Dick & Doof** – drücken Pfunde die Intelligenz?
126 **Divergentes Denken** – auch ein Weg zur Kreativität
128 **La Dolce Vita** – das süße Leben

e von emotionale Intelligenz bis Erinnerung

132 **Emotional intelligent** – das Leben diplomatisch meistern
135 Raus aus dem Tal der **Erinnerung**
136 **Interview** mit Gehirnforscher Prof. Konrad Beyreuther: »**Essen Sie sich klug!**«

f von Fisch bis Frühstück

142 Warum **Fisch** ins (Neuronen-)Netz gehen sollte
144 **Fitnesshäppchen** für Kopfmenschen
148 **Fleisch** ließ das Gehirn wachsen

inhalt

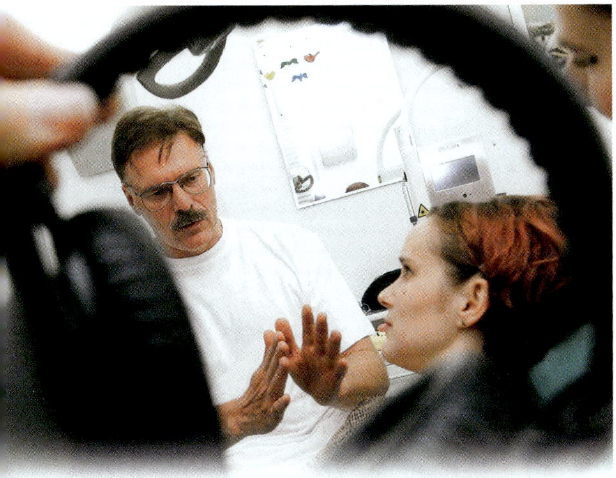

150 **Flow** – Superhirn im Glücksrausch
153 **Formel-1-Reflex** – A-u-s-a-t-m-e-n!
158 **Frauen** denken anders
161 **Frühstück** für den fitten Kopf

g von Gedächtnis bis Glück

162 **Interview** mit Gehirnakrobat Klaus Kolb: »Zum guten **Gedächtnis** gehören Technik, Fantasie – und Wasser«
166 Die **Gedächtnispille** gegen das Vergessen
168 **Gehirnmedizin** – fünf Gründe für Bewegung
171 **Gehirnschmalz** – Fett, das nicht dumm macht
173 Die **Gene**, der Charakter und das Leben
174 **Ginkgo** – grüner Schutz für graue Zellen
176 **Glaube** ist auch Medizin
178 **Glücklich** sind die geistig Reichen

h von Halluzination bis Hypnose

183 **Halluzinationen** & Co. – wie uns das Gehirn narrt
186 **Interview** mit Prof. Wolfgang Miltner: »Schmerzfrei unter **Hypnose**«

i & j von Illusionen bis Jonglieren

192 **Illusionen** – Hollywood in Ihrem Gehirn
198 **Intuition** – die Gabe der Genies
202 **Jonglieren** – das ideale Kopf-Ball-Training
204 **Interview** & kleiner Jonglierkurs mit dem Artisten Günter Frei: »**Jonglieren** schult den Geist«

k von Kaffee bis Kreativität

208 **Kaffee** – Droge der Dichter und Denker

210 **Kluge Kids** – löffelweise

212 **Kontemplation** – die Welt wie ein Kind sehen

214 **Konzentration** – Absage an das Multitasking

217 Die Fähigkeit der entspannten **Konzentration**

218 **Interview** mit der Psychologin Monika Matschnig: »**Körpersprache** sagt mehr als 1000 Worte«

222 In drei Schritten zu **Kreativität**

l von Lach-Yoga bis Lügen

226 Medizin für den Kopf und Körper – **Lach-Yoga**

228 **Interview** mit dem Humorexperten Dr. Michael Titze: »Lachen ist gut, **Humor** ist besser«

234 **Lächeln** verändert das Leben

236 **Legastehnie** oder Legasthenie?

238 **Lernen** – natürlich nur mit Lust!

241 **Lesen** kann jeder – von wegen!

243 **Licht** zündet das Glück an

245 Lieber echter **Linkshänder** als falscher Rechter

247 Die **Liste** im Kopf

249 Wie gut können Sie **lügen**?

m von Marathon bis Musik

251 Sie wollen etwas? Melden Sie sich beim **Marathon** an

252 **Meditation** und die Aktivität des Gehirns

254 Der **Mind Machine** – Massagestab für das Gehirn

255 Per **Murmeltechnik** in den Minutentiefschlaf

262 **Musik** – Brainfood de Luxe

n von Namen merken bis Neurobics

270 **Namen merken** – endlich höflich!

272 Die **Nase** mehr einsetzen

273 **Negative Gefühle** kann man umprogrammieren

274 **Neurobics** – bescheuert, aber effektiv

o, p, r wie Opium, Plazebo, Rauchen

276 Zum Glück gibt's **Opium**
279 **Plazeboeffekt** – das Medizinwunder
281 **Rauchen** macht konzentriert und dumm

s von Schlaf bis Synästhesie

283 Die Mütze voll **Schlaf** macht klug
284 **Schmerz** kann man brechen
286 **Schwermetalle** schaden dem Hirn schwer
289 **Sechster Sinn** – es gibt ihn
290 **Sprachen lernen** – so geht's leichter
293 **Stress weg** – Denkleistung hoch
296 Der **Switch** zum Glück
300 **Synästhesie** – wie Töne riechen

t wie Tagträume und Trance

301 **Tagträume** – die Schleusen zur Intuition
303 **Trance** – wunderbare Heilkraft

v wie Visualisieren

308 **Visualisieren** – jeden Wunsch erfüllen

z von Zahlen merken bis Zen

315 So können Sie sich **Zahlen** merken
317 **Zen** – danebenzielen und doch treffen
320 **Interview** mit Zenmeister Thich Nhat Hanh: »**Zen** – oder vom Wunder zu atmen«

326 **2-wochen-mental-programm**

328 1. bis 14. Tag
356 **Feine Extras:** Denkerdrinks & Snacks

359 Bücher zum Nachschlagen
360 Zeitschriften
361 Infos online
362 Register
366 Bildnachweis
367 Impressum

Vorwort

»Erschaffen Sie sich selbst neu!« Diese Botschaft hat das Leben von Millionen Menschen verändert. Die Fitnessbewegung hat gezeigt, wie man mit wenig Aufwand zu einem schlankeren, gesünderen und glücklicheren Körper kommt.

»Erschaffen Sie sich selbst neu!« gilt aber gleichermaßen für Ihren Geist, für Ihr Gehirn. Die phänomenalen Fortschritte der Neurophysiologie der letzten Jahre haben jüngst uralte Dogmen vom stetigen unabänderlichen Tod unserer Gehirnzellen (Nobelpreis 1928) widerlegt. Heute wissen wir: Sie haben ein plastisches, ein veränderliches Gehirn – formbar, genau wie Ihr Körper.

Dieses wunderbare, verblüffende Organ dort oben können Sie auf unglaublich einfache Weise beeinflussen. Ein Mensch, der sein Gehirn nicht nur besitzt, sondern auch benutzt, kann es umpolen von gelangweilt auf kreativ, von rational auf intuitiv, von depressiv auf fröhlich, von träge auf schlagfertig. Im Grunde ist das kein Geheimnis. Und es geht ganz einfach. Mit der richtigen Bewegung. Mit optimaler Entspannung. Mit bestimmten Nährstoffen auf dem Teller. Und ein paar cleveren Memotechniken. All das finden Sie,

Sie werden sehen, kurzweilig aufbereitet in diesem Buch.

Das Gehirn ist die interessanteste Thematik, mit der man sich zurzeit beschäftigen kann. Denn seit man mittels neuester bildgebender Verfahren in den Kopf gucken kann, hört man täglich Neues aus den Forscherlabors, über das faszinierendste Feuerwerk der Natur. Wie unsere 100 Milliarden Nervenzellen dort oben Ideen gebären, Gefühle erzeugen – und körpereigene Medizin. All dieses neue Wissen habe ich in diesem Buch zusammengetragen, beleuchtet, erklärt und ausprobiert. Sie können mir glauben: Es funktioniert wirklich. Die Wissenschaft hat Recht. Hat Recht, wenn sie wörtlich sagt: »Das Gehirn hat das Potenzial, den Alterungsprozess nicht nur aufzuhalten, sondern ihn sogar umzudrehen.«

Forever young, liebe Freunde, gilt nicht nur für Ihren Körper, forever young, das kann auch Ihr Gehirn werden …

Kleine Gebrauchsanleitung für dieses Buch

Im ersten Kapitel blicken Sie ein bisschen in den Kopf. Erfahren etwas über die Biologie Ihres wertvollsten Organs, wie es altert, wenn es altert, wie jung es Bewegung, Fisch und Freunde halten. Sie lesen über Intelligenz, Kreativität, über den neuen Trend namens Mindness und die Versuche der Pharmaindustrie, mit Pillen die körpereigenen Drogen namens Nervenbotenstoffe zu beeinflussen. Sie brauchen keine Pillen – mit diesem Buch können Sie sich all die Neurotransmitter für ein schärferes Gedächtnis, für mehr Kreativität, für ein glücklicheres Leben selbst machen.

Ab Seite 80 starten Sie mit 81 Intelligenzhäppchen. Diese sind wie das Gehirn verlinkt, zu jedem finden Sie unter »Superlinks« weitere Häppchen zu diesem Thema. Schnuppern Sie da mal rein – und übernehmen Sie kleine Tricks & Ideen in Ihren Alltag. Sie lernen, wie man sich endlich Namen merkt, warum Beeren das Gehirn schützen, wie Männer und Frauen anders denken, wie Sie visualisierend, kraft der Gedanken Wünsche wahr werden lassen. Wie Meditation heilt und glücklich macht und wie man emotional intelligent das Leben meistert. Brainfood, Denksport, Ginkgo, Glauben, Halluzinationen, Lach-Yoga, Legasthenie, Marathon, Neurobics, Trance und Zen sind nur einige von vielen spannenden Gehirngebieten, die dieses Buch beleuchtet.

Einen herzlichen Dank möchte ich an die acht hochkarätigen Experten aussprechen, die ihr Wissen in Form eines Interviews zur Verfügung stellten. Jonglieren Sie mit Günter Frei, lesen Sie Interessantes von Gottlieb Guntern über das »Fähigkeitenmosaik Kreativität«, lassen Sie sich von Prof. Wolfgang Miltner hypnotisieren. Erfahren Sie von Monika Matschnig viel über Körpersprache und Gehirn. Er-essen Sie sich einen klugen Kopf mit Prof. Konrad Beyreuther. Teilen Sie den Humor von Dr. Michael Titze. Und machen Sie einen kleinen Ausflug in die Welt des Zen mit Thich Nhat Hanh.

Im letzten Teil des Buches finden Sie ein Zwei-Wochen-Mentalprogramm. Mit dem können Sie starten, wenn Sie keine Lust haben, das Buch von vorne bis hinten durchzulesen. Dort finden Sie köstliche Brainfoodrezepte von der bekannten Kochbuchautorin Martina Kittler und für jeden Tag kleine Übungen aus diesem Buch, die Ihr Gehirn auf Trab bringen, Sie leistungsfähig, fröhlich, gesund und täglich jünger machen.

Ich wünsche Ihnen viel Spaß!
Herzlichst

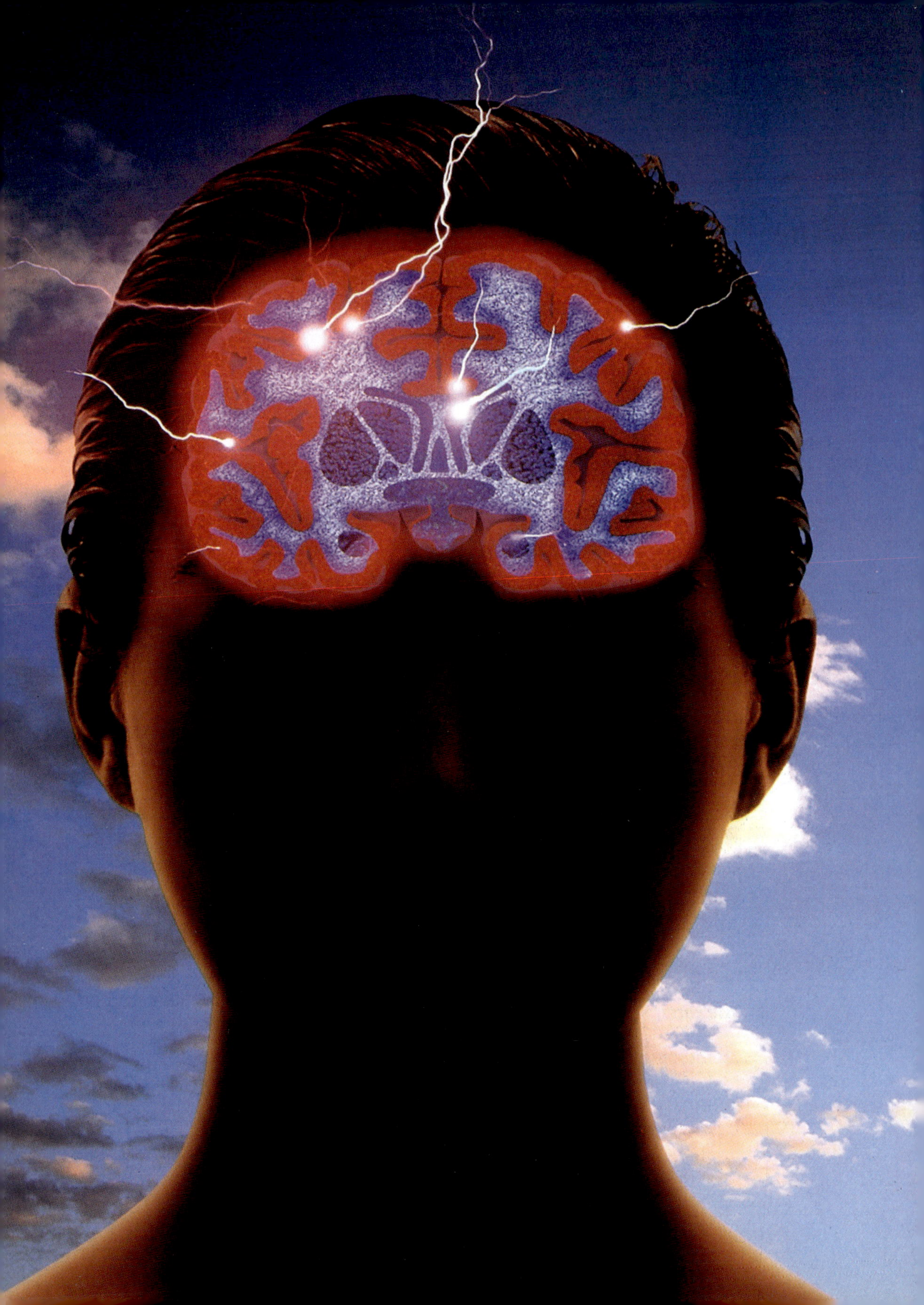

das Gehirn – nichts verblüfft mehr

- *Wer wird Millionär – der Intelligente oder der Kreative?*
- *Kann man kraft der Gedanken das Leben verlängern?*
- *Nimmt mit dem Altern die Hirnleistung ab?*
- *Kann man mit neuen Techniken Gedanken lesen?*
- *Wo sitzen die Gefühle?*
- *Wo das Bewusstsein?*
- *Gibt es wirklich wirksames Brainfood?*
- *Warum helfen die Beine dem Geist auf die Sprünge?*
- *Wird es den Menschen-Roboter geben?*
- *Warum denken Frauen anders als Männer?*
- *Kann man mit Pillen der Kreativität, dem Gedächtnis auf die Sprünge helfen?*
- *Warum ist der IQ-Test veraltet?*
- *Auf was fußt Intelligenz?*
- *Wie wird man kreativ?*

Fragen über Fragen. Auf viele hat die Hirnforschung heute schon eine Antwort. Doch so manches wird der Menschheit wohl immer ein Rätsel bleiben. In diesem Kapitel lesen Sie Spannendes über das größte Rätsel der Menschheit – über Ihr Gehirn.

Wer wird Millionär?

Wer wird Millionär? Kennen Sie. Das beliebteste Quiz des deutschen Fernsehens. Kann man mit Wissen Geld verdienen. Den Publikumsdarling Günther Jauch, der die Fragen stellt, kennen Sie auch. Wurde 2001 als »klügster Deutscher« gewählt. Vor Gerhard Schröder, vor Thomas Gottschalk – und ganz weit vor mir. Ich wurde nicht mal platziert. (Sie dürfen trotzdem weiterlesen … auch das lohnt sich.) Es gibt viele Menschen, die regelmäßig vor dem Fernseher sitzen und die Genies bewundern, die Antwort auf Millionenfragen wissen, wie zum Beispiel:

Wie hieß das Forschungsschiff von Charles Darwin?

a Dolphin
b Calypso
c Beagle
d Dove

Für was steht das D in D-Zug?

a direkt
b Drehstrom
c Durchgang
d Durchfahrt

Welchen dieser Vögel gibt es?

a Klunkerkranich
b Strasswachtel
c Opalsumpfhuhn
d Brillantschnepfe

Mensch, denken da die Menschen vor dem Fernseher, *sind die intelligent, das möchte ich auch sein.* Bitte – hier die Antworten: c), d), a).

Was haben Sie jetzt davon? Die Millionen sind schon weg. Und: Deutschlands führender Gehirnforscher Prof. Ernst Pöppel aus München nennt das, was die Genies da können *»explizites Wissen«.* Wissen, das man in Worte fassen kann. Und das sage *»über die geistigen Fähigkeiten nur sehr bedingt was aus«.*

Da gibt es Menschen, die können sogar Telefonbücher auswendig zitieren. Auch die kann man im Fernseher beobachten. Das Telefonbuchgenie weiß, dass Robert Müller, Seite 867, in der Prinzregentenstraße 34 wohnt und die Telefonnummer 34 54 32 hat. Nur: Das Telefonbuchgenie wohnt mit hoher Wahrscheinlichkeit noch bei Mama. Die ihm seine Socken anzieht. Mit 47.

Die verblüffende Kraft der Gedanken

Also man kann sein Gehirn auch auf andere Weise nutzen. Mehr als Schulwissen abrufen. Es zum Beispiel in Alpha- und Theta-Rhythmen versetzen. Es als Ofen einsetzen oder als Überlebenstaktik in einer Grube. Tibetische Mönche machen es sich mit dem Gehirn mollig warm. Sie können kraft der Gedanken sogar eine derartige Körperhitze entwickeln, dass nasse Tücher bei Minusgraden auf ihnen trocknen. Ein anderes Beispiel: Der indische Yogi Satyamurti blieb acht Tage lang verkabelt in einer mit Erde zugedeckten Grube. Forscher zeichneten mit einem EKG seine Herzschläge auf. Die sanken so weit runter, dass die Forscher sie gar nicht mehr registrieren konnten. Zwei Stunden nachdem Satyamurti aus der Grube kam, schlug sein Herz wieder normal. Der Yogi war übrigens 70. Sie fragen sich vielleicht: Und was hilft mir dieses Können außerhalb einer Grube im Alltag? Da ist das Telefonbuch im Kopf schon noch praktischer? Ich sage Ihnen: Das ist eine Sensation. Der Yogi verlängert sich kraft seiner Gedanken nämlich auch noch sein Leben. Stress kennt der nicht. Der lebt im hypometabolischen Zustand, verlangsamt seinen Stoffwechsel radikal, verbraucht kaum Energie. Verschwendet keine Lebensenergie. Kann abtauchen, wenn ihm gerade was stinkt. Sein Herz verlangsamen. Und die im Winterschlaf verbrachte Zeit hinten an sein Leben anhängen.

Wissen Sie was? Das kann ich auch – nicht so gut, aber auch ein bisschen. Ich mache mir sonntags beim Laufen im Nürnberger Winterwald Hawaii. Und bevor ich mich aufrege, bevor Stresshormone mein Herz zum Rasen bringen, senke ich meinen Puls. Sie können das künftig auch. Das lernen Sie nämlich mit diesem Buch. Heißt Murmeln. Eine wunderbare Technik, die einen vom Gehirnbesitzer zum Gehirnbenutzer macht. Die Anleitung finden Sie ab Seite 255. Gehirnbenutzer wollen Sie doch künftig auch sein, sonst würden Sie das hier jetzt nicht lesen … Oder wollen Sie lieber ne Pille schlucken – wie Rudi?

Know-how

Was Hänschen nicht lernt …

… lernt Hans nimmermehr? Unsinn. Haben unsere Gehirnforscher aber erst kürzlich eingesehen. Zugegeben, wenn Sie die Pubertät schon hinter sich haben, tun Sie sich ein klein bisschen schwerer. Aber auch das Gehirn lässt sich wie ein Muskel trainieren – ein Leben lang. Mehr dazu ab Seite 42.

Immer wenn er Pillen nahm

Wissen Sie, was Freud gesagt hat? Eines Tages könnte es gelingen, mit chemischen Stoffen die Energiemengen und deren Verteilungen im seelischen Apparat direkt zu beeinflussen. Ja, wie sähe das dann aus? Nehmen wir Rudi, 44. Er ist nicht krank. Trotzdem: In Rudis Pillenschächtelchen stecken viele bunte Pillen. Seit kurzem nur noch acht. Es waren mal neun. Als Ersatz für die neunte hat er jetzt ein winziges Neuroimplantat im Kopf. Besser als die blaue Pille vorher, da musste er zwei Stunden warten, bis sich unten was rührte – heute braucht er für seinen Orgasmus nur auf einen Knopf zu drücken. Macht ihn unabhängig von Else, die stinkt ihm eh in letzter Zeit. Nun zu Rudis Pillen:

Pille Nr. 1 verschafft ihm ein super Namensgedächtnis. Da beneiden ihn seine Kollegen an der Hotelrezeption. **Pille Nr. 2** macht ihm Schmetterlinge im Bauch. Das wunderbare Ich-bin-verliebt-Gefühl. Die nimmt er, seit es mit Else nicht mehr so gut läuft, häufiger.

Pille Nr. 3 verleiht ihm Flügel – hilft ihm tausendmal besser über die Nachtschichten als das rote Gummibärchengesöff.

Wenn er dann nicht einschlafen kann, schluckt er **Pille Nr. 4**.

Bevor er sich mit seinem Spanischvokabelheft hinsetzt, wirft er **Pille Nr. 5** ein. Er hofft, nicht mehr lange, weil er sich schon als Testperson für einen Gedächtnischip angemeldet hat.

Pille Nr. 6 nimmt er kurz vor dem Blind Date mit einer neuen Internetcafé-Bekanntschaft, sie hilft ihm gegen seine Schüchternheit.

Pille Nr. 7 schluckt er morgens, mittags und abends. Sie bremst seinen Appetit.

Und **Pille Nr. 8** muss er in letzter Zeit merkwürdigerweise immer häufiger nehmen – sie holt ihn aus dem immer tiefer werdenden Stimmungsloch.

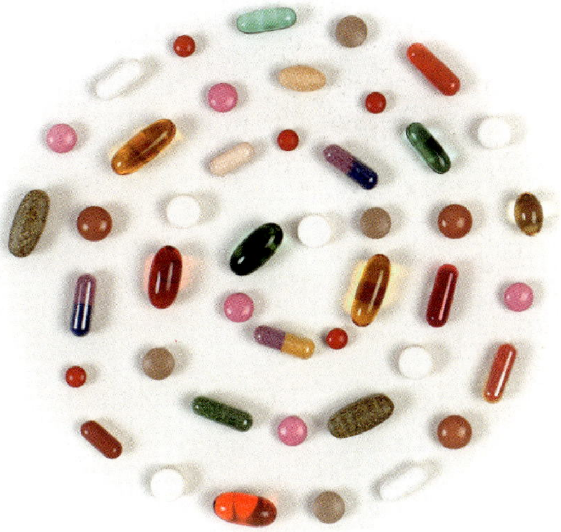

Für alles, worüber man sich Gedanken macht, ein Pillchen

Es sind doch nicht die Alzheimer-Kandidaten, die Menschen mit echten Depressionen, es sind die Rudis dieser Welt, die sich die Pharmafirmen wünschen. Die ganz einfache neurokognitive Funktionen mittels Pillen verbessern wollen: Stimmung, Gedächtnis, Libido, Appetit, Schlaf.

Gäbe es all die Pillen und würden sie alle schlucken, wie sähe die Welt dann aus? Wir hätten lauter Rudis. Menschen ohne Hochs und Tiefs, weder schüchtern noch schrullig, weder faul noch hyperaktiv, sprachbegabt, höchst produktiv – am Schreibtisch, im Bett, der Chip im Kopf kann das besser.

Nun – wir sind auf dem Weg dorthin. Ich nicht. Also ich mache mir meine Drogen lieber selbst. Ich weiß nämlich, dass ich keine Pille schlucken muss für inspirierende Gedanken. Übernimmt in meinem Körper Acetylcholin. Ich muss auch keine Gute-Laune-Pille schlucken, das machen meine Endorphine – ohne Nebenwirkung. Und auch Kreativität brauche ich nicht aus dem Pharmaschächtelchen. Mich beflügelt Dopamin. Vielleicht, wenn Sie dieses Buch gelesen haben, wünschen auch Sie sich keine Pille mehr – macht alles nämlich Ihr Hirn. Viel, viel besser … Und damit liegen Sie voll im Mindnesstrend.

Verblüffendes …

Der blinde Seher

Auf den ersten Blick vollkommen unglaublich: ein 52-jähriger blinder Brite, der in vollkommener Dunkelheit lebt. Trotzdem reagiert er auf Porträtfotos, die man ihm vors Gesicht hält. Er kann die Fotos zwar nicht sehen. Aber er kann mit 59-prozentiger Treffsicherheit die Gefühle der Gesichter erkennen. Wie ist das möglich? Zwei Herzinfarkte beschädigten das Sehzentrum in seinem Gehirn. Die Augen und der Sehnerv des Mannes blieben dagegen gesund. So vermuten Forscher, dass der Mann die aufgenommenen Signale statt im Sehzentrum in einem anderen Teil seines Gehirns verarbeitet.

Mindness statt Chemie

Kürzlich joggte ich durch den Englischen Garten in München, und beim Monopteros stand eine Gruppe Menschen im Kreis und klopfte sich mit beiden Händen auf die Schenkel und jodelte. Jedenfalls dachte ich das zunächst. Haben Sie schon mal zehn Menschen im Kreis lachen hören? Das tut man neuerdings in Lachclubs. Auf Lachreisen. Mit Hilfe von Lach-CDs. Oder beim Lach-Yoga.

Ja, was ist denn da los? Sie mögen schmunzeln, aber es verhält sich ganz einfach: Ein neuer, sehr intelligenter Trend greift um sich. Wellness kennen wir und haben wir. Wir wissen, dass der Körper fit sein muss – damit wir lange, gesund und glücklich leben. Nun ist Zeit für was Neues. Nach Körperkult, Kleidung und Kosmetik ist der Kopf dran. Heißt auf Neudeutsch Mindness. Wir sorgen für ein fittes Hirn, einen kreativen Kopf, einen schönen Geist, fröhlichere, bessere Gedanken. Und ob Sie es glauben oder nicht: Mindness löst den Wellnessboom tatsächlich ab. Weltweit. Im Trendletter stand kürzlich: *»Es entwickelt sich* *ein neuer Markt – jenseits von Esoterik. Optimistische Menschen, die sich als attraktiver Kopf darstellen, haben mehr Erfolg im Beruf, bei der Partnerwahl – und sind langfristig gesünder.«*

Sogar Luxusressorts in Südafrika bieten buchbare Mindness an. Aus der Hotelwerbung: *»Nicht nur der Körper, sondern auch der Geist wird auf Vordermann gebracht. Dort kann man Spiritualität erfahren und Frieden mit sich selbst schließen.«*

Die Sache mit dem schönen Geist

»Mens sana in corpore sano.« Einen schönen Geist in einem wohlgeformten und trainierten Körper wünscht sich der Mensch seit der Antike. Nur scheint das Wünschen irgendwie eingeschlafen zu sein. Doch der Trendforscher Mathias Horx küsst in seinem Zukunftsinstitut die Lust am Intellekt wieder wach: *»Körper und Seele können nicht ins Gleichgewicht kommen, wenn der Geist nicht ebenfalls seine Balance erringt. Mindness heißt: schöner und produktiver denken lernen.«*

Was steckt dahinter? Nachdem man das schöne Auto hatte, das Häuschen, die jährliche Urlaubsreise, brauchte der Mensch neue Sehnsüchte. Die versprach Wellness. Eine neue Form des Wohlstands. Die Erfüllung der Sehnsucht, uns selbst zu verwöhnen – nicht nur auf materieller, sondern auf körperlicher und spiritueller Ebene. Der Mensch schlürfte die Wellness-Maggi-Suppe, schloss mit Vitalziegeln den Elektrosmog aus, zauberte mit dem Wellness-Lavaprojektor Entspannungsbilder an die Wand, trug für 339 Euro Wellnesspflaster mit der »archaischen Kraft großer Bäume«. Und weil Wellness eher die Passivität, die Verwöhnsucht im Menschen ansprach, war das einigen nicht genug. Ein neuer Trend entstand: Selfness. Man möchte an sich selbst etwas verändern, sich nicht nur gut fühlen, sondern auch selbst etwas tun. Kompetenter handeln. Man vertraute sich ein Wochenende lang Motivationsgurus an, die versprachen: Nun ändert sich Ihr Leben. Doch so richtig änderte es sich nicht. Der Mensch grübelte nach, begab sich auf die Suche nach Neuem. Darum schließt sich an den Selfnesstrend nun, so Horx, ganz logisch Mindness an. *»Die mentalen Fragestellungen: Wie können wir in steigender Komplexität unsere kognitiven Fähigkeiten verbessern? Wie können wir ›balanciert‹ denken lernen? Die Welt verstehen lernen? Uns nicht mit falschen Gedanken verseuchen?«*

Was alles gehört zu Mindness?

»Große Schönheit in einem hässlichen Geist ist schrecklich … Man bekommt Aufmerksamkeit, aber man wird sie nie behalten …«, sagt Edward de Bono, angelsächsischer Philosoph, in seinem Bestseller »How to Have a Beautyful Mind«. Und wie kriegt man nun den schönen Geist?

Info

Mindness verlängert das Leben

Eine niederländische Studie des GGZ Delftland Psychiatric Centre, mit 1000 Personen im Alter von 65 bis 85 über zehn Jahre hinweg, belegt: Wer sich um seine Mindness kümmert, optimistisch ist, hat eine um 55 Prozent niedrigere Sterberate und ein um 23 Prozent geringeres Risiko, an Herzleiden zu erkranken.

- ***Verabschieden Sie sich von Klischees und Extremen.*** Die Welt ist nicht schwarzweiß. Sie ist bunt. Es gibt mehr als Erfolg und Versagen, hässlich und schön, ja und nein.

- ***Begrüßen Sie die positive Zukunft.*** Der Mensch tendiert dazu, die Vergangenheit durch eine rosarote Brille zu sehen. Und sich vor der Zukunft zu fürchten. Nach dem Motto: »Es kann ja nur schlechter werden.« Angst blockiert die Fantasie, die Lust, Zukünftiges als Herausforderung zu betrachten, die mit ein wenig Enthusiasmus bewältigt werden kann.

- ***Verabschieden Sie sich vom pessimistischen Denken.*** Pessimismus ist eine Grundkrankheit der modernen Welt. Wir sind Weltmeister im Kritisieren. Alles wird schlecht gemacht. Vor allem das, was kommt. Nennt Horx: Alarmismus. Wir neigen dazu, ständig Notstände und finale Krisen auszurufen. Wie kommt es? Horx: *»Mediensensationismus und die Herrschaft kulturpessimistischer Eliten haben gründliche Arbeit geleistet.«*

- ***Verlassen Sie die Opferhaltung.*** Jeder Mensch kann seine Lage selbstverantwortlich verändern. Wenn Sie einmal erkannt haben, dass nicht das Schicksal, sondern Sie einen Großteil Ihres Lebens selbst gestalten – dann öffnet sich leise eine Tür in Ihrem Inneren, und eine Kraft strömt heraus, die Sie auf Schwingen durchs Leben trägt.

- ***Fragen Sie nicht mehr: wie viel?*** Stellen Sie lieber Fragen nach dem Lebenssinn und der Le-

Verblüffendes ...

Vertrauen heißt fühlen

Kürzlich fanden Forscher des Universitätscollege in London heraus, dass Vertrauen nicht unbedingt Verstandessache ist, sondern auf Gefühlen basiert. Sie zeigten Probanden Bilder von verschiedenen Menschen und baten sie, die Menschen spontan nach ihrer Sympathie und Vertrauenswürdigkeit zu beurteilen. Gleichzeitig wurden die Hirnströme der Probanden gemessen. Ergebnis: Bei allen Teilnehmern der Studie war vor allem der so genannte Mandelkern (Amygdala) aktiv: der Teil des Gehirns, der normalerweise nur bei starken Emotionen in Aktion ist.

bensqualität. Weniger ist oft mehr. Dabei hilft auch die Philosophie.

◦ ***Lachen Sie viel – und lernen Sie noch mehr.*** Lachen und lebenslanges Lernen gehören zu einem beweglichen, glücklichen Geist.

◦ ***Und meiden Sie den Konjunktiv.*** Lesen Sie mal die Zeitung neu. Und achten Sie auf den Konjunktiv. Man könnte, man sollte. Überall sollten wir erkennen, müsste mal was geschehen, bei den Steuern, mit den Gewerkschaften, im Gesundheitssystem. Das ist deutsch. Mindness heißt auch: Einfach tun! Zum Beispiel die Beine bewegen.

◦ ***Gehen Sie, laufen Sie.*** Das verhilft zum schönen Körper und zum schönen Geist. Wie schon Sokrates, der alte griechische Philosoph, wusste. Im Schatten der griechischen Säulen, auf der Agora, auf dem Marktplatz von Athen, ging er ständig auf und ab. Er wusste, seine Gedanken fließen besser, wenn er geht. Deswegen war immer eine Schar Schüler um ihn herum, die zuhörten und dann alles aufschrieben. Er selbst schrieb kein Wort. Weil er gehen musste. Und die Schüler konnten sich alles gut merken, weil sie nicht in einem überfüllten luftleeren Hörsaal saßen, sondern ebenfalls gingen. Bewegung beflügelt den Geist.

◦ ***Beschäftigen Sie sich mit der Hirnforschung.*** Denn die Kraft Ihrer Gedanken, die innere Einstellung ist es, die Sie gesund und jung hält. Na, da sind Sie hier doch richtig … Werfen Sie doch gleich mal einen kleinen Blick unter die Schädeldecke.

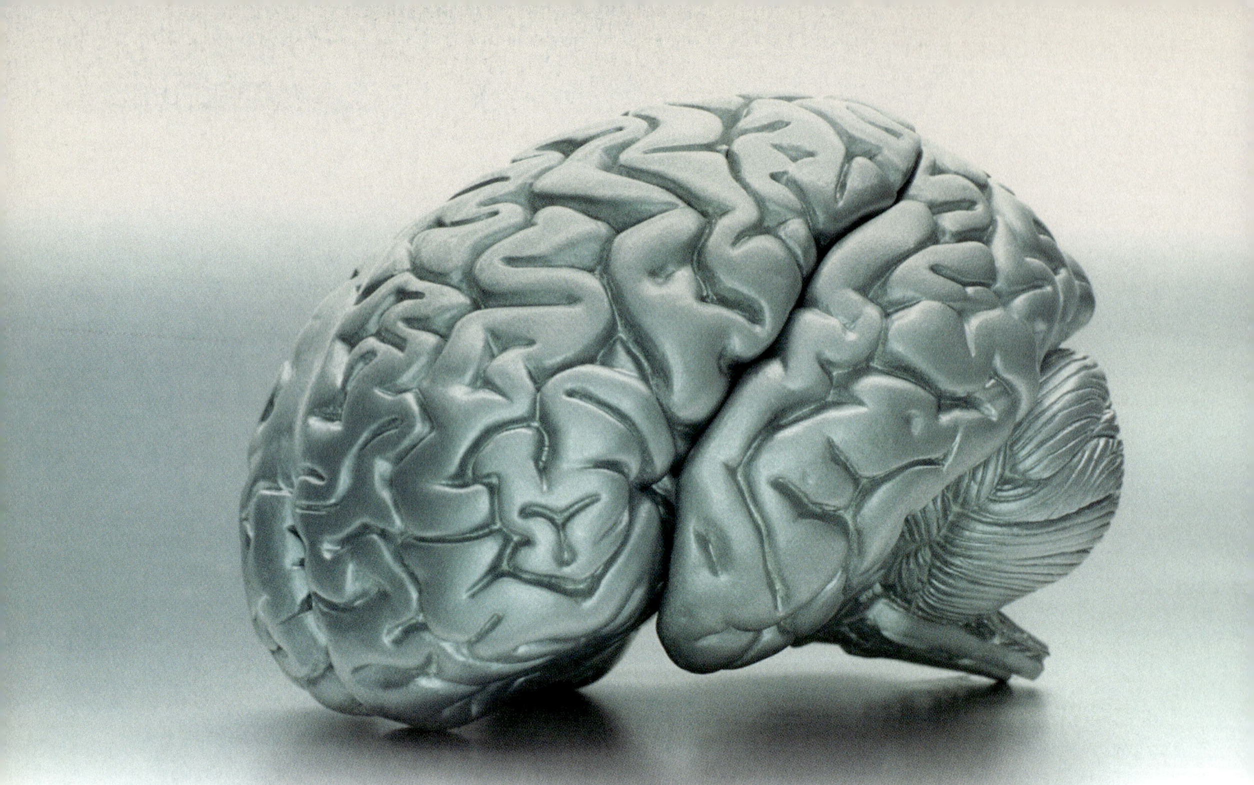

Komplizierter als eine Walnusshälfte

Sie haben so etwa 1495 Gramm im Kopf, ein paar mehr oder weniger, die sorgen dafür, dass Sie verstehen, dass Sie wahrnehmen – und dass Sie fühlen. Lachen. Weinen. Lieben. Ihr Gehirn ist nicht nur zum Denken da.

Als Frau haben Sie tatsächlich ein paar Gramm weniger im Kopf. Völlig egal – erstens, weil wenn man das Ganze mit dem Körpergewicht in Relation setzt, haben die Frauen das größere Gehirn. Außerdem nutzen auch die Herren der Schöpfung nur fünf Prozent ihrer Masse. Die Qualität macht's aus. Und da haben Frauen doch noch einen Vorteil. Den nennen die Forscher »Balken«, die Verbindung zwischen der rechten und linken Gehirnhälfte, und der ist bei der Frau dicker. Der Infoaustausch zwischen Verstand und Gefühl funktioniert besser.

Die Masse war es noch nie

Vergleicht man das Hirn heute mit dem primitiver Vorfahren, hat es sogar die dreifache Größe. Was nicht heißt, dass das Hirnwachstum im Lauf der Jahrtausende allein unsere heutige Intelligenz ausmacht, sagt Professor William Calvin von der Washington University in St. Louis im US-Bundesstaat Missouri. Zum Beispiel hat sich die Technik der Werkzeugherstellung gerade in den Phasen der größten Hirnentwicklung nicht verbessert. Und da hätte es dann ja schon wachsen müssen, wenn Intelligenz mit Masse korreliert. Schon vor 200 000 Jahren schlenderte der erste Homo sapiens über die Steppen Afrikas. Es dauerte allerdings noch 150 000 Jahre, bis der Mensch sich unterhalten, logisch denken und musizieren konnte. Und heute können wir kraft der Gedanken sogar einen Computer in Gang setzen (siehe Kasten.) Und den virtuellen Speicher erhöhen.

Die Kunst der virtuellen Speichererweiterung

Wie arbeitet eigentlich das Gehirn eines Rechengenies? Ganz einfach: mit Erhöhung der Speicherkapazität. Forscher legten den Rechenkünstler Rüdiger Gamm in einen Positronen-Emissionstomographen (PET), mit dem man die Aktivität im Gehirn beobachten kann. Sie verglichen sein Hirn mit dem von sechs Freiwilligen, die normal rechnen können. Gamm kann 46 hoch 9 ohne Zettel und Stift lösen. Das kann kein normales Gehirn. Muss man sich zu viele Zwischenschritte merken. Also die normalen Rechner benutzen ihr Arbeitsgedächtnis, das sich etwa sieben Einheiten gleichzeitig merken kann. Der Gehirnakrobat Gamm allerdings nutzte einen weiteren Bereich im Gehirn. Im Langzeitgedächtnis. Er schuf dort einen Platz für Zwischenschritte. So wie Sie im Computer den virtuellen Arbeitsspeicher erhöhen können.

Das Gehirn ist wunderbar plastisch. Genauso machen sich die Mozarts oder Schillers unter uns eine Speichererweiterung – nur nicht im mathematischen Teil des Gehirns, sondern im musikalischen Bereich oder im sprachlichen. Und wie machen Sie das? Einfach indem Sie Ihr Gehirn benutzen.

Aufbau des Gehirns

Sie haben seit Geburt 100 Milliarden Nervenzellen **(Neuronen)** im Kopf. Und die strecken jede ein Ärmchen **(Axon)** zu einer anderen Nervenzelle aus, über die Signale mit einer Geschwindigkeit von 360 km/h rasen. Die Partnerzelle kann in unmittelbarer Nachbarschaft im Gehirn liegen oder bis ins Rückenmark reichen. Und zwar dockt das Axon von einer Nervenzelle an Bäumchen an, den kurzen **Dendriten**, die aus der anderen Nervenzelle wachsen. Die Bäumchen nehmen die Signale in Empfang. Eine emsige Zelle hat bis zu 10 000 Dendriten. Und an jedem Bäumchen können bis zu 10 000 Synapsen andocken. So ist der ganze Körper vernetzt.

Die Informationen werden von Nervenzelle zu Nervenzelle in Form von **Nervenbotenstoffen** über **Synapsen** ausgetauscht. Die liegen wie eine sensible Fingerspitze am Ende der Ärmchen, verbinden also zwei Nervenzellen. Das Gehirn kann Synapsen bilden oder trennen. Das bedeutet: Sie

Know-how

Gedanken sind Energie

Tübinger Forscher implantierten vollständig gelähmten Menschen ein Modul namens BCI (Brain-Computer Interface) – ohne Muskel, nur mit Gedanken kommunizieren sie mit der Außenwelt. In der Uni Tübingen lernten 17 Patienten, mit ihren Gedanken elektrische oder magnetische Signale im Gehirn zu erzeugen. Und über das Modul unter der Kopfhaut weiter an den Computer zu leiten. Buchstaben oder Wörter zu schreiben. Also ich finde das sensationell. Gedanken sind Energie! Vielleicht hilft einem das doch ein wenig, an Telepathie zu glauben ...
Noch steht die Forschung am Anfang. Ein Wort dauert eine Minute und ist sehr, sehr anstrengend. Aber für Menschen mit amyotropher Lateralsklerose (ALS) ist das eine große Hoffnung. An dieser Krankheit leiden zum Beispiel der Maler Jörg Immendorf oder der Physiker Stephen Hawking.

lernen oder vergessen. In den ersten Lebensjahren hat der Mensch die einmalige Chance, 10^{15} Synapsen zu bilden. Und in diesem schier unendlichen, viel verzweigten Händeschütteln der Nervenzellen liegt das, was wir gemeinhin als Intelligenz und Individualität bezeichnen.

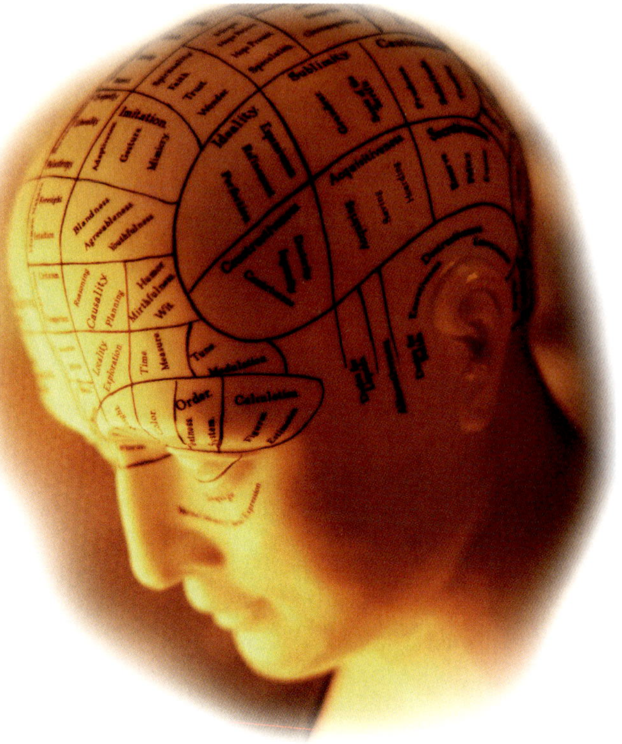

Versorgung durch Gliazellen

Dass die Nervenzellen mit Sauerstoff und Nährstoffen versorgt werden, dafür sorgen **Gliazellen**. Und davon haben Sie etwa neunmal so viel wie Neuronen. Gliazellen machen 90 Prozent Ihres Gehirns aus. Und sie helfen auch beim Mitdenken. **Mikroglia** sind das Immunsystem des Gehirns. Sie fungieren als Pflaster bei Verletzung einer Nervenzelle oder beseitigen abgestorbenes Material. **Astroglia** überwachen die Kommunikation und fungieren als Müllabfuhr für Nervenbotenstoffe, die man nicht braucht.

Schutz durch die Blut-Hirn-Schranke

Wie alles im Körper, wird auch das Gehirn mit Blutgefäßen versorgt. Da das Gehirn sehr empfindlich ist, sind diese Blutgefäße so abgedichtet, dass Moleküle nicht eindringen können. Ein großes Eiweißmolekül – also ein Bakterium oder ein anderer Fremdkörper – kommt nicht durch die Blut-Hirn-Schranke. Nur einzelne Eiweißbausteine (Aminosäuren) für Nervenbotenstoffe und Sauerstoff fürs Leben und Traubenzucker für Energie kommen durch. Und leider auch ein paar unerwünschte Gäste, wie die Schwermetalle.

Know-how

Ewig währt der Geist

Während andere Zellen im Körper nur wenige Tage leben, leben die Nervenzellen im Gehirn so lange wie der Mensch. Rein biologisch hat es ein Alterungspotenzial von 150 Jahren.

Wo Wissen und Gefühle sitzen

Ihr Gehirn, eine große, weiche, wabbelige Walnusshälfte, liegt geschützt im Schädel, eingebettet in drei Hirnhäute und Flüssigkeit. Zwei Blutgefäße versorgen es mit Blut, mit Nährstoffen und Sauerstoff – die Hirnschlagadern (Carotis-Arterien) am Hals. Sie wissen schon, das sind die, die immer mit Fett verstopft sind, wenn der Kopf nicht mehr so klar ist.

Weder die Seele hat einen festen Sitz noch die Sprache noch die Bewegung noch das Gedächtnis. Es spielen immer mehrere vernetzte Regionen zusammen, auch wenn Sie fühlen, wenn Sie denken. Ein grober Überblick:

Die drei Gehirne

- Sie haben ein **reptilisches Gehirn**, das hatte schon Ihr haariger Vorfahre. Es steuert die Grundfunktionen des Lebens: Bewegen, Revierabstecken, Paarungsdrang, Nahrungssuche, Pflegen, Gewohnheit. Es ist zuständig für Routine und Sicherheit. Mag keine Veränderung.
- Das **emotionale Gehirn**. Das Mittelhirn, der Sitz von Traurigkeit und Freude, Spieltrieb und Sexualität, Lachen und Weinen. Hier trifft alles ein, bevor es im Gedächtnis gespeichert wird.
- Das **denkende Gehirn**. Das, was die Evolution als Letztes hervorbrachte: die Großhirnrinde, den Cortex. Hier wird gedacht und gespeichert. Hier sitzen Fantasie und Kreativität, hier planen Sie und speichern Informationen im Gedächtnis.

Blicken wir ein bisschen tiefer

- **Das Großhirn,** die Schaltzentrale, ist durch eine Längsfurche in zwei Hälften geteilt, auch Hemisphären genannt.
- Die beiden Großhirnhälften sind durch den **Balken** mit Nervenautobahnen verbunden. Jede Gehirnhälfte übernimmt ihre ganz speziellen Aufgabenbereiche, wobei die rechte Hälfte für die linke Körperseite verantwortlich ist und umgekehrt. So steuert die linke Hemisphäre die Logik, geradliniges Denken und Detailwahrnehmung. Die rechte Hemisphäre übernimmt Bereiche wie Intuition, Kreativität, räumliche Wahrnehmung.
- Die **Großhirnrinde (Cortex)** ist der am höchsten entwickelte Teil. Die grauen Zellen bedecken als faltige Denkerschicht die inneren Nervenfasern (weiße Substanz). Die Großhirnrinde ist in Kontakt mit allen Sinnesorganen und Muskeln. Der Cortex lässt sich grob in vier Lappen einteilen. Der **Stirnlappen (Frontallappen)** ist wichtig für Planung, Bewusstsein, die Kontrolle der Bewegung und des Ichs. Der **Scheitellappen** kontrolliert das Tastgefühl, das räumliche Denken, das Rechnen und die Körperwahrnehmung. Der **Schläfenlappen** enthält Amygdala und Hippocampus. Hier steckt das Hörzentrum. Er ist beteiligt am Lernen, Merken und Hören. Der **Hinterhauptlappen** enthält das Sehzentrum.
- **Kleinhirn:** Koordiniert die Bewegungsabläufe. Brauchen Sie, um zum Beispiel Nordic Walking zu erlernen.
- **Mittelhirn:** Verbindet Groß- und Kleinhirn. Zuständig für die Aufrechterhaltung der allgemeinen Lebensfunktionen, wie Herzschlag, Atmung, Fortpflanzung. Sorgt dafür, dass Sie wach und aufmerksam sind.
- **Verlängertes Mark:** Das Nachhirn steuert vor allem das Atemzentrum und andere unwillkürliche Funktionen wie Reflexe.
- **Rückenmark:** Hier laufen die langen Axione (Nervenbahnen) wie Kabel durch, befördern Signale zum und vom Gehirn.
- **Zwischenhirn (Thalamus, Hypothalamus)** Im **Thalamus** kommen Sinnesreize aus der Umwelt und aus Ihrem Körper selbst an, werden aus-

Verblüffendes …

Mäuse ohne Botenstoffe

Forscher vom Max-Planck-Institut Göttingen haben Mutantenmäuse erzeugt: Munc 13. Die haben keine Botenstoffe im Gehirn, die von Synapse zu Synapse springen und Nervennetze funken lassen. In ihrem Gehirn herrscht Funkstille. Das Verblüffende dabei: Sie hatten ein Netzwerk, die Nervenzellen waren also schon verdrahtet untereinander. Das heißt: Ein Zellprogramm sorgt für die ersten Verknüpfungen. Leider hatten die Mäuse ein ganz kurzes Leben. Sie starben gleich nach der Geburt. Heißt: Infofluss ist für das Überleben unverzichtbar.

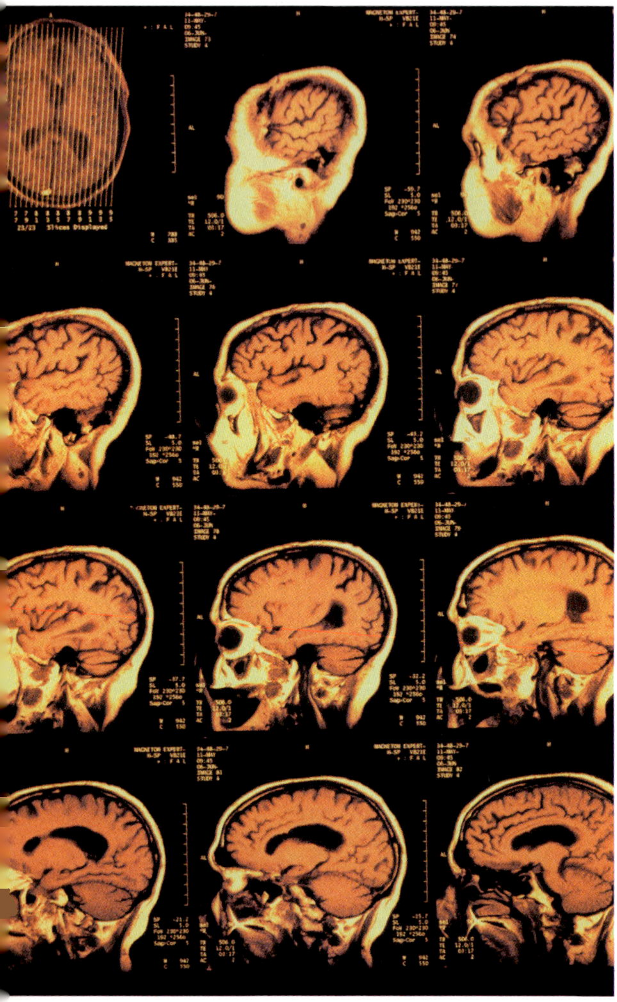

gefiltert oder an das Großhirn weitergeleitet. Dort erleben Sie Schmerz, Hunger, Lust, Kälte … Und alle Befehle der Großhirnrinde laufen über das Zwischenhirn in den Körper. **Hypothalamus:** Neben der Funktion als Gefühlszentrum und Hormonproduzent regelt der Hypothalamus Herzschlag, Wasserhaushalt, Körpertemperatur, Hunger und Durst.

- **Hypophyse (Hirnanhangsdrüse):** Zusammen mit dem Hypothalamus steuert die Hirnanhangsdrüse die Hormone.
- **Limbisches System:** Besteht aus mehreren Gehirnteilen und ist beteiligt am Gedächtnis für Gefühle. Das limbische System steuert unsere Emotionen. Ein zentraler Bereich für Emotionen und damit Gefühle ist die **Amygdala (Mandelkerngebiet):** Sie färbt die hereinkommende Information (via Sehen, Hören, Riechen) emotional ein. Lässt Sie fliehen, wenn ein Mensch böse guckt. Zentrale Schaltstelle des limbischen Systems ist der **Hippocampus:** Dieser Bereich Ihres Gehirns ist für Ihr Gedächtnis und Ihre Lernfähigkeit verantwortlich – und fürs Erinnern.

Der Hirnscan liest Gedanken

Heute kann man schon wunderbar unter die Schädeldecke gucken und so gut wie Gedanken lesen, Emotionen orten, Gefühle interpretieren, kaputte Stellen entdecken, Tumore finden – per funktioneller Magnetresonanztomographie (fMRT) oder Positronen-Emissionstomographie (PET) (siehe Tabelle auf der nächsten Seite).

Der stärkste und wohl teuerste Kernspintomograph Europas steht in Magdeburg am Leibniz-Institut für Neurobiologie. Kostet 9,2 Millionen Euro. Der Magnet ist vier Meter lang und 32 Tonnen schwer. Er erzeugt ein Magnetfeld, das mit 7 Tesla 140 000-mal stärker ist als das der Erde. Wissenschaftler erforschen mit Hilfe des Geräts neurologische Erkrankungen wie Morbus Alzheimer, multiple Sklerose und Epilepsie. Durch den neuen Tomographen können sie winzig schwache Hirnsignale analysieren und so detaillierte Informationen über Anatomie und Funktion des Gehirns und über den Hirnstoffwechsel bekommen. Ein kleiner Schritt mehr hin zur Lösung des gigantischen Rätsels namens Gehirn.

So blicken Forscher ins Gehirn

	CT – Computertomographie	PET – Positronen-Emissions-tomographie	fMRT – funktionelle Magnet-resonanztomographie
Was ist das?	Zweidimensionale Darstellung der Gehirnstrukturen. Neue Geräte können auch schon dreidimensional arbeiten	Erstellt räumliche Bilder des Gehirns. Kann Stoffwechselvorgänge, wie Durchblutung und chemische Aktivität, darstellen	Zeigt die Stoffwechselaktivität im Gehirn
Wirkungsweise	Mehrere Bündel von Röntgenstrahlen durchdringen fächerförmig, aus verschiedenen Winkeln, den Kopf. Je nachdem, welches Gewebe die Strahlen durchdringen, werden sie mehr oder weniger stark abgeschwächt. Der Computer liefert zweidimensionale Bilder	Man injiziert dem Patienten radioaktive Stoffe, die sehr kurzlebig sind, zerfallen und dann Strahlung abgeben, die ein Computer erfasst. Der Computer berechnet Schichtbilder, die hintereinander gelegt eine räumliche Darstellung des Gehirns ergeben	Misst Veränderungen der Gewebedurchblutung in den verschiedenen Hirnregionen. Zeigt, welche Nervenzellen Energie verbrauchen, wenn das Gehirn arbeitet. Grundlage ist der BOLD-Effekt: Nur sauerstoffarmes Blut, Desoxyhämoglobin, führt zu Veränderungen des Magnetfelds, nicht sauerstoffreiches Blut, Oxyhämoglobin
Anwendungsbereiche	Macht anatomische Strukturen sichtbar. Zeigt Verwüstungen durch einen Schlaganfall oder Tumor	Untersuchung des Gehirns zu Forschungszwecken und zur Diagnose von Krankheiten	Identifiziert Hirnbereiche, die bei bestimmten mentalen Prozessen aktiviert sind. Lokalisiert Nervenzellaktivitäten auf den Millimeter genau. Zeigt, wo Vernunft und Gefühle im Gehirn aktiv sind. Und wie das Gedächtnis aufgebaut ist. Diagnostiziert Krankheiten am genauesten
Besonderheiten	Relativ hohe Strahlenbelastungen für den Körper	Injektion einer radioaktiven Substanz notwendig. Je nachdem, welche Bereiche untersucht werden sollen, handelt es sich dabei um radioaktiv markierte Aminosäuren, Fette oder Zucker	Keine Strahlung, keine radioaktive Injektion nötig

Nervenbotenstoffe – körpereigene Drogen

Sie haben in Ihrem Körper all die kleinen Molekülchen, für welche die Pharmaindustrie so gerne eine Pille bastelt: für mehr Antrieb, gegen Depressionen, für mehr Libido, gegen Schmerzen, für mehr Euphorie, gegen Angst, für guten Schlaf, gegen Stress, für bessere Konzentration und gegen das Vergessen. Viele davon sind aktiv als Botenstoffe im Gehirn. Und diese Drogen können Sie selbst machen. Stimmt wirklich. Damit befasst sich die Psycho- und Neurowissenschaft.

Vor zehn Jahren habe ich da schon ein spannendes Buch gelesen, von Josef Zehentbauer: *»Körpereigene Drogen – die ungenutzten Fähigkeiten unseres Gehirns«*. Und ich habe jeden Satz in mein Leben eingebaut. Ich mache mir meine Drogen selbst, meine Hormone, meine Neurotransmitter – meine Botenstoffe. Sollten Sie auch tun. Ihr

Intellekt und Ihre Emotionen, Ihr Denken, Ihr Fühlen, Ihr Handeln, Ihr Freuen, Ihr Träumen, Ihr Lieben, Ihr Hoffen, Ihr Trauern sind fest verknüpft mit den winzigen Molekülen im Körper, die Sie selbst in der richtigen Dosis produzieren können.

Flüsterpost der Nervenzellen

Folgendes ist jetzt vielleicht ein wenig tief ins Gehirn geblickt, fordert Ihre grauen Zellen heraus, aber es ist wichtig: Sie wissen bereits, dass die Informationsübertragung von Nervenzelle zu Nervenzelle über die Synapsen stattfindet, vom kleinen Zeh, den Sie sich gerade angeschlagen haben, bis zum Gehirn, das Sie laut fluchen lässt. Über diese Nervenzellfingerspitzen namens Synapsen berühren sich die Zellen. Und übermitteln Informationen. Kommt also dort ein Nervenimpuls an, ein elektrischer Strom, dann setzt das in der Synapse Botenstoffe frei, die wandern durch den synaptischen Spalt zur nächsten Synapse. Dort docken die Botenstoffe an einer speziell für ihn ausgerichteten Antenne, an einem Rezeptor an.

Der Botenstoff muss zum Rezeptor passen, wie das Schlüsselchen zum Schloss. Und wenn die beiden sich zusammentun, dann öffnet sich ein Kanal (genauer: Ionenkanal) in der Zellwand. Und Natrium-, Kalium-, Kalzium-, Chloridionen fließen durch das Kanälchen und sorgen dafür, dass der elektrische Spannungsunterschied zwischen Nervenzelle und Umgebung wiederhergestellt wird. Gleichzeitig ruft der Rezeptor, der die Nachricht entgegennimmt, weitere zweite Botenstoffe (second messengers) im Inneren der Zelle, die ebenfalls die Nachricht weiterleiten. Von der Zehe zum Hirn, zur Zunge, die flucht, zur Hand, die den Zeh hält. Das kennen Sie von früher, das nannten Sie als Kind Flüsterpost.

Hat der Botenstoff am Rezeptor seine Nachricht übermittelt, wird er entfernt.

Denken, Erinnern – ein Feuerwerk der Nervenzellen

Wenn Sie sich nun an einen Lehrer in der Schule erinnern – dann feuert ein gigantisches Netz von Nervenzellen in Ihrem Gehirn. Und die feuern immer dann, wenn Sie sich an dieses Gesicht erinnern. Erinnern ist also ein Muster im Gehirn, das feuert. Und so ein Muster haben Sie für Ihre Telefonnummer, den Geruch einer Rose, für Sand, für ein Gedicht. Für manche Dinge haben Sie ein Leben lang so ein Muster. Für andere Dinge verblasst es. Eine unwichtige Telefonnummer ruft ein Feuerwerk in wenigen Nervenzellen auf, die auch nur begrenzt verdrahtet sind. Sie vergessen die Nummer wieder. Wichtige Erinnerungen haben Sie häufiger abgerufen, dadurch viel mehr Nervenzellen bemüht, die viel dichter verdrahtet sind.

Botenstoffe bestimmen, was Sie fühlen, wie Sie denken

Warum ich Ihnen das jetzt so genau erzählt habe, ist einfach: Weil alles, einfach alles, was Sie wahrnehmen, was Sie fühlen, wie Sie handeln, was Sie denken, nichts anderes ist als eine Flüsterpost der

Know-how

Die Botenstoffe

Hormone fungieren im ganzen Körper als drahtloses Kommunikationssystem. Sie sind etwas langsamer als Neurotransmitter, die zweite Form der Botenstoffe. Diese hüpfen schnell von Synapse zu Synapse und sorgen dafür, dass Informationen von Nervenzelle zu Nervenzelle weitergeleitet werden. Neurotransmitter und Hormone arbeiten im Körper Hand in Hand.

Nervenzellen. Eine Flut von Botenstoffen ist in unzähligen Nervenzellen in ständigem Informationsaustausch. Und genauso funktioniert auch das Gedächtnis.

Ihr Körper ist ein gigantischer Drogenproduzent. Er produziert diese Botenstoffe nicht nur im Gehirn, sondern überall im Körper – und die arbeiten Hand in Hand mit dem anderen drahtlosen Kommunikationssystem, den Hormonen. Ihr Körper macht weckende Hormone, sedierende Opiate und Botenstoffe, die die Fantasie fliegen lassen. Immer wieder entdecken Wissenschaftler einen neuen Wirkstoff. Und freilich sind sie fleißig dabei, die kleinen wunderbaren Botenstoffe des Körpers künstlich nachzubauen. Und in eine Pille zu stecken.

Am Spalt setzen Psychopillen an

Nun ahnen Sie, wie Schmerzmittel, Psychopillen, Weckamine, Sedativa oder Konzentrationsförderer funktionieren. Sie setzen meist an den Synapsen, an den Botenstoffen oder an seinen Antennen, den Rezeptoren, an. Das alte Schmerzmittel Opium dockt an den Rezeptoren für körpereigene Opiate wie beispielsweise Endorphine an. Die auch den Schmerz killen. Das alte Beruhigungsmittel Valium dockt an den Rezeptoren für körpereigene Tranquilizer an, die Angst und Panik abklingen lassen. Die neuen Antidepressiva, Serotonin-Wiederaufnahmehemmer, blockieren die Antenne, den Rezeptor für Serotonin. Sorgen dafür, dass Serotonin sich länger im synaptischen Spalt tummelt. Und das hebt die Laune.

All diese Pillen brauchen Sie manchmal ganz dringend, wenn Sie krank sind. Aber wenn Sie gesund sind, dann machen Sie sich Ihre Botenstoffe der guten Gefühle lieber selbst. Denn nur der Körper kann das richtig dosieren, dort wo die Wirkung gefragt ist. Ohne Nebenwirkungen.

Jeder Botenstoff hat seine Zeit

Morgens um vier ist das schlaffördernde beruhigende Serotonin hoch – wenn nicht, dann grübeln Sie, haben Sie schwarze Gedanken, eine Depression. Morgens um acht weckt Sie das Alarmhormon Cortisol. Noradrenalin lässt von neun bis elf Uhr die Gedanken fließen. Die meisten Botenstoffe haben also ihre Tageszeit und regulieren so Ihr Verhalten, Ihr Denken. Die Botenstoffe reagieren aber auch auf den Mond. Zum Beispiel beim weiblichen Zyklus. Oder auf die

Jahreszeit, wie Serotonin, an dem es uns im Winter leichter mangelt. Und die Frühlingssonne entlockt unserem Mittelhirn mehr fröhlich machendes Noradrenalin.

Botenstoffe und die Stimmung

Sie sehen einen Freund, und prompt kribbelt Freude im Bauch. Das Erkennen des lieben Menschen löst eine Flut von Botenstoffen aus, die im Gehirn gespeicherte Erfahrungen aufrufen und ein Verhalten, Emotionen, Gedanken und damit Gefühle auslösen: Sie umarmen ihn, grinsen breit und freuen sich.

Ein Laster schert aus auf der Autobahn. Sie denken nicht lange, drücken auf die Bremse, greifen ins Lenkrad. Der Körper ist durchflutet von Adrenalin. Eigentlich müssten Sie jetzt auf den Lastwagenfahrer eindreschen oder eine Runde laufen gehen. Denn das Adrenalin muss wieder raus aus dem Körper. Aktivierende Botenstoffe drängen den Menschen dazu, sie auch wieder abzubauen. Man darf ja nicht ständig unter Strom stehen …

Sie können aber auch ganz unbewusst eine Flut von Botenstoffen aktivieren, die Ihre Stimmung beeinflussen. Ein Duft eines vorübergehenden Menschen dringt in Ihr limbisches System, und plötzlich fühlen Sie sich niedergeschlagen, einsam und verlassen. Dieser Duft erinnert Ihr Unterbewusstsein an Ihre erste Liebe. Nur Ihr Kopf kommt da nicht mit. Weiß nicht, warum Sie plötzlich traurig sind.

Verblüffendes …

Die Peitschenkur

Man sollte Russen, die einigen Wodka intus haben, nicht alles glauben. Aber diese Wissenschaftler aus Novosibirsk meinen es tatsächlich ernst. Sie kurieren Depressive mit Peitschenhieben auf den blanken Hintern. Die Therapie ist schmerzhaft, aber sie hilft angeblich. Dank einem skurrilen Effekt, den die Wissenschaftler bei Depressiven beobachteten: Schmerzen lösen bei ihnen eine vermehrte Ausschüttung von Endorphinen aus. Also genau denjenigen Glückshormonen, die den Betroffenen fehlen. Bisher haben einige Drogenabhängige die Methode getestet. Die Resultate seien gut, teilweise sogar exzellent.

Jede Stimmung ist abhängig vom Zusammenspiel mehrerer Botenstoffe. Macht Sie der Anblick eines Menschen glücklich, ja euphorisch, dann steckt ein chemischer Botencocktail dahinter, der Dopamin enthält, Noradrenalin, Endorphine, Acetylcholin, Oxytocin und natürlich Sexualhormone. Sitzen Sie am Strand und hängen Ihren Gedanken nach, fühlen sich unbeschwert – dann tummeln sich in Ihren Synapsen und Blutbahnen Endorphine, Endovalium, Serotonin. Wenn Sie vor Neid platzen, dann ist Ihr Adrenalin hoch, Ihr Oxytocin niedrig. Dieses feine Zusammenspiel der Botenstoffe wird durch Stress oder auch Medikamente massiv gestört.

Know-how

Beruhigende und aktivierende Botenstoffe

Diese Botenstoffe beruhigen: Endorphine, Serotonin, Endovalium, GABA, Cortisol, Melatonin, weibliche Sexualhormone.
Diese Botenstoffe aktivieren: Adrenalin, Noradrenalin, Schilddrüsenhormone, Dopamin, Acetylcholin, männliche Sexualhormone.
Beruhigende und aktivierende Botenstoffe arbeiten nicht nur einzeln, sondern immer in einem harmonischen Zusammenspiel. Übernimmt aber eine der beiden Gruppen die Herrschaft über eine längere Zeit, dann werden wir krank. Kennen Sie unter dem Namen Stress.

Botenstoffe und die Kreativität

Die Botenstoffe des Stresses – Adrenalin, Noradrenalin & Cortisol

Sie sind im Hochstress. Der Körper ist durch die Botenstoffe Adrenalin und Noradrenalin auf Kampf oder Flucht ausgerichtet. Dann sind Sie alles andere als kreativ. Oder Sie fühlen sich hilflos. Als Opfer einer Situation oder einem anderen Menschen gegenüber. Auch das ist Stress für den Körper und den Kopf. Das Hormon Cortisol dämpft jeglichen Funken Kreativität.

Ein bisschen Stress, die optimale Dosis Herausforderung, lockt auch die optimale Dosis Noradrenalin. Und das hebt Leistung und Stimmung, macht wach und beeinflusst höhere Denkprozesse. Es feuert an. Macht unternehmungsfreudig und aufgeweckt. Die Tageszeit: Zwischen 9 und 11 Uhr und gegen 17 Uhr ist Ihr Biorhythmus auf mehr Noradrenalin eingestellt. Übrigens: Noradrenalin können Sie sich machen. Durch Laufen.

Der Botenstoff der Fantasie und Kreativität – Dopamin

Das Mittelhirn, ein Teil des Stammhirns, produziert Dopamin. Genauer die Substantia nigra, eine Anhäufung dunkler Nervenzellen. Dopamin entsteht aus einer Aminosäure namens DOPA.

Dopamin haben Sie vor allem im Kopf, dort wo die Feinmotorik geregelt wird, und im Stirnhirn, wo das »Ich« sitzt, Ihre Dynamik, Ihr Sozialverhalten, Ihr Charakter. Dopamin regt emotional und sexuell an. Macht wach, fantasievoll, kreativ. Wenn einem gerade mal nix einfällt, sollte man statt krampfhaft am Bleistift zu kauen lieber den Schreibtisch verlassen, sich ans Klavier setzen – oder jonglieren (siehe Seite 202). Wenn Sie nämlich Ihre Feinmotorik stimulieren, produziert Ihr Kopf Dopamin. In den Gehirnzentren, wo das Glücksgefühl sitzt. Oder im Großhirn, wo die Kreativität hockt.

Verblüffendes ...

Cholesterin schmiert das Gehirn

Wer von Natur aus einen höheren Cholesterinspiegel hat, ist mental leistungsfähiger. Das fanden Forscher der Universität Boston heraus. Sie analysierten Daten von 1900 Frauen und Männern, die an einer 18 Jahre dauernden Studie teilnahmen. Sie untersuchten nicht nur die Blutwerte und das Herzinfarktrisiko, sondern testeten auch das Hirn. Das überraschende Ergebnis: Diejenigen Männer und Frauen, die naturgemäß einen hohen Cholesterinspiegel hatten, schnitten bei Aufgaben mit hohen Anforderungen an Abstraktionsvermögen, Redegewandtheit, Aufmerksamkeit und Konzentration deutlich besser ab als die Testpersonen mit einem niedrigen Cholesterinspiegel. Zeigt wieder mal: Cholesterin ist wichtig für die Gehirnentwicklung und die Funktionsfähigkeit der Nervenzellen. Und wenn man einen zu hohen Spiegel senken will, dann bitte nicht mit Pillen, sondern mit Laufen und gesundem Essen.

Die Botenstoffe der Inspiration – Endorphine und Serotonin

Kreativität wächst nur aus der Entspannung. Aus einer sehr tiefen Entspannung. Dann nämlich, wenn körpereigene Tranquilizer und Endorphine (schmerzstillende morphiumähnliche Substanzen) die Voraussetzung dafür schaffen – für Inspiration, also einen Geistesblitz, oder Illumination, das eine Lösung ausspuckende Unterbewusstsein. Endorphine können Sie sich machen – durch Bewegung, durch angenehme Musik, durch Meditation.

Serotonin beschwichtigt, hält zurück, macht beschaulich. Wirkt emotional beruhigend und fördert den Schlaf. Am meisten davon produzieren wir nachts um vier Uhr. Auch GABA wirkt beruhigend und entspannend: ein Botenstoff, eine Aminosäure, die in jeder Pflanze vorkommt. Weswegen ich täglich zwei Schüsseln Leben esse: einen Obstsalat. Einen Gemüsesalat.

Der Botenstoff des Gedächtnisses – Acetylcholin

Acetylcholin speichert Informationen in unseren Gehirnschubladen. Fehlt es, können wir nichts Neues mehr lernen – oder verlieren unser Gedächtnis, wie bei Alzheimer. Es wirkt auch im Muskel, aber vor allem in der Großhirnrinde, wo Ihre Gedanken entstehen. Es schärft die Wahrnehmung. Wie kommen Sie an mehr Acetylcholin? Essen Sie Eier und Erdnüsse, Hafer oder Sojabohnen – oder shaken Sie sich einen Eiweißdrink. Mehr dazu auf Seite 83 und 356.

Wie sich das Gehirn entwickelt

drei Wochen nach der Befruchtung entstehen im zwei Millimeter langen Embryo die ersten primitiven Nervenzellen. In der vierten Woche sieht man die Anlage für das Gehirn. Bald ziehen Nervenbahnen durch den ganzen Körper, versorgen jedes Organ, jedes Gewebe mit einem Kommunikationsnetz. Vor der Geburt entstehen alle Nervenzellen, das sechs Monate alte Ungeborene kann im Bauch schon hören und fühlen, tasten und schmecken – und sich freuen oder ängstigen. Auch Schmerzen empfindet es. Die Verdrahtungen im limbischen System, im Gefühlszentrum, sind jetzt schon so stabil, dass sie unser künftiges Verhalten prägen.

Die gesamte Entwicklungsgeschichte

Pro Sekunde entstehen in seinem 1/2 Pfund schweren Gehirn 250 000 Nervenzellen. Im Bauch der Mutter durchlaufen wir die gesamte Entwicklungsgeschichte des Menschen. Wir beginnen wie ein Hohltierchen als Zellkugel, haben Kiemen wie ein Fisch und dann den Schwanz eines Lurches, um uns über das Affenstadium mit Ganzkörperbehaarung zum kleinen Menschen zu entwickeln.

Wenn das Baby auf die Welt kommt, ackern in seinem Kopf hundert Milliarden Neuronen, und jedes hat schon fünf- bis zehnmal einen Fühler zu einer anderen Nervenzelle ausgestreckt. Um über Synapsen chemische Botschaften auszutauschen. Ein gigantisches Netz aus Neuronen, das, wenn seine einzelnen Netzwerke feuern, also elektrisch aktiv sind, uns sehen, lernen, fühlen und denken lässt. Dieses Nervennetz im Gehirn verdichtet sich die folgenden beiden Lebensjahre bis zum Hundertfachen. Und im Lauf des Lebens verdrahtet sich das Netz immer dichter.

Das Zusammenspiel von Nervenzellen, Synapsen und Botenstoffen ist das wissenschaftliche Model von dem, was wir Geist und Psyche nennen. Und diese Botenstoffe sind die Moleküle der Bewegung, der Sprache, der Bilder von der Welt, der Gedanken, der Emotionen, der Gefühle.

Und im Alter funktioniert das alles nicht mehr, geht alles unter, verblöden wir? Nein, das muss nicht sein. Im Gegenteil. Aber darüber lesen Sie erst ab Seite 38.

Jeden Tag ein neues Hirn

Das Gehirn sieht jeden Tag anders aus. Aber nicht etwa, weil es schrumpft und schrumpft und schrumpft. Nein: Es bildet täglich neue Neuronen, neue Datenautobahnen, Netzwerke. Weil wir etwas Wunderbares können: ein Leben lang lernen. Ja, auch mit 120 noch. Unser Gehirn ist plastisch. Wissen wir noch nicht lange. Weil es die Supergeräte wie Kernspintomographen, mit denen wir ins Gehirn blicken können, erst seit ein paar Jährchen gibt. Diese Geräte zeigen, wie das Gehirn auf Sprache, Musik, Bewegung, Bilder reagiert, das Ganze als Lernprozess verarbeitet und speichert.

Viele Regionen arbeiten mit

Vereinfacht kann man immer wieder lesen: Das macht Ihr rechtes Hirn, dort sitzen die Emotionen. Das macht Ihr linkes Hirn, dort sitzt die Logik. Das werden Sie auch in diesem Buch immer wieder finden. Weil es unmöglich ist, ständig alle beteiligten Hirnbereiche aufzuzählen. Tatsache ist: Die beiden Hemisphären teilen sich die Arbeit. Und bestimmte Funktionen im Gehirn sind mehreren Zentren zugeordnet, die da heißen: Scheitellappen, Schläfenlappen, Broca-Areal, Hirnstamm, Großhirnrinde … Aber wenn Ihr Gehirn Leistung vollbringt, Sie denken oder fühlen, tanzen oder musizieren, rätseln oder sprechen, sich erinnern oder planen, dann sind mehrere Gehirnzentren aktiviert und miteinander in Kontakt. Ein gigantisches Neuronennetzwerk feuert.

Know-how

Erinnerung – ein wachsender Prozess

Unser Gehirn produziert täglich neue Nervenzellen. Kürzlich konnte man in der Fachzeitschrift »Nature« nachlesen: Wissenschaftlerinnen der Princeton University vermuten nach einer Studie mit Ratten, dass wir neue Gehirnzellen auch für Gedächtnis und Erinnerung brauchen. Für die Zukunft erhoffen die Forscher, Nervenkrankheiten zu heilen, indem man neue funktionstüchtige Neuronen in bestehende Verschaltungen des Gehirns einbringt.

Interne Kopfkommunikation

Wenn Sie zum Beispiel ein Wort laut lesen, brütet der präfrontale Cortex (ein an der Stirn liegender Teil der Großhirnrinde) über den Begriff, beim Sprechen ist die motorische Rinde aktiv, beim Hören der Schläfenlappen, und die Sehrinde beschäftigt sich mit den Buchstaben. Ein Bild im Kopf ist auch nicht nur in einer Schublade abgelegt, sondern wenn Sie einen grünen Frosch sehen, dann ist ein über das ganze Gehirn verstreutes Netzwerk daran beteiligt. Emotionen wie Trauer und Freude haben viele Ursprünge im Gehirn – und auch die Botschaften vom Körper an den Kopf spielen dabei eine Rolle. Wenn das Immunsystem gegen eine Grippe ackert, freut ein netter Anruf eher selten. Und wie genau ein Gedanke entsteht – das wird auch ein sehr gescheites Gehirn so schnell nicht herausfinden.

Das Gehirn ist plastisch

Dieses gigantische Netzwerk im Kopf ändert sich jeden Tag. Mit jeder neuen Erfahrung verdrahtet sich dieses Netzwerk neu. Das ist wichtig, wenn das Hirn verletzt ist. Ein neues Netzwerk kann die Aufgaben übernehmen, wenn man nach einem Schlaganfall nicht mehr sprechen kann. Im Gehirn eines Depressiven ist der Hippocampus geschrumpft, und unser Konfliktmotor, der cinguläre Cortex, springt nicht mehr richtig an. Kriegt man die Depression weg, wächst der Hippocampus wieder, und das Konfliktmotörchen springt auch wieder an. Dass sich dieses giganti-

sche Netzwerk ändern kann, ist auch wichtig für ein gesundes Hirn, denn man kann dieses Netzwerk optimieren – sodass es Höchstleistungen bringt.

Was macht klug?

Knobeln, Gehirnjogging? Da aktivieren Sie nur einen Teil des Gehirns. Trainieren die Logik. Das reicht nicht. Das Gehirn braucht unterschiedlichste Stimuli, um für jede Herausforderung, jede Aufgabe ein gescheites, intelligentes, schnelles Netzwerk zu bilden, das so was wie Kreativität produziert oder Genialität oder Kunstfertigkeit. Und wie kriegt man so ein Expertenhirn? Nein, dafür gibt es keine Pille. Aber man kann sein Gehirn trainieren wie einen Muskel. Mit neuen Sinneserfahrungen – und zwar nicht nur über die Augen, auch über Tasten, Hören und den Bauch spüren. Und mit sozialen Kontakten, Meditationstechniken und Logiktraining. Natürlich braucht es dann auch die nötigen Bausteine aus dem Essen, um Gedächtnis und Gefühle überhaupt möglich zu machen. Und auch Bewegung trainiert das Gehirn.

Das kranke Hirn ist hausgemacht

Alzheimer. Demenz. Parkinson. Neurodegenerative Erkrankungen sagt man in der Fachwelt dazu. Übersetze ich mit »erworbener Verblödung« – steht auch so im grünen Fachbuch der Mediziner, im Pschyrembel. Ist übrigens typisch menschlich. Neurodegenerative Erkrankungen – oder erworbene Verblödung – gibt's in der Tierwelt nicht. Steht ausdrücklich in der Fachzeitschrift »NEUROrubin« 2003: »*Das Problem der Forscher bestand lange Zeit darin, dass sie sterbende Nervenzellen am lebenden Menschen nicht untersuchen können und in Tieren diese Erkrankungen nicht vorkommen.*« So erklären die Wissenschaftler, warum uns die Krankheiten so ein Rätsel sind. Weil wir's nicht am Tier studieren können. Aber wie lautet denn die Konsequenz, wenn eine Krankheit in der Natur nicht vorgesehen ist, wenn Tiere nicht darunter leiden? Lebe natürlich – und dein Hirn bleibt gesund. Gilt für Demenz, gilt für Alzheimer. Und es gilt sogar für Parkinson. Eine brandneue US-Studie, durchgeführt an über 100 000 Männern und Frauen, veröffentlicht in Neurologie 64 (2005), zeigt: Wer sich bewegt, hat ein um 60 Prozent geringeres Risiko, an Parkinson zu erkranken.

Ein Verlust geistiger Leistungsfähigkeit hat nichts zu tun mit einem Verlust von Hirnmasse oder Altern. Nur Menschen mit einer Krankheit wie Arteriosklerose, Diabetes mellitus und einer (eher seltenen) genetischen Anlage für Demenz und Alzheimer haben ein erhöhtes Risiko, im Alter zu verblöden. Halten Sie Ihr Gehirn frei von Krankheiten – und es macht Ihnen auch mit 120 noch Freude.

Know-how

Planet der Alten

Schätzungsweise leiden 1,5 Millionen Menschen in Deutschland an Demenz. Davon eine Million Alzheimer-Kranke. Mit steigender Tendenz. Weil wir ja alle immer älter werden, erwarten Experten bis zum Jahr 2010 eine Zunahme von 30 Prozent. Das Statistische Bundesamt schätzt, dass 2030 jeder zweite Deutsche über 65 ist. Darum werden wir dann auch bei den über 65-Jährigen 60 Prozent mehr Demenzkranke haben.

Die Mär vom dummen alten Hirn

Ich habe gerade über Beagles eine wunderbare Geschichte in der »New York Times« gelesen. Sie wissen schon, diese königlichen Hundchen. Und zwar haben Hirnforscher in den USA 48 ältere Beagles in vier Gruppen aufgeteilt. Der einen Gruppe fütterten sie Antioxidanzien, also beispielsweise Vitamin E und C und Selen, und unterhielten die Hunde auch, forderten sie mental heraus, spielten mit ihnen. Eine andere Gruppe bekam nur Antioxidanzien, eine weitere nur die mentale und körperliche Sonderbehandlung – und eine Gruppe bekam nix. Nach zwei Jahren stellte man fest: Die Beagles mit den Vitaminen blieben jünger, und auch die Beagles im stimulierenden Umfeld. Bekamen sie beides, wirkte das als noch besserer Jungbrunnen. Schnell alterten die armen Beagles in der vierten Gruppe, die weder Vitamine noch Anregung bekamen. Aha. Kann man das auf den Menschen übertragen? Natürlich, sehr gut sogar, sagen die Hirnforscher: weil der Hund nicht lügen kann. Weil der Hund ähnliche Gehirnstrukturen hat, weil er ähnliche degenerative Erscheinungen im Gehirn entwickelt, weil er ähnliche Forderungen an die Ernährung hat und weil er in der gleichen Umgebung lebt.

Use it or loose it

Hat man Ihnen immer erzählt: *Wenn de alt wirst, verlierste deine grauen Zellen. Is so.* Nein. Ist nicht so. Altern heißt nicht, dass Nervenzellen absterben oder untergehen. Da passiert ganz etwas anderes: Die Plastizität Ihres Gehirns verändert sich. Und zwar je nachdem, ob Sie Ihr Gehirn gebrauchen oder nicht. *Use it or loose it.* Gebrauche es oder verliere es; das gilt besonders für Ihr Gehirn. Ein Beispiel: Benutzen Sie eine Hand nicht, weil sie eingegipst ist, dann schrumpft die im Gehirn für diese Hand angelegte »kortikale Karte«. Die Oberfläche des Körpers ist im Gehirn wie eine Landkarte abgelegt. Reizt man zwei Punkte auf der Handfläche, aktiviert das auch die entsprechenden Stellen im Gehirn. Schrumpft diese Karte im Gehirn durch Nichtbenutzen, dann können Sie eben erst einmal nicht mehr die Blende am Fotoapparat einstellen, die Mutter auf die Schraube drehen. Sie verlieren an feinmotorischen Fähigkeiten.

Und nun wieder die Botschaft aus der Frohmedizin: Diese kortikale Karte können Sie auch wachsen lassen. Das entdeckten die Hirnforscher im Gehirn von Klavierspielern, die ihre Finger häufig benutzen. Sie haben viel größere kortikale Karten. Wenn der Gips abkommt, man seine Hand wieder nutzt, wächst auch die motorische Karte im Gehirn wieder. Unser Gehirn ist also kein Teil, das irreversibel untergeht. Es ist plastisch. Verändert sich, je nachdem, wie Sie es benutzen.

Jungbrunnen fürs Gehirn

Neurowissenschaftler Prof. Hubert Dinse von der Uni Bochum untersuchte junge und alte Ratten und testete sie mit einem Lauftest über einen Balken. Junge Ratten laufen flink über den schmalen

Know-how

Wie altert das Gehirn?

Nein, es gehen nicht Millionen von Gehirnzellen täglich verloren. Davor muss man sich nicht fürchten. Das Gehirn verliert zwischen dem 20. und 70. Lebensjahr etwa 10 Prozent an Masse. Die gute Nachricht: Das passiert nicht in der Großhirnrinde, also nicht dort, wo Gedächtnis und Denken sitzen. Vom Zellverlust sind eher tiefere Bereiche betroffen. Und die können wunderbar von anderen Neuronen übernommen werden. Das Gehirn bastelt sich selbst kleine Umwege. Altern ist also nicht so sehr ein Verlust von Gehirnmasse, sondern eher ein etwas weniger effektives, schwächeres Kommunikationssystem. Darum muss ein älteres Gehirn im Vergleich zum jungen Gehirn auch mehr arbeiten, um die gleiche Leistung zu bringen. Mehr Zucker verbrennen.

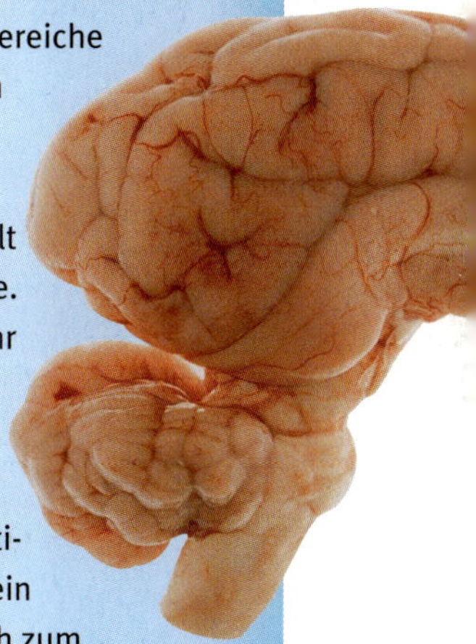

Auch das ist eine gute Nachricht. Denn Verfall ist Verfall. Unwiderruflich. Und einem schwächeren Betriebssystem, einem Verlust der Schnelligkeit kann man auf die Sprünge helfen. Mit Nährstoffen, mit Bewegung, mit Kultur und sozialen Kontakten.
Und nun eine schlechte Nachricht für die männlichen Leser unter Ihnen: Ihr Gehirn altert tatsächlich schneller. Frauenhirne stehen unter dem Schutz von Östrogen. Nun: Da es die Masse nicht macht, müssen Sie sich da auch keine großen Gedanken machen. Hauptsache, Sie halten Ihr Neuronennetzwerk aktiv.

Balken ans Ziel. Ratten, im hohen Alter von zwei bis drei, kommen nicht mehr drüber. Vergleichbar mit dem Menschen, schlurfen und humpeln sie mit den Hinterbeinen. Nun setzte Prof. Dinse eine dritte Gruppe von alten Ratten ein halbes Jahr lang in ein kleines Rattenparadies. Einen Käfig, in dem sie Gänge und Höhlen bauen, Futter suchen und klettern konnten. Und nach diesem halben Jahr liefen 80 Prozent der alten Ratten wie die jungen über den Balken. Ihre kortikalen, motorischen Karten im Gehirn waren so groß und so empfindsam wie die der jungen Ratten. Und: Die Ratten entwickelten sogar neue Laufstrategien, mit denen sie typische Altersschwächen wie Unsicherheit, Langsamkeit, Muskelabbau ausglichen. Eine Sensation – oder?

Auf Deutsch und in der Praxis heißt das: Alterungsprozesse können durch Training, Fitness, Lernen, Neugierde, abwechslungsreiche Umwelt nicht nur gestoppt werden, sondern das Gehirn – und mit ihm der ganze Mensch – kann auch wieder jünger werden. Sie können mit 40, 50, 60, ja 90 wieder jünger werden. Sie müssen es nur TUN.

Ein alter Kopf funktioniert auch besser

Es gibt Gründe, warum man sich auf das Altern freuen kann; das ältere Gehirn hat dem jungen auch einiges voraus. Nicht nur die vielen Erfahrungen, die zur Weisheit führen.

- ***Ältere Menschen haben mehr Verknüpfungen.*** Sie mögen zwar die Brille vergessen, ein bisschen schneller erschöpft sein, aber ihr Gehirn ist dem der jüngeren weit voraus. Ein 60-Jähriger hat viermal so viele Informationen gespeichert wie ein 20-Jähriger. Und die sind zu einem wunderbaren, weisen Erfahrungsschatz verknüpft. Man spricht von einer »kristallisierten« Intelli-

Know-how

Schmerz lässt das Gehirn schrumpfen

Forscher der Northwestern University in Chicago untersuchten 26 Patienten, die an chronischen Schmerzen im Rücken litten. Und der Magnetresonanztomograph zeigte: Die Schmerzpatienten haben 5 bis 11 Prozent weniger graue Hirnsubstanz als gesunde Personen. So viel verliert ein Gehirn sonst nur, wenn es ungebraucht 20 Jahre lang altert. Ja, warum wohl verliert das Gehirn so viel an Substanz, wenn man Schmerzen hat? Ganz einfach: weil man sich weniger bewegt.

genz. Manche Forscher gehen sogar davon aus, dass im Alter einige Bereiche der Großhirnrinde (Sitz des Gedächtnisses, des Denkens) zunehmen. Sprich: Das alte Gehirn kann sogar wachsen, neue Neuronen sprießen lassen.

- ***Ältere Menschen haben bessere Laune.*** Sie radieren negative Eindrücke viel leichter aus ihrem Gedächtnis. Susan Charles von der Universität von Kalifornien in Irvine fand in einem Bildtest, bei dem sie 144 Probanden negative und positive Bilder vorlegte, heraus: Ältere Menschen erinnern sich im Gegensatz zu jungen Menschen fast nur noch an die positiven Bilder. Diese unbewusste Auswahl von Erinnerungen beeinflusst die Gefühlswelt positiv.

- ***Ältere Menschen haben den besseren Überblick.*** Kanadische Wissenschaftler stellten mittels eines Reaktionstests am Computer fest: Jüngere Menschen können schneller eine Lage überblicken, weil ihre Botenstoffe im Gehirn noch aktiver sind. Aber ältere Menschen haben einen schnelleren Blick auf das Ganze.

- ***Ältere Menschen machen weniger Fehler.*** Das fanden Hirnforscher vom Institut für Arbeitsphysiologie an der Universität Dortmund (IfADo) heraus: Mittels Test verglichen die Wissenschaftler Reaktionsfähigkeit und -zeit von älteren Menschen zwischen 55 und 65 Jahren und jüngeren zwischen 18 und 28 Jahren. 55 Probanden – ans EEG verkabelt – mussten per Tastenklick auf Aufgaben reagieren. Nach einem Fehler zögerten ältere Probanden bei der nächsten Aufgabe etwas länger, sie machten aber so insgesamt weniger Fehler als die jüngeren. Ältere Menschen lernen schnell durch ihre Fehler. Eine leichte Verzögerung bei der Reizwahrnehmung wird durch einen schnelleren Entscheidungsprozess kompensiert.

Know-how

Das Zeitfenster nach dem Schlaganfall

Der Bochumer Forscher Prof. Ulf T. Eysel untersuchte die Plastizität des Gehirns, also die Fähigkeit, sich wieder zu regenerieren, nachdem das Hirn Schaden genommen hat. Zum Beispiel nach einem Schlaganfall. Da sterben ja Zellen ab. Unwiederbringlich. Prof. Eysel hat eine bahnbrechende Entdeckung gemacht: Die Nervenzellen am Rand der Verletzung übernehmen die Aufgaben der abgestorbenen Zellen. Wenn sie innerhalb von 48 Stunden trainiert werden. Vermutet man. Aber es können auch Zellen an anderen Orten im Gehirn sein, die ihre Aufgaben neu lernen.

Anti-Aging für den Kopf

Dass für Herz, Muskeln, Knochen, Gelenke und Immunsystem Bewegung eine heilende Wunderpille ist, wissen wir mittlerweile. Was neu ist: Auch das Gehirn profitiert von jedem Schritt, den wir tun. Und nichts, aber auch wirklich nichts ist besser für den Kopf als Ausdauerbewegung, weder Kreuzworträtseln noch Mind-Mapping noch Vergessenspillen. Die angekurbelte Durchblutung und damit erhöhte Sauerstoffzufuhr trainiert das Gehirn. Schon ein Spaziergang pumpt 30 Prozent mehr Blut durch die Denkzentrale. Wie Herz und Muskeln ist also auch das Gehirn bis ins hohe Alter form- und trainierbar.

Bewegung lässt Hirnzellen wachsen

Bisher war man der Meinung, dass Gehirnzellen sich nicht teilen, nicht vermehren, höchstens absterben können. Heute ist klar: alles Unfug. Das gilt vielleicht für den sitzenden Menschen. Beim laufenden Menschen bilden sich sogar neue Gehirnzellen, und die Verdrahtung, Verästelung wird dichter. Auch die Blutversorgung des Gehirns verbessert sich, da die Anzahl der Blutgefäße ins Gehirn zunimmt. Dadurch fließen in jeder Minute mehr Sauerstoff und mehr Nährstoffe zu den Gehirnzellen. Die Fettablagerungen in den Gehirngefäßen verschwinden. Das Gehirn regeneriert und wird wieder wach.

Masse statt Klasse?

Der Sportmediziner und Wissenschaftler Prof. Hollmann aus Köln beschäftigt sich schon seit Jahrzehnten mit dem Einfluss von Bewegung auf das Gehirn. Er stellte fest, dass bei jeder körperlichen Belastung bestimmte Hirnareale stärker durchblutet werden. Die Folge: Das Gehirn schüttet mehr Nervenwachstumsfaktoren aus.

Je älter wir werden, desto mehr Hirnmasse müssen wir einsetzen, um ein und dieselbe Aufgabe zu lösen. Der Datenspeicher degeneriert, arbeitet nicht mehr effektiv. Masse statt Klasse. Doch komischerweise beobachtete Hollmann bei älteren Joggern, dass sie beim Lösen der gleichen Aufgaben im Vergleich mit untrainierten Altersgenossen weniger Hirnmasse benutzten. Nix Masse statt Klasse. Ihre Gehirne ähnelten also denen jüngerer Menschen. Woher kam das? Durch Bewegung? Oder gab es genetische Ursachen? Um das herauszufinden, baten Prof. Hollmann und seine Kollegen von der Deutschen Sporthochschule Köln eine Gruppe von völlig untrainierten 65- bis 80-Jährigen, zweimal wöchentlich eine Stunde lang flott spazieren zu gehen. Nach einem Jahr kam die große Überraschung: Die betagten Sportler hatten innerhalb von einem Jahr ihre geistige Leistungsfähigkeit verbessert. Die Vergesslichkeit nahm ab, die Merkfähigkeit zu. Gleichzeitig verringerte sich im Vergleich zu der Zeit vor dem Training die Größe des aktivierten Gehirnbezirks. Das bewegte Hirn arbeitete wieder effektiver.

Doch zu viel heißt Untergang

Fazit: Bewegung steigert die Neubildung von Nervenzellen und deren Kommunikation untereinander. Sie bilden wirklich neue Zellen, und zwar im Hippocampus, die Zellen, die für Lernen und Gedächtnis wichtig sind. Doch Vorsicht: Viel hilft nicht viel. Laufen, ohne zu schnaufen, ist die Devise. Laufen im Wohlfühlbereich. Täglich 30 Minuten. Denn Keuchen und Schnaufen machen nur Stress. Und auf Stresshormone reagieren junge Gehirnzellen sehr empfindlich. Sie sterben frisch geboren gleich wieder ab.

Allein Regelmäßigkeit zählt. Ihnen macht Laufen keinen Spaß? Dann eben Schwimmen, Nordic Walking oder Tanzen. Mit fast allen sportlichen Unternehmungen halten Sie Körper und Geist jung. Im zweiten Teil des Buches, im Kapitel »81 Intelligenzhäppchen«, finden Sie praktische Tipps für den Schreibtisch (Seite 145ff.) oder den Wald (Seite 123f.).

Das beste Futter für die Intelligenz

Über die optimale Ernährung des Gehirns könnte man ein Extrabuch schreiben. Tausend Seiten dick. Keine Angst – ich fasse mich kurz. Obwohl es mir schwer fällt. Denn vor gar nicht allzu langer Zeit hat man noch behauptet, das, was wir essen und trinken, wirke sich nicht auf den Kopf aus. Und in den letzten Jahrzehnten wachsen die Studien über optimale Gehirnnahrung zu Gebirgen an. Gibt's sogar einen Fachausdruck dafür: »Nutritional Neuroscience« (Nahrungsmittelneurologie). Man kann nämlich wirklich mit Gehirndiät (Diät steht auch hier für Lebensweise) und bestimmten Nahrungsergänzungsmitteln den Kopf ein Leben lang in Höchstform halten. Das

Verblüffendes …

Neues vom Hirnarchiv

Warum können sich Alzheimer-Kranke an berühmte Filmschauspieler erinnern – aber nicht mehr an ihr eigenes Leben? Ein Bielefelder Psychologe hat darauf eine einleuchtende Antwort: Entgegen der gängigen Annahme sei das Gedächtnis kein riesiger Einzelkomplex. Vielmehr bestehe es aus vier voneinander unabhängig arbeitenden Teilkomplexen, die allerdings untereinander vernetzt seien. Das heißt: Jeder Mensch besitze in Wahrheit vier Gedächtnisse. Eines für episodisch-autobiografische Erinnerungen, eines für Wissen und eines für mechanische und motorische Fähigkeiten. Das vierte Gedächtnissystem sei dafür zuständig, das Erinnern an ähnlich erlebte Situationen zu erleichtern.

bedeutet: mehr Motivation, ein besseres Gedächtnis, kürzere Reaktionszeiten, schärfere Konzentration, höhere Stressresistenz, mehr Kreativität, bessere Laune – kein Altersabbau. Durch das, was Sie essen – oder nicht essen. Funktioniert in jedem Alter, aber je früher Sie beginnen, Ihr Gehirn zu unterstützen, desto effektiver.

Know-how

Das Netzwerk für Bewegung

Nehmen wir ein Beispiel. Sie bewegen die linke Hand, wollen eine Tasse greifen. Was passiert da in Ihrem Kopf? Im Stirnlappen in der Großhirnrinde im motorischen Cortex fließt Strom zwischen den Nervenzellen. Über lange Nervenfortsätze wird der Reiz weitergeleitet in den Hirnstamm. Dort findet ein Seitenwechsel statt – vom rechten Hirnteil über das Rückenmark zur linken Hand hin. Das Ganze dauert 100 bis 200 Millisekunden. Das schafft der motorische Cortex natürlich nicht allein. Da arbeiten tiefere Gehirnregionen auch noch mit. Die Basalganglien, eine Ansammlung von Nervenzellen im Großhirn, sorgen dafür, dass das Ganze mit einer gewissen Grazie ausgeführt wird, sie koordinieren die Bewegung. Dass ja nichts schief geht, dafür sorgt das Kleinhirn. Es bekommt vom Großhirn eine Kopie des Bewegungsablaufs, und auch Muskeln, Augen, Ohren, Tast- und Gleichgewichtssinn versorgen es mit der notwendigen Information. Aha, Tasse zu heiß! Die Bewegung läuft nicht wie geplant ab. Das Kleinhirn schickt die Meldung an den motorischen Cortex. Das Ganze wird korrigiert. Tasse lieber am Henkel anfassen!

Die Einstein-Kur – Äpfel und Nüsse

Forscher der Universität in Chicago stellten mittels IQ-Tests fest: Die Hirnleistung von Kindern stieg binnen eines Monats um 30 Prozent. Warum? Vier Wochen vorher stellten die Wissenschaftler bei den (Junkfood-)Kindern einen Mangel am Spurenelement Bor fest. Sie therapierten die Kinder nur mit Nüssen und Äpfeln, die Bor enthalten.

Das Gehirn braucht Natur – immer

Da das Hirn Energie nicht speichert, hängt seine Arbeit davon ab, wie gut es zu jeder Tageszeit mit Nährstoffen versorgt wird. Wer es optimal versorgt, schenkt ihm Treibstoff für Höchstleistungen. Das Gehirn braucht lebenswichtige Fettsäuren, Vitamine und Aminosäuren (siehe auch Tabelle ab Seite 46).

Neurotransmitter macht man mit Nährstoffen

Auf Seite 28ff. haben Sie schon über die körpereigenen Drogen, die Neurotransmitter, gelesen. Sie sind die Basis für Gedächtnis, Intelligenz, Kreativität, Gefühl. Und genau diese Neurotransmitter können Sie mit der Ernährung beeinflussen. Sie bestehen aus Aminosäuren. Fehlt nur eine Aminosäure, verlieren wir an geistiger Fähigkeit. Nehmen wir Serotonin. Dieser Botenstoff macht gute Laune. Im Alter nimmt seine Wirkung ab, man bekommt leichter eine Depression. Serotonin wirkt sich zudem positiv auf das Gedächtnis aus, schützt die Gehirnzellen vor toxischen Schäden. Darum ist es ganz wichtig, mit den richtigen Ernährungsbausteinen den Serotoninstoffwechsel aktiv zu halten. Mit Aminosäuren, Vitaminen, mit Omega-3-Fettsäuren. Mehr darüber lesen Sie ab Seite 113.

Kleines Mentalprogramm

1. Trinken Sie Wasser

Das ist das Wichtigste, was der Denkerkopf braucht. Täglich drei Liter. Davon die Hälfte morgens.

2. Meiden Sie Fertigprodukte und Schwermetalle

Zucker, Stärke, Konservierungsstoffe, Transfettsäuren, Glutamat haben im Einstein-Kopf nichts zu suchen. Genauso wenig wie Schwermetalle – dazu lesen Sie Seite 286ff.

3. Stoppen Sie freie Radikale

Freie Radikale, wild gewordene Sauerstoffmoleküle, entstehen in jeder Zelle, wenn sie Energie produziert. Sie wissen schon, in den kleinen Zellkraftwerken namens Mitochondrien. Freie Radikale sind normal. Nur genau die machen alt. Sie zerstören Zellen und die Erbsubstanz. Weil das Gehirn viel Sauerstoff verbraucht, wüten sie ganz besonders im Gehirn. Zerstören die Datenautobähnchen namens Dendriten, die Synapsen und die Nervenzellen selbst. Erst wird man im Kopf ein bisschen langsamer, dann hat man Alzheimer. Muss nicht sein. Kann man ganz einfach vorbeugen: mit Antioxidanzien. Vitamin E und C und die alpha-lipoische Säure und Coenzym Q10, Selen und sekundäre Pflanzenstoffe (Flavonoide) machen die freien Radikale unschädlich. Mehr dazu siehe Seite 98ff.

4. Essen Sie Obst und Gemüse

Wer täglich fünf Portionen frisches Obst und Gemüse isst – vor allem das mit kräftiger Farbe –, schützt sein Gehirn mit einem Potpourri antioxidativer Zauberstoffe. Fangen Sie gleich damit an. Binnen einer Woche kann man im Blut nachlesen: antioxidative Kapazität hoch! Gehirn geschützt. In der Tufts University in den USA hat man im Rattenversuch übrigens festgestellt: Spinat oder Erdbeeren verhindern die altersbedingte Verschlechterung des Gedächtnisses – besser als Vitamin E.

5. Tanken Sie Aminosäuren

Alle vier Stunden ist Zeit für eine Portion Eiweiß. Damit das Gehirn ausreichend Botenstoffe für Kreativität, Konzentration und gute Laune bilden kann. Mehr dazu lesen Sie ab Seite 90.

6. Fisch macht intelligent

Das Gehirn braucht Omega-3-Fettsäuren. Und weil diese auch noch kombiniert sind mit der intelligentesten Form des Eiweißes, ist Fisch die wertvollste Nahrung für das Gehirn. Mehr dazu ab Seite 142.

7. Der Kopf braucht Brainfood und Vitalstoffe

Ab Seite 113 finden Sie 20 Helfer der Natur, die dem Geist auf die Sprünge helfen. Von Algen über Curry bis Wasser. Die Tabelle ab Seite 46 verschafft Ihnen einen schnellen Überblick, welche Nährstoffe Treibstoff für gute Gedanken sind. Über die wichtige Rolle der B-Vitamine lesen Sie ab Seite 105. Ab Seite 136 lesen Sie das Interview mit Prof. Beyreuther. Interessant, was der berühmte Gehirnforscher isst.

Und: Machen Sie den Test: Essen Sie sich durch unser Zwei-Wochen-Mentalprogramm ab Seite 326. Und Sie werden verblüfft sein, was da passiert in Ihrem Kopf.

Legales Brain-Doping

Nährstoff	So wirkt er	Vorsicht Mangel!	Da steckt's drin
Omega-3-Fettsäuren	Diese Öle lagern in den Wänden der Gehirnzellen, halten sie elastisch und jung. Sie schmieren quasi die Zahnräder im Gehirn. Botenstoffe passieren die Zellen schneller, das Gehirn arbeitet effektiver.	Arterienverkalkung Schlaganfall	Algen Fischöl Grünes Blattgemüse Hering Lachs Leinöl Leinsamen Makrele Nüsse Rapsöl
Lezithin	Liefert Cholin für Acetylcholin, den Botenstoff, der Reize weiterleitet. Erhöht körperliche und geistige Fitness. Auch Hormone wie Testosteron werden von Lezithin positiv beeinflusst.	Erschöpfung Ermüdung Nervosität	Eier Innereien Milch Soja
Vitamin B6 (Pyridoxin)	Ist am Homocysteinstoffwechsel beteiligt und kann so aktiv helfen, dem Schlaganfall vorzubeugen. Es ist zudem beteiligt an der Bildung von Nervenbotenstoffen des Gehirns.	Reizbar Deprimiert Verärgert Müde Unkonzentriert	Eier Hefe Honigmelone Kohl Leber Milch Rindfleisch Sojabohnen Weizenkeime
Glukose (Zucker)	Der einzige Brennstoff, den das Gehirn verwerten kann. Wichtig ist ein konstanter Blutzuckerspiegel.	Gedächtnisstörungen Stimmungsschwankungen Konzentrationsstörungen Verminderte Erregbarkeit	Kohlenhydrathaltige aber GLYX-niedrige Lebensmittel: Obst, Gemüse, Vollkorn
Folsäure	Baut das hirnschädliche Homocystein ab und erhöht den Serotoninspiegel.	Depressionen Schlaflosigkeit Vergesslichkeit Neurologische Störungen Magen-Darm-Störungen	Avocado Brokkoli Chicorée Feldsalat Kopfsalat Paprikaschoten Weißkohl

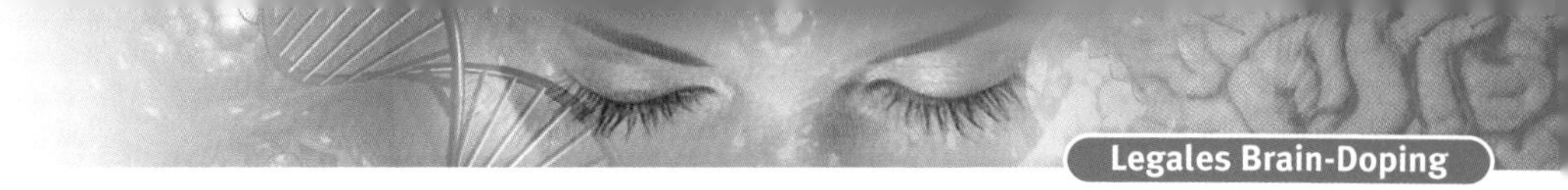

Nährstoff	So wirkt er	Vorsicht Mangel!	Da steckt's drin
Vitamin B12 (Kobalamin)	Fördert den Aufbau von Nervenzellen und baut überschüssiges Homocystein ab.	Neurologische Schädigungen Desorientierung Gedächtnisprobleme Demenz	Ei Käse Leber Milch Rindfleisch
Vitamin B1 (Thiamin)	Wichtiger Helfer für die Energiegewinnung im Gehirn. Es verhindert zudem eine Überreizung der Nervenzellen.	Korsakoffsche Psychose: Gedächtnisverlust, Apathie, Demenz; Reizbarkeit, Depressionen, Angst, Schlaflosigkeit	Erdnüsse Gemüse Hefe Milch Vollkorn Weizenkleie
Niazin	Kurbelt die Energieproduktion in den Mitochondrien an und verbessert die Impulsübertragung. So kann es die Gedächtnisleistung um 10 bis 40 % erhöhen.	Depressionen	Brauereihefe Eier Fleisch Nüsse Vollkorn Weizenkleie
Vitamin E	Fängt als Antioxidans freie Radikale im Gehirn ab und verhindert so eine Verhärtung und Verstopfung der Blutgefäße im Gehirn. Es schmiert zudem die Leitungen innerhalb und zwischen den Zellen und lindert zellzerstörende Entzündungen durch seinen positiven Einfluss auf das Immunsystem.	Peroxidation der Fette im Gehirn durch freie Radikale Axone der Nervenzellen degenerieren, das Kleinhirn schrumpft Gedächtnisverlust Neurologische Störungen	Erdnüsse Fenchel Getreidekeime Paprikaschoten Pflanzliche Öle und Fette Mandeln Nüsse Schwarzwurzel Vollkornbrot Vollkornflocken
Vitamin C	Schützt als Antioxidans vor freien Radikalen und hilft bei der Bildung von Neurotransmittern wie Dopamin.	Leistungsschwäche Müdigkeit Erschöpfung Reizbarkeit	Acerola Brokkoli Fenchel Grünkohl Paprikaschoten Roher Kohlrabi Weißkohl Zitronen

Legales Brain-Doping

Nährstoff	So wirkt er	Vorsicht Mangel!	Da steckt's drin
Selen	Hilft bei der Glutathionbildung und dient als wichtiges Antioxidans im Gehirn.	Störungen der Aktivität von Serotonin Schlechte Laune Erhöhte Angst	Fisch Fleisch Getreide Knoblauch Paranüsse
Thioctsäure	Das Superantioxidans schlechthin. Es kann sogar sich selbst, Vitamin E, Vitamin C, Glutathion und Coenzym Q10 reparieren. Der Stoff kontrolliert den Blutzucker und das Insulin und blockiert zuckergeschädigte Eiweiße. Dient als Reparatur- und Vitalisierungsinstrument im Gehirn.	Leistungsverlust des Gehirns	Brokkoli Reiskleie Rinderherz Rinderleber Rinderniere Rosenkohl Spinat Tomaten Zuckererbsen
Coenzym Q10	Wehrt freie Radikale ab, die die Gehirnzellen angreifen, und bildet den Zündfunken in der Energieproduktion der Mitochondrien. Es arbeitet eng mit Vitamin E zusammen und kann es regenerieren.	Energieproduktion in den Nervenzellen verlangsamt sich Funktionsstörungen Gestörte Reizweiterleitung Verminderte geistige Fähigkeiten Gedächtnisverlust	Brokkoli Fisch Fleisch
Phosphatidylserin	Erhöht als Bestandteil der Zellmembranen des Gehirns die Reizweiterleitung in den Nervenzellen. Es verbessert das Gedächtnis und kann altersbedingte Verschlechterungen rückgängig machen. PS erhöht zudem die Konzentration von Acetylcholin und Dopamin und schützt die Zellmembranen vor freien Radikalen.	Unaufmerksamkeit Konzentrationsstörungen Hyperaktivität	Fisch Grünes Blattgemüse Reis Soja

Nährstoff	So wirkt er	Vorsicht Mangel!	Da steckt's drin
Cholin	Bildet als Aminosäure einen Baustein des Neurotransmitters Acetylcholin und ist so entscheidend an der Reizübertragung beteiligt. Es verbessert das Gedächtnis und die Lernfähigkeit und hilft beim Abbau von Homocystein.	Arterienverhärtung	Blumenkohl Brokkoli Eier Erdnüsse Fisch Fleisch Käse Kohl Leber Milch Weizenkeime
Bor	Wichtiger Treibstoff für Gehirn und Nerven. Hilft dem ATP in die Zelle zu kommen und bei der Bildung von Östrogen und Testosteron.	Verschlechterung von Kurz- und Langzeitgedächtnis	Äpfel Birnen Erdnüsse Paprikaschoten Pfirsiche Tomaten Trauben
Chrom	Hilft bei der Blutzuckerregulierung – dem wichtigsten Energiestoffwechselweg des Gehirns.	Depressionen Gedächtnisverlust	Brokkoli Eier Fleisch Haferflocken Kakao Kopfsalat Leber Pilze Tomaten
Acetyl-L-Carnitin	Erhöht die Energieproduktion in den Mitochondrien der Gehirnzellen und verbessert Gehirnleistung bei Alzheimer-Demenz.	Schwächung des Herzmuskels Verminderter Fettabbau	Gutes Eiweißpulver Lamm Rind Schwein

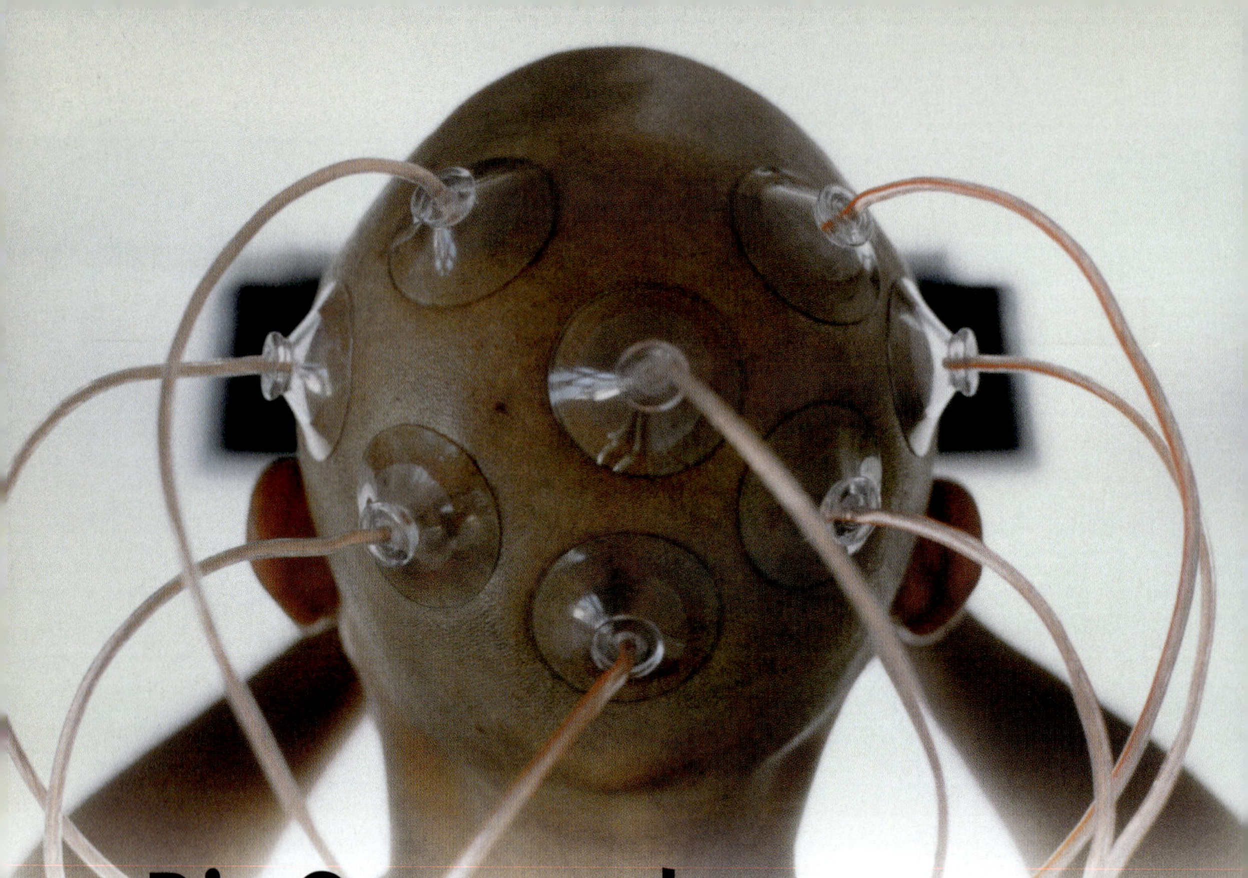

Die Grenzen der Gehirnforschung

Kürzlich habe ich »Welt der Wunder« im Fernsehen gesehen – da ging es um Sex und Gehirn. Die haben ein Pärchen in einen Kernspintomographen gelegt. Und die durften in dieser romantischen Röhre Sex haben. Die Forscher guckten dabei auf den Monitor – natürlich nur aufs Gehirn. Und sie haben entdeckt, dass bei Frauen auch Teile der Großhirnrinde aktiviert sind, wo die Vernunft sitzt. Und bei Männern nur der Instinkt. Ich finde das sehr spannend, was man mittlerweile mit diesen Apparaten alles über den Menschen herausfinden kann. Sie werden wohl auch künftig den Lügendetektor ersetzen. Aber ob wir irgendwann so viel über das Gehirn wissen, dass wir einen menschengleichen Roboter bauen können, daran glaube ich erst einmal nicht. Das können meine Enkel tun.

Ja, Ihr Gehirn ist besser als ein Computer

Immerhin so viel ist heute klar: Das Gehirn ist ein hochkomplexer und komplizierter Apparat. Er kann Gefühle, Sinneseindrücke, Bilder und abstrakte Informationen speichern. Er kann Bewegungen steuern, Entscheidungen treffen, bewusst und unbewusst. Er kann unmittelbare Wahrnehmungen mit früheren Erfahrungen verschmelzen.

Nur wie der Apparat das macht, darüber rätselt die Wissenschaft. Wie entstehen Bewusstsein und Ich-Erleben? Wie werden rationales und emotionales Handeln miteinander verknüpft? Wie funktioniert der freie Wille? Fragen, auf die wir nur Ansätze einer Antwort haben.

Wie ungeheuer leistungsfähig ist unser Gehirn? Ganz einfach erklärt: Vergleichen wir mal künstliche und natürliche Intelligenz. Ein Computer kann unzählige Informationen verarbeiten und speichern. Das aber heißt, er kann nur einen von unzähligen Jobs erledigen, die das Gehirn schafft. Macht er supergut. Doch selbst da macht ihm das Gehirn noch was vor. Allein mit seinem neuronalen Netzwerk mit 100 Milliarden Zellen, von denen jede einzelne mit bis zu 10 000 anderen Zellen verbunden ist. Dagegen ist der Computer ein löchriger Schwamm, denn so komplex ist keiner auf dieser Welt vernetzt. Da können Sie Ihr Gehirn schon eher mit dem Internet vergleichen. Fällt ein Rechner aus – übernehmen halt andere die Aufgabe.

Die schöne neue Welt des Gehirns

Was wissen wir eigentlich über unser Gehirn? Im Grunde genommen wenig. Obwohl die Gehirnforschung in den letzten zehn Jahren Bahnbrechendes geleistet hat. Sie hat …

- … Emotionen auf dem Bildschirm sichtbar gemacht. Das Netzwerk geortet, das feuert, wenn Sie traurig oder aggressiv sind.
- … festgestellt, dass das Gehirn uns mit einer rein biologischen Haltbarkeit von 150 Jahren überleben würde, wenn wir es ließen.
- … Grundlagen für die Gedächtnispille entwickelt, die Denkkappe.
- … sich darüber wundern dürfen, dass Menschen, die durch ein traumatisches Erlebnis ihr autobiografisches Gedächtnis verloren, gleichzeitig auch Krankheiten und Allergien los waren.
- … herausgefunden, dass Männer meist nur mit einer Gehirnhälfte zuhören.
- … die Netzwerke der Wahrnehmung entschlüsselt. Erinnern, Emotionen, unsere Seele als elektrisches Aktivitätsmuster dargestellt.
- … einem elfjährigen Jungen die rechte Gehirnhälfte herausgeschnitten, weil ihn sonst die Epilepsie umgebracht hätte. Heute ist er geprüfter Rettungstaucher, hat das Abitur gemacht, hat einen überdurchschnittlichen Intelligenzquotienten. Und er kann genauso wie andere lieben, fühlen, traurig sein. Seine linke Gehirnhälfte hat gelernt, die Aufgaben der rechten zu übernehmen.
- … das Gehirn mehr in die Behandlung mit einbezogen: Zum Beispiel mit Hilfe von Hypnose Zähne gezogen – ohne Schmerzspritze.

Im Grunde stehen wir noch am Anfang der Forschung. Und ob wir jemals alles über das Gehirn

Know-how

Forscherblick ins Gehirn

Im Röntgenbild sah der Forscher einst nur Grau. Ein buntes Bild von unserem wichtigsten Organ liefert die **Kernspintomographie.** Dort werden die ganzen kleinen verschiedenen Strukturen des Gehirns sichtbar, auch wenn sie – wie bei einem Schlaganfall – nicht mehr richtig durchblutet werden. Und mit der **funktionellen Kernspintomographie** oder der **Positronen-Emissionstomographie (PET)** kann die Forschung sogar Gefühle sichtbar machen. Je nachdem, ob der Mensch Aggression, Ekel oder Mitgefühl empfindet, werden bestimmte Gehirnareale stärker durchblutet.

wissen, es allumfassend verstehen, ist fraglich, weil wir ja mit nicht mehr als unserem Gehirn forschen können.

Know-how

Phänomen Gedächtnisverlust

Erlebt ein Kind ein traumatisches Ereignis, dann ändert sich etwas in seiner Gehirnchemie. Das kleine Gehirn produziert eine Flut an Stresshormonen. Und das erhöht die Empfindlichkeit fürs Leben. So löst beim Erwachsenen schon ein hupendes Auto eine stärkere Stresshormonflut im Gehirn aus. Stress, das kennen Sie auch, blockiert den Kopf, drosselt den Informationsfluss. Und ist der Stress groß, kann das sogar zum Gedächtnisverlust führen.

Der Hintergrund: Wenn Sie sich an etwas erinnern, etwa an Ihren Hochzeitstag, dann rafft sich das Gehirn seine Sachinformationen *»Tag: 20. Mai, Name der Braut: Hella«* aus dem Hippocampus und die Emotionen dazu aus der Amygdala (*»Mensch, war ich glücklich!«*). Diese beiden Gehirnzentren verfügen über die meisten Rezeptoren, also Andockstellen für Stressmoleküle. Und eine Flut an Stresshormonen verhindert, dass die beiden Infoflüsse sich zur Erinnerung formieren.

Nun haben Hirnforscher festgestellt: Depression oder ein traumatisches Ereignis können über Stresshormone zu einem Kollaps dieses Informationsflusses führen. Der Mensch vergisst, wer er ist. Und oft bleibt nur ein Gefühl übrig: *»Ich bin hilflos, alles ist schrecklich, ich bin allein.«* So erklärt sich, wie ein frühkindliches Trauma sich auch noch spät als Katastrophe auswirken kann.

Das große Rätsel Bewusstsein

Francis Crick, Entdecker der DNA, hat fest daran geglaubt, auch das menschliche Bewusstsein mit Hilfe der Naturwissenschaft zu entschlüsseln. Er schrieb in seinem Buch »Was die Seele wirklich ist«: *»All Ihre Freuden und Leiden, Ihre Erinnerungen, Ihre Ziele, Ihr Sinn für Ihre eigene Identität und Willensfreiheit – bei allem handelt es sich in Wirklichkeit nur um das Verhalten einer riesigen Ansammlung von Nervenzellen und dazugehörigen Molekülen.«*

Kurz bevor er starb, gab er zu, dass man zwar viel vom Gehirn wisse. Aber nichts über die subjektive Erfahrung. Der Mensch ist eben einzigartig. Das Bewusstsein ist die Summe von Biochemie, Umwelteinflüssen, Genen. Nur die Hirnforscher haben einfach keine Ahnung, warum der eine Mensch Blau lieber mag als Gelb. Warum man sich schuldig fühlt, warum der eine glaubt, der andere nicht … Und weil die Hirnforscher mit ihrer Neurobiologie an die Grenzen der Psyche stoßen, ist Freud wieder in. Das Magazin »Spiegel« fragte im April 2005 auf seinem Titel: »Hatte Freud doch recht?« Und das Zitat von Gedächtnisforscher und Nobelpreisträger Eric Kandel bringt es auf den Punkt: *»Freuds Entwurf ist das noch immer schlüssigste und intellektuell befriedigendste Bild des Geistes. Ein Ansatz, um zu verstehen, warum der menschliche Geist gleichzeitig Goethe aufnehmen und Konzentrationslager erschaffen kann.«*

Heißt: Hirnforscher nehmen Analytiker wieder ernster. Verdrängung ins Unterbewusste ist ein Thema. Auch dass Triebe unser Leben bestimmen, bestätigt die neue Forschung. Allerdings nicht nur Libido, Sexualität. Sondern auch Grundemotionen wie Wut und Angst und Freude. Und – vielleicht liegt man ja künftig auch wieder woanders auf der Couch als in Woody-Allen-Filmen und Cartoons.

Geheimnis Unterbewusstsein

Wenn Sie ein Dutzend Gehirnforscher an einen Tisch setzen, dann hat jeder eine andere Definition für das Unbewusste. Einer spricht vielleicht noch von dem inneren Bereich, in den der Mensch Erinnerungen verdrängt, Angst erregende Wünsche vergräbt. Andere nennen all die Vorgänge, die ganz automatisch ablaufen wie Autofahren, Guten-Morgen-Sagen, Frühstückseiköpfen unbewusst. Und wieder andere nennen es Intuition (siehe auch Seite 69ff.). Nicht immer eine unangenehme, sondern eine durchaus nützliche Instanz, die unserem Kopf, dem Verstand, ständig bei Entscheidungen hilft. Und zwar mit dem Erfahrungsschatz, der sich ein Leben lang im Gehirn angesammelt hat. Lesen Sie doch etwas über Ihren sechsten Sinn (ab Seite 289), Ihre Intuition (Seite 198ff.). Oder, wie Sie mit Hilfe Ihres Unterbewusstseins Wünsche wahr werden lassen können (ab Seite 308).

Den Menschen-Roboter wird es wohl nie geben

Aus Hollywood kriegen wir regelmäßig im Kino Gehirnhorror zu sehen – Filme wie »Artificial Intelligence«, »I, Robot«, »Terminator« oder »Westworld«. Die Story geht immer so: Irgendwann, im Jahr 2000 plus x, existieren Roboter, deren Gehirne genauso gut funktionieren wie die der Menschen. Wenn nicht sogar besser. Anfangs sind diese Androiden oder Replikanten genannten Wesen gut und dem Menschen nützlich. Doch dann werden sie böse und gehen auf ihre Schöpfer los.

Manche Leute sehen solche Streifen als ernst zu nehmende Prophezeiungen realer zukünftiger Bedrohung. Andere sagen wiederum, sie seien bloß Ausdruck der Angst vor dem Fortschritt und dem Ungewissen. Und halten Roboter, die so schlau sind wie der Mensch, für machbar. Irgendwann. Vielleicht. Also, ich bin ein glühender Bewunderer des Wunderwerks Mensch. Und ein noch glühenderer Bewunderer des Wunderwerks Gehirn. Nur eines hat die größte Schöpfung der Natur, unser Gehirn, nach Jahrmillionen nicht fertig gebracht – und sie ist wahrscheinlich noch ein gutes Stück davon entfernt, es in absehbarer Zeit fertig zu bringen: sich selbst zu verstehen. Da mögen wir bald wissen, ob Geranien auf dem Mars wachsen oder nicht. Das Gehirn bleibt uns noch eine Zeit lang als harte Nuss erhalten. Als eine mit einer Schale aus Titan.

Verblüffendes ...

Der Bioroboter

Von wegen, Bill Gates kreiert die besten Computer. Die besten Denkmaschinen produziert nach wie vor noch die Natur. Dies berücksichtigend, haben Forscher der Northwestern University of Chicago einen Roboter gebaut, der durch ein Fischgehirn gesteuert wird. Der Zweck des Experiments: Man erhofft sich Erkenntnisse für bessere Prothesen. So könnten in Zukunft künstliche Arme und Beine direkt mit dem menschlichen Gehirn verbunden werden.

Intelligenz ist nicht allmächtig

Ein Fasan in freier Wildbahn lebt gefährlich. Füchse, Jäger, Raubvögel schätzen ihn als schmackhafte Beute. Da der Fasan weder schnell noch wendig ist, bleibt ihm nur eine Chance: Er muss seine Feinde rechtzeitig erkennen und sich rasch im Unterholz verstecken. Sobald am Himmel eine schwarze Silhouette heranschwebt, die auf einen Milan, Falken oder Adler schließen lässt, verkriecht sich der Fasan. Ein kluges Verhalten, oder?

Wenn Sie sich einen Fasan als Haustier halten würden, kämen Sie aus dem Staunen nicht mehr heraus: Der Fasan kriecht unter die Couch, wenn an der Zimmerdecke eine Fliege entlangkriecht.

Also doch nicht intelligent? Der Fasan fürchtet sich instinktiv vor allem, was schwarz ist und sich hoch über ihm bewegt. Da ihn ein einziger Irrtum das Leben kosten kann, schützt ihn seine angeborene Furcht auch dann, wenn er noch nie zuvor einen Greifvogel in natura erblickt hatte. Einsicht in die Gründe für seine Angst besitzt er nicht. Wozu auch? Zimmerdecken mit Stubenfliegen kommen in seinem natürlichen Lebensraum nicht vor.

Auch wir Menschen kennen diese instinktive Angst. Die einen fürchten sich vor Schlangen, andere vor engen Räumen, Menschenansammlungen oder großen Höhen. Wieder andere bringen es nicht fertig, ein Flugzeug zu besteigen – und wenn ihnen die Statistiker hundertmal vorrechnen, dass sie bis zu einem Absturz im Schnitt 29 000 Jahre Tag für Tag fliegen müssten. Dass die Taxifahrt zum Airport risikoreicher ist als der Flug selbst. Die Betroffenen geben durchaus zu, dass sie sich gegenüber dem Objekt ihrer Furcht nicht sehr intelligent verhalten. Was hilft's – die Angst ist stärker.

Meine Beispiele zeigen zwei Dinge

- Intelligenz ist die Fähigkeit, Probleme durch Einsicht in Zusammenhänge von Ursache und Wirkung zu lösen – zum Beispiel tödliche Angreifer von harmlosen Fliegen zu unterscheiden. Und zu wissen, warum die einen gefährlich sind und die anderen nicht.
- Intelligenz ist nicht allmächtig und löst nicht alle Probleme. Gewaltige Gefühle wie Angst oder Freude setzen den Verstand außer Kraft.

Kann man Intelligenz testen?

1905 erhielt der französische Psychologe Alfred Binet vom Pariser Unterrichtsministerium den Auftrag, ein spezielles Lehrprogramm für geistig zurückgebliebene Kinder zu entwickeln. Das lässt sich machen, dachte er, aber erst einmal müssen wir etwas finden, um die benachteiligten Kinder von den begabteren zu unterscheiden. Zu diesem Zweck entwickelte er mit seinem Kollegen Theophile Simon den ersten Intelligenztest. Er bestand aus Aufgaben, die das Urteils- und logische Denkvermögen der Kinder ans Licht brachten.

Mit IQ an die Front

Im Ersten Weltkrieg stürzten sich amerikanische Militärs auf die neue Methode der Intelligenzmessung, um die Fähigkeiten ihrer Rekruten zu testen. Sie berechneten die Ergebnisse der 1,7 Millionen geprüften Soldaten erstmals mit dem Intelligenzquotienten (IQ). 100 ist der Durchschnittswert. Werte zwischen 90 und 110 gelten als normal. Ab 120 darf man sich als überdurchschnittlich begabt bezeichnen. Werte unter 70 weisen auf eine geistige Behinderung hin.

Der Enthusiasmus war groß. Der Intelligenztest wirkte als Allheilmittel, um zuverlässig die Klugen von den Dummen zu unterscheiden. Probieren Sie es gleich aus. Gucken Sie auf die Uhr: Sie haben fünf Minuten Zeit für die Lösung aller acht Aufgaben auf der nächsten Seite.

Verblüffendes ...

Gehirn-OP – ein uralter Hut

Neue Funde zeigen: Schon die Inkas in Peru und Bolivien machten sich vor über 10 000 Jahren mit Sägen und Bohrern an menschliche Schädel heran, um Gehirnoperationen durchzuführen. Sie wussten erstaunlich viel über Anatomie und hatten mit ihren Eingriffen bemerkenswerte Erfolge.

Und wie gescheit sind Sie?

Acht typische Aufgaben aus einem Intelligenztest. Nehmen Sie sich fünf Minuten Zeit – und los geht's!

1. *Welcher Spruch drückt den gleichen Sachverhalt aus wie »Aus Schaden wird man klug«?*
   a) Das Kalb will oft klüger sein als die Kuh.
   b) Der Fuchs geht nicht zum zweiten Mal ins Netz.
   c) Früh übt sich, was ein Meister werden will.
   d) Wie man in den Wald hineinruft, so schallt es heraus.
   e) Mit dem Löwen ist nicht gut Beute teilen.

2. *Sie haben 8000 Euro in einer Sparanlage, die jährlich 5 Prozent Zinsen bringt. Wenn Sie das Geld unberührt liegen lassen – welche Summe ist nach drei Jahren zusammengekommen?*
   a) 8800 Euro b) 9200 Euro c) 9240 Euro
   d) 9261 Euro e) 9264 Euro und 50 Cent

3. *Welche Figur setzt die begonnene Reihe folgerichtig fort?*

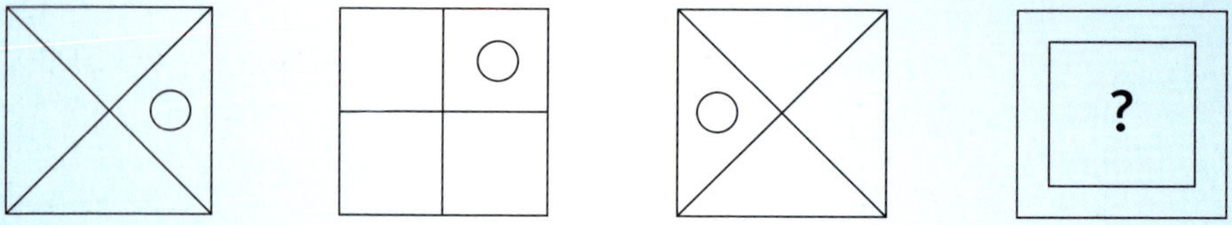

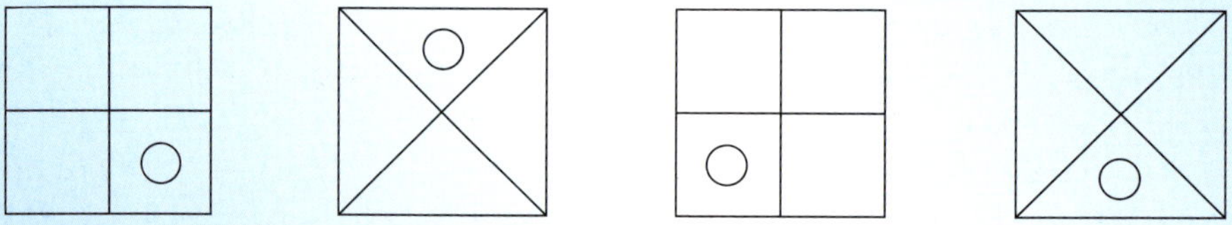

a) b) c) d)

4. *Welche Zahl setzt die begonnene Zahlenreihe fort?* ***12 14 28 30 60 62 ...***
   a) 64 b) 94 c) 92
   d) 124 e) 128

5. *Der Sohn vom einzigen Onkel der Mutter Dorotheas hat nur eine Cousine. Deren Sohn heißt Klaus. In welchem Verwandtschaftsverhältnis stehen Dorothea und Klaus zueinander?*
   a) In keinem. b) Klaus ist Dorotheas Vater. c) Klaus ist Dorotheas Onkel.
   d) Dorothea und Klaus sind Geschwister. e) Klaus ist Dorotheas Cousin.

6. ***Eine Schnecke kriecht eine 10 Meter hohe Säule hoch. Sie schafft am Tag 5 Meter aufwärts, rutscht aber in der Nacht im Schlaf wieder 4 Meter nach unten. Am wievielten Tag erreicht sie die Spitze der Säule?***

a) Nie
b) Am 11. Tag
c) Am 10. Tag
d) Am 8. Tag
e) Am 6. Tag

7. ***Welches Wort hat die gleiche Bedeutung wie »autonom«?***

a) vollkommen
b) unbekannt
c) eigenständig
d) beachtlich
e) eigenbrötlerisch

8. ***Eine Doppel-CD wiegt mit Hülle 120 Gramm. Die Hülle wiegt doppelt so viel wie beide CDs zusammen. Wie viel wiegt eine CD?***

a) 20 Gramm
b) 40 Gramm
c) 30 Gramm
d) 60 Gramm
e) 25 Gramm

Lösungen

1 b) Der Fuchs, der beim zweiten Mal nicht mehr ins Netz geht, ist aus Schaden klug geworden.
2 d) Grund: Zinseszinseffekt. Ab dem zweiten Jahr steigt nicht nur die eingezahlte Summe, sondern auch die Zinsen des Vorjahres um 5 Prozent.
3 c) Der Punkt wandert in der Reihe nach links, entgegen dem Uhrzeigersinn. Zugleich wechseln sich in den Quadraten x und + ab.
4 d) Zwei Prinzipien wechseln einander ab. Zur ersten Zahl werden 2 addiert, das Ergebnis wird verdoppelt. Zu diesem werden wieder 2 addiert usw. Die 62 muss zu 124 verdoppelt werden.
5 d) Dorotheas Mutter ist die Nichte ihres Onkels. Hat der Onkel einen Sohn, ist sie dessen Cousine. Folglich kann ihr Sohn nur Dorotheas Bruder sein.
6 e) Nach dem Zurückrutschen der 5. Nacht ist die Schnecke 5 Meter hoch gekommen. Wenn sie nun am 6. Tag wieder fünf Meter hoch kriecht, gelangt sie 10 Meter hoch, kommt also oben an.
7 c) »Autonom« kommt aus dem Griechischen. »Auto« bedeutet »selbst, eigen«, »nomos« ist das Gesetz. Autonom ist daher, wer sich nach seinen eigenen Gesetzen richtet. Also jeder, der eigenständig handelt.
8 a) Die Hülle wiegt 80 Gramm, beide CDs zusammen 40 Gramm, eine CD also 20 Gramm.

Wie klug sind Sie?

- Alle Aufgaben in den fünf Minuten gelöst: genial!
- 6 bis 7 Aufgaben richtig: überdurchschnittlich intelligent
- 4 bis 5 Aufgaben richtig: ungefähr durchschnittliche Intelligenz
- 3 Aufgaben oder weniger: Der IQ liegt unter dem Durchschnitt

Warum der IQ-Test veraltet ist

Der IQ-Test sagt wenig über Erfolg im Leben aus. Eine Eins in Mathe bedeutet noch lange nicht eine Eins im Leben. Erfolg im Leben bedeutet mehr als die klassische Denkintelligenz:

Lebensklugheit. Auswege aus schwierigen Situationen zu ersinnen ist gut. Im menschlichen Miteinander Einfühlungsvermögen zu beweisen ist besser. Ein hoher IQ garantiert nicht automatisch eine glänzende Karriere. Aber: Lebensklugheit. Die besitzt, wer leicht Sympathie und Verbündete gewinnt. Geschickt verhandelt, um günstige Konditionen herauszuschlagen. Wer in der Lage ist, den Chef von seinen Fähigkeiten zu überzeugen, ohne sich bei den Kollegen als Streber unbeliebt zu machen. Wer sich flexibel auf seine Mitmenschen einstellen kann, kommt besser durchs Leben als ein Hochbegabter, der regelmäßig ins Fettnäpfchen tritt.

Kreativität. Intelligenz misst sich daran, ob man für ein gegebenes Problem eine effektive Lösung findet. Intelligenz zergliedert eine Schwierigkeit und analysiert ihre Bestandteile. Originell macht diese Lösung nur Kreativität. Kreativität stellt Querverbindungen her und schafft Neues, ohne gleich zu fragen, ob das Ergebnis praktischen Nutzen bringt. Die berühmten kreativen Künstler waren oft nur durchschnittlich intelligent. Während die meisten Leute mit hohem IQ nie als Erfinder, Entdecker oder Künstler Lorbeeren ernteten. Beispiel Sebastian Springer aus Denver: IQ 210, mit 16 Doktor der Physik, mit 18 arbeitslos. Oder Marylin Vos Savant, Amerikanerin von Mitte 50. Sie erzielte mit 228 Punkten den Weltrekord in Sachen IQ. Sie schreibt Bücher über Gedächtnistraining, taucht aber in keinem Lexikon wegen schöpferischer Leistung auf.

Motivation. Ohne ein wenig Disziplin und Konzentration auf ein Ziel und viel Spaß an der Sache bleibt Intelligenz nur eine ungenutzte Möglichkeit. Ein mäßig begabter Schüler arbeitet sich eher an die Spitze eines Unternehmens vor als ein intelligenter Träumer, der sich nur gelegentlich anstrengt. Ohne die Lust und den Willen, die Be-

Know-how

Der Glaube ist stärker als der IQ

Wie leicht sich selbst Fachleute täuschen lassen, zeigte folgendes Experiment des amerikanischen Psychologen Robert Rosenthal aus dem Jahr 1968: Amerikanische Lehrer sollten fremde Klassen mit lauter neuen Schülern unterrichten. Als Hilfestellung erhielten sie von der Direktion Listen mit den IQs der Kinder. 20 Prozent der Schüler wurden den Lehrern als »viel versprechende Talente« vorgestellt. Am Ende des Schuljahres entsprachen die Zensuren in der Tat ungefähr diesen IQs. Was die Lehrer nicht wussten: Die vorgegebenen IQs waren alle frei erfunden. Der »Glaube« der Lehrer, dass diese 20 Prozent besonders begabt waren, übertrumpfte die Wirklichkeit. Sie förderten die Kinder, die sie für klug hielten, und beurteilten sie wohlwollender als die übrigen. Ihre Vorurteile setzten die tatsächlichen Intelligenzunterschiede außer Kraft.

gabung auch anzuwenden, bleibt selbst ein IQ über 150 wirkungslos.

Intelligenz ist erlernbar – lebenslang

Intelligenz ist kein angeborenes Schicksal. Förderung und mentales Training verändern die geistige Leistung.

- ***Bewegung kurbelt den IQ an:*** Es genügt schon eine halbe Stunde Joggen, um den Intelligenzquotienten um etwa sechs Punkte zu steigern. Die verbesserte Versorgung des Gehirns mit sauerstoffreichem Blut nach der körperlichen Anstrengung beschleunigt das Denken. Da Intelligenztests unter Zeitbegrenzung durchgeführt werden, können Jogger in der knappen Zeit mehr Aufgaben lösen. Sage ich schon immer: Bewegung macht klug. Jetzt wissen Sie, warum in den letzten Jahrzehnten der nationale IQ gesunken ist. Pisa, sage ich da nur …

- ***Faulenzen dimmt den IQ runter:*** Ein dreiwöchiger Urlaub ohne jede geistige Anstrengung kann den IQ um 20 bis 30 Prozent sinken lassen. Nicht nur der Körper, auch der Geist wird träge. Nach der Rückkehr in das Berufsleben steigt sein Wert wieder an.

- ***Falsche Ernährung macht dumm.*** Seit einigen Jahren geht der IQ leicht zurück. Das zeigten neuere Studien in Deutschland, Dänemark, Österreich und der Schweiz. Schuld daran, so eine Studie von Chris Williams von der London University: schlechte Ernährung. In dem Industriemüll, den wir schlucken, steckt nicht mehr das, was unser Gehirn braucht, um Spitzenleistungen zu vollbringen. Eisenmangel beeinträchtigt zum Beispiel die Fähigkeit, mathematische Aufgaben zu verstehen und zu lösen, fanden Forscher der amerikanischen University of Rochester heraus. Bruce McEwan, Hirnforscher an der Rockefeller-Universität in New York, konnte zeigen, dass sich der IQ von Kindern mit einer guten Ernährung um fünf Prozent steigern lässt. Sein »Brainfood-Prinzip« lautet: Kohlenhydrate machen ruhig und gelassen, Proteine wach und aufmerksam. Aha, da klingelt's bei Forever-Young-Lesern. Wissen die schon seit Jahren.

- ***Die klugen Windungen macht man sich selbst:*** Guckt man sich menschliche Hirnstrukturen an, zeigt das: Intelligenz ist kein unveränderliches Schicksal. Die Hirngröße haben Sie von Ihren Eltern geerbt. Nicht aber die Muster der Hirnwindungen. Je komplizierter die Windungen der Großhirnrinde, desto klüger ist ihr Besitzer. Sie sind das Resultat eigener Lernanstrengungen – nicht der elterlichen Gene.

Verblüffendes

Lieber fleißig und dumm als klug und faul …

Die weit verbreitete Meinung, dass geborene Idioten auf ewig Idioten blieben (aus einem Ackergaul würde ja auch kein Rennpferd), macht wenig Hoffnung. Und das ist schade. Weil zwei Hirnforscher der Universität Graz jetzt das Gegenteil nachwiesen. Zwar seien weniger Intelligente den Intelligenten gegenüber benachteiligt. Auf partiellen Gebieten könnten sie allerdings ihre Defizite mit Übung wettmachen. Das heißt: Ein fleißiger Dummer kann genauso klug sein wie ein moderat engagierter Intelligenter. Es komme also mehr auf die Mühe als auf die Gene an. Denn umgekehrt gilt: Auch der intelligenteste Faulpelz ist am Ende nur ein Trottel.

Die acht Säulen der Intelligenz

Wie erfindet man die Relativitätstheorie, wieso wird man Mutter Teresa, was hat das Hirn eines Norman Foster (neuer Berliner Reichstag) anderen voraus, wie kriegt ein Joaquín Cortés das Prädikat »Bester Flamencotänzer der Welt«, was macht Ludwig van Beethoven zum genialen Komponisten ... Um Spitzenleistung zu erklären, kam Intelligenzforscher Howard Gardner als Erster auf die Idee, verschiedene Arten von Intelligenz zu unterscheiden. Andere Wissenschaftler griffen sie auf. Diese acht Formen der Intelligenz führen gleichermaßen zu kreativem Schaffen.

Günter Grass

Sprachintelligenz: Wer seine Gedanken und Empfindungen fließend formulieren kann, genießt viele Vorteile. Sprachbegabte lernen leichter fremde Sprachen, feiern Triumphe als Autoren (wie Günter Grass), Politiker, Journalisten, Fernsehmoderatoren und Redner.

- Wer viel liest, Gedichte schreibt, Fremdsprachen lernt oder in einer Laienspielgruppe agiert, übt seine Sprachintelligenz.

Körperintelligenz: Auch Bewegungsgenialität ist eine Form der Intelligenz. Das zeigte früher Muhamad Ali im Ring oder heute Joaquín Cortés

Muhamad Ali

auf der Tanzfläche. Oder Schauspieler im Film. Diese Form der Intelligenz braucht aber auch der Uhrmacher, der Zahnarzt, der Pilot und der Chirurg. Fehlt sie, endet es für Betroffene mit einer Katastrophe.

- Wer sich viel bewegt, trainiert nicht nur seine motorischen Fähigkeiten, sondern schafft auch eine Basis für Kreativität.

Raumintelligenz: Jeder IQ-Test enthält Aufgaben, ein Objekt unter vier bis sechs anderen wiederzuerkennen, nachdem es im Raum verdreht wurde. Ein Architekt wie Norman Foster verfügt

Norman Foster

über räumliche Fantasie. Künstler, Piloten, Bildhauer, Mechaniker, Schachspieler, Grafiker und Fotografen brauchen die Kunst der räumlichen Orientierung. Während in der Sprachintelligenz Frauen besser abschneiden, ist die Raumintelligenz eher eine Domäne der Männer. Darum können sie weniger gut zuhören, dafür aber besser einparken.

- Männer nehmen gern Dinge wie den Staubsauger auseinander und bauen sie wieder zusammen. Auch wenn er dann nicht mehr saugt, trainiert man so die Raumintelligenz spannender als beim Puzzeln.

Denkintelligenz: Sie ist das Feld der theoretischen Grübler. Der Einsteins. Sie ermöglicht Folgerichtigkeit und Beweisführung. Mathematisch-logisches Denken hilft dabei, abstrakte Probleme kreativ zu lösen. Forscher, Anwälte und Computerspezialisten profitieren von dieser Begabung. Doch um Einstein zu werden, reicht diese Form der logisch-mathematischen Intelligenz nicht aus. Der war nämlich ziemlich kreativ.

Albert Einstein

- Wer Spaß am Knobeln hat und komplizierte PC-Spiele Stufe für Stufe bewältigt, trainiert seine logisch-mathematischen Fähigkeiten.

Musikintelligenz: Nur wenige Menschen orientieren sich lieber mit dem Gehör als mit dem Auge. Für sie besteht die Welt in erster Linie aus Geräuschen, Tönen, Klängen, Melodien und Rhythmen. Musik hat nicht nur mit Gefühlen, sondern auch viel mit Intelligenz zu tun. Ludwig van Beethoven komponierte geniale Melodien – im Flow (siehe Seite 150ff.). Die Koordination von Hand, Gehör und Gehirn beim Musizieren hält übrigens geistig jung und schützt vor Altersdemenz. Dirigenten leben länger als jede andere Berufsgruppe.

Ludwig van Beethoven

- Also: Musizieren Sie. Auch wenn's weh tut: Schenken Sie Ihrem Kind so früh wie möglich ein Instrument.

Emotionale Intelligenz: Wer wie Mutter Teresa seine Gefühle intelligent managt, besitzt sensible Antennen für andere. Kann fremde Absichten durchschauen, hinter die Masken der Mitmenschen blicken, leicht Kontakte schließen und Konflikte friedlich beilegen, ohne dabei den Kürzeren zu ziehen. Emotional intelligente Menschen kommen auch mit sich selbst besser zurecht. Kennen die eigenen Stärken und Schwächen, verfügen

Mutter Teresa

über Selbstbeherrschung und Selbstkontrolle. Eine unentbehrliche Begabung für Führungskräfte, Pädagogen, Geistliche und Psychologen.

- Wer gern unter Menschen ist und viel kommuniziert, auch mal was Gutes tut, trainiert die Weisheit seiner Gefühle.

Erfolgsintelligenz: Als praktische Raffinesse ermöglicht sie, Talente in Anerkennung und Gelingen umzusetzen. Sie lehrt, Schwierigkeiten zu überfliegen, sich leicht zu motivieren und gekonnt auf dem schmalen Grat zwischen Überlastung und Unterforderung zu balancieren. Unternehmer wie Walt Disney und alle, die in ihrem Beruf an die Spitze gelangen wollen, benötigen diese Erfolgsintelligenz.

Walt Disney

- Wer seine Ziele verfolgt und aus Niederlagen lernt, statt zu verzweifeln, schwenkt auf die Straße der Sieger ein.

Wohlfühlintelligenz: Erfolg ist nichts, wenn man nicht auch über die Fähigkeit verfügt, das Glück zu genießen, wie der Dalai Lama. Wohlfühlintelligenz hat, wer dem Alltagsstress widersteht, in der Lage ist, negativen Erlebnissen eine positive Seite abzugewinnen, Missgeschicke mit Humor nimmt. Wer unter Termindruck und Ärger Gelassenheit bewahrt. Wer sich die Entscheidung nicht aus der Hand nehmen lässt.

Dalai Lama

- Mit Entspannungstechniken und Ausdauertraining stabilisieren Sie Ihre Stimmung und programmieren sich dauerhaft auf gute Laune.

Verblüffendes ...

Die Persönlichkeit kann man sehen

Der Gehirnscan zeigt nicht nur die Krankheiten eines Menschen. Er kann auch grundlegende Merkmale seiner Persönlichkeit offen legen. So haben Wissenschaftler der Stanford University sichtbare Unterschiede bei der Gehirnaktivität von Optimisten und Pessimisten festgestellt. Die Gehirne der Optimisten reagierten auf positive Bilder intensiver als die der Pessimisten. Wurden den Probanden negative Bilder gezeigt, reagierten die Pessimisten intensiver als die Optimisten.

Kreativität – knacken Sie den Ideenjackpot!

Sie wollen kreativ sein? Dann wecken Sie das Kind in sich. Dr. Guntern, ein überaus kreativer Kopf, sagt im Interview ab Seite 72: »Unsere Kultur hat den Menschen als Arbeitstier gezüchtet. Der *Homo faber*, der arbeitende Mensch, hat den *Homo ludens*, den verspielten, spielenden Menschen, unterdrückt. Durch die Mechanisierung der Arbeitsabläufe wurde der Mensch zum Rädchen. Ein Rädchen muss sich voraussagbar und zuverlässig drehen. Dazu braucht es weder Imagination noch Intuition, keinen Spieltrieb und vor allem keine Autonomie!« So beschreibt der Kreativitätsforscher den Untergang unserer Kreativitätskultur.

Pommes sind kreativ

Kreativität leitet sich aus dem Lateinischen ab. Creatio heißt Schöpfung. Ganz allgemein heißt das: Kreativ ist alles, was neu geschaffen wird. Was jedoch nicht bedeutet, dass alles, was neu ist, unbedingt kreativ sein muss. Oder kreativ kann auch etwas Altes sein, das man neu einsetzt. Denken Sie an den Nordic-Walking-Stock – ist nichts anderes als ein Skistock für die schneefreie Zeit. Und jetzt Volkssport. Sehr kreativ!

Kreativität ist keine überirdische Eigenschaft, die ausschließlich schillernden Genies wie Einstein oder Mozart in die Wiege gelegt wird. Kreativität gehört zur natürlichen Grundausstattung, mit der jeder Mensch diese Welt betritt. Und sie hat neben den glamourösen auch viele triviale Gesichter. Kreativ ist der Mensch, der als Erster auf die Idee kam, Kartoffeln zu backfertigen Stäbchen zu verarbeiten, die man platzsparender lagern und transportieren kann als die Knollen. Dass die einen gewichtigen Beitrag leisten zum Fettberg der Nation, steht auf einem anderen Blatt. Kreativ ist derjenige, der das erste Skateboard kreierte, indem er Rollschuhrollen unter ein Surfbrett montierte. Und kreativ ist in meinen Augen auch der Mensch, der Zeit findet, eine halbe Stunde pro Tag zu laufen. Und wenn er's noch nicht ist, dann wird er's.

Kreativ ist, wenn zwei arbeiten

Kreativität lässt sich auch physiologisch erklären. Das heißt über die Arbeitsweise unseres Gehirns. Kreativität ist immer ein Zusammenspiel von Emotion und Ratio. Sie wissen: Das menschliche Gehirn besteht aus zwei Hälften, der rechten und der linken Hemisphäre. Beiden Hälften sind unterschiedliche Funktionszentren zugewiesen: der linken Hälfte die rationalen (zum Beispiel logisches und mathematisches Denken, Gedächtnis für Wörter und Sprachen) und der rechten Hälfte die emotionalen (Gefühle, visuelles Denken, Körpersprache).

Ursprünglich dachten Hirnforscher, dass die entscheidenden Denkprozesse in der linken Hemisphäre ablaufen. Heute weiß man dagegen, dass beide Gehirnhälften an wichtigen Denkprozessen beteiligt sind. Ein gigantisches Neuronennetzwerk, das das ganze Gehirn durchzieht, feuert. Das gilt natürlich auch für den kreativen Denkvorgang. Kreativ sein heißt: Es muss ein Neuronennetz im Kopf aktiv sein, das bislang noch nie aktiv war. Verschiedene Koalitionen tun sich im Gehirn zusammen, entzünden sich gegenseitig für etwas Neues. Noch nie Dagewesenes. So wird ein neuer Gedanke, eine neue Idee geboren. Das widerlegt die weit verbreitete Meinung, Kreative seien unvernünftige Verrückte, die sich ausschließlich auf ihr Gefühl verlassen. Also einseitig rechtsgesteuerte Menschen. Der wahre Kreative zeichnet sich durch Widersprüchlichkeit aus: Er ist ein vernünftiger Spinner. Allerdings offen für neue Informationen.

Geistesblitze muss man machen

Warum haben manche Menschen kreative Einfälle und andere nicht? Einfälle haben wir alle. Genauso wie wir alle träumen. Wir erleben das jeden Tag: In unserem Kopf tummeln sich Gedanken und Bilder. Scheinbar völlig unsinnige. Und

Know-how

Langweiliger Job drückt die Lebenserwartung

Menschen, die in ihrem Job nicht die Möglichkeit haben, eigene Entscheidungen zu treffen, sprich auch Kreativität einsetzen können, sterben früher. Nicht negativ auf die Lebenserwartung wirkt sich Arbeit aus, die psychisch, sozial oder körperlich anstrengend ist. Das berichten amerikanische Forscher im Fachmagazin »Journal of Psychosomatic Medicine«, die über 20 Jahre hinweg die Berufswege und die Sterbefälle von Arbeitnehmern aus 5000 Haushalten aufzeichneten.

genau darin liegt das Problem. Wem fällt schon die komplette chemische Zusammensetzung für ein neues, Gewinn bringendes Medikament ein? Wem fliegt schon ein fertiges, Erfolg versprechendes Geschäftskonzept zu, während er gerade unter der Dusche steht? Ideen haben wir viele, aber sie als Keimzelle für etwas Großes, Ganzes zu sehen, das ist das Geheimnis des Kreativen.

Ein Beispiel: Ein Mann sitzt auf seinem Balkon und beobachtet ein Ehepaar durch das Fenster des gegenüberliegenden Hauses. Die beiden streiten, gestikulieren wild. Plötzlich ist die Frau verschwunden. Jedem Beobachter kommt der Gedanke, er wäre gerade Zeuge eines geheimnisvollen Mordes geworden. »Absurde Idee«, denkt sich der Nichtkreative und vergisst den Gedanken. Der Kreative dagegen erkennt in dieser Idee die Keimzelle für einen hochkarätigen Thriller. Einen, den Sie kennen: Alfred Hitchcocks »Fenster zum Hof«.

Kreative haben nicht die besseren Einfälle als Unkreative. Sie haben nicht unbedingt mehr Fantasie. Sie haben nur einen besseren Draht zu ihrem Unterbewusstsein. Zu ihrer Intuition. Und diesen Draht kann man machen. Lernen Sie in diesem Buch.

Archimedes in der Wanne

»Heureka!« (*»Ich hab's gefunden!«*), soll Archimedes gerufen haben, als er plötzlich das Naturgesetz vom Auftrieb der Körper im Wasser in der Badewanne entdeckte. Kennen Sie sicher, diese Anekdote. Ist als typischer Fall von spontanem Geistesblitz in die Geschichte eingegangen. Irrtümlicherweise. Denn die Geschichte vom gemütlich planschenden Archimedes, der ganz nebenbei eine der bahnbrechendsten Entdeckungen der Physik machte, ist nur die halbe Wahrheit. In Wirklichkeit grübelte er vorher tagelang über das Problem. Und die Wogen der Wanne verschafften ihm die letzte Inspiration. Sozusagen das Tüpfelchen auf dem i. Kreativität hat nichts mit Blitzen zu tun, die einem der Himmel schickt. Kreativi-

tät ist ein langwieriger Prozess, den Psychologen und Hirnforscher in vier Phasen unterteilen:

1. Die Phase der Präparation. Der Denker wird sich eines Problems bewusst. Er grübelt, sucht nach Lösungen, macht sich schlau.

2. Die Phase der Inkubation. Der Denker ist müde und resigniert. Er legt das Problem zur Seite und entspannt sich. Währenddessen arbeitet das Unterbewusstsein weiter. Und treibt den Denker in die …

3. Phase der Illumination. Der Denker hat plötzlich den rettenden Einfall, ein so genanntes Aha-Erlebnis.

4. Die Phase der Verifikation. Der Denker überprüft die gefundene Lösung. Ist die Idee wirklich gut? Könnte man sie noch toppen?

Diesen Prozess kann man nicht lernen. Muss man auch nicht. Er passiert ganz automatisch. Aber man kann ihn begünstigen. Man kann Rahmenbedingungen schaffen, unter denen der Prozess optimal gelingt. Kreativitätsblockaden abschaffen.

Entdecken Sie Kreativitätsblockaden

Der amerikanische Schriftsteller Dirk Witterborn hat mal in einem Interview erzählt, wie er seinen Roman »Unter Wilden« geschrieben hat. Er lag mit einer alten Schreibmaschine auf dem Boden. Alte »Birds«-Scheiben rotierten auf dem Plattenteller. So habe er sich am besten in den jugendlichen Erzähler in seinem Roman hineinversetzen können. Die meisten Kreativen nutzen ähnliche Tricks. Ernest Hemingway zum Beispiel musste um ein Schreibpult wandern, wenn er schrieb. Die Popsängerin Björk geht zum Arbeiten an den Strand. Und wenn dann die Ideen sprudeln, singt sie Melodien auf ein Diktiergerät, das sie immer

bei sich trägt. Und ich gehe laufen. Ja, ich weiß …

Viele Menschen – vor allem unkreative – halten solche Anekdoten für die Bestätigung eines alten Gerüchts: Künstler liegen gerne den ganzen Tag auf der faulen Haut und warten im Halbschlaf auf den genialen Gedanken. Blödsinn. Es geht den Kreativen nicht um Annehmlichkeiten und Komfort. Es geht ihnen um die Vermeidung von Störfaktoren. Es geht um Kreativitätsblockaden.

Auf die Sie und alle anderen jeden Tag und überall stoßen. Wer hat schon gute Einfälle, wenn er verkrampft auf einem unbequemen Bürostuhl sitzt? Wenn den ganzen Tag die Kinder schreien, das Telefon schrillt? Oder der Kollege mit seinen dummen Witzen nervt?

Die einen Ideen killt der Chef …

Homo homini lupus, der Mensch ist dem Menschen Wolf, lautet ein altes Sprichwort. »Stimmt!«, sagen Kreativforscher. Oft ist es der Mensch, der den Mitmensch an der Kreativität hindert. Am schlechtesten schneiden die Chefs ab. Die meisten von ihnen blockierten Kreativität, anstatt sie zu fördern, sagt auch Kreativitätsexperte Gottlieb Guntern (siehe Seite 72ff.). Wo Vorgesetzte Effizienz und schnelle Lösungen fordern, leidet die Kreativität. Und sie geht schließlich jämmerlich zugrunde, wenn Menschen ihren Starrsinn anderen aufoktroyieren. Durch so genannte Killerphrasen, die man immer wieder in den Konferenzräumen hört. Zum Beispiel: *»Das gehört nicht zu Ihrem Ressort«, »Bleiben Sie mal beim Thema«, »Erst denken, dann reden«*, oder *»Als Fachmann muss ich das ja wohl besser wissen«.*

... die anderen das Team

Mittlerweile rüttelt die Kreativitätsforschung sogar am guten Ruf der in den letzten Jahren so leidenschaftlich propagierten Teamarbeit. Die Zeitschrift »Bild der Wissenschaft« hat jüngst das Lieblingsspiel der kreativen Teamworker auf den Prüfstand gestellt: das Brainstorming in der Gruppe. Angeblich haben bereits 1958 Psychologen der University of Stanford das Verfahren untersucht. Sie ließen Probanden in der Gruppe über ein Problem sinnieren, und gleichzeitig machte sich eine weitere Gruppe im stillen Kämmerlein Gedanken. Ergebnis: Die Einzelkämpfer hatten nicht nur mehr, sondern auch die besseren Ideen als die Gemeinschaftsdenker. Letztere blockierten sich gegenseitig. Der Großteil ihrer Ideen ging verloren, weil sie warten mussten, bis die anderen ausgeredet hatten.

Professionellen Kreativen muss man so etwas nicht erzählen. Die meisten von ihnen wissen schon, warum sie Großraumbüros und Konferenzräume meiden und lieber als Selbstständige in den eigenen vier Wänden arbeiten. Oder laufen gehen.

Vorsicht – hausgemachte Antikreativa

Die wirksamsten Antikreativa machen wir uns selbst. Leider. Sonst würde jeder entspannte Sonntagsspaziergänger automatisch mit unzähligen guten Ideen zurückkommen. Tun aber die wenigsten. Das liegt an Kreativitätsblockaden, die viele Menschen in sich tragen. Weil sie:

- ***kein Vertrauen in die eigene Kreativität haben.*** Weil sie im Kunst- und Musikunterricht in

der Schule keine Leuchten waren. Und den Roman, den sie schreiben wollten, nach zwei Seiten in der Schublade begraben haben. Weil sie irgendwann geglaubt haben, was ihnen die Kreativitätsverhinderer erzählt haben: »Du bist halt mehr der Analytiker, der Rationalist.«

- ***am liebsten mit den anderen im Strom schwimmen.*** »Bloß nicht auffallen«, lautet ihre Devise, und sie fragen: »Was liegt im Trend?« Kreative sind aber nicht diejenigen, die die Trends leben, sondern die sie machen. Exzentriker in der Regel.

- ***Angst haben – vor dem Urteil des Chefs, der Kollegen, der Freunde***. Angst lähmt. Die guten Ideen bleiben stecken.

- ***ein klares Bild von der Welt haben und deshalb zu Vorurteilen neigen.*** »Das weiß jedes Kind: Der Ball ist rund«, sagen sie. Der Kreative macht hinter solchen Sätzen ein Fragezeichen. Er hat Spaß am Zweifeln.

- ***die Vorstellung lieben, das Leben sei eine Abfolge des immer gleichen Tages.*** Immer derselbe Job, derselbe Partner, derselbe Urlaubsort, derselbe Sonntagsbraten. Kreativität und Routine? Geht gar nicht.

- ***den Körper nicht mit den kleinen Bausteinchen füttern*** namens Aminosäuren, Vitamine und Mineralien, die Kreativität möglich machen.

- ***im Sessel verkümmern.*** Ein kreativer Geist braucht bewegte Beine.

- ***der Intuition keinen Raum lassen.*** Wo kommen Ideen? Nicht am Schreibtisch. Nur im entspannten Zustand. Beim Nickerchen, unter der Dusche, beim Laufen.

Intuition – vertrauen Sie der inneren Stimme

Manchmal passieren schon seltsame Dinge. Da springt der Torwart beim Elfmeter dem Ball souverän entgegen, als hätte er den Schützen vor dem Schuss geschmiert. Oder Walt Disney. Steckte mehr als einmal sein gesamtes Vermögen in eine Idee, die sich als Publikumsrenner auszahlte. Die einen nennen es Bauchgefühl, die anderen den sechsten Sinn, den goldenen Riecher oder schlicht: Intuition. Vor allem Kreative brauchen sie. Im kreativen Prozess ist die Intuition so etwas wie ein organischer Rechner, der Fakten auswertet und dem Denker einen mehr oder weniger guten Einfall ins Bewusstsein spuckt. Kann man auch physiologisch ausdrücken: Intuitiv sind Menschen, die beim Denken ihre rechte Gehirnhälfte aktivieren. Macht eigentlich jeder Mensch. Merkt er gar nicht. Geschieht ganz automatisch. Die Intuition hilft, wenn wir uns in einer fremden Stadt verirrt haben und nach unserem Auto suchen. Sie lässt uns blitzschnell die richtige Bewegung ma-

chen, damit wir bei einem Sturz unverletzt auf dem Boden aufkommen. Sie flüstert uns die richtige Entscheidung ins Ohr, wenn wir überlegen, ob wir eine Immobilie kaufen sollen oder nicht. Natürlich kann die Intuition auch irren. Aber das liegt dann weniger an unserer rechten Gehirnhälfte. Sondern an mangelnden Kenntnissen und Erfahrungen. Ohne sie ist die Intuition so nützlich wie ein Taschenrechner ohne Batterien.

So weit, so gut. Hätte der Mensch in der Vergangenheit nicht so viel Ehrgeiz darauf verwendet, Maschinen zu konstruieren, die die Intuition ersetzen: Messgeräte und Computer, die eigentlich unser Leben leichter und angenehmer machen sollen. Nur tun sie das so, dass wir heute ohne diese technischen Helfer kaum noch leben können. Weil unsere Intuition im Display-Dschungel verkümmert.

Können Sie sich noch an den Absturz der Birgenair-Maschine vor der Küste der Dominikanischen Republik erinnern? Das Flugzeug geriet beim Start ins Trudeln, weil es mit viel zu wenig Schub in den Himmel stieg. Hätten sich die Piloten auf ihr Gefühl verlassen, hätten sie die Situation vielleicht gemeistert. Aber sie verließen sich auf eine defekte Anzeige.

So verhilft man der Intuition zu einem Comeback

Stellen Sie sich vor, Sie sind drei Jahre alt und legen Ihre ersten Meter auf Ihrem Fahrrad ohne Stützräder zurück. So fühlt es sich an, wenn Sie loslassen und sich in ein intuitives Wesen verwandeln. In einen Menschen, der gerne Entscheidungen trifft. Große Politiker, Unternehmer, Generäle, Künstler sind Intuitionsmenschen. Sie brauchen keine Berater und Zuflüsterer, um handeln zu können. Sie hören auf ihren Bauch. Sie bringen Dinge mit einer Entschlossenheit in Gang, als hätten sie für alles, was sie tun, das Okay vom lieben Gott.

Intuition braucht nur etwas Mut

Das ist die schlichte Wahrheit: Intuition erfordert Mut. Sich nicht beeindrucken zu lassen von den üblichen Zweiflern und Bedenkenträgern, die jede Idee, die nicht von ihnen stammt, im Keim ersticken. Und erst recht nicht von den feixenden Besserwissern, die sich erst zu Wort melden, wenn die Entscheidung ihr Ziel verfehlt hat.

Diesen Mut kann man lernen – genauso wie das Fahrradfahren ohne Stützräder. Dafür braucht man keinen Lehrer oder Workshop. Geht ganz einfach im Alltag. Zum Beispiel: Sie treffen sich mit einem sinnlich gebildeten Gourmet zur Weinprobe. Normalerweise würden Sie dem Gourmet bei der Probe den Vortritt lassen. Sie würden ihn »Hmm, fruchtig, herb, ein Hauch von Pfirsicharoma« sagen lassen und sich seiner Meinung anschließen. Drehen Sie den Spieß um und probieren Sie als Erster. Sagen Sie, was Sie schmecken. Und bleiben Sie bei Ihrer Meinung! Genauso machen Sie es, wenn Sie mit Freunden und Bekannten über das Laufen, Filme, Bücher oder Kunst reden; oder die Frage, wer am Ende der Bundesligasaison an erster Stelle stehen wird. Machen Sie sich bewusst, dass Sie über Gefühle und Ahnungen reden. Und über Geschmack, über den sich bekanntlich schlecht streiten lässt.

Das kleine Wunder der Inkubation

Was haben ein Bergführer und ein Kunstmaler gemeinsam? Beide arbeiten mit ihrer Intuition. Allerdings auf völlig unterschiedliche Weise. Der Bergführer muss schnell und spontan entscheiden, wenn sich der Wind dreht und sich die Wolken am Himmel verändern – weitergehen oder umdrehen? Der Maler dagegen lässt sich mit seiner Entscheidung Zeit. Er fertigt unzählige Skizzen und Studien an. Dann verlässt er sein Atelier, geht spazieren, trifft sich mit Freunden. Bis ihm plötzlich einfällt, was er auf die Leinwand malen wird. Diesen Vorgang nennt man Inkubation (lateinisch für Ausbrütung). Den Zeitraum, in dem das Malerhirn – nachdem es mit neuen Gedanken und Erfahrungen gefüttert wurde – beginnt zu arbeiten. Dafür braucht das Malerhirn viel Ruhe. Der Maler entspannt sich. Und schon flutschen die Ideen. Sie kennen den alten Ratschlag, der immer hilft, wenn man vor einer schweren Entscheidung steht: eine Nacht darüber schlafen. Toll, was? Ihre rechte Gehirnhälfte brütet sogar, während Sie in den Federn liegen.

Entspannung gebiert Intuition

So verhelfen Sie Ihrem mentalen Überraschungsei auch bei Tag zum Ausschlüpfen: Nehmen Sie sich ein Beispiel am Lebensstil der Kreativen. Die meisten von ihnen bauen ein Entspannungsritual in ihren Alltag ein. Schon seit Jahrhunderten sitzen Künstler gerne in Cafés. Früher sprach man auch von Kaffeehausliteraten. Denker wie der erfolgreiche Verleger Hubert Burda und Zukunftsforscher Matthias Horx helfen ihren Ideen am liebsten bei ausgedehnten Waldspaziergängen auf die Sprünge. Und Sie? Sie können es auch einmal mit Kontemplation probieren – mehr dazu finden Sie ab Seite 212. Oder mit Tagträumen, Seite 301f. Oder mit meditativem Laufen, Seite 123f. Aber erst lesen Sie das Interview mit Dr. Gottlieb Guntern auf den nächsten Seiten.

Interview
mit Gottlieb Guntern

Dr. Gottlieb Guntern studierte Medizin und Psychiatrie und widmete sich der Kreativitätsforschung. 1979 gründete er in der Schweiz die International CREANDO Foundation for Creative Leadership. Heute arbeitet er weltweit als Special Advisor und Coach für Topmanager. Er ist Autor und Herausgeber von vielen Büchern zum Thema.

»Kreativität ist ein Fähigkeitsmosaik«

Was haben Sie als Kreativitätsforscher herausgefunden?

:Zum Beispiel, dass nicht alles, was kreativ erscheint, auch wirklich kreativ ist. Das sieht man sehr gut in der Kunst. Das meiste, das man heute auf dem Kunstmarkt findet, ist produktiver oder reproduktiver Natur – und ein ganz geringer Teil ist kreativ. Wenn man heute Ausstellungen besucht, hat man das Gefühl: Das habe ich schon hundert Mal gesehen.

Bedeutet Kreativität unbedingt, etwas Neues zu schaffen?

:Ja, weil die simple Weiterentwicklung des Bestehenden nur eine Innovation ist. Kreativität definiere ich als eine Fähigkeit, etwas Neues hervorzubringen, das vier Kriterien standhält. Erstens: Ein kreatives Werk muss einmalig sein. Zweitens: Es muss dem Zweck dienen, für den es geschaffen wurde. Ein Requiem zum Beispiel muss trauernde Menschen in eine Stimmung von Harmonie und innere Ruhe versetzen. Würde es mit einem Jodler beginnen, wäre das zwar einmalig, aber sicher daneben. Drittens: Alles Kreative ist schön. Es stimuliert den Geist und die Sinne. Jeder Kreative verbringt viel Zeit damit, sein Produkt zu schleifen und zu polieren, bis es glitzert und glänzt wie ein Juwel. Und viertens: Das Kreative stiftet Werte für die Gesellschaft. Wie die magdalenischen Höhlenmalereien. Die sind wunderschön, eine Bereicherung unserer Kultur und transportieren uns geistig in eine andere Welt.

Erfordert Kreativität eine besondere Begabung?

:Theoretisch kann jeder Mensch die erwähnten Kriterien auf einer Skala von 1 bis 100 erfüllen. Und wenn sie einer zu 90 Prozent und mehr erfüllt, dann ist er ein Genie. Aber Kreativität liegt auf jedem Niveau. Für mich ist eine Mutter kreativ, die es unter schwierigen Bedingungen schafft, ihren Kindern auf originelle Weise ein anständiges Mittagessen auf den Tisch zu bringen. Jeder kann auf jedem Niveau, in jedem Job und prinzipiell in jeder Situation kreativ sein ...

... nur die meisten verwechseln Kreativität mit Innovation.

:Ja, oder mit Imagination. Die Wirtschaft lebt weitestgehend von Innovationen. Nur ein Beispiel: Die Nahrungsmittelindustrie erfindet selten neue Produkte. Stattdessen innoviert sie bereits vorhandene Produkte, indem sie deren Komposition oder Aussehen verändert.

Ist das dann Pseudokreativität?
:Wenn ein Schreiner es schafft, in kurzer Zeit einen stabilen Stuhl herzustellen, dann ist das eine echte Leistung. Die würde ich produktiv, aber nicht pseudokreativ nennen. Kreativität definiere ich deshalb so streng, weil es beispielsweise in der Werbe- und Modebranche so ein Getue um die Kreativität gibt. Ich nenne das »créattitude«, die Pose des Kreativseins. Was dahinter steckt, sieht man tagtäglich im Fernsehen: immer dieselben albernen Spots, dieselben Fähnchen.

Der Kreattitüde begegnet man heute in jeder Stellenanzeige. Auch von einem Wälzfräser erwartet man heute kreatives Potenzial. Woran liegt das?
:In Deutschland herrscht heute ein Mangel an Kreativität. Wir leben immer noch von den kreativen Leistungen der Gründergeneration Ende des 19. Jahrhunderts. Keiner scheint zu wissen, wie man die Kreativität fördert. Aber immerhin ist jedem klar: Wir müssen mehr Imagination zulassen. Nun verwechseln aber die meisten Leute Imagination mit Kreativität. Und deshalb taucht sie in all diesen Bewerbungsannoncen als Stichwort auf.

Was bedeutet Imagination?
:Imagination ist visuelle Fantasie. Das ist eine von vielen Voraussetzungen für Kreativität. Dazu gehören aber auch Motivation, Intuition, Stresstoleranz, Durchsetzungsvermögen, kritische Urteilsfähigkeit und Mut. Wenn man zum Beispiel eine Idee hat, dann muss man dafür kämpfen. Denn je kreativer jemand denkt, desto größer sind die Hindernisse, die er überwinden muss.

Diese Erfahrung machen viele Kreative, die sich in großen Unternehmen verdingen.
:Seit 15 Jahren arbeite ich als Berater im Topmanagement von Wirtschaft und Industrie – da wird Kreativität eher gehemmt. Denn alles, was sich außerhalb der Routine bewegt, wirkt unseriös. Kommt einer, leicht schräg, mit einer ungewöhnlichen Idee in die Vorstandssitzung, schauen sich erst mal alle perplex an. Checken die Lage. Dann hackt man auf diesen Menschen ein. Nur gelegentlich sagt jemand: »Hey, das ist ein ungewöhnlicher Blickwinkel, lass uns das mal versuchen.«

Mangelt es uns in Deutschland an einer Kreativitätskultur, wie man sie zum Beispiel in der Schweiz, im Land der Erfinder, vorfindet?
:Wenn man Deutschland mit der Schweiz vergleicht, fällt erst mal die schiere Größe auf. Die Schweiz war immer schon ein Winzling. Also waren die Schweizer gezwungen, aus dem Land rauszugehen und damit ihren Geist zu öffnen. Zweitens hat Deutschland das Dritte Reich erlebt. Die Nazis wollten den Übermenschen züchten. Seither herrscht in Deutschland eine wahre Phobie gegen das Besondere. Und man behandelt Leute, die dank Brillanz hervorstechen, ein bisschen wie die Spargelspitzen im Frühling: Wer zuerst den Kopf hochstreckt, kriegt das Messer an den Hals. Hinzu kommt die Rolle der Gewerkschaften. Ursprünglich eine gute Sache. Aber was ist daraus geworden? Heute kontrollieren und blockieren die Arbeitnehmer die Arbeitgeber und umgekehrt. Mit einer Gesellschaft, in der das Mittelmaß zum Kult erhoben wird, richtet man ein Land zugrunde.

Haben Sie eine Idee?

:Eine gesunde Gesellschaft braucht relativ unabhängige Eliten, die sich gegenseitig auf die Finger schauen. Nur dann kann eine Demokratie wirklich leben.

Was verstehen Sie unter Eliten?

:Gruppen von Menschen, die in einem Fachgebiet überdurchschnittliche Kompetenzen besitzen. Leider werden Eliten immer negativ gesehen: als hochnäsige, eingebildete, ja sogar parasitäre Cliquen.

Wen wundert's. Den Begriff »Elite« hört man am lautesten unter Absolventen teurer Privatuniversitäten.

:Ja, leider. Dabei sind diese teuren Ausbildungsstätten nicht selten Gleichrichteranstalten, die selbstständig denkende Individuen in einen homogenen Brei verwandeln. Homogenisierung erzeugt Ignoranz; Ignoranz erzeugt Arroganz. Wer kreativ ist, braucht keine »Eliteuni«, bei der Geld die Zulassungskriterien beeinflusst. Was echte Eliten auszeichnet, sind unter anderem folgende Eigenschaften: selbstständiges Denken, kritische Urteilsfähigkeit, Fantasie, Zivilcourage und ethisches Verantwortungsgefühl. Autonomie ist somit wichtiger als Bildung. Das sieht man beispielsweise bei Juristen, die ganze Bücher auswendig büffeln und dann meinen, sie hätten das Salz der Erde gefressen. Dabei können sie nur brav reproduzieren, was irgendwo geschrieben steht. Diese Sorte von Reproduktionsfähigkeit hat mit Elite und Kreativität überhaupt nichts zu tun.

Kennen Sie ein Gegenbeispiel zu diesen Juristen: vielleicht einen kreativen Bäcker?

:Den gibt es tatsächlich. In der Schweiz. Einen gewissen Herrn Alfred Hiestand. Der galt in seiner Jugend als Junge, der nichts taugt. Er absolvierte eine Bäckerlehre und beschloss eines Tages: Ich will es denen allen zeigen, dass ich etwas Besonderes bin. Und dann hat er begonnen, kreative Produkte und Produktionsmethoden zu entwickeln. Er gründete ein Unternehmen, das weltweit expandierte – unter anderem mit einem Verfahren, mit dem Hotels und Cafés innerhalb von ein paar Minuten hochwertiges, knuspriges Gebäck herstellen können.

Was hält die meisten Menschen davon ab, es Herrn Hiestand gleichzutun?

:Sie werden aktiv gehemmt. Das fängt schon ganz früh an. Ein dreijähriges Kind stellt zu viele Fragen. Mami oder Papi sagt: »Jetzt halt endlich die Schnauze, ich will in Ruhe die Zeitung lesen.« Dann lernt das Kind, sich anzupassen, zu kuschen. Was machen kleine Kinder, wenn sie Farben und Papier haben? Sie malen emotionale, farbenprächtige Bilder, voller Imagination. Sobald sie in die Schule kommen, wo sie im logisch-analytischen Denken, im Auswendiglernen und in sozialer Anpassung dressiert werden, hören diese Zeichnungen schlagartig auf.

In der Schule gibt es nur »richtig« und »falsch«.

:Stimmt. Das Prinzip der Relativität, nach dem es so viele Realitäten gibt wie Beobachtungspositionen, haben die meisten Lehrer nicht intus. So kommt es zu dieser Gleichrichterei. Diese wird noch verstärkt durch den Binnendruck und Konformitätszwang in Gruppen gleichaltriger Kinder. Die Kinder wollen unbedingt gleich sein, unbedingt beliebt sein, sich in gar nichts von den anderen unterscheiden.

Kreative Leute sind jedoch gern anders. Die denken anders, sie nehmen anders wahr, sie fühlen gewisse Dinge anders, sie benehmen sich auch anders.

Nehmen wir an, so ein Gleicher erwacht aus dem Dornröschenschlaf und will seine Kreativität entdecken. Was soll er tun?
:Zunächst sollte er sich überlegen: Welche Wünsche drängen in mir immer wieder an die Oberfläche? Wenn jemand immer wieder den Wunsch hat zu schreiben, dann ist da ein Talent verborgen, das nach Ausdruck sucht. Dann muss er Kontakte suchen zu Leuten, die gerne lesen und schreiben. Er sollte Biografien lesen über Leute, die auf irgendeinem Gebiet etwas Besonderes vollbracht haben. Solche sozialen Rollenvorbilder sind unglaublich inspirierend und motivierend.

Bei vielen bleibt es dann bei der Inspiration. Ihnen fehlt der Mut. Was kann man dagegen tun?
:Ein Schüchterner kann sich vornehmen: Pro Woche spreche ich einen Menschen an, den ich nicht kenne. Oder: Ich werde einmal im Monat meine Meinung offen vertreten. Den Mut trainiert man genauso wie einen Muskel.

Welche Rolle spielen die Kreativitätstechniken, Mindmapping oder Brainstorming zum Beispiel?
:Brainstorming hilft, wenn man absolut ohne Fantasie ist und in Kürze mehrere Varianten von irgendetwas sammeln möchte. Allerdings helfen solche Techniken nicht, die Kreativität zu fördern. Es ist viel besser, wenn man den Weg der Inspiration beschreitet. Dann findet der Geist selbst Wege.

Das ist das Geheimnis, das hinter dem Quell der sprudelnden Ideen steht?
:Wer seiner Imagination Raum lässt, mobilisiert Emotionen und lernt, intuitiv und damit im Sowohl-als-auch-Modus zu denken. Wer die Imagination unterdrückt und einseitig analytisch im Entweder-oder-Modus denkt, wird emotionell amputiert und mental so tot wie Schwemmholz. Man inspiriert sich am besten mit Menschen, Dingen oder Aktivitäten, die starke Emotionen in uns erzeugen.

Kann man die Imagination trainieren?
:Das geht ganz einfach: Nehmen Sie sich eine Stunde Zeit. Setzen Sie fünf Leute um einen Tisch, auf den Sie einen gläsernen Aschenbecher stellen. Dann muss sich jeder eine verrückte Geschichte zu diesem Aschenbecher ausdenken. Sie werden sehen: Die Leute haben Spaß daran. Der eine lässt den Aschenbecher in der Luft herumschweben. Der andere fabuliert, der Sand, aus dem der Aschenbecher gemacht ist, stamme aus der Satteltasche des Dschingis Khan. Wer da auf den Geschmack kommt, öffnet sein Emotionsspektrum. Er wird lebendiger und lebensfroher und kurbelt so seine Fantasie immer mehr an.

Eine Frage an den Mediziner: Wie lässt sich Kreativität physiologisch erklären?
:Ich beschränke mich auf das Wesentliche: Das Gehirn besteht aus zwei Hemisphären. In der einen findet das rationale Denken statt, in der anderen das intuitive Denken. Beide Hemisphären sind durch einen Balken, den so genannten Corpus callosum, verbunden. Das ist eigentlich ein Data-Highway, eine Datenautobahn. Der Balken besteht aus ca. 200 Millionen Nervenfasern, über die pro Sekunde bis zu zwei Milliarden Signale hin- und herflitzen

können. Jetzt kann es durch Erziehung oder bestimmte Lebensumstände zu etwas kommen, was ich die Balkensperre nenne. Der Austausch zwischen den Hälften ist gestört. Und das ist ein Problem, wenn man bedenkt, dass die Imagination auf beide Hirnhemisphären verteilt ist. Dann kriegt der Analytiker keine Signale aus der intuitiven Hälfte. Umgekehrt kriegt der Intuitionsmensch, ein Drogensüchtiger zum Beispiel, der ständig im Rausch lebt, nichts von der analytischen Hälfte herübergespült.

Wie kann man diese Balkensperre aufheben?
:Indem man verschiedene Hirnbereiche trainiert. Im Wesentlichen gibt es fünf. Die beiden Hirnhemisphären haben wir bereits erwähnt. Drittens gibt es das Emotionshirn. Das trainiert man, indem man Menschen trifft, die in uns andere Emotionen erzeugen. Oder man liest Bücher oder guckt Filme an, die uns tief berühren. Einfach um das Spektrum der Emotionen zu erweitern. Das fällt sogar manchem Künstler schwer. Der Schauspielerin Catherine Hepburn sagte man nach, sie spiele die ganze Tonleiter ihrer Emotionen – von A zu B. So eng ist das Spektrum des emotionellen Ausdrucks bei ichbezogenen Menschen, die selbstverliebt im eigenen Narzissmus verholzen.

Und der vierte Hirnbereich?
:Das Kleinhirn, dessen sensorisch-motorische Intelligenz mit Händen und Fingern erfasst und begreift, was mental erfasst und begriffen werden soll. Über Thomas Alva Edison, den Erfinder der Glühbirne, erzählte sein Sohn, dass er schlecht abstrakte Fragen beantworten konnte. Erst wenn er einen Gegenstand in die Hand nahm, zu dem man ihm Fragen stellte, fielen ihm sogleich viele Antworten ein. Das Kleinhirn steuert unsere Bewegungen und unsere differenzierte Ausdrucksfähigkeit, ohne die wir nicht kreativ sein können.

Der fünfte Hirnteil muss meine Lust am Bewegen erklären.
:Ja. Das Instinkthirn. Es reguliert eine Serie angeborener Instinkte, die jeweils an eine Funktionslust gekoppelt sind: Sie wollen betätigt werden, damit der Mensch sich wohl fühlt. Es gibt beispielsweise einen Bewegungsinstinkt, nicht nur im physikalischen, sondern auch im mentalen-thematischen Raum. Es gibt einen Gestaltungsinstinkt, der Menschen dazu drängt, Dinge (Gebrauchsgegenstände, Möbel, Schmuck, Texte, Musiknoten, menschliche Beziehungen) zu formen. Es gibt einen Ausdrucksinstinkt, der Menschen dazu motiviert, innere Befindlichkeiten und Motive in irgendeiner Form (*Kilroy was here!*-Graffiti, originelle Wortschöpfungen, besonderer Bewegungsablauf beim Snowboarding etc.) auszudrücken. Und schließlich gibt es auch einen kreativen Instinkt. Wie sonst hätten bereits die Geier in Ägypten darauf kommen können, dass man Steine auf Eier wirft, um diese zu knacken? Das sind stammesgeschichtliche Vorläufer der menschlichen Kreativität, da bin ich mir mit der britischen Ethnologin Jane Goodall einig.

Kreativität hat also viele Wurzeln?
:Mit anderen Worten: Menschliche Kreativität ist ein Fähigkeitsmosaik, und die einzelnen Fähigkeiten lassen sich durchaus trainieren. Fügt man mit Form- und Farbensinn die richtigen Steinchen zusammen, entsteht schließlich ein schönes Mosaik. Man kann seine schlummernden kreativen Fähigkeiten durchaus entwickeln.

Zum Beispiel wie?

:Indem man nicht immer nur vor dem TV-Kasten sitzt und sich dümmliche Talkshows reinzieht. Indem man Bücher liest, statt nur die Videospielkonsole zu traktieren oder alberne SMS und E-Mails zu versenden. Indem man nicht so selbstgefällig und borniert ist zu glauben, man wüsste bereits alles. Ich habe in meiner langen Tätigkeit als Psychiater unter anderem sterbende Menschen betreut. Im Angesicht des Todes verliert jeder seine Maske und macht anderen und sich selbst nichts mehr vor. Wissen Sie, was dann jeder bereut? Dass er aus seinen Talenten nichts gemacht hat. Und dass er sich viel zu wenig um Leute gekümmert hat, die er liebte, während er viel Zeit damit verbrachte, Leuten zu imponieren, die er nicht mochte. Hat man eine falsche Werteskala, entwickelt man falsche Ziele. Was nützt es im Leben, wenn man falsche Ziele erfolgreich erreicht und dabei das Wesentliche verpasst? Zum Wesentlichen einer existenziellen Sinnstiftung gehört unter anderem, dass jeder Mensch an der Mauer des Vergessens eine Kratzspur hinterlassen möchte. Dies erreicht er unter anderem, indem er Werte für die Gesellschaft schafft.

Sind intelligente Menschen kreativer als die dummen?

:Nein. Intelligenz und Kreativität sind unabhängige Variablen. Die Wahrheit ist: Man muss im Intelligenztest nur eine normale Intelligenz aufweisen und keineswegs superintelligent sein, um kreativ zu sein. Sehr viele hochintelligente Menschen (mit Intelligenzquotient über 140) sind oft kein bisschen kreativ. Zu viel Intelligenz schadet der Kreativität zwar nicht. Aber zu viel Bildung kann schaden. Als man beispielsweise den genialen Physiker Wolfgang Pauli fragte, warum er mit 38 Jahren keine kreativen Durchbrüche mehr schaffe, erwiderte er: »Ach, ich weiß einfach zu viel.« Viel erworbenes Wissen kann gelegentlich die Kreativität hemmen, weil es das selbstständige Denken und die Imagination hemmt.

Muss man wieder zum Kind werden, um kreativ zu sein?

:Ja, das ist sicher richtig. Ein kreativer Mensch kann noch im hohen Alter staunen wie ein Kind. Ein blasierter Mensch kann nicht staunen. Unsere Kultur hat den Menschen als Arbeitstier gezüchtet. Der Homo faber, der arbeitende Mensch, hat den Homo ludens, den verspielten, spielenden Menschen, unterdrückt. Durch die Mechanisierung der Arbeitsabläufe wurde der Mensch zum Rädchen. Ein Rädchen muss sich voraussagbar und zuverlässig drehen. Dazu braucht es weder Imagination noch Intuition, keinen Spieltrieb und vor allem keine Autonomie!

Und die Folgen?

:Resultat dieser denkwürdigen Kulturrevolution? In den hoch entwickelten Industrienationen gibt es wenig freudvolle, dafür jede Menge griesgrämiger, verbitterter und depressiver Gesichter. »Wer lacht, schadet der Heimat«, schrieb ein Spaßvogel mal mit der Spraydose – grellrot auf düster-grauem Beton – in einer Autobahnunterführung in der Schweiz. Trotz aller wirtschaftlichen Not sieht man in den so genannten Entwicklungsländern mehr fröhliche und zufriedene Menschen. Offen-

bar erleben sie ihr Leben als sinnvoller als viele Zeitgenossen bei uns.

Auf der anderen Seite gibt es den Mythos vom wahnsinnigen Schöpfer, vom kreativen Spinner …

:Ja, dieser Unsinn hat eine lange Geschichte, die mit der Romantikperiode verbunden ist. 1895 hat Cesare Lombroso, ein Psychiater aus Genua, ein Buch publiziert. Das hieß: »Genie und Verrücktheit«. Darin vertrat er folgende Hypothesen: Das Genie ist ein Irrsinniger. Der kreative Prozess ist das Resultat einer angeborenen Degeneration von Hirnneuronen. Die kreative Inspiration mehr oder weniger ein lokaler hirnepileptischer Anfall! Dieser Irrsinn, gekoppelt an einen gesellschaftlichen Geniekult, machte Schule. Plötzlich waren nicht nur Schumann und Hölderlin verrückt, sondern auch Goethe und Schiller kamen in dieselbe Schublade. Friedrich Nietzsche hat dann den pathetischen, grandiosen Entwurf vom »Übermenschen« in Mode gebracht. Aber die Wahrheit ist eine ganz andere: Der kreative Mensch ist ein Seiltänzer. Er schwankt zwar mit seiner hohen Sensitivität und Verletzbarkeit gelegentlich bedenklich, aber er hält dank einer starken Ich-Stärke und Zielstrebigkeit das seelische Gleichgewicht. Schafft er das nicht, stürzt er wie Schumann oder Hölderlin in die Psychose. Dann ist es aus mit der Kreativität.

Was kann man von Künstlern lernen?

:Man kann ins Museum gehen und sich vor ein Bild von Paul Klee stellen. Wenn man borniert ist, sieht man darin nur eine kindische Farbenwelt. Es kann einem aber auch eine Welt aufgehen. Oder man spaziert einfach wie Henry Moore, einer der kreativsten Bildhauer des letzten Jahrhunderts, am Strand herum und sammelt Steine. Moore lernte von diesen Steinen, wie die Natur sie bearbeitet.

Die Ausbildung der Sinnlichkeit ist eine der Grundvoraussetzungen für die Kreativität?

:Wer keinen sinnlichen Kontakt mit der Welt hat, wird sicher nicht kreativ werden. Wer nicht gerne an einem Veilchen riecht, Basilikum kaut, einen blühenden Apfelbaum anguckt, einen weichen Kaschmirpullover betastet, sondern nur gern seichte Musik hört, dem fehlt allerhand – unter anderem der Hang zum Kreativsein oder Kreativwerden.

Eine weitere Bedingung für das Gedeihen von Kreativität ist Entspannung.

:Ja, das ist sehr wichtig. Denn wir haben im Körper drei physiologische Hauptfunktionsachsen. Die sind genetisch programmiert und werden dann durch Lernvorgänge im Verlauf eines Lebens in ihrer Ausdrucksweise aktiviert, blockiert und feingesteuert. Eine ist die Kampf-Flucht-Stressachse, die durch Adrenalin und Noradrenalin reguliert wird. Wer dauernd auf Kampf-Flucht programmiert ist, der ist garantiert nicht kreativ. Dann gibt es die Achse des Hilflosigkeitsstresses, die durch Kortikosteroide reguliert wird. Diese Achse führt zum sozialen Rückzug, weil man sich einer Situation oder einer Person gegenüber hilflos fühlt. Schließlich gibt es noch eine dritte Achse, die Entspannungsachse, die über Endorphine und tranquillizerähnliche Substanzen reguliert wird. Sie spielt eine wichtige Rolle im kreativen Prozess.

Man braucht also Endorphine für gute Ideen?

:Ja. Eine tiefe Entspannung spielt im kreativen Prozess vor allem in zwei Phasen eine zentrale

Rolle. Einmal in der Inspirationsphase, dem Augenblick, in dem man zum ersten Mal eine faszinierende Idee hat. Und in der Illuminationsphase, in der man nach langer vergeblicher Suche plötzlich einen Einfall hat, der eine lange und vergebens gesuchte Problemlösung offeriert. Beide Phasen kommen nur im entspannten Organismus vor. Ein hübsches Beispiel: Bruckner hat lange vergeblich ein Leitmotiv für seine neunte Symphonie gesucht. Hat es nie gefunden. Eines Tages ging er am Kahlen Berg spazieren. Müde geworden, machte er an einem Bächlein Rast und packte seinen Rucksack aus. Und als er seinen Schweizer Käse aus dem fettigen Papier hervorkramte, sprang ihm, so erzählte er, »die verdammte Melodie ins Hirn«.

Haben Sie einen Tipp parat, wie man sich im Alltag effektiv dem Stress entzieht?
:Einen sehr guten sogar. Nehmen Sie einen Walkman und legen Sie eine CD ein. Hören Sie ein Mozart-Lied, gesungen von der Sopranistin Kathleen Battle, einen Blues, gespielt vom Gitarristen Eric Clapton, eine Nocturne von Chopin, einen Song von Bob Dylan – oder was auch immer. Einfach eine Musik, die Sie mögen und die Sie friedlich stimmt. Drücken Sie den Repeat-Knopf. Dann lassen Sie diese Musik stundenlang durch Ihr Hirn strömen. Das ist eine perfekte Entspannungsmethode für Menschen, die nicht immer gleich in die Natur gehen können. Das kann man wunderbar im Zugabteil oder im Flugzeug machen.

Was raten Sie gegen akute Kreativitätsblockaden – wenn man über einem Problem grübelt und einfach nicht weiterkommt?
:Da gibt es eigentlich nur eines: Zelte abbrechen und raus. Umwelt verändern. Weg in die nächste Bar oder wo immer man eine ganz andere Welt trifft. Und ja nicht über das Thema sprechen, das die Blockade verursacht hat. Bloß nicht versuchen, schnell eine Lösung herbeizuführen. Wenn man den Kopf dann wieder frei hat, geht es sehr oft von allein weiter.

Manche finden Inspiration in einem guten Glas Wein …
:Das ist ein Faktum. Abends in den Bars, da wird der neueste Roman geschrieben, werden neue Filme gemacht, da haben alle plötzlich Ideen – solange sie nicht zu viel saufen. Am besten wirkt ein Glas Champagner. Die Kohlensäure hilft dem Alkohol, beim Transport die Blut-Hirn-Liquorschranke zu überwinden. Deswegen werden die meisten Leute nach einem Glas Champagner munter und erzählen viel.

… mir ist Laufen lieber.
:Ich weiß noch, wie ich im Herbst 1976 zum ersten Mal in meinem Leben Joggern begegnete. Im New Yorker Central Park. Mir fiel auf, dass diese Leute rosige Wangen, glasige Augen und einen entspannten Ausdruck im Gesicht hatten. Da sagte ich zu meiner Frau: Die sehen aus wie postkoitale Kreaturen. Heute weiß man, dass der Mensch nicht nur beim Sex, sondern nach langen Phasen jeglicher Form von Bewegung Endorphine ausschüttet, weil wiederholte Bewegung die am Übergang von Muskel und Sehnenansatz vorhandenen Endorphinauslöser betätigt. Beim Laufen mobilisierte Endorphine wirken ganz sicher entspannend, keine Frage.

Infos: www.creando.org
www.gottlieb.guntern.org
www.greta.guntern.org

Warum das Gehirn morgens Leinsamen liebt. Wie Sie jonglierend das Gehirn vergrößern. Warum Sie mit Muskelübungen am Schreibtisch frisch werden. Wie man sich Mut macht. Was der Alpha-Zustand ist. Warum Kaffee das Getränk der Dichter und Denker ist. Wie Sie am besten ein Gedicht auswendig lernen. Was Hypnose oder Trance bewirken. Wie Sie Ihren sechsten Sinn schärfen. Welche Tricks Gedächtnisakrobaten benutzen, um sich Zahlen oder Namen zu merken. Wie man visualisierend Wünsche wahr macht. Hier finden Sie lauter Intelligenzhäppchen – Wissen, Übungen, Brainfood, Gehirnjogging, Bewegung für einen ewig jungen, leistungsfähigeren Kopf.

81 intelligenz-häppchen

1. Abschreiben
2. Acetylcholin
3. Alpha-Zustand
4. Alzheimer
5. Aminosäuren
6. Angst
7. Antioxidanzien
8. Auswendig lernen
9. B-Vitamine
10. Bauchhirn
11. Beeren
12. in Bildern denken
13. Biofeedback
14. Body-Mind-Medizin
15. Brainfood
16. Burnout
17. Damasio
18. Denksport
19. Dick & Doof
20. Divergentes Denken
21. Dolce Vita
22. Emotionale Intelligenz
23. Erinnerung
    - Interview: Klug essen
24. Fisch
25. Fitnesshäppchen
26. Fleisch
27. Flow
28. Formel-1-Reflex
29. Frauen
30. Frühstück
    - Interview: Gedächtnis
31. Gedächtnispille
32. Gehirnmedizin
33. Gehirnschmalz
34. Gene
35. Ginkgo
36. Glaube
37. Glück
38. Halluzinationen
    - Interview: Hypnose
39. Illusionen
40. Intuition
41. Jonglieren
    - Interview & Kurs: Jonglieren
42. Kaffee
43. Kluge Kids
44. Kontemplation
45. Konzentration
46. Konzentriert/entspannt
    - Interview: Körpersprache
47. Kreativität
48. Lach-Yoga
    - Interview: Lachen
49. Lächeln
50. Legasthenie
51. Lernen
52. Lesen
53. Licht
54. Linkshänder
55. Liste
56. Lügen
57. Marathon
58. Meditation
59. Mind Machine
60. Murmeltechnik
61. Musik
62. Namen merken
63. Nase
64. Negative Gefühle
65. Neurobics
66. Opium
67. Plazeboeffekt
68. Rauchen
69. Schlaf
70. Schmerz
71. Schwermetalle
72. Sechster Sinn
73. Sprachen lernen
74. Stress weg
75. Switchen
76. Synästhesie
77. Tagträume
78. Trance
79. Visualisieren
80. Zahlen merken
81. Zen
    - Interview: Zen

1 Abschreiben *macht klug*

Augen zu. Zurückversetzen auf die Schulbank. Der Lehrer diktiert. Was tun Sie? Ja, schwitzen. Ja, am Stift beißen. Ja, zum Nachbarn schielen. Sie schreiben Buchstaben für Buchstaben. Hören den Füller über das Papier schrappen. Und murmeln mit. Der ganze Körper, alle Sinne schuften mit. Eine Binsenweisheit der Lernpsychologen lautet: Wir lernen umso besser, mit je mehr Sinnen wir den Stoff aufnehmen. Die meisten Schüler wenden diese Erkenntnis unwillkürlich an, wenn sie über ihren Lektionen sitzen. Sie lernen mit Augen, Ohren und Lippen und Fingern.

Ich schreibe mit dem Stift

Wissen Sie, dass ich meine Bücher mit dem guten alten Stift schreibe? Ich bin doch nicht dumm. Ich möchte mir schon merken, was ich da so von mir gebe. Ich weiß nämlich: Man kann die Merkleistung um 25 Prozent steigern, wenn man das, was man sich merken will, aufschreibt. Nein. Mit der Tastatur funktioniert das nicht. Nur handschriftlich. Abschreiben macht Gelehrte. Waren Sie schon mal in einem Universitätsarchiv und haben sich die Originalaufzeichnungen der Forscher früherer Jahrhunderte angesehen? Verfällt man automatisch in Ehrfurcht, wenn man die dicken Papierbündel, die alle mit der Handschrift des Gelehrten bedeckt sind, anguckt. Und feststellt: Sie enthalten meist nichts anderes als seitenlange Zitate aus Büchern anderer Gelehrter. Wer sich diese alten Aufzeichnungen ansieht, dem schwant, warum die Gelehrten damals ein so phänomenales Gedächtnis hatten und mit lateinischen Zitaten nur so um sich warfen. Abschreiben bringt das Gedächtnis in Höchstform.

Nur: Unsere Gelehrten heute legen das Buch mit der betreffenden Seite nach unten auf eine Glasfläche, ein Tastendruck, ein wandernder Lichtbalken und zack – ein Blatt Papier, wo alles draufsteht, was sie brauchen, fällt aus dem Schlitz aus der Maschine. Was man Schwarz auf Weiß besitzt, kann man zwar gut nach Hause tragen. Im Kopf ist es leider noch lange nicht drin.

Schreiben Sie ab ...

Sie wollen etwas behalten? Dann schreiben Sie ab. Vom Buch, vom Manuskript, vom Band, vom Computerbildschirm. Schreiben Sie die Sätze, Vokabeln, Formeln, Namen ... – was Sie behalten wollen – auf ein Blatt Papier. Wenn es Ihnen nicht flüssig von der Hand geht, schreiben Sie das Gleiche noch einmal auf. Bis es nicht nur Ihre Augen, Ihre Ohren, Ihre Lippen, sondern auch Ihre Finger verinnerlicht haben. Dann steckt's auch im Kopf.

superlinks

Auswendig lernen Seite 101 | Interview: Gedächtnis Seite 162 | Divergentes Denken Seite 126 | Konzentration Seite 214 | Lesen Seite 241 | Liste Seite 247 | Namen merken Seite 270 | Zahlen merken Seite 315

2 Acetylcholin *bringt das Gehirn in Schwung*

Fragen Sie mal rum: Wie heißt der Autor des Buches, das du gerade liest? Oder: Was hast du gestern Abend gegessen? Oje. Da kommen 80 Prozent ins Schleudern. Kein Wunder. Fehlt halt wieder Acetylcholin. Sie wissen: Acetylcholin heißt der Neurotransmitter, der Menschen fehlt, die an Gedächtnisproblemen, vorzeitiger Senilität oder an Alzheimer leiden. Acetylcholin können Sie sich machen. Auch schon in jungen Jahren, um geistig auf der Höhe zu bleiben. Wie? Mit drei Dingen: Ernährung, Bewegung, Denken.

Das steckt dahinter: Studien haben bewiesen, dass Medikamente, die Acetylcholin im Gehirn blockieren, vergesslich machen. Auch wenn die Probanden jung und gesund waren. Medikamente und Nährstoffe, die dagegen den Acetylcholinspiegel im Gehirn erhöhen, verbessern die Gedächtnisleistung. Lernen wird plötzlich zum Spiel.

Wie bastelt sich der Körper Acetylcholin?

Ganz einfach: aus Cholin und Pantothensäure. Braucht der Körper aber beides. Deswegen hilft der Supermerkstoff namens Cholin (Sie kennen es vielleicht unter Lezithin), den man häufig dem Gehirn zur Leistungsverbesserung verschreibt, allein nicht. Dazu braucht das Gehirn noch mehr: Folsäure, Vitamin B12 und B1. Älteren Menschen fehlen diese B-Vitamine häufig. Dann können sie auch kein Acetylcholin herstellen, wenn man ihnen Cholin verschreibt. Hilft auch nix, wenn Sie all die kleinen Nährstoffe, die das Gehirn braucht, um Acetylcholin zu bilden, schlucken – und das Denken vergessen.

Nur mit Gedächtnistraining, mentaler Stimulation bildet das Gehirn auch Acetylcholin. Und ohne neuronales Netz helfen auch die Neurotransmitter nichts.

Wenn Sie sich nicht bewegen, helfen Ihnen Nährstoffe und Kreuzworträtsellösen nichts.

Sie sehen auch in diesem Fall ganz deutlich: Fitness, geistige Fitness und Gesundheit hängen an drei Dingen – Nährstoffe plus Bewegung plus Denken.

Wie kommt man dran?

Hefe, Leber, Fisch, Getreidekeime, Eigelb, Hülsenfrüchte und Milch liefern die Vorstufe Cholin. Und wer seinem Gedächtnis mit Nahrungsergänzung auf die Sprünge helfen will, besorgt sich Phosphatidylcholin. Hat sich in der Praxis bestens bewährt.

Lezithin, das in vielen Gesundheitsläden empfohlen wird, leert nur den Geldbeutel, füllt aber nicht den Kopf. Tests haben ergeben, dass im Laden gekauftes Lezithin nur wenig Cholin enthält. Nicht vergessen: B-Vitamine auffüllen, Gehirn und Beine joggen lassen.

superlinks

Alzheimer Seite 86 | Aminosäuren Seite 90 | Brainfood Seite 113 | Frühstück Seite 161 | Ginkgo Seite 174 | Rauchen Seite 281

3 Alpha-Zustand – der Geist der Erfinder

Jetzt gerade, während Sie diese Zeilen lesen, haben Sie Hirnstromwellen, die sind schnell. Mit 13 bis 30 Schwingungen pro Sekunde geht das hin und her. Das heißt bei Ihnen Denken. Man sagt auch Beta-Rhythmus dazu. Wenn Sie nun in Panik verfallen, weil der Steuerbescheid … dann haben Sie 50 Schwingungen pro Sekunde. Das heißt: kein einziger klarer Gedanke mehr. Schwingt es dort oben wieder langsamer, werden Sie immer klarer im Kopf. Das Exposé fließt aus der Feder. Mein Gott, denken Sie, das läuft ja wie geschmiert – und in Ihrem Hirn schwingt es 15-mal pro Sekunde. Drunter kommen Sie denkend nicht. Außer …

Superlearning und Kindertricks

Es gibt Institute, dort können Sie eine Sprache in null Komma nix lernen. Die schließen Sie an eine »Mind Machine« an (siehe Seite 254). Mit Licht und Klang verlangsamt dieser Hirnapparat einfach Ihre Gehirnwellen – auf zehn Schwingungen pro Sekunde. Nennt man Alpha-Zustand. Da ist man sehr aufmerksam. Man ist lernbereit und lernt plötzlich alles. Wie ein Kind. Kinder lernen, was sie wollen. Bis zum vierten Lebensjahr sind Kinder grundsätzlich im Alpha-Zustand. Bis zum zwölften Lebensjahr sehr häufig.

Ein Beispiel: Kennen Sie Super Mario? Ein Computerspiel. Super Mario wackelt die Straße lang, dann kommt die Bombe, ich drück auf den Knopf – ach, schon wieder zu spät. Mein Sohn macht das so: Super Mario wackelt die Straße entlang, drei Schritte zurück, jetzt kommt die Bombe, und Super Mario wackelt weiter. Woher weiß mein Sohn das, was da in $^{2}/_{10}$ Sekunden kommt? Warum gewinnt der immer? Ja genau, der macht das im Alpha-Zustand.

Der Zustand der Erfinder

Das Feuer, das Rad, die Glühbirne … alles wurde im Alpha-Zustand erfunden. Mit Denken kann man nämlich nichts erfinden. Mit Ihrem Denken haben Sie einen Bleistift und Papier und können aufschreiben, was man heute schon alles weiß. Etwas Neues können Sie nicht erdenken. Wie soll das auch gehen, etwas Neues war ja noch nicht da. Es kommt aus der rechten Gehirnhälfte. Der

Alpha-Zustand öffnet das rechte Gehirn, andere nennen es Intuition, andere wiederum Bauchhirn. So wurden alle Erfindungen gemacht. Können Sie bei Einstein nachlesen. Er hat im Traum seine Relativitätstheorie erfunden. Im Alpha-Zustand. Oder Edison. Nach tausend Versuchen mit seiner blöden Glühbirne zog er sich auf seine Veranda auf den Schaukelstuhl zurück. Und im Dämmerschlaf ging ihm das Licht auf.

Stoppt das Affengeschnatter

Solange man denkt, geht einem kein Licht auf. Und denken tun Sie ständig. Der Mensch schwätzt unablässig mit sich selbst. Fällt Ihnen jetzt gerade nicht auf, weil Sie lesen, aber spätestens heute Nacht, wenn Sie sich ins Bett legen. Kaum liegt man, rattert die Mühle los. Jede Debatte des Tages passiert den Kopf, jetzt kommen einem die guten Argumente, die einem leider tagsüber nicht eingefallen sind. Zu den Versagergedanken gesellen sich die Sorgen von morgen. Die Amerikaner nennen das »awfulizing«, schreckliche Sachen immer schrecklicher machen. Und die Inder sagen »Affengeschnatter« dazu. Das begleitet den Mensch den ganzen Tag. Beim Autofahren, in der Schlange im Supermarkt …

Und irgendwann ist jemand mal draufgekommen: Was wäre denn, wenn ich mal nicht mit mir schwätze?

Versuchen Sie das doch mal geschwind. Schließen Sie die Augen – zehn Sekunden – und jetzt schwätzen Sie mal nicht mit sich.

Na, haben Sie es kapiert? Das können Sie einfach nicht. Das ist so wie: Denken Sie jetzt mal nicht an einen rosaroten Elefanten mit grünen Punkten …

Können Sie noch nicht. Aber bald. Es kam jemand auf die Methode, dieses Affengeschnatter zu stoppen. Auch Sie können ausbrechen aus dem täglichen Gedankenmüll.

Das kann man messen

Ich messe das, elektrophysiologisch. Ich kann mein Gehirn an den Computer anschließen und sehe dort mein EEG. Ich sehe also meinen Gedankenmüll auf dem Bildschirm. Und sehe, wenn es dort oben ruhiger wird. Wenn der Gedankenmüll sich in einen Alpha-Zustand verwandelt. Psychologen sagen dazu: Stoppen des inneren Dialogs. Wissen Sie, wann das passiert? Wenn man nur einen Gedanken denkt.

Die Idee ist 2000 Jahre alt

Es gibt einen Herrn, der heißt Ignatius von Loyola. Der hat den Jesuitenorden gegründet. Und ein Büchlein geschrieben. Ein heiliges Büchlein. Das nannte er die Exerzitien. Die Gebrauchsanleitung für »Wie stoppe ich meinen inneren Dialog?« Warum hat man mir das nicht mit 14 erzählt? Warum musste ich das mit 40 lernen? Das zentrale Geheimnis jeder Religion ist: Wie werde ich das Geschwätz los? Wie kriege ich das Türchen auf zum Unterbewusstsein?

Indem man nur einen Gedanken denkt. Die einen nennen das Rosenkranzbeten, die anderen Meditation. Ich mag das Wort nicht, weil es bei Ihnen besetzt ist. Ich nenne das kontrollierten Tiefschlaf. Und den können Sie auch lernen. Ab Seite 255.

superlinks

Interview: Hypnose Seite 186 | Konzentration Seite 214 | Meditation Seite 252 | Entspannte Konzentration Seite 217 | Murmeltechnik Seite 255 | Opium Seite 276 | Tagträume Seite 301 | Trance Seite 303

4 Alzheimer – die Seuche des Vergessens

die Socken liegen im Kühlschrank, der Weg vom Supermarkt nach Hause fällt einem plötzlich nicht mehr ein. Mit kleinen Ungeschicklichkeiten und scheinbar harmlosen Vergesslichkeiten beginnt jedes Jahr in Deutschland für rund 150 000 Menschen die Alzheimer-Krankheit. Eine Reise in die Vergangenheit, aus der es bis heute keinen Weg zurück gibt. Diese Reise traten US-Präsident Ronald Reagan an, Zaubergeiger Helmut Zacharias, die Schauspieler Charlton Heston und Charles Bronson, Ex-Bundestrainer Helmut Schön, Herbert Wehner. Rita Hayworth wurde mit 50 von der Filmgöttin zum Pflegefall.

lässt: hoher Cholesterinspiegel, Nikotin, Diabetes mellitus, Gicht, erhöhte Blutfettwerte, Übergewicht, Bewegungsmangel und Stress.

Der deutsche Neurologe (Nervenarzt) Alois Alzheimer (1864–1915) beschrieb die Alzheimer-Krankheit als Erster im Jahre 1907.

Alois Alzheimer entdeckte die neue Demenzform bei Auguste D., die 1901 als Patientin zu ihm kam und 1906 verstarb. Im Gehirn seiner Patientin fand Alzheimer die typischen Ablagerungen (Plaques) an den Nervenzellen, die schleichend zu einer völligen geistigen Umnachtung führen.

Alzheimer und Demenz

Alzheimer ist die häufigste Form der Demenz – der Hirnleistungsstörung im Alter. Während es bei der vaskulären Demenz (Durchblutungsstörungen) häufig schlagartig zur Verschlechterung der Gehirnleistung kommt, schleicht sich Alzheimer an. Zur vaskulären Demenz muss ich gar nicht mehr viel sagen. Diese Form der Demenz kriegen Sie wie den Herzinfarkt. Durch verstopfte Gefäße. Sind Halsschlagader oder Hirnadern verstopft, kriegt das Gehirn nicht genug Sauerstoff. Man verblödet. Demenz wird meist verursacht durch einen dauerhaft erhöhten Blutdruck oder Diabetes mellitus, was zu Arteriosklerose im Gehirn und – was gar nicht schön ist – zu häufigen, kleineren Hirninfarkten (Schlaganfällen) führen kann. Kann man vermeiden. Indem man die kleinen Demenzhelferlein verschwinden

Know-how

Ein seltsames Paar – Diabetes und Alzheimer

Lange rätselte die Fachwelt, warum Diabetiker ein erhöhtes Risiko tragen, an Demenz zu erkranken. Jetzt ist ein deutsches Chemikerteam aus Würzburg und Leipzig dabei, die Nuss zu knacken. Ihre Vermutung: Wie bei dem Diabetes liege auch Alzheimer eine Störung des Glukosestoffwechsels zugrunde. Dadurch hätten die Gehirnzellen nicht mehr genügend Energie zur Verfügung, um ihre Schutzsysteme aufrechtzuerhalten. Die Folge seien die für Alzheimer typischen Plaqueablagerungen, die die Kontakte zwischen den Nervenzellen blockieren.

Was passiert da eigentlich im Gehirn?

Allmählich verklumpt und zerfällt das Gehirn, das löscht die Erinnerung – und die Persönlichkeit. Oder genauer: Enzyme schnipseln überschüssige Eiweiße klein und transportieren sie weg. Normalerweise. Beta-Amyloide sind falsch zugeschnittene Eiweiße, die bei Alzheimer-Kranken offenbar nicht mehr von der körpereigenen Müllabfuhr abtransportiert werden. Sie verklumpen zu klebrigen Plaques, die das Gehirn ersticken und das Gedächtnis zerstören. So richtig genau wissen Forscher noch nicht, was da passiert. Auch im Gehirn von Gesunden haben die Pathologen schon Plaques entdeckt – und bei vermeintlichen Alzheimer-Patienten keine. Trotzdem vermuten die Forscher: Verklumptes Beta-Amyloid verhindert, dass Informationen gespeichert oder abgefragt werden können. Nur: Die Ablagerungen gelten heute als nur eine von vielen möglichen Ursachen.

Das Gleichgewicht ist gestört

Das Gleichgewicht der Botenstoffe Acetylcholin und Glutamat im Gehirn ist gestört. Es wird weniger Acetylcholin gebildet, Gedächtnissignale werden nicht mehr so gut weitergeleitet. Und es wird zu viel Glutamat ausgeschüttet. Das führt zum Absterben der Nervenzellen. Plötzlich verweigert das Gehirnarchiv Auskunft auf einfache Fragen: »Wer spricht da eigentlich gerade mit mir? Wo wohne ich denn?« Der Mensch vergisst, welcher Tag ist, den Namen des Ehepartners, er verändert seine Persönlichkeit, wird aggressiv, traurig, gleichgültig oder auch lustig. Irgendwann weiß er nicht mehr, was Messer und Gabel sind, dann kann er nicht mehr allein zur Toilette – und endet als greises Baby.

Eine schleichende Krankheit

Es dauert etwa 20 bis 30 Jahre, bis sich Alzheimer im Vergessen zeigt. Plötzlich speichert man neue Informationen nicht mehr so gut, vergisst, wo der Schlüssel ist, fragt andere Menschen ständig dasselbe. Dann sind aber schon 20 Prozent der Gehirnzellen zerstört. Unwiederbringlich fort. Bedeutet: Man verliert die Fähigkeit, den Alltag zu erleben – lebt sich langsam zurück, immer weiter in die Vergangenheit. Diese, so vermuten die Forscher, hat einfach tiefere Spuren in das Gehirn gegraben und wird wohl dann erst gelöscht, wenn mehrere Schichten an Nervenzellen zerstört sind.

Ob Sie es glauben oder nicht: Wenn ein Alzheimer-Patient in den Spiegel blickt, erkennt er den alten Menschen nicht mehr. Darum dürfen Sie ihm als Sohn, als Tochter auch nicht übel nehmen, wenn er Sie mit dem Namen seines Bruders, seiner Schwester anredet. Er kennt Sie wirklich nicht.

Know-how

Medizin plus C

Der Zusatz von Vitamin C, wie man ihn zum Beispiel von Kopfschmerztabletten kennt, könnte sich bald für Medikamente gegen Alzheimer und Epilepsie durchsetzen. Wie Forscher der Universität Ferrara herausgefunden haben, eignet sich Vitamin C als eine Art Schlüssel zur Überwindung der so genannten Blut-Hirn-Schranke. An der Barriere scheitern sonst einige Wirkstoffe gegen die Hirnkrankheiten. Mit Hilfe von Vitamin C könnten sie problemlos dorthin gelangen, wo sie im Gehirn wirken sollen.

Nach Diagnosestellung leben viele Menschen mit ihrem Alzheimer noch bis zu 15 Jahre. Leben? Wichtig ist, Alzheimer so früh wie möglich zu erkennen, weil die Medikamente am besten im Anfangsstadium greifen.

So spüren Experten Alzheimer auf

- Anhand von Fragebögen beurteilt der Neurologe oder Psychiater die Hirnleistung. Man prüft, ob sich der Patient Begriffe merken kann, ob Sprachstörungen vorliegen.
- Kernspinaufnahmen (MRT) zeigen Schrumpfungen bestimmter Gehirnregionen.
- Die Positronen-Emissionstomographie (PET) oder die Single-Photon-Emissions-Computertomographie (SPECT) erfasst Durchblutung, Zucker- und Sauerstoffwechsel der Nervenzellen. Stimmt was nicht, kann man das schon in einem frühen Stadium erkennen. Nur: Das ist teuer.

Was löst Demenz oder Alzheimer aus?

- ***Alzheimer-Gene:*** Drei Prozent der Betroffenen haben die Krankheit von ihren Eltern geerbt, sie ist in diesen seltenen Fällen genetisch bedingt.

- ***Kupfermangel:*** Forscher der FU Berlin und der Universität des Saarlandes fanden heraus: Mäuse bekommen nicht so schnell so viele Amyloid-Plaques im Gehirn, wenn ihr Trinkwasser mit Kupfer angereichert ist.

- ***Cholesterin:*** Ein wenig davon ist lebensnotwendig für das Gehirn. Aber zu viel Cholesterin ist schlecht. Einige Studien zeigen: Mit cholesterinsenkenden Medikamenten sinkt auch das Risiko, an Alzheimer zu erkranken. Forever-Young-Leser wissen, wie sie ihren Cholesterinspiegel senken – ganz einfach: Beine bewegen. Dann sinkt auch gleich der Blutdruck.

- ***Bluthochdruck:*** Menschen mit hohem Blutdruck und erhöhten Cholesterinwerten haben ein höheres Risiko, an Alzheimer zu erkranken. Finnische Forscher untersuchten diesen Zusammenhang bei 1449 Menschen während eines Zeitraums von zehn Jahren. Hat man Bluthochdruck plus eine Herzerkrankung, steigert sich das Demenzrisiko auf das Dreifache. Es versechsfacht sich bei Bluthochdruck, gekoppelt mit Diabetes mellitus. Kein Wunder: Zu viel Zucker ist Gift für das Hirn.

- ***Übergewicht:*** Schwedische Forscher fanden heraus, dass im Alter von 70 Jahren jeder BMI-Punkt über 25 das Risiko, später an Alzheimer zu erkranken, um 36 Prozent erhöht.

- ***Hirnleistung und Knochendichte:*** Eine US-Studie bestimmte bei 4000 Senioren Knochendichte und Gedächtnis und kam zum Ergebnis: je poröser die Knochen, desto schlechter das Hirn. Möglicherweise könnte es am Östrogenspiegel liegen, vermuten die Autoren. Dieses Hormon festigt nicht nur die Knochen, sondern tut auch dem Gehirn gut. Es könnte aber auch an Beinfaulheit liegen – oder?

- ***CRP-Spiegel:*** Das Demenzrisiko kann man auch im Blut messen. Ein hoher Blutspiegel an hochsensitivem C-reaktivem Protein erhöht das Risiko für Gefäßerkrankungen (Herzinfarkt und Schlaganfall). US-Forscher fanden heraus, dass Menschen mit einem hohen hs-CRP-Spiegel im mittleren Alter auch ein höheres Risiko haben, 25 Jahre später an Demenz zu erkranken.

- ***Depressionen:*** Ältere Menschen mit Depressionen leiden häufig auch unter geistigen Leistungsstörungen. Umgekehrt leiden Alzheimer-Patienten oft an Depressionen. Menschen mit einem Hang zu psychischen Problemen erkranken doppelt so häufig an Alzheimer wie psychisch stabile. Übrigens: In bis zu 30 Prozent aller Fälle wird bei Patienten mit einer Depression fälschlicherweise eine Demenz diagnostiziert.

- ***Hohe Homocysteinwerte im Blut:*** Menschen mit viel Homocystein im Blut haben ein um 4,5 erhöhtes Risiko, an Alzheimer zu erkranken. Gegen Homocystein lässt sich ganz einfach etwas tun: Man muss nur eine Vitaminpille schlucken – siehe Seite 105f.

- ***Mangel an Antioxidanzien:*** Alzheimer ist eine Freie-Radikale-Erkrankung (siehe auch Seite 98ff.). Ich jedenfalls schütze mich, indem ich in Antioxidanzien »bade«.

superlinks

Acetylcholin Seite 83 | Antioxidanzien Seite 98 | Brainfood Seite 113 | Interview: Klug essen Seite 136 | Gehirnmedizin Seite 168 | Gene Seite 173

5 Aminosäuren – *Gehirndoping der erlaubten Art*

Denken, Kreativität, Konzentration, Gefühle und gute Laune brauchen Eiweiß. Genauer: die kleinen Eiweißbausteine namens Aminosäuren. Vor allem die essenziellen Aminosäuren, die der Körper nicht selbst herstellen kann. Die müssen also alle auf dem Teller liegen. Das Gehirn ist gescheit, wenn man es lässt. Sie haben da in Ihrem Kopf ein Warnsystem, einen Eiweißdetektor, der aufspürt, wenn Sie nicht genug von den kleinen Bausteinchen des Lebens aufgenommen haben, wenn ihm lebenswichtige Aminosäuren fehlen. Fehlt nämlich nur eine, kann der Körper die anderen nicht verwerten, um Zellen zu reparieren, das Immunsystem aufzubauen, Muskeln, Hormone, Neurotransmitter und gute Laune herzustellen. Ganz einfach weil ihm dann ein Glied in der Eiweißkette fehlt.

Die reissatte Ratte guckt nach 'ner Bohne

Diesen Detektor spürten Dorothy Gietzen und ihr Team von der Universität von Kalifornien in Davis bei Ratten auf. Genau: im piriformen Cortex in der Großhirnrinde hinter den Augen. Sie stellten fest: Binnen 20 Minuten merkt die Ratte, dass es ihr an bestimmten Aminosäuren fehlt, und dann macht sie sich auf die Suche nach entsprechendem Futter, das ihr die fehlende Aminosäure liefert. Hat sie in einer Vorratskammer Reis geplündert, sucht sie nach Bohnen. Da klingelt es bei Forever-Young-Lesern: Gemeinsam haben Lebensmittel eine höhere biologische Wertigkeit. Der Grund, warum wir Kartoffeln mit Ei essen sollten. Die Ratte hat also dieses Frühwarnsystem, und beim Menschen wird es auch vermutet. Sonst hätten sich nationale Gerichte wie Bohnen mit Reis oder Mais, Kartoffeln mit Ei, Ei mit Soja, Milch mit Getreide, Fleisch und Getreide (Spaghetti Bolognese) nicht durchgesetzt. Alles Kombinationen, die das Aminosäuremuster optimieren. Aber wahrscheinlich hat das ganze Junkfood, das Sie so aufnehmen, den piriformen Cortex zugestopft. Sodass Sie gar nicht mehr wahrnehmen, was Ihnen fehlt. Nun gibt es zwei Möglichkeiten:

1. Das Ganze mit Wissen wettmachen. Sie wissen: Ich brauche Eiweiß. Täglich. Eine gesunde Mischung aus tierischen und pflanzlichen Quellen. Und zwar zu jeder Mahlzeit eine schöne Portion (1,5 bis 2 Gramm/Kilo Körpergewicht). Forever-Young-Leser wissen das. Und mixen sich auch einen Eiweißshake mit hoher biologischer Wertigkeit, wenn sie keine Zeit zum Kochen haben.

2. Den piriformen Cortex wieder freischaufeln. Das nenne ich: die somatische (körpereigene) Intelligenz wecken. Funktioniert ganz einfach, indem Sie sich 30 Minuten täglich mit dem richtigen Puls bewegen. Läufer wissen, was der Körper braucht.

Diese Aminosäuren sollten Sie kennen

Arginin für den Nobelpreis

Seit 2005 kann man immer häufiger in medizinischen Zeitschriften über Arginin lesen. Eine wunderbare Aminosäure. Sorgt nämlich für mehr NO

(Stickoxid). NO, das »Molekül des Jahres«, wirkt im Körper wie ein Hormon. Stellt die Blutgefäße weit, macht sie elastisch. Beugt Gerinnseln vor. Feit Sie vor Impotenz, Herzinfarkt, Krebs – und Demenz. 1998 bekam Prof. Louis Ignarro den Nobelpreis, weil seine Forschergruppe entdeckte, welch segensreiche Wirkung NO auf den Körper hat, wenn man es als Medikament verabreicht. Sie haben im Blut zu wenig. Immer. Das messe ich nämlich. Da wundert mich nix! NO kann der Körper sich selbst basteln. Aus L-Arginin und Sauerstoff. Sprich: Eiweiß plus Bewegung. Und plötzlich werden die Gefäße jung, geschmeidig, elastisch, das Immunsystem schlagkräftig, die Körpermitte rege – und der Kopf fit.

Braintipp: Wie kommen Sie an Ihr Arginin? Über Nüsse, Fisch und Soja. Oder über die Apotheke. Gibt's neuerdings im Drei-Gramm-Beutel. Eine kanadische Studie zeigt: Wer täglich Arginin nimmt, erhöht seinen NO-Spiegel um 100 Prozent.

Know-how

Aminosäuren vom Doktor?

Ein Arzt kann gezielt Aminosäuren einsetzen, um im Körper die Produktion von Nervenbotenstoffen, also Neurotransmittern, im Gehirn anzuregen. Die wiederum kurbeln die Produktion bestimmter Hormone an, die Sie wach machen, die Sie jung machen, die Depressionen vertreiben. Nur muss man diese Aminosäuren in gewissem Abstand von einer Mahlzeit einnehmen, damit ihnen genügend Transportschiffchen im Darm zur Verfügung stehen. Sonst tröpfeln sie langsam und einzeln in den Stoffwechsel und lösen gar nichts aus.

Leucin für mehr Vitalität

Leucin lässt Muskeln wachsen und hält den Blutzucker stabil, sodass dem Gehirn der Zucker nicht ausgeht. Etwa Ihrer Tochter beim Büffeln vor dem Abitur. Ein Mangel schwächt den ganzen Körper.

Braintipp: Essen Sie sofort nach dem Training einen Eiweißsnack ohne Fett (Hüttenkäse, Joghurt, Geflügel) oder mixen Sie sich einen Eiweißshake.

Isoleuzin hält fit im Stress

Isoleuzin bildet die Gehirnbotenstoffe, die einen gegen Stress feien. Ein Mangel lässt Muskeln schwinden, macht lustlos und abgeschlagen – auch die mentale Ausdauer sinkt.

Braintipp: Isoleuzin ist mit ein Grund, warum Menschen mit einem Eiweißspiegel von 8 g/dl keinen Stress kennen. Stau auf der Autobahn? Wichtiger Termin? Mit Isoleuzin: Schau schau, ein Stau …

Methionin – das Multischutzschild

Diese schwefelhaltige Aminosäure ist der Ausgangspunkt (!) für jeglichen Eiweißaufbau – sie steckt also in jeder Körperzelle. Auch im Gehirn. Methionin ist wichtig für die Abwehrfunktion der Killerzellen im Blut. Wird in der AIDS-Therapie zum Schutz des Nervensystems eingesetzt. Methionin lindert Stress, unterstützt das wichtige Antioxidans namens Selen. Aber Achtung: Einzeldosen von fünf Gramm heben den Homocysteinspiegel im Körper an – ein stärkeres Gefäßgift als Cholesterin.

Braintipp: Methionin nehmen Sie auf, wenn Sie Eier, Fisch, Geflügel, magere Milchprodukte, Soja, Linsen essen.

Phenylalanin macht glücklich

Aus dieser Aminosäure baut sich der Körper Glückshormone wie Noradrenalin, ACTH, Dopamin und Endorphine. Wesentlich für die Stimmung des Menschen. Phenylalanin hilft gegen

Depressionen und schenkt Selbstvertrauen. Phenylalanin wird übrigens auch in der Schmerztherapie eingesetzt, zum Beispiel bei Arthritis, Rheuma und Muskelschmerzen. Phenylalanin steigert wie Tyrosin die Gedächtnisleistung. Achtung: Bei der seltenen Stoffwechselkrankheit Phenylketonurie (PKU) darf Phenylalanin nicht eingenommen werden, da das Enzym fehlt, das diese Aminosäure verstoffwechselt.

Braintipp: Phenylalanin steckt in Käse, Fleisch, Fisch, Nüssen, Reis, Ei.

Tryptophan – das natürliche Schlafmittel

Tryptophan entspannt und fördert den Schlaf. Denn aus Tryptophan bildet der Körper Serotonin, das Hormon der inneren Ruhe, der Ausgeglichenheit, des Glücks. Sie leiden unter einem chronischen Müdigkeitssyndrom? Sieht der Arzt, wenn er einen Blick auf Ihr Blut wirft. Dann haben Sie nämlich weniger Tryptophan und Carnitin im Blut.

Tipp

Der Eiweißshake

Shaken Sie jeden Morgen 30 Sekunden das Gehirn fit. Starten Sie den Tag mit einem Eiweißdrink. Bevor Sie 30 Minuten walken oder laufen. Tun Sie das doch einfach mal 14 Tage lang. Und spüren Sie, wie gut Ihnen, Ihrer Seele und Ihrem Kopf das tut. Wenn Sie den Drink lieber statt des Frühstücks genießen wollen, dann finden Sie auf Seite 356 zwei köstliche Denkerdrinks. Oder Sie besorgen sich mein Büchlein »Power-Eiweißdrinks« (Heyne-Verlag). Eiweiß und Obst – das ist alles, was der Körper braucht.

Wer im Stress ist, unter Angstzuständen oder Schlaflosigkeit leidet oder wer mit dem Rauchen aufhören will, sollte auf eine Extraportion Tryptophan achten. Bei Mangel drohen Depressionen bis hin zu Psychosen. In den USA nimmt man als Einschlafhilfe 500 Milligramm Tryptophan – wirkt ohne Nebenwirkungen. Gibt es übrigens als einzige Aminosäure vorrätig in jeder Apotheke.

Braintipp: Gute Quellen sind: Thunfisch, Geflügel, Milchprodukte, Datteln, Bananen.

Valin peppt Nerven auf

Diese Aminosäure braucht der Körper für ein funktionierendes Nervensystem. Valin ist außerdem beteiligt am Aufbau von Hämoglobin, dem roten Blutfarbstoff – dem Boot, das Sauerstoff zu allen Zellen trägt, auch zum Kopf.

Braintipp: Achten Sie auf einen hohen Eiweißspiegel – alle vier Stunden mit einem Häppchen Eiweiß ohne Fett auffüllen.

Alanin dient als Zucker fürs Gehirn

Das ist die Aminosäure, die der Körper sich holt, wenn er aus Muskeln Zucker (Glukose) baut. Damit der Blutzuckerspiegel nicht sinkt und dem Gehirn der Zucker ausgeht. Den Muskelabbau kann man verhindern, indem man genug Eiweiß aufnimmt. Etwa vor oder während langer Radausflüge oder Sechs-Stunden-Sitzungen im Büro. Und ausreichend Kohlenhydrate – aus viel Obst und Gemüse und kleinen Beilagen mit Vollkornprodukten.

Braintipp: Natürliche Quellen: Mais, Rindfleisch, Eiweiß, Reis, Molke, Soja, Hafer.

Cystein – Schutzschild gegen Stress

Aus diesem Eiweißbaustein baut Ihr Körper Glutathion. Unser wichtigstes Schutzschild des Immunsystems gegen freie Radikale. Lebenswichtiges Wissen für HIV-Positive. Diese aggressiven Substanzen zerstören Zellen – auch die zarten Nervenstrukturen im Gehirn oder das Immunsystem. Stress bombardiert Körper und Gehirn mit freien Radikalen. Und darum schützt ein hoher Eiweißspiegel auch vor Stress. Cystein enthält Schwefel, der dabei hilft, Schwermetalle wie Kadmium zu entsorgen – geht jeden Raucher an! – und Quecksilber (Amalgam im Mund!) unschädlich zu machen.

Braintipp: Viel Cystein steckt in Ei, Hafer, Mais.

Glutamin für gute Laune

Glutamin stärkt das Immunsystem und gilt auch als Brainfood. Wenn man eine kohlenhydratarme Diät macht, kann Glutamin als Energiequelle für die Nervenzellen dienen. Dann fühlt man sich besser, ist geistig vitaler, wacher und besserer Laune.

Braintipp: Gute Lieferanten sind Getreide, Kartoffeln, Nüsse, Fleisch, Milch, Soja.

Glycin macht aufmerksam

Glycin erhöht die Aufmerksamkeit, schützt die Zellen, wappnet das Immunsystem, hilft der Leber beim Entgiften. Fehlt dem Körper diese Aminosäure, schlägt er Alarm. Quält mit Heißhunger auf Süßes. Auch darum macht Eiweißmangel dick. Ein Glycinmangel macht ziemlich müde.

Braintipp: Essen Sie alle vier Stunden Eiweiß ohne Fett – so bekommt Ihr Körper auch ausreichend von dem natürlichen Appetitzügler.

Histidin sorgt für biologischen Rückenwind

Diese Aminosäure braucht der Körper für den roten Blutfarbstoff Hämoglobin, der Sauerstoff überträgt. Das heißt: Je mehr Histidin, desto leistungsfähiger ist der Mensch – körperlich wie geistig. Histidin reguliert Zellwachstum und Regeneration, also Jugend. Und es entgiftet den Körper von Schwermetallen.

Braintipp: Viel Histidin steckt in Bananen, Thunfisch, Makrelen, Rindfleisch.

Serin für einen fitten Geist

Auch diese Aminosäure spielt eine Rolle bei der Energieversorgung und ist ganz wichtig für das Gehirn und das Nervengewebe. Serin kurbelt die Produktion von Acetylcholin an, dem Botenstoff für ein waches Gehirn, ein besseres Gedächtnis und leichteres Lernen. Hat Ihr Kind Konzentrationsstörungen in der Schule? Lezithin plus Serin!

Braintipp: Ei, Käse, Milch, Hafer, Mais sind gute Lieferanten.

Tyrosin macht fröhlich und wach

Die Aminosäure Tyrosin kann sich der Körper aus Phenylalanin selbst herstellen. Wenn genug davon da ist. Tyrosin selbst braucht der Körper für die Bildung von Blutkörperchen und damit wichtige Hormondrüsen funktionieren, wie zum Beispiel die Schilddrüse, die Hirnanhangsdrüse. Ihr Stoffwechseltempo, liebe 30 Millionen Mitbürger mit Schilddrüsenproblemen, ist also direkt abhängig von diesem einen Baustein. Wie Phenylalanin wirkt auch Tyrosin stimmungsaufhellend. Und wird in der Psychiatrie gegen Depressionen eingesetzt. Auch gegen Demenz und Alzheimer hilft dieser Eiweißbaustein. Tyrosin steigert die Konzentration und die Leistungsfähigkeit und hält lange wach. Manager wissen das. Sie nehmen in Stresssituationen auf nüchternen Magen (drei Stunden nach einer Mahlzeit) Tyrosin. Aus Tyrosin macht das Gehirn Dopamin, und daraus entsteht dann das Hormon Noradrenalin – und die beiden machen hellwach und fröhlich.

superlinks

Acetylcholin Seite 83 | Antioxidanzien Seite 98 | Brainfood Seite 113 | Interview: Klug essen Seite 136 | Fisch Seite 142 | Fleisch Seite 148 | Frühstück Seite 161 | Gehirnschmalz Seite 171 | Ginkgo Seite 174 | Kaffee Seite 208 | Schlaf Seite 283 | Schwermetalle Seite 286

6 Angst essen Seele auf

Erinnern Sie sich an diesen Film von Fassbinder mit der genialen Brigitte Mira in der Hauptrolle? »Angst essen Seele auf«, sagt da der fremde, über 20 Jahre jüngere Ausländer zu ihr. Weil sie Angst hat, was die Leute sagen, wenn sie sich auf ihn einlässt. Angst hat zu lieben. Angst hat zu leben.

Die meisten Menschen haben panische Angst davor, so zu leben, wie sie wirklich wollen. Natürlich nennen es die meisten nicht so. Sie sagen: Ja, ich würde schon gerne das und das machen. ABER es geht halt nicht, weil ich mich nicht traue, das nicht kann, nicht genug Geld habe, gebunden bin, allein bin, familiäre Verpflichtungen habe, keinen oder einen Sch…job habe, Schulden habe, zu alt bin, zu hässlich bin, zu dick bin, zu ungebildet bin, zu faul bin. Oder noch schlimmer: Ich würde ja schon gerne, aber die anderen lassen mich ja nicht. Die anderen (Kinder, Eltern, Partner, Familie, Kollegen, Vorgesetzte, Beamte oder Politiker usw.) sind immer schuld an meiner Misere.

Eine Katastrophe. Denn Angst ist die schlimmste Blockade unserer geistigen und kreativen Kräfte. Und Angst ist der größte Stress für unseren Körper. Angst macht krank, Angst macht dumm.

Know-how

Gesund vor Angst

Die Zahl der Krankentage hat sich seit 1990 halbiert. Aus Angst um den Arbeitsplatz feiert man nicht mehr krank. Aber: Die Zahl psychischer Erkrankungen hat sich in den letzten zehn Jahren verdoppelt.

Dummheit wird aus Ängsten geboren

Das ist in der Tat so. Es ist wissenschaftlich messbar. Gerade zeigte eine kanadische Studie, die an der Universität Vancouver durchgeführt wurde, wie lähmend Angst auf unsere grauen Zellen wirkt. Bei einfachen Intelligenztests schnitten hochbegabte Studenten überraschend miserabel ab, wenn ihnen vorher suggeriert wurde, dass der Studienleiter sie für absolute Versager hielt. Er machte ihnen Angst, drohte ihnen mit schlechten Zensuren, die sich deutlich auf ihr studentisches Weiterleben auswirken würden.

Auch selbstbewusste Studenten wurden während der vermeintlichen Prüfung unter den missbilligenden Blicken des Professors und seinen vernichtenden Kommentaren, wenn er auf die Bögen schielte, Opfer ihrer Angst: Das Adrenalin und der Blutdruck schossen hoch, die Atmung wurde flach, die Muskeln verkrampft, das logische Denken und das Erinnerungsvermögen total blockiert. Ergebnis: Die begabten Studenten, die bereits an ihrer Doktorarbeit schrieben, waren nicht fähig, verblüffend einfache Aufgaben richtig zu lösen.

Wer glaubt, dass alles gut geht, ist klug

Die zweite Studiengruppe, die untersucht wurde, bestand aus Hochschülern der Oberstufe, die unterdurchschnittliche schulische Leistungen erbrachten. Sie wurden ganz anders auf den inhaltlich genau gleichen Test vorbereitet. Ihnen sagte man, dass man sie ausgewählt habe, weil sie aufgrund ihrer negativen Erfahrungen mit dem Schulstoff am besten beurteilen könnten, ob dieser kinderleichte Test zur Auswahl von jungen Schülern für diese Hochschule geeignet wäre. Und stellte ihnen in Aussicht, dass sie für ihre Mitarbeit erstens eine hervorragende Sondernote im Zeugnis und zweitens eine öffentliche positive Erwähnung im Schulkollegium erhalten würden. Egal, ob sie die Aufgaben richtig oder falsch lösten. Darauf käme es gar nicht an. Sie sollten lediglich diese Aufgaben ansehen und dann anmerken, ob ihnen die Fragen leicht oder schwer vorkämen, ob sie die Aufgabe für fünf Jahre jüngere geeignet hielten und was man an diesem Test verbessern könne.

Klar. Die ansonsten schlechten Schüler lösten jede Aufgabe in Windeseile fehlerfrei und merkten dazu noch erstaunlich viele kreative Vorschläge zur Verbesserung an. Angst blockiert also massiv – jeder kennt das vom Lampenfieber vor Prüfungen oder Vorstellungsgesprächen.

Warum die Angst im Kopf sogar gefährlich sein kann

Weniger bewusst ist aber den meisten, dass auch diffuse Ängste wie Angst vor Jobverlust, Angst vor dem Verarmen oder Angst vor dem Verlassenwerden gewaltige Energieräuber sind. Und die allerschlimmsten Feinde eines glücklichen und buchstäblich Erfolg-reichen Lebens sind grundlose Lebensängste wie Angst vor dem Älterwerden, Angst, verlacht, diskriminiert, ausgenutzt, betrogen oder sonstwie verletzt zu werden.

Aus solchen Ängsten heraus entwickeln sich negative Gefühle wie Eifersucht, Neid, Geiz, Ohnmacht, Depression und Aggression. Ohne Angst gäbe es also kein Mobbing, keine Intrigen, keine blutigen Amokläufe. Und ohne Angst gäbe es keine Kriege!

Aber meine Ängste sind berechtigt, werden Sie sagen. Mein Kollege will mir wirklich was Böses. Der Neidhammel von Nachbar schikaniert mich permanent. Wenn ich älter werde, guckt mich

Know-how

Angstkrank?

Jeder zehnte Deutsche leidet unter Panikattacken. Die führen in die soziale Isolation und gehören unbedingt in therapeutische Hand. Infos im Netz: Angst-und-Panik.de.

keiner mehr an, und ich kriege auch keinen Job mehr. Der Typ vom Finanzamt hat mich wirklich auf dem Kieker. Ich wurde schon betrogen, mir wurde Geld geklaut, ich habe Tausende von Euro durch falsche Bankberatung verloren, meine Cousine hat mich um mein Erbe gebracht, mein Partner hat mich sitzen gelassen, meine Kinder haben mich enttäuscht usw. Und übrigens sind die Grauen, Gelben, Grünen, Roten, Braunen, Weißen, Schwarzen, Türkisen, Lila- oder Rosafarbenen doch wirklich die wahre Pest und eine Gefahr für Deutschland!

Glauben Sie mir: Jede Angst, die auf einer Vorstellung, also Einbildung, Erwartung oder Erinnerung beruht, ist Quatsch.

Wenn Sie nicht akut reagieren können, ist die Angst überflüssig, hindert Sie am Leben.

Welche Angst Leben rettet

Echte Angst ist dazu da, um Sie in einem Moment realer Gefahr zu warnen und Ihnen das Leben zu sichern. Eine reale Gefahr ist beispielsweise, wenn der Autofahrer vor Ihnen plötzlich eine Vollbremsung hinlegt und Sie blitzschnell reagieren müssen, um ihm nicht draufzuknallen.

Angst löst die Ausschüttung einer Unmenge von Stresshormonen aus, die uns eine unglaubliche körperliche Energie schenken, mit der wir Höchstleistungen in Sekundenschnelle vollbringen können. Und die unsere gesamte Wahrnehmung ausschließlich auf die Angstsituation fokussiert. Alles andere würde jetzt stören; deswegen werden logisches Denken, Erinnerungsvermögen usw. völlig ausgeblendet. Wir sehen nicht mehr, dass wir an einem herrlichen See entlangfahren, sondern nur die Bremslichter und die Straße vor uns. Wir hören nicht, dass im Verkehrsfunk gerade vor einem Blitzer gewarnt wird, sondern nur das Quietschen der Reifen. Wir spüren nicht, dass uns die Sonne durchs offene Dach auf den Schädel brennt, sondern gar nichts, wir reagieren nur. Unsere Hände lenken den Wagen automatisch auf den Seitenstreifen, gleichzeitig bremsen unsere Füße schnell hintereinander hart ab. Von selbst. Darüber haben wir nicht nachgedacht. Das haben wir nicht entschieden zu tun. Das alles passiert von ganz allein.

Angst schenkt uns die Fähigkeit, in Gefahrenmomenten ohne zu überlegen das einzig Richtige zu tun. Dafür ist sie da und dafür ist sie gut.

Know-how

Wovor Männer sich fürchten

Das Internetportal epicure.tv hat mal untersucht, vor was sich der Mann heute so fürchtet. Die Forsa-Umfrage unter 1000 Männern von 31 bis 69 Jahren brachte heraus: Der Mann fürchtet sich vor Impotenz genauso stark wie vor dem Tod. Aber am allermeisten fürchtet er sich davor, seine Partnerin zu verlieren.

Der Angst ist es egal, ob sie echt oder eingebildet ist

Bei irrealen, also nur vorgestellten Ängsten jedoch werden die gleichen Stresshormone ausgeschüttet. Diesmal aber nicht automatisch in eine körperliche Reaktion umgesetzt, nicht ausagiert. Geht ja auch nicht. Wie soll man jetzt körperlich der Angst vor zukünftiger Blamage, zukünftigen Verletzungen oder zukünftigem Misserfolg ausweichen? Sie existiert ja nur in unserer Fantasie – ist nicht real. Real ist aber, dass unser Herz schneller schlägt, der Blutdruck steigt, die Atmung hechelnd und flach wird, Verdauung und Stoffwechsel auf Sparflamme schalten, dafür die Muskulatur angespannt wird. Real ist auch, dass wir jetzt fast nur noch an das Angstmachende denken, nur noch das Angstmachende sehen, hören und spüren können. Und das, obwohl es gar nicht da ist, sondern nur in unserem Kopf existiert. Alles, was uns in Wirklichkeit gerade umgibt, wird ausgeblendet. Und alles, was wir wissen, was wir erlebt, gesehen, gefühlt, gelesen, gehört und gelernt haben, gerät in Vergessenheit. Auch denken kann man nicht, wenn man Angst hat. Braucht man ja auch nicht, wenn's echt gefährlich wird. Dann weiß unser Körper ja ganz von allein, was er jetzt tun soll.

Blöd aber, wenn die grauen Zellen den Dienst verweigern, wenn die Angst nur vom zusammenfantasierten Kopfkino kommt …

Raus aus dem dunklen Verlies

Mit eingebildeter Angst vor diesem und jenem sperren wir uns selbst in ein grausames, dunkles Gefängnis. Sehen nicht mehr, was wirklich um uns herum vor sich geht, sondern nur unseren eigenen Horrorfilm, können deshalb auch weder den Moment genießen und kreativ sein noch, wenn tatsächlich eine Herausforderung oder gar eine Gefahr auf uns zukommt, diese erkennen und entsprechend darauf reagieren. Das muss nicht sein. Gehen Sie aktiv gegen Ängste an. Mit der Übung im Kasten rechts.

superlinks

Denksport Seite 123 | Erinnerung Seite 135 | Formel-1-Reflex Seite 153 | Meditation Seite 252 | Negative Gefühle Seite 273 | Stress weg Seite 293

Übung

Wie wird man Angst los?

Indem man sie ausagiert. Wenn also Angst, egal welche, hochkriecht, stehen Sie auf. Atmen Sie tief durch, gaaanz tief in den Bauch und wieder raus. So etwa zehnmal. Und dann bewegen Sie sich. Laufen Sie herum, am besten draußen, springen Sie wie ein Kind, rennen Sie ein Stück. Und dann machen Sie die Augen auf. Das meine ich wörtlich. Sehen Sie sich wirklich um. Was umgibt Sie gerade? Häuser? Bäume? Sträucher? Wiesen? Menschen? Wie sieht der Boden aus, auf dem Sie laufen? Schauen Sie ganz genau hin! Jetzt machen Sie auch die Ohren auf. Was hören Sie? Autos? Blätterrascheln? Kinderlachen? Vogelgezwitscher? Können Sie auch wieder spüren? Sich spüren, Ihre Füße, wie sie den Boden berühren, Ihre Haut, über die der Wind streicht? Das alles ist Wirklichkeit.
Das ist Ihr Leben. Schön, gell?
Jetzt versuchen Sie, mit den weit offenen Sinnen in Ihren Alltag zurückzukehren. Auch der sieht jetzt ganz anders aus. So viel Wunderbares haben Sie dort übersehen, überhört, nicht gespürt! Genießen Sie es!
Sie werden bemerken: Wenn Sie genauso offen, neugierig und vorurteilslos auf andere Menschen – auch auf die, vor denen Sie vorher Angst hatten – zugehen, erscheinen Ihnen diese plötzlich in einem ganz anderen Licht. Die meisten Mitmenschen sind nämlich sogar sehr sympathisch. Eklig wird nur jemand, der Angst hat. Und wer sollte vor einer strahlenden offenen Person, wie Sie es sind, Angst haben?
Übrigens: Wer regelmäßig läuft, hat weniger Angst. Irgendwann gar keine mehr.

7 Antioxidanzien
schützen vor Verblödung

Alzheimer-Forscher wissen längst: Länger währender Vitaminmangel trägt entscheidend zu Alzheimer bei. Wer sich von Fertigprodukten ernährt, Obst nur aus Dosen isst, von Junkfood, Tütensuppen oder Wurstbroten lebt, dem fehlen die Vitamine A, C und E.

Know-how

Was Studien zeigen

Holländische Forscher stellten in der Rotterdam-Studie mit 5395 Teilnehmern fest: Die tägliche Aufnahme von 55 Milligramm Vitamin C, 6,2 Milligramm Vitamin E, 12,2 Milligramm Flavonoiden und 0,75 Milligramm Beta-Karotin senkt das Risiko, an Alzheimer zu erkranken, um 20 Prozent.
In einer Studie fand die Uni Hawaii (veröffentlicht 4/2000 in »Neurology«) sogar heraus, dass das Demenzrisiko um 70 Prozent sank, wenn die Probanden mindestens einmal die Woche Vitamin C und E zu sich nahmen. Und: Diejenigen Personen, die über mehrere Jahre hinweg regelmäßig Vitamine nahmen, schnitten in Gehirnleistungstests auch besser ab.
Fazit: Antioxidanzien bremsen den geistigen Verfall, beugen Alzheimer vor. Auch bei Morbus Parkinson oder Depressionen oder multipler Sklerose haben Forscher Vitaminmängel festgestellt.

Genau diese Vitamine fehlen Alzheimer-Patienten. Und gibt man diese Vitamine, sinkt das Alzheimer-Risiko.

Aber auch das »normale« Altern im Gehirn, Verlust von geistiger Leistungskraft geht auf das Konto der Körperterroristen namens freie Radikale (siehe auch Seite 45). Warum ist das so? Sie wissen bereits: Das Gehirn besteht zu 60 Prozent aus Fett. Aus gesundem Fett, zum Beispiel aus Omega-3-Fettsäuren, nicht aus Griebenschmalz. Und die müssen geschützt werden, damit sie nicht ranzig werden. Und das tun die oben genannten Vitamine. Sie wirken als Antioxidanzien. Schützen das Gehirn vor dem Angriff freier Radikale, vorm Ranzigwerden, vor dem Absterben von Nervenzellen, vor Konzentrationsschwächen, vor dem Altern, vor Demenz, vor Alzheimer.

Meine Meinung – lieber Baden als Verblöden

Antioxidanzien verhindern oxidativen Stress. Das bedeutet: weniger DNA-Schäden, weniger Zellen gehen kaputt, weniger Beta-Amyloid verklumpt im Gehirn zu Alzheimer. Fazit: Ein hoher Anteil von Antioxidanzien, vor allem der Vitamine C und E in der Nahrung, Flavonoide aus Obst und Gemüse können vor geistigem Verfall schützen und das Risiko einer Alzheimer-Erkrankung senken. Alzheimer ist eine Freie-Radikale-Erkrankung. Ich jedenfalls schütze mich, indem ich in Antioxidanzien »bade« (Sammelzitat von acht Alzheimer-Forschern).

Der Körper braucht alle …

In Ihrem Körper arbeitet ein Antioxidanziennetzwerk: Glutathion, Vitamin C, E, Coenzym Q10 und Alpha-Liponsäure (Thioctsäure). Sie unterstützen sich in ihrer Arbeit gegenseitig und sind gemeinsam superaktiv. Und darum sollte man auch Antioxidanzien gemeinsam einnehmen. Ein Beispiel: Wenn Vitamin E ein freies Radikal entschärft, wird es selbst aggressiv. Dann stecken ihm Vitamin C oder Coenzym Q10 ein Elektron zu – und schon ist es zum Zellschützer regeneriert. Und dem Vitamin C steckt dann die Liponsäure wieder etwas zu.

Alpha-Liponsäure müssen Sie kennen

Sportler kennen sie. Sportler nehmen sie, weil die Alpha-Liponsäure den Energiestoffwechsel optimiert. Man bringt mehr Leistung, fühlt sich frischer. Gilt auch für das Gehirn. Diese körpereigene lebenswichtige Substanz arbeitet nicht nur als wirkungsvolles Antioxidans. Sie spielt ihre Rolle in der Energiegewinnung der Zelle. Fehlt sie, funktioniert der Zuckerstoffwechsel (Katastrophe für die Nerven, Katastrophe für das Gehirn) nicht richtig, und es gehen Nervenzellen kaputt.

Die Alpha-Liponsäure steckt leider nur in rotem Fleisch und tierischem Fett, weswegen Vegetarier und alle anderen, die das meiden, die Nahrung damit ergänzen sollten. Beugt übrigens auch grauem Star vor (weshalb sie Tierfutter zugesetzt wird. Ich sage ja immer: Tieren geht's bei uns oft besser …).

Warum Sie Obst und Gemüse essen sollten

Kluge Menschen (zum Beispiel Forever-Young-Leser) machen Obst und Gemüse zur Basis ihrer Ernährung. Und schützen sich damit vor geistigem Verfall, vor Demenz, vor Alzheimer. Nichts liefert mehr Antioxidanzien in vergleichbar ausgeklügelter Kombination und optimaler Wirkung. Neben Vitamin C und E versorgen sie uns mit hochwirksamen Karotinoiden und Flavonoiden. Kein Le-

Know-how

Mikrowelle tötet Antioxidanzien

Brokkoli verliert in der Mikrowelle rund 85 Prozent seiner Antioxidanzien. Im Wasserdampf gegart gehen nur sechs Prozent verloren. So eine Studie von Cristina Garcia-Viguera und Kollegen an der Espiardo-Universität Murcia/Spanien.

bensmittel hat so eine hohe Radikalentschärfungskapazität wie Obst und Gemüse – vor allem, wenn es mit kräftiger Farbe gesegnet ist.

Die Spitzenlieferanten

In den USA misst man die antioxidative Kapazität der Lebensmittel und filtert die besten Lieferanten heraus. Optimale Gehirnnahrung: Dörrpflaumen, Rosinen, Blau- und andere Beeren, Knoblauch, Grünkohl, Spinat, Rosenkohl, Alfalfasprossen, Brokkoli, Avocados … Auch Traubensäfte und Tee tragen wunderbar zur Versorgung bei.

Wenn Sie anfangen, Obst und Gemüse zu essen, dann erhöhen Sie binnen einer Woche die antioxidative Kapazität Ihres Körpers. Das kann man messen im Blut. Schon ein Schälchen Blaubeeren (siehe auch Seite 108) und eine Portion Spinat liefern die Tagesdosis an gehirnschützenden Antioxidanzien. Ab Seite 326 baden auch Sie in Antioxidanzien. Mit den Rezepten unseres Mentalprogramms.

superlinks

Aminosäuren Seite 90 | Beeren Seite 108 | Brainfood Seite 113 | B-Vitamine Seite 105 | Interview: Klug essen Seite 136 | Fisch Seite 142 | Fleisch Seite 148 | Gehirnschmalz Seite 171 | Schwermetalle Seite 286

Warum Sie Vitamin E aus der Kapsel brauchen

Vitamin E schützt die ungesättigten Omega-3-Fette in den Nervenbahnen und im Gehirn. Es sorgt dafür, dass freie Radikale nicht in die Zellen eindringen und das Erbmaterial schädigen können, nicht zum Selbstmord der Nervenzelle beitragen. Vitamin E verhindert den Zelluntergang im Gehirn. Studien zeigten: Hohe Dosen Vitamin E führen bei Alzheimer-Patienten zur deutlichen Verbesserung der Symptome.

Problem: Vitamin E ist zwar in Olivenöl, Nüssen oder Fettfisch vorhanden, wird aber komplett zur Sicherung der mehrfach gesättigten Fette verbraucht. Sie sollten sich daher zusätzlich Vitamin E als Nahrungsergänzung zuführen, 400 Milligramm pro Tag in Kombination mit 1 Gramm Vitamin C und 250 Mikrogramm Selen und sekundären Pflanzenstoffen. Am besten in einem ausgeklügelten guten Vitalstoffpräparat.

Auch Fischfett schützt die Nerven

Omega-3-Fettsäuren aus fettem Seefisch oder aus der Kapsel bremsen die Schädigung von Gehirnzellen durch freie Radikale. Forscher der Universität von Kalifornien untersuchten genetisch veränderte Mäuse, die einer der Alzheimer-Krankheit ähnliche Form von Demenz entwickeln. Sie stellten fest, dass Omega-3-Fettsäuren die Nervenzerstörung durch freie Radikale im Gehirn verlangsamen.

8 Auswendig lernen *schult den Geist*

Ein Huhn, das fraß, man glaubt es kaum, ein Blatt von einem Gummibaum, dann ging es in den Hühnerstall und legte einen Gummiball … Lesen Sie diese Zeilen noch mal laut. Dann machen Sie die Augen zu: Können Sie es auswendig?

Ob Gedichte, Merksätze oder Fremdsprachen – wer fit im Kopf sein will, geistig arbeitet, kann sich vorm Auswendiglernen nicht drücken. Selbst der dickste Computer kann das Wissen eines Expertenkopfs nicht ersetzen. Manche Dinge muss man einfach auf Anforderung sofort parat haben, ohne langes Nachschlagen. Was würden meine Patienten wohl sagen, wenn ich bei jeder Konsultation sagen würde »Mensch, da muss ich erst mal im Pschyrembel nachlesen«? Außerdem ist Auswendiglernen ein wunderbares Fitnesstraining für den Geist. Nehmen Sie sich für die zwei Mentalwochen (ab Seite 326) gleich ein Projekt vor. Ein Gedicht, mit dem Sie künftig brillieren wollen, eine Rede, die Sie vielleicht sowieso halten müssen – oder eine Fremdsprache, die Sie jetzt einfach zu lernen beginnen. Mein Lieblingsgedicht finden Sie auf Seite 104.

Wie Sie Ihr Gedächtnis überlisten

Damals, als ich noch auf der Schulbank saß, legten die Lehrer großen Wert auf das Auswendiglernen. Ich büffelte endlose Konjugations- und Deklinationstabellen in Latein und lernte Schillers »Glocke« im Deutschunterricht. Zehn Seiten Verse. Tut man heute nicht mehr. Der Schüler von heute empfindet es als Zumutung, sich überhaupt noch Wissen einprägen zu müssen. Es fällt uns ja auch so schwer. Kein Wunder, die Gene! Unser Gehirn ist biologisch auf Überleben in der Savanne programmiert – Auswendiglernen von Sätzen und Formeln stand damals nicht auf der Tagesordnung.

Das Strecktraining der Nervenzellen

Neurologen haben den Mechanismus aufgedeckt, wie unser Nervensystem lernt. Wenn wir versuchen, uns etwas zu merken, strecken und recken sich die angeregten Nervenzellen etwa zehn Minuten lang, um sich enger zu verbinden. Die Veränderungen halten jedoch nur wenige Minuten an. Nur wenn die Nerven in Abständen mehrfach auf die gleiche Weise angeregt werden, bilden sich dauerhafte Kontaktstellen zwischen den Zellen. Deswegen reicht es höchst selten, dass Sie die Vokabel »muestra de sangre« einmal lesen, die müssen Sie schon wiederholen, wiederholen, wiederholen – zum richtigen Zeitpunkt …

Ein höchst sinnvoller Mechanismus im praktischen Leben. Einmalige Erfahrungen vergessen wir nach kurzer Zeit, wiederholte Erfahrungen merken wir uns ein Leben lang. Denn was mehr als einmal in gleicher Weise geschieht, mit dem müssen wir auch in Zukunft rechnen. Gut, solche Erlebnisse im Gedächtnis zu speichern.

Der Trick der späteren Wiederholung

Wenn Sie sich also eine Vokabelliste oder ein Gedicht oder eine Rede merken wollen, ist es völlig egal, ob Sie jetzt gleich zehn Minuten oder mehrere Stunden büffeln. Das Gehirn registriert es als einmalige Erfahrung. Es löscht das Gemerkte nach kurzer Zeit wieder – es sei denn, Sie lernen es nach einiger Zeit ein zweites Mal. Dabei gilt: An vier Tagen je zehn Minuten lernen ist viel effektiver, als vier Stunden an einem einzigen Abend zu pauken.

Überlassen Sie das Büffeln Ihrem Unterbewusstsein

Ein Huhn, das fraß … wie geht's weiter? Vergessen? Dann lassen Sie gleich noch mal Ihre Nervenzellen im Gehirn ihre Streckübungen machen. Repetitio est mater studiorum – die Wiederholung ist die Mutter der Studien. Das wussten schon die Lehrer der Antike. Die Lernforscher der Gegenwart wissen noch mehr. Man muss das Unterbewusste mitpauken lassen. Mit minimalem Aufwand können Sie selbst seitenlange fremdsprachige Texte dauerhaft im Gedächtnis verankern, wenn Sie zwischen dem Neulernen und den Wiederholungen genau definierte zeitliche Abstände einhalten. Sie brauchen dafür weder ein besonders trainiertes Erinnerungsvermögen noch müssen Sie sich groß anstrengen. Was Sie auch im Kopf behalten wollen – von der Rede bis zur Vokabelliste –, fangen Sie nicht erst am Vorabend zu lernen an, sondern einige Tage früher.

So lernen Sie Schritt für Schritt

Einen Tag oder wenigstens eine Stunde bevor Sie mit Auswendiglernen anfangen, machen Sie sich mit dem Text vertraut. Sie lesen ihn zweimal langsam halblaut. Noch besser: einmal abschreiben – mit der Hand. Danach decken Sie den Text ab und versuchen sich an die wichtigsten Punkte des Inhalts zu erinnern. Der Sinn dieser Übung: Das Gedächtnis reagiert bereitwilliger, wenn ihm ein Text angeboten wird, den es schon kennen gelernt hat. Das macht dem Kopf mehr Lust.

Auf das eigentliche Einprägen verwenden Sie nicht allzu viel Zeit. Es genügt, wenn Sie sich den Text für den Moment geradeso einigermaßen merken. Keine Angst vor dem Vergessen. Den entscheidenden Lerneffekt bringen sowieso erst die Wiederholungen.

Stückchen für Stückchen

Beim Auswendiglernen gehen Sie stückchenweise vor. Und zwar so:

1: Ein Huhn, das fraß, man glaubt es kaum,

2: ein Blatt von einem Gummibaum.
3: Dann ging es in den Hühnerstall
4: und legte einen Gummiball.

Sie prägen sich den ersten Vers ein, wiederholen ihn, dann den zweiten. Dann wiederholen Sie den ersten und den zweiten. Genauso verfahren Sie mit dem 3. und 4. Und am Ende wiederholen Sie den Vierzeiler. Und dann machen Sie sich an die nächste Strophe. Genauso verfahren Sie mit Sätzen oder Vokabeln, die Sie lernen wollen:

Vers 1
Vers 2
Vers 1 +2
Vers 3
Vers 4
Vers 3 + 4
Vers 1 bis 4

Muten Sie Ihrem Gehirn nicht zu viel zu

Lernen Sie in einem Ritt nicht zu viel auf einmal. Büffeln Sie nicht mehr als 20 Minuten am Stück. Prägen Sie sich Ihren Stoff nur so fest ein, wie es in dieser kurzen Zeit möglich ist. Für ein untrainiertes Gedächtnis dürfte die Obergrenze bei ein bis zwei Seiten Gedicht, einer halben Seite Fremdsprachentext und 30 Vokabeln liegen. Falls Sie mehr zu lernen haben, nehmen Sie sich die zweite Hälfte am nächsten Tag vor.

15 Minuten Pause fürs Unterbewusstsein

Gönnen Sie sich nun eine Viertelstunde Pause. Gehen Sie eine Runde laufen, beschäftigen Sie sich mit einem Computerspiel oder beantworten Sie eine E-Mail. Hauptsache, Sie lenken sich ab von dem eben Gelernten.

Sobald die Viertelstunde verstrichen ist, wiederholen Sie Ihren Text. Gehen Sie ihn zweimal durch. Dafür genügen wenige Minuten. Wahrscheinlich werden Sie einen Teil wieder vergessen haben. Woran Sie sich noch erinnern, wiederholen Sie im Kopf. Sobald Sie stecken bleiben, schauen Sie ins Buch. Prinzipiell gilt: Einmal im Kopf wiederholt bringt den gleichen Merkeffekt wie drei- bis viermal wiederholt durch Mitlesen im Buch.

Die zweite, dritte und vierte Wiederholung

Die nächste Wiederholung ist nach etwa acht Stunden fällig. Am nächsten Morgen, wenn Sie abends mit Lernen anfingen, oder am Abend desselben Tages, wenn Sie am Vormittag lernten.

Bis zur dritten Wiederholung lassen Sie einen ganzen Tag verstreichen. Falls Ihr Text so umfangreich war, dass Sie am ersten Tag nur eine Hälfte lernten, lernen Sie nun noch die zweite Hälfte auswendig. Auch diesen Teil wiederholen Sie nach 15 Minuten, acht Stunden, einem Tag.

Know-how

Drei Tricks für besseres Merken

- Untersuchungen zeigen, dass wir uns Anfänge und Schlussteile besser merken als mittlere Abschnitte. Wo es möglich ist, lernen Sie deshalb zuerst die Mittelteile.
- Enthält der Text, das Musikstück usw. besonders schwierige Abschnitte, trainieren und wiederholen Sie diese zuerst. Erst wenn Sie sie besser beherrschen als die noch zu lernenden leichten Teile, prägen Sie sich das Ganze im Zusammenhang ein.
- Frisch Gelerntes wird leicht durch nachfolgende Eindrücke überlagert – und Gelerntes verfestigt sich im Schlaf. Also ist es am effektivsten, unmittelbar vor dem Schlafengehen zu lernen und gleich nach dem Aufwachen zu wiederholen.

Üben …

… mit Rilke

Lernen Sie das folgende Gedicht von Rainer Maria Rilke (1875–1926) nach dem Merkschema der letzten Seiten:

1. Erst einmal nur durchlesen.
2. Ein paar Stunden später mit der Satztechnik von Seite 103 20 Minuten lang einprägen.
3. Nach 15 Minuten 1. Wiederholung
4. Nach acht Stunden 2. Wiederholung
5. Am nächsten Tag 3. Wiederholung
6. Nach drei Tagen 4. Wiederholung
7. Nach sechs Tagen 5. Wiederholung
8. Nach 12 Tagen 6. Wiederholung

Und dann wiederholen Sie noch mal nach der 3. Woche, der 6. Woche, der 12. Woche – und Sie behalten es im Kopf.

Der Panther

Sein Blick ist vom Vorübergehn der Stäbe
so müd geworden, dass er nichts mehr hält.
Ihm ist, als ob es tausend Stäbe gäbe
und hinter tausend Stäben keine Welt.

Der weiche Gang geschmeidig starker Schritte,
der sich im allerkleinsten Kreise dreht,
ist wie ein Tanz von Kraft um eine Mitte,
in der betäubt ein großer Wille steht.

Nur manchmal schiebt der Vorhang der Pupille
Sich lautlos auf. Dann geht ein Bild hinein,
geht durch der Glieder angespannte Stille –
und hört im Herzen auf zu sein.

Die vierte Wiederholung setzen Sie zwei Tage nach der dritten Wiederholung an. Jetzt sollte der Text schon so gut sitzen, dass Sie ihn ohne Hilfe des Buches und ohne zu stottern öffentlich vortragen könnten. In Ihren Lernpausen arbeitete Ihr Unterbewusstsein weiter an der neuen Information. Es verknüpfte das Neue mit bekannter Information und festigte es durch Umorganisation der Nervenverbindungen.

Und so sitzt es ein Leben lang

Benötigten Sie Ihren Text nur für eine Prüfung oder eine einmalige Rede, ist die Lernprozedur beendet. Möchten Sie den Stoff lebenslang im Kopf behalten – kein Problem. Der Aufwand ist gering. Sie setzen einfach weitere Wiederholungen an, in sich ständig verdoppelnden Zeitabständen. Das bedeutet: Das nächste Mal wiederholen Sie nach vier Tagen, dann nach acht, nach sechzehn Tagen, nach einem Monat, zwei Monaten und vier Monaten. Ihre Texte sitzen inzwischen so sicher, dass Sie die wenigen Minuten Wiederholung – ohne Buch – in einer Warteschlange oder auf einem Spaziergang oder beim Laufen durchführen können.

Von da ab wiederholen Sie alle sechs Monate. So halten Sie eine Fremdsprache abrufbar im Gedächtnis, genauso wie Musikstücke. Sie können Lieblingsmelodien sofort aus dem Kopf auf die Tasten des Klaviers bringen. Eine regelmäßige Übungsstunde alle sechs Monate, in der Sie alle Lektionen ein- bis zweimal durchgehen, genügt für dauerhafte, sichere Fertigkeiten.

superlinks

Abschreiben Seite 82 | Interview: Gedächtnis Seite 162 | Konzentration Seite 214 | Lesen Seite 241 | Liste Seite 247 | Mind Machine Seite 254 | Namen merken Seite 270 | Neurobics Seite 274 | Zahlen merken Seite 315

9 B-Vitamine *gegen die Vergesslichkeit*

Lässt sich Demenz mit Hilfe von B-Vitaminen verhindern? Darüber beginnen die Forscher gerade zu diskutieren. Ich diskutiere nicht mit, sondern sage Ihnen: Das ist die billigste und effektivste Möglichkeit überhaupt, Demenz vorzubeugen. Es geht um Homocystein. Hat man dieses Gefäß- und Nervengift im Blut, leidet auch der Kopf. Aktuelle Studien zeigen: Homocystein verursacht Demenz. Und: 20 Prozent der Deutschen haben es zu hoch. 50 Prozent der über 50-Jährigen.

Homocystein klingt zwar gefährlich, ist aber im Grunde harmlos, weil es im Körper sofort zu Eiweiß abgebaut wird – wenn genügend Folsäure da ist. Das Problem: 92 Prozent der Deutschen leiden unter Folsäuremangel. Warum? Ganz einfach, weil sie höchstens 260 Gramm Obst und Gemüse pro Tag essen. Um ihren Vitaminbedarf zu decken, müssten es aber 800 sein, frisch vom Beet. Tut keiner. Und deswegen haben viele Homocysteinwerte von über 10 Mikromol/Liter. Sagt der Fachmann Hyperhomocysteinämie dazu. Homocystein bleibt also im Blut und entfaltet seine giftigen Gemeinheiten.

Wissen Sie, ich diskutiere da nicht lange rum. Ich bin nämlich kein Politiker. Ich bin Arzt. Ich messe im Blut. Und hat mein Patient einen Homocysteinspiegel über 5 Mikromol/Liter (haben übrigens 40 Prozent aller Patienten mit Gefäßerkrankungen), dann eliminiere ich das Gift aus seinem Körper, das seine Blutgefäße zerstört, das Herzinfarktrisiko verdoppelt, das Schlaganfallrisiko vervierfacht. Und freue mich, wenn er dann auch gleich noch was für seine Knochen tut, für sein Bindegewebe, gegen die allmähliche Verblödung, gegen Malignome, Anämien, Depressionen.

Die Lösung heißt B-Vitamine

Homocystein entschärfen geht ganz einfach. Wird abgebaut, wenn man B-Vitamine nimmt. Folsäure plus Vitamin B6 plus Vitamin B12. Aus der Apotheke. Das im Essen reicht nämlich nicht, um das Homocystein um bis zu 60 Prozent zu reduzieren. Eine unglaublich wirkungsvolle, heilbringende und auch noch günstige Methode, die Gesundheit zu erhalten. Frohmedizin pur. In den letzten zehn Jahren wurden übrigens nahezu 6000 Studien dazu veröffentlicht. Kennt der Hausarzt. Da dröhnt mir der Kopf, wenn ich höre: »Vitaminpillen brauchen Sie nicht, kann man alles mit der Ernährung machen …«

In einer Studie mit 151 älteren Menschen lag der Homocysteingehalt bei den 50 (noch!) gesunden Menschen bei 12,3 Mikromol pro Liter und bei den Demenzpatienten bei 18,3 Mikromol pro Liter. Guckt man die Daten aus der bekannten Framingham-Studie an, steigt das Demenzrisiko um 40 Prozent an, wenn Homocystein ab 5 ansteigt. Darum empfehle ich meinen Forever-Young-Lesern seit Jahren: Homocystein unter 10 halten, besser unter 5. Mit

- 50 bis 100 Milligramm Vitamin B6
- 400 bis 1000 Mikrogramm Folsäure
- 5 bis 15 Mikrogramm Vitamin B12

Der bekannte Geriater Hans Joachim Naurath sagt: »Durch tägliches Verabreichen von Vitaminpräparaten kann man den Homocysteingehalt im

Blut innerhalb weniger Wochen um fast die Hälfte senken.« Man nimmt Vitamin B und wird nicht blöd. Muss man mal laut sagen.

Der Magen, das Alter und Vitamin B12

Neue Studien zeigen: Fehlt es an Vitamin B12, begünstigt das die Entstehung von Demenz. Vitamin B12 kommt fast nur in tierischen Lebensmitteln vor (Fleisch, Milch, Eier, Käse). Aus diesem Eiweißverband muss es im Magen herausgelöst werden. Die Magenschleimhaut produziert ein Transportschiffchen für B12, den Intrinsic factor. Mit ihm kommt das Vitamin B12 dann vom Dünndarm ins Blut. Nun gibt es Menschen, bei denen klappt das nicht so recht. Sie nehmen zwar B12 auf, aber die Verknüpfung mit dem Intrinsic factor klappt nicht – und es kommt gar nicht erst im Blut an. Das passiert zum Beispiel Menschen mit einer chronischen Gastritis.

30 Prozent der über 60-Jährigen haben eine chronische Gastritis, ohne dass sie es merken. Und denen fehlt dann B12, und das nennen die Ärzte funktionellen B12-Mangel, und der macht dann mit der Zeit blöd. Denn ohne B12 wird das Gefäßgift Homocystein nicht entsorgt. Und das wiederum sorgt dafür, dass das Gehirn nicht mehr richtig durchblutet wird. Dumm. Und besonders dumm ist: Man müsste ja nur etwas tun, was nicht weh tut. Eine Vitaminpille schlucken mit Folsäure, Vitamin B6 und B12, und schon kriegt man keine Demenz.

Messen und kombinieren

Lassen Sie sich doch einmal Ihren Homocysteinspiegel vom Arzt messen. Kostet etwa 20 Euro. Übrigens, weiß Ihr Arzt: Sie müssen vor der Blutabnahme mindestens neun Stunden nüchtern sein. Nachdem Ihr Blut abgenommen worden ist, muss die Probe innerhalb einer halben Stunde zentrifugiert werden, weil sonst wieder Homocystein aus den Zellen austritt und falsch hohe Werte gemessen werden. Sie sehen: Auch Messen ist eine Wissenschaft.

Wenn Ihr Homocysteinwert zu hoch ist, dann schützen Sie sich – mit einem Vitamin-B-Kombipräparat.

superlinks

Antioxidanzien Seite 98 | Brainfood Seite 113 | Interview: Klug essen Seite 136 | Fisch Seite 142 | Fleisch Seite 148 | Frühstück Seite 161 | Gehirnschmalz Seite 171 | Kaffee Seite 208

10 Auch das Bauchhirn redet ein Wörtchen mit

Wir reden manchmal vom »Bauchgefühl« oder von »Bauchentscheidungen«. Und meinen damit alles, was wir tun und uns nicht erklären können. Alles, was mit Gefühlen, Intuition und Unterbewusstsein zu tun hat. Als wäre der Bauch ein mysteriöses Gefühlsorgan, eine Art Gegenpol zum Vernunftorgan Gehirn. Dabei kann man dieses Phänomen sehr gut erklären. Es gibt ihn nämlich wirklich, diesen fühlenden »Bauch«. Wissenschaftler sprechen vom so genannten Bauchhirn, vom »zweiten Hirn«, »Darmhirn« oder – im Fachjargon – vom »entrischen Nervensystem (ENS)«. Dieses Nervensystem ist in die Wand des Darms eingebettet und arbeitet nahezu unabhängig vom zentralen Nervensystem. Es hat 100 Millionen Nervenzellen und ähnelt in Struktur und Funktion dem Haupthirn im Schädel.

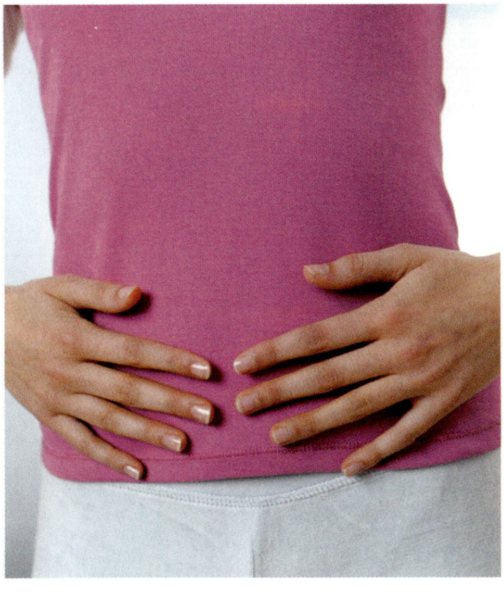

Kann man mit dem Bauchhirn denken? Kann man mit dem Bauch Entscheidungen treffen, ähnlich wie mit dem Kopf? Nein, kann man nicht. Aber das Bauchhirn kann wirklich fühlen. Es kann Erinnerungen speichern. Und es kann steuern. Es ist tatsächlich ein mit dem Kopfhirn verbundenes Unterhirn. Unter Betriebswirten würde man sagen: ein outgesourctes Gehirn.

Das Bauchhirn ist höchst intelligent

Seine Nervenzellen lösen Muskelbewegungen der Peristaltik aus und steuern den gesamten Verdauungsprozess. Gleichzeitig spürt das zweite Hirn Giftstoffe, krank machende Mikroorganismen auf. Sind die Nahrungsmittel im Darm unverträglich, sendet das ENS ein Alarmsignal an das zentrale Nervensystem und sorgt für die notwendigen Maßnahmen. Der Körper reagiert mit Durchfall. Und weil das Darmhirn sehr eng mit dem emotionalen Zentrum im Kopfhirn verbunden ist, können die Gefühle die Darmtätigkeit beeinflussen. Deshalb kriegen wir in extremen Stresssituationen häufig Durchfall. Andererseits kann die dauernde Anspannung zu Verstopfungen führen. Und: Manchen Menschen mit dem so genannten Reizdarmsyndrom helfen Antidepressiva.

superlinks

Emotionale Intelligenz Seite 132 | Intuition Seite 198 | Sechster Sinn Seite 289

11 Beeren
schützen vor Demenz

der Arzt sagt: »Hoher Cholesterinspiegel!«, zückt den Rezeptblock – und Sie essen Pillen. Sie wollen ja keine Demenz kriegen, weil Cholesterin die Adern verstopft.

Ich verschreibe meinen Patienten erst mal keine Pillen. Ich schicke sie zum Laufen und verordne ihnen Beeren. Blaubeeren, Heidelbeeren, Johannisbeeren, Cranberrys. Die schützen vor oxidativem Stress, vor den freien Radikalen und halten das Gedächtnis scharf. Und sie wirken wie Stretching für die Adern.

US-Forscher haben nämlich herausgefunden: Beeren können Gefäße bei Arteriosklerose wieder elastisch machen. Kann keine Pille. Kann nur die Natur. Beeren helfen mit ihrem bombastischen Gehalt an Vitamin C und Pflanzenfarbstoffen nicht nur gegen Infektionen, sondern können auch Blutgefäße geschmeidiger machen. Machen die Beeren bei Schweinen. Und weil die dem Menschen so ähnlich sind, tun sie das auch bei Ihnen.

Know-how

Erdbeeren fürs Gehirn

Forscher der Tufts University fanden heraus: 250 Gramm Erdbeeren täglich erhöhen (wie Omega-3-Fettsäuren) die Geschmeidigkeit der Nervenzellenwände im Gehirn. Schützen so vor Altern und Gedächtnisverlust.

Schweine kriegen elastische Adern

Da gibt es eine nette Studie dazu: Kris Kruse-Elliott und ihre Kollegen von der Universität von Wisconsin in Madison fütterten genetisch veränderten Schweinen Cranberrys. Das Erbgut dieser Schweine war so manipuliert, dass sie im Alter von etwa acht Monaten spontan hohe Blutfettwerte entwickelten. Dadurch bildeten sich in den Gefäßen der Tiere die typischen arteriosklerotischen Plaques, die die Adern verstopfen und die Elastizität der Gefäßwände deutlich herabsetzen. So gucken Ihre Adern auch aus, wenn Sie unter Arteriosklerose leiden. Und dann unter Demenz, unter Alzheimer.

Jedenfalls fütterte man diese Tiere ein halbes Jahr lang täglich mit Cranberrys. Dann normalisierte sich der Zustand ihrer Gefäße nahezu wieder. Die Gefäße der Tiere waren deutlich elastischer als die ihrer Artgenossen, die keine Beeren bekamen. Die aus Nordamerika stammenden Cranberrys, in Deutschland auch großfrüchtige Moosbeeren genannt, enthalten einen reichen Cocktail gesundheitsfördernder Substanzen, darunter Antioxidanzien, Flavonoide und Polyphenole. Und die stecken nicht nur in Beeren. Auch in anderem Obst und Gemüse. Mit täglich Obst und Gemüse schützen Sie Ihr Hirn.

superlinks

Antioxidanzien Seite 98 | Brainfood Seite 113 | Interview: Klug essen Seite 136 | Fisch Seite 142 | Fleisch Seite 148 | Kaffee Seite 208

12 In Bildern denken macht alles einfacher

Ein Zweibeiner sitzt auf einem Dreibeiner, vor sich einen Einbeiner. Dann kommt ein Vierbeiner, klaut ihm den Einbeiner, der Zweibeiner schmeißt mit dem Dreibeiner nach dem Vierbeiner. So, jetzt probieren Sie, das mal nachzuerzählen. Unmöglich, oder? Nun machen Sie aus dem Einbeiner eine Schweinehaxe und aus dem Zweibeiner den Menschen, dazu kommen Hund und Schemel. Sie sehen, mit Bildern lässt sich alles viel leichter erzählen.

Nun wissen Sie, warum Sie (nicht nur Sie!) Gebrauchsanleitungen so selten verstehen. Da tauchen nämlich meist Einbeiner, Zweibeiner usw. auf. Nicht Sie sind dumm – das hat die Evolution so eingerichtet, dass man sich Unwichtiges nicht merkt. Sondern da sind die Hersteller schuld, die ja nur das Produkt verkaufen wollen, die Gebrauchsanleitung ist ihnen egal. Weil man die ja gewöhnlich erst nach dem Kauf liest.

Also wir denken in Bildern. Darum haben Sie auf Ihrem Computer auch so hübsche Bildchen, die Ihnen komplexe Vorgänge vereinfachen. Wo Sie nicht lange denken, wenn Sie ins Netz wollen, sondern gleich auf die Weltkugel oder den Kompass klicken.

Ein Muster im Kopf

Der Mensch erinnert konkrete Dinge, aber auch Düfte, Klänge, Gesichter … Und er hat Muster im Kopf. Abläufe, die er sich eingeprägt hat. Nehmen Sie zum Beispiel das Einkaufen. Eine lange Liste von Pfeffer bis Naturreis merkt sich Ihr Gehirn nicht. Hat keine Verknüpfung, die ein ganzes Netzwerk im Kopf feuern lässt. Hat man aber das Risottorezept im Kopf, das man abends kochen will, dann feuert das zugehörige Neuronennetzwerk im Kopf drauflos – und alles, jede Zutat, fällt einem ein. Und sie fallen einem umso besser ein, wenn das Ihr Lieblingsrezept ist, Sie das Ganze »positiv« mit Emotionen bewertet haben. Es roch gut, hat gut geschmeckt und gehört zu einem fröhlichen Abend mit einem geliebten Menschen. Das Rezept mit seinen Zutaten vergessen Sie nie wieder.

Wenn Sie sich an etwas erinnern wollen, dann machen Sie ein Bild daraus. Und wenn Sie es nie mehr vergessen wollen, dann färben Sie es mit Gefühlen ein. Genießen Sie es mit allen Sinnen. Mit den Augen, den Ohren, den Händen …

superlinks

Halluzinationen Seite 183 | Illusionen Seite 192 | Lernen Seite 238 | Liste Seite 247 | Mind Machine Seite 254 | Visualisieren Seite 308 | Zahlen merken Seite 315

13 Biofeedback – *die Kraft der Gedanken*

Seit einigen Jahren kommen die Forscher den Selbstheilungskräften mittels Gedanken immer besser auf die Spur. Sie können sogar zeigen, wie sie wirken. Auf einem Computerbildschirm.

Und das geht so: Der Arzt versieht den Körper des Patienten mit Elektroden. Die sind mit einem Computer verbunden. Die Elektroden messen bestimmte Körperfunktionen wie den Puls, den Blutdruck, das Eng- und Weitstellen von Gefäßen, Gehirnströme, Hautwiderstand – und das alles zeigt sich auf dem Bildschirm. Der Arzt kann also die Ursachen der Beschwerden sichtbar machen: die Erweiterung der Blutgefäße bei Migränepatienten. Oder die Spannung der Nackenmuskulatur bei Menschen, die unter starken Kopfschmerzen leiden.

Know-how

Biofeedback

Biofeedback wurde Mitte der 1970er Jahre in den USA entwickelt. Heute wirkt es mit gutem Erfolg gegen Stress, Kopfschmerzen, Schlafstörungen, Angststörungen, Panikattacken, Inkontinenz, Lähmungen, Migräne und Verspannungen. Wer Biofeedback erst mal nur beschnuppern will, kann sich in bestimmte Wellnesshotels einmieten, die das Verfahren in »Relax-Kabinen« anbieten. Letztendlich sollte man Biofeedback aber unter Anleitung lernen. Informationen: »Deutsche Gesellschaft für Biofeedback e.V.«, Klinik Roseneck, Am Roseneck 6, 83209 Prien am Chiemsee. Oder: Deutsche Schmerzliga, Hainstr. 2, 61476 Kronberg, Tel.: 0 61 73/95560.

Die Gedanken treiben den Blutdruck runter

Und jetzt kommt's: Der Patient lernt Abläufe, die in seinem Körper unbewusst passieren, bewusst wahrzunehmen – und sie kraft seiner Gedanken zu beeinflussen. Er lernt, wie man mit einfachen gedanklichen Übungen Gefäße weitstellt, den Blutdruck runterkriegt, das Herz beruhigt, den Rücken entspannt. Er sieht das am Bildschirm. Nach einigen Trainingssitzungen schafft er das sogar ohne Computer. Das heißt: Er kann sich seine Schmerzen einfach wegdenken. Zu Hause, auf dem Sofa.

Das Verfahren heißt Biofeedback. Was so viel bedeutet wie »Rückkopplung biologischer Daten«. Eine viel versprechende Therapiemöglichkeit. Weil sie wirkt und dem Patienten Medikamente mit unangenehmen Nebenwirkungen erspart. Und sie macht große Hoffnung. Dass wir dem inneren Arzt in uns Vertrauen schenken dürfen.

superlinks

Glaube Seite 176 | Interview: Hypnose Seite 186 | Plazeboeffekt Seite 279 | Schmerz Seite 284 | Visualisieren Seite 308

14 Body-Mind-Medizin – *moderner Weg zur Heilung*

Es gibt Tausende von Menschen, denen die Ärzte sagten: »Wir können nichts mehr für Sie tun. Sie haben nur noch ein paar Wochen zu leben.« Die sind beispielsweise total verkrebst. Keine Therapie hat angeschlagen. Und trotzdem schaffen es immer wieder einige, nämlich fünf Prozent der Betroffenen, die Medizin zu verblüffen. Die werden einfach gesund. Grundlos. Spontanremmission nennt man das. Prof. Gallmeier von der Universität Nürnberg beschäftigte sich intensiv mit solchen medizinisch unerklärlichen Heilungen. Er studierte, was die anders machen als diejenigen, die an ihrem Krebs sterben. Ein häufiges Muster: Die Patienten wollten einfach nicht abtreten. Sie hatten noch was vor. Ein Lebensziel.

Andere glauben trotz aller fehlgeschlagenen Operationen, Chemo- und Strahlentherapien einfach nicht daran, unheilbar krank zu sein. Sie fühlen, dass sie gesund werden. Sie wissen es einfach, egal, wie die Diagnosen und Prognosen der Ärzte lauten. Und siehe da: Ihr Glaube hat ihnen geholfen! Inzwischen machen sich die Psychoonkologen dieser Welt solche Erkenntnisse zunutze. Sie bringen Krebspatienten bei, wie sie in ihrer Vorstellung die Tumorzellen killen, wie sie sich gesünder träumen können. Mit Visualisierung (siehe Seite 308ff.). Macht man auch in der Body-Mind-Medizin.

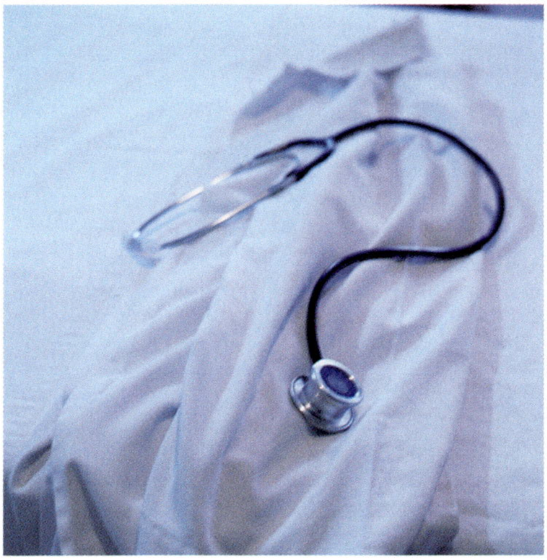

Die Heilkraft der Gedanken

In den Kliniken Essen-Mitte gibt es eine Therapieeinrichtung, genannt Body-Mind-Medizin. Körper-Geist-Medizin. Kranke kümmern sich dort selbst um ihre Gesundheit, nutzen die Heilkraft der Gedanken, der Seele. Sie legen nicht einfach die Hände in den Schoß und schlucken Medikamente. Sie tun etwas für ihre Gesundheit. Sie lernen einen neuen Lebensstil. Sie lernen laufen, sie lernen essen, sie lernen, ihren Körper zu lieben. Dort sind Menschen mit chronischen Schmerzen, Migräne, Rheuma, Herzerkrankungen, Asthma, chronischen Darmentzündungen und Krebs. Menschen, die eine Ärzteodyssee hinter sich haben und schon seit sieben bis zehn Jahren leiden.

Auch Ärzte denken um

Ärzte, wie der ehemalige Transplantationschirurg am Lübecker Universitätsklinikum, Jochem Hoyer, der heute als Geistheiler arbeitet. Sein Ar-

gument für den Jobwechsel ist verblüffend simpel: »Viele Menschen sind zu uns in die Chirurgie gekommen, und wir haben ihnen die Gallenblase, ein Stück Magen, Lunge oder Darm weggenommen. Aber wir haben sie mit ihren Problemen, die sie krank gemacht haben, wieder entlassen. Und sie sind wiedergekommen.«

Sprich: Was nützt die tollste Hightechoperation, wenn man das Übel einer Krankheit nicht an der Wurzel packt? Was nützt dem gestressten Bürosklaven die Magen-OP, wenn er sich Tage später wieder dem Job, dem Chef oder dem Ehepartner aussetzt, der ihn krank gemacht hat?

Die Schulmedizin braucht Unterstützung

Was passiert da? Grundlage ist die Psychoneuroimmunologie (PNI), die Forschung, die die Kommunikation zwischen Leib und Seele untersucht. Nämlich wie Denken und Fühlen das Verhalten, Hormone, Nervensystem und das Immunsystem verändern. In einer Body-Mind-Klinik ergänzt man die Schulmedizin mit den Körper-Seelen-Therapien, mit Anleitung für gesundes Essen, Sport und Bewegungsübungen, Antistresskursen, Massagen, Meditation, Atemtechnik, Verhaltenstherapie, Naturheilverfahren, Tanz, Musik, Malen. Die Botschaft: Kortison allein ist nicht der Weg zur Genesung von einer chronischen Darmentzündung. Wer auf seine Ernährung achtet, Entspannung in den Tag integriert, den Stress beherrscht, der kommt irgendwann auch mit Naturheilmitteln klar.

Sicher. Weiß ich seit 31 Jahren. Schulmedizin hilft. Aber nicht allein. Zu seiner (verlorenen) Gesundheit hat man – haben Sie! – auf Dauer nur einen Zugang: durch ausreichend Bewegung, gute Ernährung und die richtigen Gedanken. Das ist normal.

superlinks

Glaube Seite 176 | Interview: Hypnose Seite 186 | Plazeboeffekt Seite 279 | Trance Seite 303

15 20 X Brainfood

das Gehirn macht nur etwa zwei Prozent unseres Körpergewichts aus – aber es verbraucht 20 Prozent der Kalorien. Es lebt von Wasser, Zucker und Sauerstoff. Fehlt der Zucker im Blut, sterben nach drei Minuten Gehirnzellen ab.

Früher hat man wirklich geglaubt, dass die Nahrung keinen Einfluss auf das Gehirn hat. Heute weiß man: All das, was auf dem Teller liegt (oder nicht liegt), verändert nicht nur die Fähigkeit zu denken, sich zu konzentrieren, kreativ zu sein, sondern auch unsere Stimmung und auf lange Sicht unser Verhalten.

Die Neurotransmitter und der Nährstoff

Sie wissen bereits, am Ende der Nervenfaser, am synaptischen Spalt, hängt ein Säckchen mit chemischen Substanzen, den Nervenbotenstoffen oder Neurotransmittern. Die flitzen durch das Gehirn, sorgen für ein Feuerwerk – in Form von Gedächtnis, Intelligenz, Kreativität und Stimmung. Und genau auf diese Botenstoffe wirkt sich das, was Sie essen und trinken, aus. Denn die Gehirnzelle braucht Bausteine, um die verschiedenen Botenstoffe herzustellen. Zum Beispiel braucht Ihre Gehirnzelle Tryptophan, um Serotonin herzustellen, den Botenstoff der guten Laune. Sie braucht Cholin aus Eigelb, um Acetylcholin zu bilden – den Stoff, aus dem das Gedächtnis ist. Um Dopamin, den Neurotransmitter des Wohlgefühls und der Koordination zu basteln, benötigt die Hirnzelle Tyrosin aus Eiweiß. Omega-3-Fette verbessern die Aktivität von Serotonin, was Depressionen vorbeugt.

Der wichtigste Schutz – Antioxidanzien

Die Hauptfeinde des Gehirns heißen freie Radikale. Wild gewordene Sauerstoffmoleküle, die Zellen und Erbgut zerstören, das Gehirn altern lassen, Demenz und Alzheimer machen. Nun, davor kann man sich und das Gehirn schützen. Mit Antioxidanzien (siehe auch Seite 98ff.). Und zwar nicht erst dann, wenn dort oben schon alles Schrott ist. Am besten so früh wie möglich.

Dr. Denham Harman, Professor der University of Nebraska, gab schwangeren Mäusen verschiedene Antioxidanzien (Vitamin C, E, Selen), und die bekamen dann Mäuslein, die viel langsamer alterten. Finde ich mal wieder sensationell. Ein junges, aktives, fröhliches Gehirn kann man machen – ganz einfach, indem man es schützt. So früh wie möglich.

Die Basis für Denkleistung

Zum richtig Funktionieren braucht das Gehirn also: Wasser, Obst und Gemüse, Fisch und Fleisch, Eier und Milchprodukte, Nüsse und Samen (und die Öle daraus). Da stecken all die kleinen Vitalstoffe drin, die das Hirn zur Höchstleistung befähigt. Mehr braucht das Gehirn nicht. Nur das, was die Natur herstellt. Und die macht

Info

Kluge Menschen brauchen alles …

Was für den Menschen gilt: Essen heißt, alle essenziellen Nährstoffe aufzunehmen, alle 47 – das gilt auch für sein Gehirn. Es macht keinen Sinn, Eisen zu nehmen, um endlich wieder mal aufzuwachen. Sie brauchen Eisen und Eiweiß (Seite 90ff.). Dann kriegen Sie mehr Hämoglobin, das Ihr Gehirn mit mehr Sauerstoff versorgt. Das Sie fixer denken, besser merken lässt. Dazu brauchen Sie alle B-Vitamine (Seite 105f.), Sie brauchen alle Antioxidanzien (Seite 98ff.). Ist der Kopf nicht leistungsfähig, dann messen Sie mal im Blut. Füllen Sie auf, und plötzlich sprudeln die Ideen – und Morbus Alzheimer klopft wahrscheinlich nicht an.

das ganz klug. Nur der Mensch ist so dumm und isst den Apfel nicht frisch vom Baum, sondern in der Apfeltasche von Mc Donald's. Darum macht es meist Sinn, die (Gehirn-)Nahrung zu ergänzen. Aber das erzählt Ihnen am besten Prof. Konrad Beyreuther, Gehirnforscher von Weltruf. Dem können Sie im Interview ab Seite 136 die Weisheiten vom Löffel ablesen. Und im Zwei-Wochen-Programm ab Seite 326 genießen Sie die kleinen Köstlichkeiten, die Ihr Gehirn auf Trab bringen. Und die folgenden Lebensmittel sollten immer auf der cleveren Einkaufsliste stehen.

Algen

Japaner essen sich schlau mit Sushi. Der klugen Kombi aus Seefisch und Algen. Die enthält Omega-3-Fettsäuren, Jod, Spurenelemente, B-Vitamine und wichtige Aminosäuren zum Aufbau von Nervenbotenstoffen im Gehirn. Also den optimalen Denkcocktail.

Clever genießen: Getrocknete Algen in die Denkersuppe streuen, frische Algen als Salat zubereiten – und Sushi essen.

Ananas

Die süße Exotin enthält viel von der Aminosäure Tryptophan, die der Körper für das Glückshormon Serotonin braucht. Zudem liefert sie diesen Gute-Laune-Botenstoff gleich selbst noch mit. Die Enzyme der Südfrucht halten den Energiestoffwechsel auf Trab.

Clever genießen: Täglich eine frische Scheibe in den Fruchtsalat schnippeln. Passt auch hervorragend in einen Denkercocktail mit Eiweiß.

Avocado

Die B-Vitamine der Avocado bringen den Gehirnstoffwechsel in Schwung. Omega-3-Fettsäuren dieser »Buttersatzfrucht« sorgen für reibungsloses Denken, weil sie die Zellmembranen schön elastisch halten.

Clever genießen: Als hochgesunder Brotaufstrich mit einem Hauch Zitronensaft. In den Salat schnippeln. Einfach so auslöffeln mit Balsamico, etwas Salz und Pfeffer.

Banane

Sie haben es bestimmt schon gehört: Bananen machen glücklich. Das stimmt. Sie enthalten Serotonin, Noradrenalin und Dopamin, wichtige Nervenbotenstoffe im Gehirn, die das Gemüt aufhellen. Und: Bananen machen klug. B-Vitamine, Kalium, Phosphor und Magnesium steigern Konzentration und Denkgeschwindigkeit.

Clever genießen: Eine halbe reicht, da sie einen hohen GLYX hat. Am besten leicht grünlich. In den Fitnessdrink schnippeln – oder Natur pur snacken.

Brokkoli

Der grüne Verwandte des Blumenkohls ist mehr als ein gesundes Gemüse oder alternativer Pizzabelag. Brokkoli enthält Sulforaphan, das die Zellen anregt, antioxidative Enzyme zu bilden. Zusammen mit Karotin, Vitamin C, Thioctsäure und Coenzym Q10 liefert Brokkoli ein optimales Schutzschild gegen hirnschädigende freie Radikale. Auch Cholin, Chrom und Eisen sind im Brokkoli drin – der optimale Fitmix für Ihr Gehirn also.

Clever genießen: Probieren Sie Brokkoli doch mal als Salat. Kurz dünsten, erkalten lassen und mit einem leckeren Joghurtdressing anmachen. Geht schnell und schmeckt lecker.

Eier

Kennen Sie den Brainteaser Lezithin? Sicher, aus der Werbung. Steckt auch im Ei. Das, was klug macht vom Lezithin, ist: Cholin. Daraus bildet das Hirn Acetylcholin, den Nervenbotenstoff, der für die Flüsterpost beim Denken verantwortlich ist. Lezithin hilft Ihnen auch dabei, sich besser zu konzentrieren. Verwenden Sie Eier aus biologischer Tierhaltung. Die enthalten zudem noch mehr Omega-3-Fettsäuren.

Clever genießen: Wer gesund isst, braucht das Cholesterin aus dem Ei nicht zu fürchten. Cholesterin braucht das Gehirn ganz dringend zum Denken. Ich esse jeden Tag ein Ei und sonntags sogar zwei.

Know-how

Curry gegen Alzheimer

Ein italienisch-amerikanisches Forscherteam entdeckte im Rattenversuch, dass Curry mit dem Farbstoff Curcumin die körpereigene Produktion von Antioxidanzien anregt – und so vor Demenz und Alzheimer schützt. Also: Würzen Sie mit Curry.

Grüner Tee

Den trinkt Gehirnexperte Prof. Beyreuther (siehe Interview ab Seite 136) aus zwei Gründen: Grüner Tee hält wach, ohne aufzuputschen. Und er schützt das Gehirn vor dem Alt- und Krankwerden mit antioxidativ wirksamen Flavonoiden.

Clever genießen: Früchtetee. Machen Sie sich doch mal eine Apfel-Grüntee-Schorle. Das erfrischt auch an heißen Tagen.

Hefe

Hefe ist besonders reich an Eiweiß, enthält die meisten B-Vitamine für gute Nerven und einen klugen Kopf, liefert eine Fülle an gehirnwichtigen Mineralstoffen und Spurenelementen. Kurzum: Hefe enthält genau den richtigen Mix, um gut in den Denkertag zu starten.

Clever genießen: Täglich einen Esslöffel Hefeflocken unter den Denkershake oder den Obstsalat mixen.

Knoblauch & Zwiebeln

Zwiebeln und Knoblauch schneiden ist wirklich zum Heulen. Schuld daran ist das Alliin, das beim Schneiden zu Allicin wird und unsere Schleimhäute reizt. Aber die beiden haben auch ihre guten Seiten. Allicin steigert die Durchblutung im Gehirn, indem es die Gefäße weitet und verhindert, dass sich Cholesterin ablagert. So bekommt Ihr Gehirn genügend Sauerstoff und ausreichend Nährstoffe.

Clever genießen: Einer von beiden gehört in jedes Essen.

Milchprodukte

Kennen Sie: Die Milch macht's. Ja, und was macht sie denn? Serotonin und andere Nervenbotenstoffe, die zufrieden und konzentriert machen. Milch und Milchprodukte liefern viele wichtige Aminosäuren, aus denen das Gehirn die wertvollen Denkerstoffe bildet.

Clever genießen: Milch ohne Fett passt gut in den Denkercocktail (siehe Seite 356). Milchprodukte gehören täglich auf den Speiseplan.

Muskatnuss

Muskatnuss enthält die psychoaktiv wirksamen Stoffe Elemicin, Myristicin und Safrol, die ähnlich wie die Droge Meskalin wirken. Sie hemmen den Abbau von Nervenbotenstoffen und Hormonen wie Noradrenalin, Serotonin und Dopamin. Heißt, sie dürfen länger wirken, Sie fühlen sich glücklich und zufrieden.

Clever genießen: Dosieren Sie die Muskatnuss sparsam, denn mehr als sechs Gramm sind giftig. Schmeckt in der Suppe, auf der Avocado, in der heißen Schokolade.

Nüsse

Kennen Sie Studentenfutter? Sollte man eigentlich Schülerfutter nennen. Da ist's noch nicht zu spät … Da sind eine Menge Nüsse drin. Die helfen Ihnen mit vielen B-Vitaminen, wertvollem Eiweiß und einer bunten Mineralstoffmischung beim Denken. Zudem liefern Nüsse Lezithin für den Aufbau des Nervenbotenstoffs Acetylcholin, der die Gedanken beschleunigt.

Clever genießen: Reiben Sie täglich 20 Gramm über Ihren Obstsalat oder ins Müsli oder auf den Rohkostteller.

Oliven- und Rapsöl

Damit Ihr Gehirn schön elastisch bleibt, braucht es Omega-3-Fettsäuren und einfach ungesättigte Fettsäuren. Die sind reichlich in Oliven- und Rapsöl enthalten. Auch Vitamin E ist in den tollen Ölen drin, das Ihr Gehirn vor dem vorzeitigen Altern schützen kann.

Clever genießen: Machen Sie sich doch ab und zu mal ein leckeres Brot mit Olivenöl statt mit Butter. Rapsöl kann man gut zum Braten, Backen und Kochen verwenden.

Roter Traubensaft

Sie wissen ja: Ich schnuppere höchstens an einem Glas Wein. Dafür trinke ich gerne Unvergorenes – ohne Alkohol. Auch Ihr Gehirn arbeitet am besten, wenn es optimal mit Sauerstoff versorgt ist. Dazu braucht der Körper Eisen, das den Sauerstoff im Blut zum Gehirn transportiert. Steckt im Traubensaft (manchmal auch mit Extraportion). Und der Traubensaft enthält auch die im

Know-how

Alkohol – und der Geist

Alkohol, in Maßen genossen, macht agil, zu viel davon senil. Aber es stimmt: Wein beugt Demenz vor. Neurologen des Instituts für Präventivmedizin in Kopenhagen/Dänemark befragten 1700 Erwachsene nach ihren Trinkgewohnheiten in den vergangenen 30 Jahren. Dann ermittelten die Forscher, wer von ihnen an Demenz erkrankte. Weintrinker hatten nur eine halb so große Wahrscheinlichkeit, an Demenz zu erkranken. Forscher vermuten, es liegt an den Flavonoiden, die die Nervenzellen im Gehirn vor aggressiven Sauerstoffverbindungen schützen. Bei kognitiven Tests schnitten in einer US-Studie (Indiana University School of Medicine) diejenigen Probanden am besten ab, die gelegentlich Alkohol tranken (weniger als viermal pro Woche). Und die Abstinenzler schnitten besser ab als diejenigen, die mehr als zehnmal pro Woche ins Glas guckten. Übrigens: Rotwein behindert die Bildung von AGE: AGE sind Eiweiß-Zucker-Reaktionen in Zellen. Diese altern dann schneller. Führt zu Gedächtnisverlust, im schlimmsten Fall zur Demenz.

Rotwein so gelobten Flavonoide, die antioxidativ wirken und so die Gefäße schützen – und das Gedächtnis scharf halten.

Clever genießen: Als erfrischende Traubensaftschorle.

»Pepper-High-Effekt«

Lust und Leid liegen nah beieinander – sogar anatomisch, im Kopf. Wenn Sie scharf essen, verarbeitet das Ihr Körper wie einen starken Schmerz und reagiert darauf mit der Ausschüttung von Endorphinen. Sie wissen schon, den körpereigenen Drogen, die wie Heroin und Morphium wirken. Der Körper versucht also, die Schmerzen zu lindern – und zurück bleibt ein Gefühl von Glück und Zufriedenheit (»Pepper-High-Effekt«). Und der macht sogar süchtig nach scharfem Essen mit Chili, Paprika und Pfeffer. Der Zündstoff, das Capsaicin, erhöht auch die Durchblutung im Gehirn, sodass Sie besser und klarer denken können.

Clever genießen: Ein Hauch dieser Scharfmacher peppt Suppen und Saucen auf.

Schokolade

Schokolade ist der Seelentröster schlechthin. Sie enthält Anadamid und Phenylethylamin, die das Glücks- und Lustempfinden steigern. Und der Zucker in der Schokolade erhöht den Serotoninspiegel. Auch Theobromin, ein koffeinverwandter Stoff mit anregender Wirkung, und Koffein sind in Schokolade drin. Die wirken auf das zentrale Nervensystem und erweitern die Blutgefäße. Ihr Gehirn bekommt so mehr Sauerstoff und Nährstoffe. Das steigert Ihre geistige Leistungsfähigkeit. Aber in Schokolade sind auch Polyphenole (Gerbstoffe), die freie Radikale abfangen und so das Gehirn schützen.

Clever genießen: Zartbitterschokolade pur oder als heiße Schokolade mit einer Prise Chili.

Seefisch

Seefisch enthält viele Omega-3-Fettsäuren. Die halten Ihre grauen Zellen elastisch, damit die Flüsterpost in Ihrem Hirn schnell und effektiv funktioniert. Essen Sie zweimal die Woche fetten Seefisch wie Lachs oder Makrele, und Ihre Gehirnzellen sind auch bei Höchstbelastung gut geölt.

Clever genießen: Jede Woche mindestens dreimal fetten Seefisch essen. Im Sommer schmeckt gegrillter Fisch besonders gut.

Soja

Enthält viel Lezithin. Und das braucht der Körper zur Regeneration von Nervenzellen. Die Flüsterpost der Gehirnzellen untereinander wird durch das Cholin im Lezithin viel schneller.

Clever genießen: Ersetzen Sie doch ab und zu eine Zwischenmahlzeit durch einen Sojamilchshake. Dazu 200 Milliliter Sojamilch mit 100 Gramm frischen Früchten im Mixer gut durchmixen. Sättigt und schmeckt. Sie können aber auch ein gutes Eiweißpulver in 0,2 Liter fettarmer Milch auflösen.

Vollkornprodukte

Die Kraft des vollen Korns ist für Ihr Gehirn nicht zu unterschätzen. Vollkornprodukte liefern Vitamine, Mineralstoffe und Kohlenhydrate. Durch den hohen Ballaststoffgehalt wird der Zucker aus den Kohlenhydraten langsam ins Blut abgegeben und versorgt so Ihr Gehirn optimal mit Energie. Wichtig auch für Nervenfunktion und Gehirnleistung.

Clever genießen: Tauschen Sie doch Ihre Nudeln gegen Vollkornnudeln und Ihr Weißbrot gegen Vollkornbrot aus. Kurbelt Verdauung und Gedächtnis an.

Wasser

Ihr Gehirn besteht zu 75 Prozent aus Wasser. Ist doch klar, dass es bei Wassermangel nicht mehr optimal arbeiten kann. Wer genug trinkt, versorgt das Gehirn auch besser mit Sauerstoff und Mineralstoffen. Hilft so dem Gedächtnis auf die Sprünge und fördert die Konzentration. In der Rosbacher Trinkstudie mit 75 Medizinstudenten stellte sich heraus, dass diejenigen Studenten, die im Durchschnitt nur zwei Liter Flüssigkeit täglich aufnahmen, schlechtere Prüfungsergebnisse erzielten als die, die täglich 2,3 Liter getrunken hatten. Regelmäßiges und ausreichendes Trinken erhöht also die geistige Leistungsfähigkeit.

Clever genießen: Täglich drei Liter Wasser (mit oder ohne Teebeutel) beleben Körper und Geist. Pressen Sie in einen Liter Wasser eine Zitrone – erfrischt und liefert eine Extraportion Vitamin C.

superlinks

Acetylcholin Seite 83 | Alzheimer Seite 86 | Aminosäuren Seite 90 | Antioxidanzien Seite 98 | B-Vitamine Seite 105 | Beeren Seite 108 | Dolce Vita Seite 128 | Interview: Klug essen Seite 136 | Fisch Seite 142 | Fleisch Seite 148 | Frühstück Seite 161 | Ginkgo Seite 174 | Kaffee Seite 208 | Schwermetalle Seite 286

16 Burnout – *Taubheit für Freude und Leid*

ein unerschöpflicher Energiestrom treibt einen zu Höchstleistungen an – und plötzlich knipst etwas die Stromzufuhr aus. Der Kopf ist bleiern, der Nacken schmerzt, die Müdigkeit sitzt in jeder Körperzelle. Man kennt keine Tränen mehr, keine der Freude, keine des Leids. Burnout. Die totale Erschöpfung. Der körperliche und seelische Zusammenbruch. Passiert vielen. Führungskräften, Sportlern, Lehrern, Ärzten, Künstlern, Müttern. Die treffen sich dann in der Habichtswald-Klinik. Wo die verkrustete Seele über Wochen und Monate wieder weichgespült wird. Mit Musiktherapie. Mit Gesprächen. Mit Entspannung. Mit Bewegung.

Wen trifft's?

Den kontrollierten Kopfmenschen. Der seine Emotionen unterdrückt und so lange gegen seine eigenen Bedürfnisse kämpft, bis es nicht mehr geht. Sagen Sie: Ich bin sehr gut. Sehr gut im Job. Gut im Sport. Eine perfekte Mutter. Wer perfekt sein will, das Selbstwertgefühl an seiner Leistungsfähigkeit ausrichtet, riskiert, dass irgendwann Körper und Seele erstarren. Fakt ist: Treffen starke Anforderungen von der Außenwelt auf hohe Ansprüche an sich selbst, dann rutscht man langsam, aber sicher in das Burnoutsyndrom.

Wer ist geschützt?

Emotional intelligente Menschen trifft der Burnout nicht. Sie leben ihre Gefühle, finden immer wieder zu sich selbst. Suchen Ruheinseln auf im Alltagsstress. Wer nicht nur mit dem Hirn, sondern vor allem mit dem Herzen bei der Sache ist, kann auch eine 80-Stunden-Woche haben – ohne seine Batterie zu erschöpfen.

Burnoutsymptome

Chronische Müdigkeit, Erschöpfung, Schlafstörungen, Kopf- und Rückenschmerzen, Magen-Darm-Probleme, Herzrhythmusstörungen, Hautausschlag, Gereiztheit, Konzentrationsstörungen,

Medikamenten- und Drogenmissbrauch, Rückzug aus der Geselligkeit.

Der Weg in den Burnout

Hinter dem Burnout steckt zunächst Angst. Der Zwang, sich zu beweisen. Und die Angst zu versagen. Sie führt dazu, dass man immer mehr tut, 10, 12, 16 Stunden im Job verbringt, sich unter Zwang setzt, noch mehr leisten zu müssen. Man schuftet um der Anerkennung willen und vernachlässigt sich selbst. Unterdrückt seine Bedürfnisse, seine Gefühle. Das führt zur Daueranspannung, und die entlädt sich in der totalen Erschöpfung. Im körperlichen und seelischen Zusammenbruch.

Zwischenstationen

- Man nimmt seine eigenen Bedürfnisse nicht mehr wahr, schläft weniger, isst, wenn überhaupt, hastig.
- Man missachtet körperliche Warnzeichen: hohen Blutdruck, flache Atmung, angespannte Muskeln, schlechten Schlaf.
- Das Sozialverhalten verkümmert: Man hat keine Zeit mehr für Freunde, für Kino, für Bücher. Probleme in der Partnerschaft, im Bekanntenkreis werden verleugnet. Man zieht sich immer weiter zurück. Das führt häufig in die totale Isolation.
- Das Wertesystem ändert sich: Bekannte sind unzulänglich, das Gelaber in der Kneipe nicht effektiv, der Kinobesuch langweilig.
- Die Persönlichkeit wandelt sich: Alles dreht sich nur noch um die Arbeit. Emotionen werden unterdrückt. Statt mit Humor reagiert man mit Schärfe und Sarkasmus.
- Die Gefühle wandeln sich: Man spürt nur noch Schmerz, Zorn, Gereiztheit, Erschöpfung, ist taub für Freude, Fröhlichkeit, Neugierde.
- Endstation: Im Schnitt dauert es sieben Jahre – und man fühlt sich vollkommen leer. Die Reserven sind völlig erschöpft. Irrationale Ängste, bleierne Depression bestimmen das Leben. Und das führt schließlich zum totalen Zusammenbruch.

Wege aus dem Burnout

Allein schafft man es nicht. Therapeuten helfen, den verkrusteten Panzer abzubauen, die eigenen seelischen und körperlichen Interessen wieder neu zu entdecken. Das dauert etwa drei bis sechs Wochen. Kliniken arbeiten mit einem breiten Angebot an Schulmedizin, traditioneller chinesischer Medizin, Ayurveda, Kneipp. Dazu Bewegung, gesunde Ernährung und Entspannungstechniken.

Wunderbare Möglichkeiten neben Gesprächstherapie und Meditation, die eigenen Emotionen freizulegen: Tanz-, Atem- und Kunsttherapie. Tanzend verlässt man den Takt der Zeit, gibt sich dem der Musik hin, erfährt seinen Körper ganz anders als am Schreibtisch. Durch tiefes Atmen kommt man in einen veränderten Bewusstseinszustand, verdrängte Probleme tauchen wieder auf, um gelöst zu werden. Und mit der Kunsttherapie kommt man vom rein rationalen vernunftbetonten linkshirnigen Denken weg – hin zum gestalterischen Erleben, hin zum rechten Hirn, zu den Emotionen.

superlinks

Emotionale Intelligenz Seite 132 | Formel-1-Reflex Seite 153 | Meditation Seite 252 | Musik Seite 262

17 *Warum ich so gern* **Damasio** *lese*

Als ich noch jung war, prägte vor allem das Kino meine Vorstellungen von der Neurologie. Unter einem Hirnforscher stellte ich mir einen nervösen Halbwahnsinnigen vor, der in frostigen Kellergewölben alkoholgetränkte Gehirne in Einmachgläsern konserviert und Affenköpfe auf Menschenkörper transplantiert. Da wusste ich noch nichts von einem Antonio R. Damasio. Einer der interessantesten Forscherpersönlichkeiten, die ich kenne. Wenn man so will: der Dr. Frankenstein der heutigen Zeit.

Natürlich buddelt Damasio nicht nachts auf dem Friedhof Leichen aus und bastelt in seiner Garage heimlich Monster. Aber wie jener Wissenschaftler aus Mary Shelleys Roman ist er besessen. Denn seine Forschungen fangen dort an, wo die der meisten Mediziner aufhören: bei der Frage nach der menschlichen Seele. Ist sie ein unabhängiger, immaterieller Geist, der den Körper verlässt, sobald er stirbt? Oder ist sie rein körperlicher Natur? Und – wenn ja – wie sieht sie aus, wie funktioniert sie? Mit solchen Überlegungen tritt Damasio in die Fußstapfen der großen Denker der Weltgeschichte. Man nennt ihn deshalb auch einen Neurophilosophen.

Damasio lebt in den USA und lehrt am Salk Institut for Biological Studies in La Jolla, Kalifornien. Zusammen mit seiner Frau Hanna, die wie er aus Portugal stammt, hat er rund 2500 Krankengeschichten von Gehirnpatienten zusammengetragen. Das Archiv ist die Grundlage seiner atemberaubenden Theorien. In deren Zentrum stehen die Emotionen. Nach Damasio sind sie komplizierte Kombinationen von chemischen und neuronalen Reaktionen des Gehirns, die den Organismus regulieren. Alles, was von diesen Prozessen in das Bewusstsein dringt, sind nach Damasios Ansicht die Gefühle, die man wahrnimmt. Auf diese Überlegungen aufbauend, entwickelte er eine Theorie des Selbstbewusstseins, des Geistes und der Seele. Für Damasio alles Phänomene, die sich physikalisch und biologisch erklären lassen.

Mehr will ich dazu gar nicht sagen. Denn der Damasio-Stoff ist viel zu theoretisch, um den einen oder anderen Praxistipp herauszuziehen. Aber er ist hochinteressant. Daher meine Empfehlung: Lesen Sie Damasio. Er schreibt wunderbar leicht und packend. Sein neuestes Buch heißt »Der Spinoza-Effekt«. Zuvor veröffentlichte er »Descartes' Irrtum« und »Ich fühle, also bin ich«. Alle Titel erschienen im List-Verlag.

superlinks

Emotionale Intelligenz Seite 132 | Erinnerung Seite 135 | Glück Seite 178 | Negative Gefühle Seite 273 | Opium Seite 276

18 Denksport – im Laufschritt ins Nirwana

Es gibt legales und illegales Doping. Ich bevorzuge natürlich das legale. Das kostet nichts, hat keine Nebenwirkungen – und macht das Gehirn zu einem unschlagbaren Hochleistungsorgan. Mein Doping heißt laufen, laufen, laufen. Laufen kann wie eine Droge sein. Bewegung versorgt das Gehirn mit Sauerstoff, macht es wacher, leistungsfähiger, kreativer. Zudem schüttet der Körper Glücksbotenstoffe aus. Und die machen gute Laune. Man ist dann einfach besser drauf – nicht nur körperlich, sondern auch psychisch und mental.

Überzeugt? Dann brauchen Sie nur noch ein paar gute Laufschuhe, einen Park oder einen Wald – und ein klein wenig Lauf-Know-how. Es kommt nämlich nicht nur darauf an, *dass* Sie laufen, sondern auch *wie*. Je nach Gangart verschaffen Sie sich gute Laune, kreative Einfälle oder einen beglückenden Rauschzustand.

Gute Laune im ersten Gang

Laufen Sie locker. Tippeln Sie im Gehtempo vor sich hin, als hätten Sie noch 40 Kilometer vor sich und müssten Kräfte sparen. Das ist das Gute-Laune-Tempo, in dem Ihr Körper den Serotoninspiegel anhebt. Das körpereigene Antidepressivum macht Ihren Kopf frei. Sie gewinnen Abstand zu Ihren Problemen. Die Welt wird bunt und ist plötzlich voller neuer Möglichkeiten. Nutzen Sie dieses Tempo zum Einlaufen auch an Tagen, an denen Sie keine Lust haben. So machen Sie sich selbst Lust auf mehr – oder eine zusätzliche Power-Laufrunde.

Das Tempo für gute Laune:
Laufen Sie bei 60 bis 70 Prozent des Maximalpulses. Näheres dazu finden Sie im Kasten auf Seite 124.

Probleme lösen im zweiten Gang

Geben Sie beim Laufen ein bisschen Gas und wechseln Sie vom Gute-Laune- ins Kreativitätstempo. Erleben Sie, wie sich Ihre Wahrnehmung immer mehr nach innen richtet. Wie sich Probleme, die Sie schon lange mit sich herumtragen, plötzlich lösen. Das kann an manchen Tagen so weit gehen, dass Sie gut beraten sind, wenn Sie ein Diktiergerät auf der Strecke mit dabeihaben.

Info

So errechnen Sie Ihren optimalen Trainingspuls

Mit Ihrem Lauftempo regulieren Sie Ihren Herzschlag, also den Puls. Wenn Sie sprinten und dabei alles geben, erreichen Sie Ihren maximalen Herzschlag, den so genannten Maximalpuls (HF_{max}). Der ist aber nicht gesund – auf keinen Fall, wenn Sie mit Bewegung nicht viel am Hut haben. Deshalb errechnen Sie lieber mit der folgenden Formel Ihren ungefähren Maximalpuls:

HF_{max} für Männer = 220 – Lebensalter
HF_{max} für Frauen = 226 – Lebensalter

Von diesem Wert errechnen Sie also Ihren Puls für den ersten, zweiten und dritten Gang. Das ist aber ein ungefährer Pulswert. Den sollten Sie auf der Piste testen. Sie sollten sich, während Sie laufen, problemlos unterhalten können. Geraten Sie dagegen in Atemnot, lieber mit einem niedrigeren Wert laufen.

Wem Sie den Gedankenfluss verdanken? Dem ACTH (Adrenocoticotropes Hormon). Das taufte 1988 Prof. Hollmann, der Nestor der deutschen Sportmedizin, übrigens Kreativitätshormon. Auch »gutes Stresshormon« genannt, das Ihren Körper im zweiten Gang regelrecht überflutet. ACTH öffnet den Zugang zu Ihrem Bauch, zur Intuition. Es macht den Weg frei für innovative Ideen. Gleichzeitig senkt es Ihren Blutdruck, Ihren Puls. Es lässt Ihren Körper entspannen, während Ihr Geist hellwach und kristallklar ist.

Absolvieren Sie den Kreativitätslauf am besten morgens. Sie profitieren den ganzen Tag davon.

Das Tempo für Ideen:
Laufen Sie bei 70 bis 80 Prozent des Maximalpulses.

Berauschendes Glück im dritten Gang

Das ist sozusagen der Turbogang. Leider nur für Fortgeschrittene. Jetzt sind Sie richtig schnell. Das spüren Sie, das spürt Ihr Körper. Die Beine schmerzen, und trotzdem federn sie leicht über den Boden. Berühren kaum den Boden. So fühlt sich Fliegen an. Ein berauschendes Gefühl zwischen Schmerz und Ekstase, zwischen Weinen und Lachen. Der Atem wird schnell und tief. Er durchflutet wohlig Ihren ganzen Körper. Das sind Endorphine pur. Endorphine stillen den Schmerz und lassen Sie eintauchen in einen Glücksrausch. Insider sprechen vom so genannten Runner's High, nach dem jeder Läufer aufs Neue giert. Laufen Sie lieber nicht zu oft im Glücksrauschtempo – es droht Suchtgefahr!

Das Tempo für den Glücksrausch:
Laufen Sie bei 80 bis 90 Prozent des Maximalpulses.

superlinks

Angst Seite 94 | Fitnesshäppchen Seite 144 | Formel-1-Reflex Seite 153 | Gehirnmedizin Seite 168 | Jonglieren Seite 202 | Kaffee Seite 208 | Marathon Seite 251 | Mind Machine Seite 254 | Musik Seite 262 | Neurobics Seite 274 | Opium Seite 276 | Rauchen Seite 281 | Schmerz Seite 284 | Stress weg Seite 293

19 Dick & Doof – drücken Pfunde die Intelligenz?

armer Joschka. Er speckte durch Laufabstinenz, Ministerstress und Galabüffets 20 Kilo zu (20? Ja doch. Bleiben wir höflich!) und füllte damit die nachrichtenarme Frühsommerzeit: »Joschka zu fett für den Wahlkampf«, titelte die Bildzeitung, Mai 2005. Und es entzündete sich eine heiße Diskussion, ob dicke Menschen dümmer sind. Oder ob doch eher die doof sind, die Dicke diskriminieren. Ottfried Fischer (»Bulle von Tölz«, 150 Kilo) in der AZ: »In Zeiten argumentativer Armut werden die Äußerlichkeiten wichtiger.« Ein dicker Minister sei »doch der ideale Repräsentant für die Deutschen, von denen ja viele zu fett sind«. Schließlich habe ein Dicker 16 Jahre hierzulande regiert, und solange der Außenminister noch in ein Flugzeug passe, sei das kein Problem.

Nun – ein heikles Kapitel. Ich pack's trotzdem an: Schlagen Pfunde auf den Geist? Das hat Joschka Fischer einmal selbst beantwortet: In seinem Buch »Mein langer Lauf zu mir selbst« schwärmte er, nachdem er sich 37 Kilo runtergelaufen hatte: »Ich bin belastungsfähiger, auch im Kopf schneller und beweglicher.«

Und das sagt die Forschung

- Übergewicht drosselt die Sauerstoffzufuhr zum Gehirn, das nagt an Konzentration und Leistungsfähigkeit. Macht aber nix, wenn man sich bewegt! Dick und fit ist besser für den Kopf als dünn und faul.
- Übergewicht erhöht das Risiko für Diabetes mellitus um das 40fache, für Bluthochdruck ebenfalls – beides Gehirnkiller.
- Übergewicht ist ein starker Risikofaktor für Demenz. Erhöht das Alzheimer-Risiko ab 70 um 40 Prozent.
- Die Grünen haben Joschka Fischer auf Diät gesetzt. Bin gespannt, wie er bei Erscheinen dieses Buches aussieht. Aber das Wichtigste ist: Joschka läuft wieder. Und Läufer sind einfach die klügeren Menschen.

superlinks

Interview: Klug essen Seite 136 | Fitnesshäppchen Seite 144 | Gehirnmedizin Seite 168 | Jonglieren Seite 202

20 Divergentes Denken – *auch ein Weg zur Kreativität*

Kinder klauen Mama einen Gouda aus dem Kühlschrank und löchern ihn mit Papas Bohrmaschine, um einen Emmentaler daraus zu machen.

Der amerikanische Psychologe Joy Paul Guilford, ein Pionier der Kreativitätsforschung, nennt das »divergentes Denken«. Die Fähigkeit, auf mehreren und damit auch ungewöhnlichen Wegen zum Ziel zu gelangen. Kreativität pur.

Kinder machen das ganz automatisch. Bis sie in die Schule kommen. Wo sie lesen, schreiben und rechnen lernen. Wo sie jede Woche einen Test schreiben, bei dem am Ende nur »falsch« und »richtig« zählt. Wo sie allmählich von Gefühlswesen zu Vernunftwesen mutieren. »Rede keinen Unsinn, sei vernünftig«, sagen die Erwachsenen zu den Kindern. Und jedes Mal, wenn sie das sagen, verkümmert die angeborene Fähigkeit zu Kreativität ein bisschen mehr.

Von Kindern kann man viel lernen

Normale Eltern bremsen die Kreativität ihrer Kinder. Kreative Eltern nutzen diese aus. Warum nicht einfach den Spieß umdrehen wie der Lehrer und Spieleerfinder Günter Burghardt aus Gosbach? Der beobachtete eines Tages, wie sein siebenjähriger Sohn Benjamin einen Turm bastelte, in den er kleine Spielzeugmännchen plumpsen ließ. Gemeinsam entwickelten Vater und Sohn daraus ein Spiel, das man mittlerweile in den Geschäften kaufen kann: die »Rumpelritter«. Auch eine Form des divergenten Denkens. Günter Burghardt entdeckte in den harmlosen Spielereien seines Sohnes den Weg zum Spieleerfolg.

Die Nonsensmethode

Lernen Sie von den Briten, den Weltmeistern des Humors. Warum sind die Briten so witzig? Weil sie eine beispiellose Kreativkultur pflegen. Mit Vorliebe an den Eliteuniversitäten. Dort gibt es Debattierclubs, in denen man – zur Schulung des Geistes – Gegenargumente zu gängigen Meinungen formuliert. Das machen Sie auch.

Treffen Sie sich doch einmal mit ein paar guten Freunden und diskutieren Sie einfach mal folgende Fragen:

- Was spricht dafür, dass ältere Herren rosa Unterwäsche tragen?
- Was berechtigt zur Annahme, dass Joschka Fischer ein Alien ist?
- Warum sollten Schäferhunde wählen dürfen?

Übung

Divergentes Denken kann man trainieren

Kreativität erfordert divergentes Denken. Das heißt: möglichst viele Lösungen für ein Problem finden. Dazu müssen Sie vertraute Pfade verlassen. Versuchen Sie, möglichst vernünftige Argumente für blödsinnige Thesen zu finden, denken Sie wie Mr. Bean – oder spielen Sie Gedankengericht.

In England machen Teilnehmer solcher Runden nicht selten Karriere in der Comedyszene. Die bekanntesten kennen und lieben Sie. Zum Beispiel: Mr. Bean.

Die Mr.-Bean-Methode

Überlegen Sie nicht, wie Sie ein Problem auf vernünftige und nahe liegende Weise lösen können. Suchen Sie nach absurden, umständlichen, skurrilen Ansätzen.

Sie lachen auch so gerne über Mr. Bean, diesen liebenswerten Trottel? Dann wollen Sie sicher mehr über den Komiker Rowan Atkinson erfahren. Er ist ein ehemaliger Elitestudent. Belegte Elektrotechnik in Oxford. Ein klassisches Vernunftstudium. Als Atkinson Mr. Bean schuf, nutzte er seinen technisch geschulten Verstand, indem er den Spieß umdrehte. Anstatt – wie ein Ingenieur – einfache Lösungen für schwierige Probleme zu finden, suchte er nach schwierigen Lösungen für einfache Probleme. Zum Beispiel: Mr. Bean will die Wände seiner Wohnung streichen. Er beklebt sämtliche Möbel, Bilder und Gegenstände mit Zeitungspapier. Dann stellt er einen großen Farbtopf auf den Wohnzimmertisch und sprengt ihn mit Dynamit in die Luft.

So. Nun überlegen Sie sich, wie Sie auf Mr.-Bean-Art einen Reifen wechseln, einen Kuchen backen, den Rasen mähen.

Die Gerichtsmethode

Ja, man kann sogar von trockenen Juristen als werdender Kreativer lernen. Jura, sagen Juristen gerne, sei die älteste Denkschule der Welt. Und da ist was dran. Nehmen wir die Anwälte. Die nennt man – mitunter boshafterweise – Rechtsverdreher. Kann man auch positiv sehen. Denn diese Verdreherei erfordert kreatives Potenzial.

Probieren Sie's aus, anhand einer einfachen Übung. Formulieren Sie eine These, auf einem Gebiet, das Sie beschäftigt oder interessiert. Zum

Rowan Atkinson alias Mr. Bean

Beispiel: »Tiere sind Geschöpfe Gottes. Deshalb darf man sie weder essen noch für Versuche missbrauchen.« Stellen Sie sich vor, die These muss vor Gericht verhandelt werden. Und Sie übernehmen die Rollen der Juristen. Einmal die des Anwalts der Tierschützer und Vegetarier. Dann die des Anwalts der Metzgerinnung und der Pharmaforschung. Und schließlich die des Richters, der die Argumente der beiden Seiten abwägt.

superlinks

Abschreiben Seite 82 | Illusionen Seite 192 | Kreativität Seite 222 | Interview: Kreativität Seite 72 | Jonglieren Seite 202 | Lernen Seite 238 | Linkshänder Seite 245 | Neurobics Seite 274 | Sprachen lernen Seite 290

21 La Dolce Vita – das süße Leben

Wir ziehen die süßen Seiten des Lebens vor – sobald wir das Licht der Welt erblicken. Schon als Baby macht uns die Muttermilch selig. Wunderbar süß. Zucker ist Gehirnnahrung pur. Macht uns fröhlich – und leider auch ein wenig abhängig.

Das Gehirn macht nur etwa zwei Prozent unseres Gesamtkörpergewichts aus – aber es verbraucht 20 Prozent der täglichen Kalorien. Es lebt von Sauerstoff, von Wasser und von Zucker. Den braucht das Gehirn ganz dringend. Sonst geht das Licht, das Neuronenfeuerwerk, dort oben aus. Und damit ja immer genug ankommt, dafür sorgen die Nervenzellen in der Magenwand. Sie melden, wenn's vor Ort leer wird. Und Nervenzellen in den Blutgefäßen messen den Zuckergehalt im Blut. Sinkt er von normalen 80 Milligramm pro hundert Milliliter Blut auf 65, dann läuft das Hungersignal rasend schnell über die Axionkabel im Rückenmark zum Hirnstamm und von dort in den Hypothalamus. Der schickt dann all seine Hormone aus, die uns ganz schnell auf Nahrungssuche schicken. Auf die Suche nach einer süßen Frucht oder einen in Staniolpapier eingewickelten, auf der Zunge zart zergehenden Traumstoff.

Wie viel Süßes braucht das Hirn?

Das Gehirn braucht etwa 100 Gramm Glukose. Damit Sie denken, damit Sie kreativ sind, damit Sie sich wohl fühlen. Glukose steckt in der Kartoffel, im Obst, im Gemüse, im Haushaltszucker, im Softdrink, im Getreidekorn. Je älter Sie werden, desto mehr muss sich das Gehirn anstrengen, desto mehr Glukose braucht es, um die gleiche Leistung zu bringen. Vorsicht, Energiekrise:

Know-how

Zucker als Medizin

- Je älter man ist, desto mehr Glukose braucht das Gehirn, um Leistung zu bringen. Die beiden US-Forscher Dr. Korol und Dr. Gold fanden heraus: Spritzt man alten Ratten mit schwachem Gedächtnis Glukose (Traubenzucker), steigt die Leistungskraft des Gehirns auf diejenige junger Ratten an. Vergleichbares beobachteten die Forscher auch bei älteren Menschen zwischen 58 und 77. Tranken sie vor einem Gedächtnistest ein Glas Limonade mit 50 Gramm Traubenzucker, schnitten sie um 40 Prozent besser ab als die Probanden, die nur Süßstoff im Glas hatten.
- Auch Menschen, die an der Alzheimer-Krankheit leiden, hilft Zucker, stellten US-Forscher fest: Das Gedächtnis verbessert sich um 100 Prozent, wenn man den Kranken kohlenhydratreiche Kost verabreicht. Der Grund: Der Glukosestoffwechsel ist bei Alzheimer-Kranken beeinträchtigt. Glukose dringt nicht mehr so leicht über die Blut-Hirn-Schranke. Man muss mehr von dem süßen Stoff anbieten – und das Risiko hoher Blutzuckerspiegel in Kauf nehmen.

Fehlt der Zucker, also die Glukose im Blut, lässt erst mal die Konzentration deutlich nach, Sie werden nervös. Und bricht die Zufuhr ganz ab, sterben nach drei Minuten Gehirnzellen ab. (Keine Angst – das passiert nicht einfach so, wenn Sie kein Diabetiker sind. Vorher baut unser Körper Muskeln ab.)

Damit die kleinen Energiekraftwerke namens Mitochondrien in Ihrem Kopf viel Energie erzeugen, Sie mit Geistesblitzen und Konzentration verwöhnen, ist das Gehirn also auf eine kontinuierliche Glukosezufuhr angewiesen. Ideal wäre: Der Blutzucker ist immer relativ konstant, sodass dem Gehirn stetig die kleinen Denkleistungsmolekülchen namens Glukose zur Verfügung stehen. Ein zu hoher Blutzucker zerstört Zellen. Ein zu niedriger drosselt die Gedächtnisleistung. Und das können Sie ganz einfach mit gesundem Essen regulieren.

Industriefutter (Cornflakes, Pommes frites, Weißbrot, weißer Reis, Kekse) schraubt den Blutzucker hoch, die Gedächtnisleistung runter. Lebensmittel aus der Natur (Obst, Gemüse, Vollkornprodukte) halten den Blutzucker konstant, die Hirnleistung hoch.

Know-how

Zucker ist Gift

Lesen Sie mal Jean Carpers Buch »Wundernahrung fürs Gehirn«. Wunderbar! Dann vergeht Ihnen mit Sicherheit die Lust auf Zucker, Stärke, industriellen Kohlenhydratmüll. Ein paar Fakten:

- Hoher Blutzucker bei diabetischen Kindern führt zu starkem Abfall des IQ.
- Ältere Menschen mit Insulinresistenz (Vorstufe von Diabetes mellitus) schneiden schlechter bei geistigen Leistungstests ab und haben ein miserableres Langzeitgedächtnis.
- Niederländische Forscher fanden in der »Zutphen Elderly Study« heraus: Hohe Blutzucker, hohe Insulinwerte führen in Tests zu einer um bis zu 25 Prozent erhöhten Fehlerquote.
- Diabetes verdreifacht das Schlaganfallrisiko. Und erhöht das Risiko, eine Demenz zu entwickeln, um 66 Prozent.

Fazit: Zu viel Insulin wirkt sich negativ auf die Übertragung der Botenstoffe im Gehirn aus.

Leistung ist süß

Es ist ja schon fast eine Binsenweisheit, dass Kinder, die ein gutes Frühstück kriegen, in der Schule besser abschneiden. Gilt das auch für Erwachsene? Dr. David Benton von der University of Wales in Swansea stellte fest, dass ein erhöhter Glukosespiegel im Blut auch das Gedächtnis von Erwachsenen verbessert. 33 Studenten aßen entweder kein Frühstück oder tranken einen Cocktail mit 38 Gramm Kohlenhydraten (steckt in zwei Äpfeln). Vor und zwei Stunden nach dem Frühstück maßen die Forscher den Glukosespiegel. War er höher, waren auch die Testergebnisse besser. Darum empfehle ich: Essen Sie morgens frisches Obst. Das hält den Blutzuckerspiegel lange und gleichmäßig auf hohem, intelligenzförderndem Niveau.

Das Leben ist süß

Wir alle suchen nach dem Glück, der Euphorie, der guten Stimmung. Dafür leben wir. So handeln wir. Und dieses Wohlgefühl wird hervorgerufen durch ein Zaubermolekül in unserem Gehirn: durch Serotonin.

Know-how

Geben Sie sich Süßes!

Nun müssen Sie nicht auf Schoko & Co. verzichten. Meiden Sie Süßes bis zum Nachmittag, genießen Sie ein Stück, eine köstliche Praline – und zwar so, dass das Aroma in Ihnen explodiert, Sie glücklich macht – ohne dass Sie eine ganze Tafel essen müssen. Bitterschokolade hat einen ganz niedrigen GLYX. Trockenfrüchte sind süße Freuden der Natur. Ein Fruchtsorbet, ein Obstsalat locken das Glück – ohne Nebenwirkungen. Und süßen Sie mit Honig, auch der hat einen niedrigen GLYX. Honig, so haben US-Wissenschaftler vor kurzem festgestellt, ist besser für sportliche und geistige Leistungskraft als jeder Energiedrink, jeder Traubenzucker, jede Nudelorgie.

Serotonin heißt der Grund, warum wir morgens ein Marmeladebrötchen essen, den Löffel Zucker in den Kaffee rühren, warum uns Schokolade tröstet und der Plätzchenteller den Winter erträglicher macht. Zucker erhöht den Serotoninspiegel im Gehirn. Viel Serotonin ist gut. Weil es uns glücklich macht, weil es uns beruhigt und entspannt. Weil es uns entstresst. Und Serotonin ist der Grund, warum wir immer wieder zum süßen Glück greifen – warum Süßes süchtig macht.

Süßes Glück hat Nebenwirkungen

Ein zu hoher Blutzuckerspiegel wirkt sich negativ auf die Gedächtnisleistung aus. Zucker erhöht den Insulinspiegel. Und Insulin ist – überdosiert – das Hormon der Verlierer. Es macht hohen Blutdruck – die Basis für Demenz. Hohe Blutzucker- und Insulinwerte führen zu starren Gefäßen und zu verstopften Halsschlagadern, es kommt nicht mehr genug Blut und Sauerstoff ins Gehirn. Man verblödet. Es macht dick und alt. Es treibt den Zucker in die Fettzellen, sperrt ihn dort ein in Form von Fettmolekülen. Es hindert die fettspaltenden Enzyme daran, ihr verschlankendes Werk zu verrichten. Zucker – Insulin – Heißhunger – das drückt den Waagezeiger nach oben. Während Insulin darum bemüht ist, Fettberge zu horten, bremst es die wichtigsten Anti-Aging-Hormone aus: Testosteron, das Hormon, das für innere Dynamik und Power sorgt. Und das Wachstumshormon STH, das Fett abbaut, Muskeln aufbaut, die Haut strafft und Falten wegzaubert – den Geist jung hält. Solange Insulin im Blut regiert, haben Schlank-, Power- und Forever-young-Hormone keine Chance – durch Fastfood, Weißmehl, Fertigprodukte, süße Getränke, Kekse, Riegel & Co. oft den ganzen Tag.

Also machen Sie nicht den Fehler, den Tag süß zu starten – mit künstlichen Kohlenhydraten, Zucker oder Weißmehl. Die machen Sie müde. Denn viel Insulin bedeutet auch: schneller Blutzuckerabfall. Das Hormon schaufelt die Zuckermoleküle schneller aus dem Blut, als sie nachkommen. Dem Gehirn geht der Zucker aus. Sie werden fahrig, nervös, unkonzentriert. Und haben Heißhunger auf noch mehr Zucker.

Die Natur weiß es eben immer besser

Die natürlichen Kohlenhydrate – aus Obst, Gemüse, Vollkornprodukten – halten schlank, jung und geistig fit. Denn die Natur meidet Insulinspitzen. Der Blutzucker bleibt konstant – Leistungskraft, geistige Frische und Fitness auch.

Sonne schmeckt süß

Ich kenne noch ein Glück ohne Nebenwirkungen: Licht & Bewegung. Es gab eine Zeit, da war der Mensch noch unabhängig von Marmeladebrot und Schokolade. Eine Zeit, in der er nicht den ganzen Tag in dunklen Höhlen lebte mit

Kleine Glückstabelle

Der glykämische Index (GLYX) eines Lebensmittels sagt Ihnen, ob es viel vom Dickhormon Insulin lockt oder nicht. Meiden Sie Lebensmittel mit hohem glykämischem Index – und kombinieren Sie diese nie mit Fett. Und greifen Sie zu bei solchen mit niedrigem glykämischem Index: unter 55. (Und wenn Sie mehr wissen wollen, lesen Sie mein Buch »Die Diät«.)

Hoch

Traubenzucker	100	Waffelmischung	75
Weißbrot	95	Polierter Reis	65
Schnellkochreis	75	Graubrot	65
Popcorn, süß	90	Banane	60
Cornflakes	85	Konfitüre	55
Zucker	70		

Tief

Tomaten	15	Grüne Bohnen	30
Gemüse	15	Milchprodukte, natur	10–30
Gemüsesäfte	15	Schrotbrot	50
Schokolade, über 70 % Kakaoanteil	20	Vollkornnudeln	35
Marmelade ohne Zucker	30	Roggensauerteigbrot	50
Akazienhonig	30	Frischer Fruchtsaft	45
Frisches Obst	10–40	Nüsse	25
Kichererbsen	40	Vollkornmüsli ohne Zucker	40
Linsen	30		

künstlichem Licht. Er ahnte: Auch die Sonne schmeckt süß. Licht erhöht den Serotoninspiegel – ohne Kalorien, ohne Insulin. Bewegung tut das übrigens auch. Deswegen sind Menschen, die in der Morgensonne laufen, den ganzen Tag über glücklich und brauchen keinen Zucker für die gute Laune. Also: Laufen Sie morgens. Und locken Sie abends mit einem Dessert aus Eiweiß plus Kohlenhydrate Serotonin.

Tryptophan (Eiweißbaustein) plus Honig (Kohlenhydrate) lockt den Botenstoff Serotonin, der Sie entspannt, Stress abbaut, Ruhe einkehren lässt – und das Sandmännchen einlädt.

Das wahre Glück hat eine Zahl

Sie können das süße Leben ruhig weiter genießen. Das wahre Glück hat eine Zahl und heißt glykämischer Index. Eine Zahl von 1 bis 110, die ein Lebensmittel nach seiner Fähigkeit bewertet, Insulin zu locken. Bis 50 heißt Glück, ohne groß Insulin zu locken. Über 50 heißt: Glück gekauft mit viel Insulin. Was bedeutet: Anstieg des Risikos für Alzheimer, Demenz, Herzinfarkt, Schlaganfall, Diabetes mellitus, Krebs. Wollen Sie alles nicht. Sie genießen Glück unter 55. Wie? Wählen Sie die süßen Freuden der Natur – meiden Sie Industriemüll.

superlinks

Brainfood Seite 113 | Interview: Klug essen Seite 136 | Fisch Seite 142 | Fleisch Seite 148 | Frühstück Seite 161 | Gehirnmedizin Seite 168 | Gehirnschmalz Seite 171 | Glück Seite 178 | Opium Seite 276

22 Emotional intelligent – *das Leben diplomatisch meistern*

Kennen Sie Daniel Golemans Weltbestseller »Emotionale Intelligenz«? Eine Bekannte von mir hat das Buch auf ihrer Hochzeitsreise gelesen – und fast hätte die Ehe das nicht überlebt. Weil sie ihrem Mann ständig daraus zitiert hat, mit den Worten: »Schau Schatz, wenn du so geantwortet hättest, dann wärst du emotional intelligent …« Goleman erklärt cleveres Gefühlsmanagement zum Zentralschlüssel für das private und berufliche Glück im Leben. Viele Wissenschaftler distanzierten sich von Golemans Buch, sie halten seine Darstellung für reichlich übertrieben. Schade eigentlich. Die Botschaft ist klar: Wer klug mit seinen Gefühlen umgeht, lebt gesünder, ausgeglichener, kommt besser mit Stress zurecht und leidet weniger unter psychischen Problemen.

Emotional Intelligente streiten gern – und werden niemals laut

Für den Psychologen besteht das Leben aus einer Abfolge von kleinen und großen Konflikten. Das beginnt schon morgens mit dem Partner. Man streitet um den Politikteil der Zeitung. Im Job zofft man sich mit dem Kollegen wegen einer missglückten Terminabsprache. Abends ärgert man sich über die Kinder, die schon wieder keine Hausaufgaben gemacht haben. Dann ruft Mutter an und zickt, weil man vergessen hat, ihr am letzten Sonntag zum Muttertag zu gratulieren.

Wie geht man damit um? Die einen, meist Männer, neigen zu heftigen Gefühlsausbrüchen. Sie reagieren schnell gereizt, laufen so schön hochrot an, wenn sie brüllen. Sie halten sich an das Motto »Lass es raus« und landen irgendwann bei mir – mit Herz-Kreislauf-Beschwerden. Die anderen, meist Frauen, tendieren eher zum Gegenteil. Sie weichen dem Konflikt aus, schlucken den Ärger runter. Das schlägt dann mit einem Geschwür auf den Magen. Und was ist mit dem Konflikt? Er bleibt ungelöst. Weder Schweigen noch Brüllen bereinigt ihn. Die Lösung: ruhig streiten, dann aber darüber reden.

Intuition ist gut, Kontrolle ist besser

Emotional intelligente Menschen vertrauen ihren Gefühlen, ihrer Intuition. Aber sie wissen, dass der goldene Riecher nur nützt, wenn man einen kühlen Kopf behält und weiß, wie man ihn klug einsetzt. Emotional Minderbemittelte erkennen im freundlich wirkenden Chef den rücksichtslosen Rüpel und zeigen ihm die kalte Schulter. Emotional Intelligente dagegen misstrauen seinen falschen Versprechungen. Sie wissen aber sein hervorragendes Organisationstalent zu schätzen und bauen darauf ein gutes Verhältnis mit ihm auf. Emotional Intelligente machen ihren eigenen Standpunkt im Streit klar. Sie berücksichtigen aber immer auch die Position ihres Gegenübers. Sie haben ein gutes Händchen für Geldgeschäfte. Aber sie können sich Fehler eingestehen, wenn sie sich doch geirrt haben. Und bewahren sich so vor dem finanziellen Ruin.

Schnellsemester an der École d' Emotions

Positiv an Konflikte herangehen

Kein Mensch kann den Ausbruch von Streitereien steuern. Aber den Zeitpunkt, an dem der Streit zu einem konstruktiven Konfliktgespräch wird. Also: lieber abbrechen und vertagen, wenn die Emotionen hochbrodeln. Eine Nacht darüber schlafen. Und dann entspannt und mit positiver Einstellung, Neugier und Zuneigung noch einmal an die Sache herangehen. Und immer die positiven Aspekte herausstellen (»Da sind wir uns ja einig!«). Wer dagegen angespannt streitet, sieht alles mit verengtem Blick. Er findet keine Lösungen, die zu einem Ausweg aus der Situation führen können.

Gefühle präzisieren

Auf der Party macht er im Gespräch mit Freunden ironischen Anspielungen auf ihren Schuhtick. Auf der Heimfahrt faucht sie ihn an: »Du hast dich wie ein Idiot benommen, deine Witze findet keiner komisch.« Er brüllt: »Nur du findest sie nicht komisch, weil du schon den ganzen Tag schlechte Laune hast.« In Wirklichkeit ist sie nicht schlecht gelaunt, sie ist traurig. Fühlt sich durch seine Witze gedemütigt und vorgeführt.

Paare erleben das oft. Dieses Gefühl, dass man aneinander vorbeiredet. Irgendwann sagt einer von beiden: »Du verstehst mich nicht« oder, noch schlimmer, »du willst mich nicht verstehen«. Das kann man verhindern, wenn man seine Gefühle differenziert wahrnimmt – zum Beispiel als Wut, Scham, Enttäuschung oder Selbstmitleid. Und wenn man sie präzise formuliert. Und nicht sagt: »Ich bin schlecht gelaunt«, sondern: »Ich bin wütend und traurig darüber, dass du Witze über mich machst.« Die wahrheitsgemäße Gefühlsauskunft lohnt sich immer, auch wenn sie

manchmal ein wenig Mut kostet. Auch wenn man über die Lippen bringen muss, was keiner gern zugibt: dass man eifersüchtig, neidisch oder missgünstig ist.

Den anderen verstehen

Man kann da auch viel von der Politik lernen. Wie schaffen es so viele Länder trotz Konkurrenzdruck und Interessenskonflikten, ohne Kriege nebeneinander zu existieren? Durch eine gute Diplomatie. Und was machen Diplomaten? Unter anderem finden sie heraus, was die anderen wollen. So funktioniert das auch im zwischenmenschlichen Bereich. Versuchen Sie bei jedem Konflikt, die Gefühle Ihres Kontrahenten zu verstehen. Wenn er ausweicht, haken Sie nach. Freundlich und dezent, ohne ihn in die Enge zu treiben.
Tipp: Formulieren Sie die Gefühle des anderen mit eigenen Worten. So finden Sie heraus, ob Sie ihn richtig verstanden haben.

Geben Sie Fehler zu

Lassen Sie Ihren Heiligenschein im Schrank, wenn Sie sich mit anderen auseinander setzen. Denken Sie an die Politiker, die in kritischen Situationen an die Öffentlichkeit treten und »die volle Verantwortung« für ihre Fehler übernehmen. Das ist emotional klug. Wer Fehler zugibt, trägt zur Deeskalation des Konflikts bei. Gleichzeitig erleichtert er es dem anderen, seinerseits Fehler zuzugeben. Was Sie nie tun dürfen: immer die Schuld bei Dritten suchen. Oder auf den Fehlern anderer herumreiten, um von den eigenen abzulenken.

Verpassen Sie nicht den richtigen Zeitpunkt

Reagieren Sie prompt, wenn Sie sich ärgern oder getroffen fühlen. Nicht die negativen Gefühle runterschlucken und Wochen später nachtarocken. Oder, noch dümmer: eine gute Gelegenheit abwarten, bei der man sich am anderen rächen kann. Nachträgliche Retourkutschen mögen Ihnen ein kurzfristiges Hochgefühl bescheren. Dem anderen bringen sie gar nichts – ihm fehlt dann der Bezug zu der Situation, die Ihren Ärger ausgelöst hat.

Vermeiden Sie sinnlose Diskussionen

Es gibt Menschen, die versuchen, Ihnen Ihre Gefühle abzusprechen. Sie sagen: »Du übertreibst« oder »Das bildest du dir nur ein«. Andere versuchen, Ihre Gefühle umzuinterpretieren. Sie sagen »Du bist ja nur neidisch«, wenn Sie enttäuscht sind. Wieder andere reagieren harsch oder hysterisch, wenn Sie Kritik üben. Solche Menschen haben keinen Respekt vor Ihnen – und deswegen sollten Sie ihnen aus dem Weg gehen.

superlinks
Bauchhirn Seite 107 | Burnout Seite 120 | Damasio Seite 122 | Interview: Körpersprache Seite 218 | Lach-Yoga Seite 226 | Lügen Seite 249 | Sechster Sinn Seite 289

wann ich Zucker brauche. Bin ich müde, greife ich zum Gummibärchen. Ich weiß, dass die 70 Prozent Zucker enthalten. Das Stück etwa 1,5 Gramm. Zehn Stück schaden mir nicht. Sie schmecken mir. Ich setze Wissenschaft in meine Gewohnheiten um.

Da tun Sie gleich noch was für Ihre Knochen.
:Wir essen alle zu wenig Gelatine, zu wenig Kollagen. Darauf ist die hohe Zunahme an Gelenkrheuma zurückzuführen. Leute, die Gelatine essen, haben weniger Probleme. Übrigens enthalten Gummibärchen Schweinegelatine. Die beste. Je heller ein Bärchen, desto wertvoller. Darum esse ich immer die weißen Bärchen.

Sicher achten Sie auch auf eine ausreichende Eiweißzufuhr?
:Das Gehirn braucht Eiweiß zum Funktionieren. Es fließen Ströme entlang der Sendearme, die Millionen von Kilometern lang sind. Und an den Kontaktstellen zum Empfänger, an der Synapse, werden Ströme in chemische Botschaften umgesetzt. Die Schleusen sind Eiweiße. Und Eiweiße kommen und gehen in Form von Botenstoffen. Unser Gedächtnis ist Eiweiß. Einige Eiweißbausteine, also Aminosäuren, importiert das Gehirn, andere stellt es selbst her. Meine Haupteiweißquellen sind Quark und Käse und Fisch. Ganzer Fisch. Um auch einen optischen Genuss zu haben.

Ist Acetyl-L-Carnitin (ALC) Mode, mit der man Geld macht – oder wirkt es wirklich als Jungbrunnen auf das alternde Gehirn?
:Fest steht: Das Gehirn braucht den Stoff. Wir leben im Maschinenzeitalter. Wir essen für acht Jahre haltbare Fertigprodukte, zu früh Geerntetes, das zwar bunt ist, aber so viel Vitamine enthält wie ein Luftballon. Wer keine Möglichkeit hat, sich täglich gut zu versorgen, für den ist durchaus auch Carnitin wichtig. Ich nehme keines.

Und was ist mit Selen?
:Ich bin der Meinung, wir haben zu wenig Selen im Boden. Der Bauer gibt dem Schwein Selensulfat, damit es den Transport ins Schlachthaus übersteht. Und die Menschen tun so, als ob sie das nicht brauchten. Also ich nehme Selen.

Was halten Sie von den so genannten funktionellen Lebensmitteln?
:Zuerst sollte man in der Natur gucken, ob die es nicht besser kann. Neue Studien zeigen: Curry schützt das Gehirn vor Demenz und Alzheimer. Blaubeeren tun das auch. Nicht alles, was angeboten wird, ist sinnvoll: Es gibt Omega-3-Eier, die schmecken aber nach Fisch. Und von normalen Eiern muss man zehn Stück essen, um den Bedarf zu decken. Wenn ein Lebensmittel eine heilsame Wirkung entfalten soll, dann muss das mit seriösen Studien abgesichert sein, bevor es auf den Markt kommt. Ich kenne zwei: eine Margarine, die den Cholesterinspiegel senkt, und probiotische Joghurts. Letztere esse ich auch.

Sogar wenn man schon Alzheimer hat, kann man mit Ernährung was tun ...
:Füttert man Mäuse mit Omega-3-Fetten, kann das Alzheimer verzögern. Nur: Ich würde die lieber schon prophylaktisch einnehmen. Wenn die Nervenzellen erst weg sind, können Sie noch so viel Fisch essen, die kommen nicht wieder. Wenn Sie im Auto einen Kolbenfresser haben, hilft Öl hinterher auch nichts mehr.

Interview
mit Prof. Konrad Beyreuther

Was halten Sie von Gentests auf Krankheitsrisiken?
:Wir betreiben doch heute schon eine Gendiagnose. Wir gucken, was hat der Vater, die Mutter, der Großvater, die Tante an Krankheiten. Das ist eine schmutzige Genetik, weil wir mit Sorgen auf unsere Zukunft blicken, nicht wissen, wie hoch unser Risiko ist. Was wir brauchen, ist eine saubere Genetik. Wenn ein Test mir früh sagt: Alzheimer-Risiko hoch, dann kann ich ein Leben lang wunderbar vorbeugen. Die Blutgefäße schützen, mein Gehirn trainieren.

Wie sähe ein optimales Gehirntraining aus?
:Sie können mit elf Aktivitäten – von Lesen über Schachspielen bis Tanzen – pro Woche das Alzheimer-Risiko um 80 Prozent senken. In einer Studie hat man sechs Jahre lang 70-Jährige beobachtet und fand heraus: Einen signifikanten Schutz hatten die, die Schach spielten oder Backgammon. Die, die täglich 30 Minuten lasen oder Kreuzworträtsel lösten. Die, die ins Theater gingen, ein Musikinstrument spielten oder Sport trieben. Jedes Alter hat seinen Sport. Tanzen ist einer fürs Alter. Die Kombination Musik, Konversation und Bewegung ist eine große Herausforderung für den Geist. Fernsehen zählt natürlich nicht zu den Aktivitäten, die den Geist anregen. Auch Gruppendiskussion hat in der Studie nichts gebracht. Schreiben hat auch nichts gebracht. Beim Briefeschreiben geht etwas raus, aber nichts rein.

Um das Gehirn effektiv zu schützen, braucht es eine Kombination an Antioxidanzien.
:Ja. Ratten hat man in Studien das Vitamin C weggenommen und nur Vitamin E gegeben. Eine Katastrophe für die Blutgefäße, für das Gehirn. Vitamin E ist fettlöslich und arbeitet in den Zellmembranen. Fehlt Vitamin C, verwandeln freie Radikale das Vitamin E selbst in ein zerstörerisches Radikal. Deswegen sollte man beide Vitamine aufnehmen, am besten kombiniert mit den anderen Antioxidanzien wie Selen und sekundären Pflanzenstoffen. Allerdings gilt auch hier: Ist die chronische Krankheit erst da, wirken Vitamine nicht mehr. Zu spät.

Zu viel essen ist auch eine Katastrophe für den Kopf.
:Ja. Zeigen Sie mir einen dicken 100-Jährigen, und ich gebe Ihnen 1000 Euro. Die sind alle schlank. Wir müssen runter vom Übergewicht. Zu viel Nahrung heißt, wir verbrennen auch zu viel. Da entstehen viele Sauerstoffradikale. Und die spielen eine entscheidende Rolle im Alterungsprozess und beim Entstehen neurodegenerativer Erkrankungen. Reduziert man einem Affen die Kalorien, verlängert das die Lebenserwartung. Auch unser genetisches Programm ist geprägt von Hungerszeiten. Aber wir geben immer weniger fürs Essen aus und essen immer mehr. Jeder Achte in Deutschland ist mittlerweile Diabetiker, jeder Zweite leidet unter Herz-Kreislauf-Problemen. Alles Alzheimer-Kranke und Demente von Morgen.

Die Lösung?
:Wir müssten zu Gourmets werden. Wir sind nicht die Sklaven unserer Gene, sondern können sie kontrollieren. Durch körperliche und geistige Bewegung – und durch gesundes Essen und Trinken.

Omas sagen immer, Nüsse machen Gehirnschmalz, und Walnüsse sehen auch noch wie ein Gehirn aus ...

:Nüsse sollte man in die gleiche goldene Schale tun wie alle Samen. Samen sind ausgestattet wie ein Pharaonengrab. Mit all den Dingen, die das keimende Leben braucht. Sie liefern wertvolle Fette, wertvolles Eiweiß, Mineralien, Vitamine und 10 0000 Wirkstoffe, die freie Radikale unschädlich machen.

Ist Schokolade Hirnnahrung?

:Ja, es gibt Substanzen, die das Glückshormon Serotonin fördern. Wenn ich deprimiert bin, nasche ich eine Tafel Bitterschokolade, weil da viel wertvoller Kakao drin ist. Das mache ich nicht täglich. Denn eine Tafel enthält den Fettbedarf für einen Tag.

In der Medizin diskutiert man gerade: B-Vitamine seien die billigste und effektivste Möglichkeit, Demenz vorzubeugen ...

:Noch ist das eine Vermutung. Aber es sieht ganz so aus. Hohe Homocysteinwerte gehen einher mit zu wenig B-Vitaminen. Das für Blutgefäße und Gehirn gefährliche Homocystein kann man mit Vitamin B6, Folsäure und B12 senken. Ich persönlich bevorzuge den Vitamin-B-Komplex.

Schieben Sie sich gern ein Fertigprodukt in den Ofen?

:Ich bin ein Glutamatgegner. Ich halte nichts von Geschmacksverstärkung, ich mag den Naturgeschmack. Dem Gehirn zuliebe sollte man das nicht zusätzlich zur Nahrung aufnehmen. Unsere Nahrung liefert genug Glutamat: 100 Gramm Parmesankäse 1 Gramm, 100 Gramm Tomaten 0,1 Gramm.

Junkfood führt bei Kindern häufig zu Mineralienmangel. Und der ist die Ursache für Leistungsstörungen.

:Das Gehirn braucht Zink, Eisen, Mangan, Magnesium, Kalzium ... Fehlen bestimmte Mineralien, führt das zu Blutarmut, verminderter Stoffwechselaktivität, reduzierter Eiweißsynthese. Unsere Eiweißfabriken können zum Beispiel nicht ohne Magnesium arbeiten. Das Gedächtnis ist Eiweiß. Mineralstoffmangel heißt auch: Es bilden sich Schlacken. Auch das schlägt sich negativ auf die geistige Leistung nieder.

Wenn Sie Demenz oder Alzheimer in Deutschland mit einem Programm ausrotten sollten, welche Strategie würden Sie empfehlen?

:Ganz klar, das zeigen auch Tierexperimente: Man muss sie ausrotten vor dem Einsetzen der Krankheiten. Chronische Krankheiten sind therapieresistent. Man muss die Krankheit so verlangsamen, dass sie erst nach dem Tod ausbricht. Das funktioniert mit gesundem Essen, Bewegung für Körper und Geist.

Wann kommen Ihnen die besten Ideen?

:Nach dem Aufwachen mit einem ausgeruhten Gehirn. Viele Probleme, die ich nicht sofort klären kann, lasse ich in der Schublade. Dann hilft mir oft das Joggen. Ich sehe wenig von der Landschaft, aber viel von mir drinnen.

superlinks

Alzheimer Seite 86 | Aminosäuren Seite 90 | Antioxidanzien Seite 98 | B-Vitamine Seite 105 | Beeren Seite 108 | Brainfood Seite 113 | Dick & Doof Seite 125 | Kaffee Seite 208 | Fisch Seite 142 | Fleisch Seite 148 | Frühstück Seite 161 | Gehirnschmalz Seite 171 | Schwermetalle Seite 286

24 Warum **Fisch** ins (Neuronen-)Netz gehen sollte

Fisch entblödet. Fanden schottische Forscher der Universität Aberdeen heraus. Sie testeten die Intelligenz von 300 Menschen. Das Ergebnis: Fischesser sind schlauer. Wer zweimal die Woche Seefisch (reich an Omega-3-Fettsäuren) isst, erhöht seinen IQ um 13 Prozent.

Fisch ist die Krönung des intelligenten Essens. Fisch essen heißt Power pur tanken. Fisch lässt den wahren König der Tiere, den Albatros, 1500 Kilometer am Stück segeln – das Leben im Flug bewältigen. Carl Lewis, der Supersportler, aß deshalb nur Fisch und Obst. Fisch enthält alle essenziellen Aminosäuren – die Bausteine des Lebens. Sie stärken jede einzelne Körperzelle, wecken Lust und Kreativität, feien gegen Stress, locken Psychohormone, die fröhlich machen. Sein Jod kurbelt die Energiezentrale, die Schilddrüse, an, mehr von ihren Aktivhormonen zu bilden. Kommt auch dem Kopf zugute. Und seine Omega-3-Fettsäuren polen den ganzen Körper auf vital und gesund. Und Fisch ist Poesie für den Gaumen: Asien-Forelle mit Koriander und Erdnussöl lädt auf Seite 341 zur sinnlichen Geschmacksreise.

Zum Glück gibt's Fisch

Der Grund, warum Eskimos keine Winterdepressionen kennen, heißt DHA (Docohexaensäure), ein Omega-3-Fett. Fischfett besteht zu großen Teilen aus DHA. DHA kann sich der Körper zwar selbst basteln. Doch das Enzym, das diese Arbeit im Körper verrichtet, ist oft blockiert von anderen Fetten aus der Nahrung. Wenn also DHA schon fertig im Essen steckt, umso besser. Die Körperzellen nehmen das Geschenk gern an. Das Gehirn, das zu 60 Prozent aus fetthaltigen Strukturen besteht, integriert DHA besonders schnell. Die Folgen: DHA macht das Gehirn fit, weil das Fett als Schmieröl für elektrische Impulse fungiert. Gedanken, Informationen fließen schneller. Darum ist Fisch intelligente Nahrung.

DHA macht glücklich

Forscher gehen davon aus, dass DHA-Fette Gene aktivieren und die Bildung von Serotonin anregen. Deswegen behandelt man Depressive mit DHA. Eine Studie zeigt auch: Aggressive Kinder haben niedrige DHA-Spiegel. Werden diese angehoben, sind Stimmungsschwankungen wie weggeblasen. Das können Sie auch: Füllen Sie

Know-how

Zitrone und Fisch

Zitrone und Fisch. Zitrone und Fisch ... Diese Kombination sollte Ihnen nicht mehr aus dem Kopf gehen. Denn die Säure der Zitrone sorgt dafür, dass wertvolle Eiweißbausteine des Fisches an ihrem Zielort ankommen: an den 70 Billionen Körperzellen. Dass der Fisch zu Gehirnbotenstoffen wird, zu Immunsystemzellen, zu Muskeln, zu Glückshormonen ...

Ihre DHA-Tanks auf. Essen Sie dreimal pro Woche Seefisch und spüren Sie, wie das Glück in Ihnen wächst, während die Fettdepots schrumpfen. Sie sehen: Abnehmen mit Glücksgefühlen ist kein politisches Versprechen.

Auch darum sollte er ins (Neuronen-)Netz gehen

Eiweiß ohne Fett? Die Antwort heißt Fisch. Kabeljau, Seelachs, Scholle, Flunder enthalten nur ein einziges Prozent Fett und verwöhnen Ihren Körper mit viel Jod. Ebenfalls magere Vertreter: Schellfisch, Forelle, Garnele, Heilbutt. Wenn Sie Fisch mit Gemüse kombinieren – beispielsweise Kabeljau mit Wirsing –, wird das Eiweiß noch wertvoller.

Fisch ist das intelligente Fleisch. Roher Fisch ist das ultraintelligente Fleisch. Fisch enthält alle essenziellen Aminosäuren plus Omega-3-Fettsäuren plus Vitamine und Mineralien. Warum? Der Fisch isst roh. Er hat in seinen Zellen alles, was der Mensch gern hätte, aber nie kriegt. Der Mensch isst gekocht. Seine Zellen verhungern im kalorischen Überfluss. Essen Sie ab und zu mal rohen Fisch. Denn dort steckt alles, was der Mensch braucht – sogar Pflanzenwirkstoffe, weil der Fisch Algen isst.

Seefisch weckt. Leben und Vitalität entspringen der Schilddrüse. Sie baut aus Jod und Tyrosin ihre Hormone, die als Zündholz in all den kleinen Energieöfchen der Zelle dienen. Ohne Jod null Energie, null Konzentration, null Kreativität. Deutschland ist Jodmangelgebiet. Deswegen sind hier auch so viele Menschen schlapp und müde. Abhilfe: Essen Sie öfter mal Seefisch. Er saugt sich voll mit dem Energieelement aus dem Meer. Süßwasserfische wie Lachs oder Forelle enthalten deutlich weniger Jod.

Kaltwasserfisch beugt Demenz vor. Die Omega-3-Fettsäuren in fetthaltigen Seefischen wie beispielsweise Makrele, Hering, Lachs, Thunfisch, Heilbutt, Sprotte senken den Blutdruck, erhöhen das gute Cholesterin, putzen die Blutgefäße frei und senken so das Risiko für Demenz und Schlaganfall.

Fisch ist das Fleisch der Manager, der Stressgeplagten. Ein Aufputschmittel der Natur: Tyrosin. Die Aminosäure hält wach, leistungsfähig und konzentriert. Tyrosin hilft der Gedächtnisleistung messbar auf die Sprünge und verringert in Stresssituationen den Abfall physischer und psychischer Leistung. Nun wissen Sie, warum Kopfarbeiter mittags einen mageren Fisch essen sollten. Zum Beispiel Seelachs.

superlinks

Aminosäuren Seite 90 | Antioxidanzien Seite 98 | B-Vitamine Seite 105 | Beeren Seite 108 | Brainfood Seite 113 | Dolce Vita Seite 128 | Interview: Klug essen Seite 136 | Fleisch Seite 148 | Gehirnschmalz Seite 171 | Kluge Kids Seite 210 | Schwermetalle Seite 286

25 Fitnesshäppchen *für Kopfmenschen*

König Ludwig I. von Bayern hat es geliebt, und der Medien-Tycoon Hubert Burda tut es immer noch gern: stundenlang spazieren gehen. Was zur Folge hat, dass der eine München in ein architektonisches Juwel verwandelte und der andere mit »Focus« einen der größten Coups der deutschen Mediengeschichte landete.

Warum sind bewegte Männer ideenreicher und erfolgreicher als die chronischen Sesselpupser? Ganz einfach: weil Bewegung das Herz aktiviert. Das pumpt ins Gehirn, was es unbedingt zum Denken braucht: Sauerstoff. Puren Brain-Sprit also. Und plötzlich lösen sich die Denkblockaden, purzeln die Ideen, funktioniert die Konzentration wieder. Probieren Sie's aus, wenn Ihnen wieder mal der Kopf raucht. Manchmal reicht es schon, wenn Sie nur im Zimmer auf und ab gehen. Noch effektiver: Sie hüpfen, springen, radeln, laufen.

Denken Sie immer an Joschka Fischer. Der fing irgendwann an zu laufen und erreichte als Außenminister den Höhepunkt seiner Karriere. Dann hörte er damit auf. Wurde wieder dick, und – schwupps – taugt er als Zu-dumm-zum-Regieren?-Schlagzeile für die Yellow-Press.

Folgende Übungen lege ich Ihnen besonders ans Herz. Sie sind unkompliziert. Und Sie können sie jederzeit neben Ihrem Schreibtisch machen. Das wirkt wahre Wunder, solange Sie sich nicht überanstrengen. Sonst passiert das Gegenteil: Der Körper schüttet Stresshormone aus. Und darauf reagieren die Gehirnzellen besonders empfindlich.

Tipp: Sorgen Sie dafür, dass Ihr Gehirn mit frischem Sauerstoff versorgt wird. Öffnen Sie die Fenster, während Sie die Übungen absolvieren.

Springseil

Besorgen Sie sich ein Springseil (kriegen Sie in jedem Sportgeschäft) und nehmen Sie es mit ins Büro. Ziehen Sie am besten Schuhe und Strümpfe aus; so werden Sie leichtfüßig und rutschen nicht so leicht auf dem Boden aus. Dann das Seil in die Hand nehmen und auf der Stelle hüpfen. Machen Sie moderate Sprünge und ziehen Sie die Beine nicht zu stark an. So kommen Sie nicht gleich außer Atem. Bauen Sie lockere Zwischenhüpfer mit ein. Nach zehn Minuten hören Sie auf.

Trampolin

Ein Minitrampolin können Sie mit eingeklappten Beinen hinter jedem Schrank verstauen. Auch aufgestellt braucht es wenig Platz. Ist also der ideale Hometrainer fürs Büro. Einfach auf die Matte steigen und – am besten barfüßig – locker wippen. Erleben Sie den spezifischen Hüpfeffekt: Linke und rechte Gehirnhälfte arbeiten besser zusammen. Sie werden kreativer, bekommen bessere Ideen. Fünf Minuten zwischendurch reichen schon.

Das clevere Tube

»Bitte nicht stören!«-Schild an die Bürotür hängen. Und für einen fitten Kopf zehn Minuten in die Muskeln investieren. Sie kennen sicher dieses Gummiseil mit zwei Griffen an den Enden. Das nennt man »Tube« (kriegen Sie auch im Sportgeschäft). Ist ein bewährter Klassiker für dynamisches Krafttraining. Mit dem machen Sie zweimal pro Woche drei Allroundübungen, die sehr viele Muskeln beanspruchen: die Kniebeuge, den Brustzug und den Schulterzug.

Machen Sie jede Übung so oft, bis Sie ein leichtes Ziehen in den Muskeln spüren. Die letzten beiden Wiederholungen sollten schwer fallen. Nur wenn Sie den Muskel reizen, beginnt er zu wachsen. Wenn Sie fit sind, sollten Sie zwei bis drei Übungsdurchgänge mit 25 bis 30 Wiederholungen schaffen. Achten Sie darauf, dass die Pausen zwischen den Durchgängen nicht zu lang werden – maximal 30 Sekunden. Sonst vermindern Sie den Trainingseffekt.

Bevor Sie loslegen, ein paar Tipps für gute Haltung

- Achten Sie darauf, dass Ihre Beine im Stand immer leicht gebeugt sind.
- Ziehen Sie den Bauch ein, um ein Hohlkreuz zu vermeiden.
- Ziehen Sie für eine gerade Brustwirbelsäule die Schultern nach hinten unten.
- Der ganze Körper sollte immer gespannt sein, auch wenn Sie nur die Arme oder Beine bewegen.
- Lassen Sie den Atem fließen, auch wenn es anstrengend wird.

superlinks

Denksport Seite 123 | Dick & Doof Seite 125 | Formel-1-Reflex Seite 153 | Gehirnmedizin Seite 168 | Jonglieren Seite 202 | Marathon Seite 251 | Musik Seite 262 | Stress weg Seite 293

Übungen

Kniebeugen

Stellen Sie sich mit hüftbreit geöffneten Beinen auf die Mitte des Tube-Seils. Die Griffe halten Sie im Nacken, und die Ellenbogen zeigen zur Seite. Nun beugen Sie die Beine, so gut Sie können. Achten Sie darauf, dass das Gesäß nicht tiefer als auf Stuhlhöhe absinkt und die Fersen stets in Kontakt mit dem Boden bleiben. Dann die Beine wieder strecken. Kurz bevor Sie in die Kniestreckung kommen, stoppen Sie und beugen die Beine wieder.

Brustzug

Befestigen Sie das Tube-Seil auf Bodenhöhe. Rücklings auf dem Boden liegend nehmen Sie die Griffe. Winkeln Sie die Beine an und ziehen Sie die Fußspitzen in Richtung Schienbein. Heben Sie den Po an, sodass Schultern, Knie und Hüfte auf einer schrägen Linie liegen. Die Arme sind nach oben ausgestreckt. Das Tube ist gespannt. Halten Sie die Arme schulterbreit und ziehen Sie sie jetzt gegen den Widerstand des Tubes zum Oberkörper hin und wieder zurück.

Schulterzug

Nehmen Sie die Griffe des Tubes und stellen Sie in Schrittstellung ein Bein auf die Mitte des Tube-Seils. Strecken Sie die Arme zur Seite. Nun heben Sie sie gegen den Widerstand des Tubes von Hüft- auf Schulterhöhe an und wieder zurück. Die Handrücken zeigen dabei nach oben, und die Ellenbogen sind immer leicht gebeugt.

26 Fleisch
ließ das Gehirn wachsen

Vor etwa zwei Millionen Jahren sind die Urvegetarier ausgestorben. Dumm. Die Evolution hat nämlich nachgedacht und sich mit dem Gehirn etwas Besonderes einfallen lassen: Phosphor + Bewegung = IQ. Der Hintergrund: Die Gehirnmasse, also die Anzahl der Gehirnzellen, liegt bereits bei der Geburt fest. Im Lauf des Lebens vermehrt sich vor allem die Anzahl der Verbindungen zwischen den Nervenzellen, das neuronale Netz, unser Datenspeicher, unser Gedächtnis. Je mehr Verbindungen, desto höher die Intelligenz. Dafür braucht man zwei Dinge: Fettsäuren und Phosphor. Fettsäuren liefern Pflanzen (denken Sie nur an Avocados). Phosphor kaum. Der Engpass für Gehirnentwicklung heißt also Phosphor, denn dieses Element ist rar im Naturhaushalt. Die beste Quelle für Phosphor ist Fleisch. Je mehr Jagdglück der Urmensch hatte, desto mehr Phosphor nahm er auf, desto größer wurde sein Gehirn. Allerdings fiel Fleisch früher nicht vom Himmel – wie heute beim Fleischer. Es musste erobert werden. Heute weiß die Wissenschaft: ohne Bewegung kein neuronales Netz. Laufen Sie also: täglich 30 Minuten. Dann genießen Sie die Hirschmedaillons mit Chicoréegemüse (Seite 355) oder Linsen-Spinat-Salat mit Hähnchenbrust (Seite 341) aus der Pfanne – und Ihr IQ steigt und steigt und steigt.

Know-how

Nobelpreisverdächtig

Günter Grass schrieb »Die Blechtrommel« und aß Lamm und Linsen. Der Erfolg: Nobelpreis. Kein Wunder: Hülsenfrüchte und Lamm liefern Eiweißpower pur. Die Grundlage für kreative Ideen und Ausdauer. Sie sind noch klüger und geben Mangold dazu. Denn der delikate Bruder des Spinats belebt das Gehirn und die Nerven, vertreibt Nervosität und Müdigkeit. Zum Beispiel mit hohen Konzentrationen an Kalzium, Eisen, Magnesium. Einfach ausprobieren mit dem Rezept auf Seite 329.

Gehirnwachstum Teil II – mit Omega-3

Es gibt noch eine weitere schlüssige Theorie für das Wachstum unseres Gehirns. Omega-3-Fettsäuren. Hat die Industrie aus Ihrem Essen eliminiert. Hat sie ersetzt durch Omega-6-Fettsäuren aus Soja, Mais- und Palmöl – ist viel billiger, lässt sich besser verarbeiten, hält länger. Vor 2,3 Millionen Jahren, so die Annahme der Hirnforscher, wog das Gehirn noch 400 Gramm. Dann wuchs es auf die Größe Ihres Gehirns, auf 1500 Gramm an. Und zwar begann das an großen Süßwasserseen, in Afrika, wo fette Fische mit vielen Omega-3-Fettsäuren lebten. Früher steckten die hirnwichtigen Fettsäuren auch in Milch und Fleisch. Hat die Landwirtschaftsindustrie rausgezüchtet. Nicht gut für unseren Kopf. Denn die Membranen unserer Nervenzellen bestehen zu einem Fünftel aus ungesättigten Fettsäuren. Denken, Signaltransport funktioniert nur dann wie geschmiert, wenn wir genug Omega-3-Fettsäuren aufnehmen. Omega-3-Fette sollten Sie unbedingt täglich zuführen. Sind hochlebenswichtig. Vor allem fürs Gehirn. Und für die gute Laune.

Welches Fleisch?

- ***Glückliches Fleisch – vom Biobauern,*** artgerecht gehalten, enthält auch noch mehr Omega-3-Fettsäuren.
- ***Das beste Stück*** von Rind (wer's mag), Schwein und Lamm ist das magere Filet. Das verstopft die Adern nicht.
- ***Erste Wahl ist Wild.*** Es führt ein stressfreies Leben in freier Natur. Kriegt kein Fischmehl und keine Masthilfen und keine Medikamente. Es frisst Kräuter, Gräser – und darum hat es wenig Fett und viel Geschmack. Es liefert gut verdauliches Eiweiß, kaum Cholesterin und kaum zähes Bindegewebe. Wildzeit ist zwischen September und Dezember. Sonst springt das Reh nur aus der Tiefkühltruhe. Beim Einkaufen beachten: Wildfleisch sollte dunkelrot und nicht bräunlich sein. Sonst ist es schon leicht angetrocknet und nicht mehr frisch. Jung schmeckt Wild am besten.
- ***Ein Steak nicht mehr als einmal die Woche*** – Rindfleisch enthält Arachidonsäure. Und aus der baut sich der Körper die schlechten Eicosanoide, die anfällig für Entzündungen machen, den Blutdruck nach oben treiben und den Hirnenergiekiller Insulin stimulieren.
- ***Die gute Alternative:*** Geflügel und Wildgeflügel liefert mehr Omega-3- und ungesättigte Fettsäuren (50 Prozent). Enthält viel Eisen, B-Vitamine fürs Gehirn, ist mager und reich an Mineralien wie Magnesium, Phosphor, Kalzium. Biogeflügel lebt länger, darf mehr laufen und bekommt keine Medikamente. Gilt auch für Wildgeflügel. Das Fleisch sollte fleischfarben und nicht käsig weiß sein – sonst stammt das Tier aus einer Massentierhaltung.

- ***Schwein gehabt?*** Hoher Gehalt an Purinen. Machen Gicht. Hoher Gehalt an Arachidonsäure. Macht krank. Enthält freie Radikale. Hydroxilradikale, die unser Fett angreifen. Unser Gehirn angreifen. Ich mag kein Schwein.
- ***Gerne mal Lamm:*** Liefert viel B-Vitamine fürs Gehirn, viel Eisen und Zink – und jede Menge L-Carnitin, das unser Gehirn mit Energie auflädt, das Gedächtnis verbessert. Und schützt vor Demenz. Beim Einkaufen beachten: Lammfleisch sollte immer eine hellrote bis rote Farbe und eine leichte weiße Fettmarmorierung haben.
- ***Die neue Lust an Exoten:*** Strauß ähnelt in Geschmack, Farbe und Struktur feinstem Rind, hat aber wenig Cholesterin und Fett. Viel Eiweiß. Sehr zartes Fleisch mit wenig Kalorien (114 kcal/100 g). Enthält viel Eisen.

superlinks

Aminosäuren Seite 90 | Antioxidanzien Seite 98 | B-Vitamine Seite 105 | Beeren Seite 108 | Brainfood Seite 113 | Dolce Vita Seite 128 | Interview: Klug essen Seite 136 | Fisch Seite 142 | Gehirnschmalz Seite 171 | Kluge Kids Seite 210 | Schwermetalle Seite 286

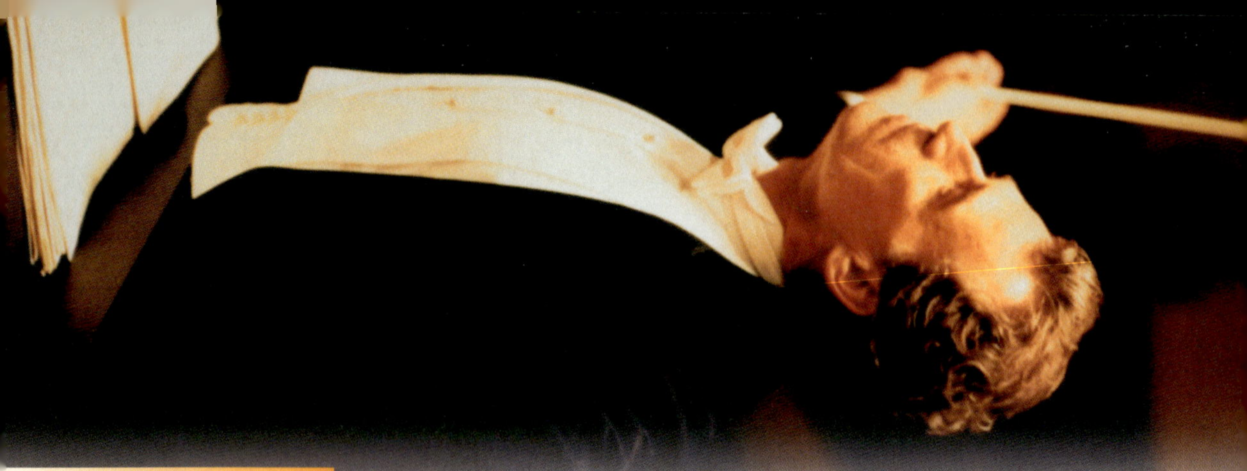

27 Flow – *Superhirn im Glücksrausch*

Geist und Körper werden eins. Kennen Sie. Selten – aber immerhin. Solche Momente eines alles überragenden Hochgefühls. Sie vergessen sich und die Welt. Verschmelzen mit dem Augenblick. Sie tauchen ab in ein Tun, das Ihnen ein unbeschreibliches Gefühl triumphierenden Glücks verleiht. »Wie kann man alltägliche Routinearbeit so verwandeln, dass sie genauso aufregend wird wie ein rasanter Abfahrtslauf, so beglückend wie das Singen des Händelschen Halleluja, so bedeutungsvoll wie die Teilnahme an einem geheiligten Ritual?« Diese Fragen beschäftigten Psychologieprofessor Mihaly Csikszentmihalyi 30 Jahre lang. Seine Antwort heißt Flow.

Flow ist Konzentration

Die gute Nachricht vorweg: Flow kann jeder erleben. Der Fließbandarbeiter wie der Chirurg, die Balletttänzerin wie der Marathonläufer – oder der Tennisspieler. Stellen Sie sich vor: ein Tennisspiel. Sie schlagen auf. Ein minutenlanger, atemberaubender Ballwechsel. Ihr Schläger trifft wie von selbst mit unglaublicher Präzision. Sie springen von links nach rechts, nach vorn, nach hinten … Sie spüren weder Hast noch Erschöpfung. Im Gegenteil. Der Ball scheint auf Sie zuzufließen. Sie vergessen Zuschauer, Schiedsrichter, sogar den Gegner. Sie spielen gut wie nie zuvor und gewinnen das Match mit müheloser Souveränität. Und baden in Euphorie. Das kann Ihnen auch passieren, wenn Sie einen Text schreiben, ein Herz verpflanzen, basteln, jonglieren … Leichtigkeit, Kreativität, Timing, unendliche Freude – alles scheint zu passen.

Leider endet die Euphorie nur zu bald. Der Alltag mit seinen Sorgen fängt uns ein, zerfasert unsere Konzentration, zerstreut uns, holt uns auf den Boden des Mittelmaßes zurück. Zurück bleibt nur die Erinnerung an ein außergewöhnliches Glücksgefühl.

Voll konzentriert im Augenblick leben

Flow ist das Glück der Selbstvergessenheit – und der absoluten Konzentration. Einer der Gründe, warum Dirigenten ihren Beruf lieben. Wer ein Orchester leitet, muss bis zu 100 Individuen zu einem Klangkörper zusammenschweißen. Auf zehntel Sekunden genau synchronisieren. Manchmal findet er die perfekte Harmonie. In diesem Moment gibt er alles. Das Publikum geht mit und feiert ihn mit stehenden Ovationen. Die gleiche Motivation treibt Balletttänzer. Sie üben, üben, üben. In den schlimmsten Übungsräumen, bei erbärmlichsten Bedingungen. Sie geben alles für die einzelnen Glücksmomente. Für das Gelingen einer göttlichen Pirouette.

Oder Chirurgen. Operieren oder transplantieren mit höchster Konzentration, acht Stunden und mehr. Ein Schnitt. Es geht um Leben oder Tod. Alle Aufmerksamkeit ist fokussiert auf das Hier und Jetzt. Darauf kommt es an. Flow. Auch Chirurgen beschreiben, dass sie in Momenten höchster Anspannung das erhebende Glücksgefühl erlebten.

Flow kann man machen – in acht Schritten

Niemand kann sich ununterbrochen in Hochstimmung befinden. Nach Momenten der Euphorie brauchen Körper und Geist den gelösten Zustand der Entspannung. Dennoch – Sie können viel mehr Glücksmomente erleben. Wenn Sie sich an folgende Regeln halten.

Tätigkeiten ausüben, die Sie lieben

Es ist kein Wunder, dass vor allem solche Menschen von Flow-Erlebnissen berichten, die kreativ-künstlerisch tätig sind. Ohne Liebe zum eigenen Tun gibt es keine Glücksempfindung. Prinzipiell kann das natürlich jede Tätigkeit sein: Ob Sie Rad fahren, mit Genuss einen Brief schreiben, in der Küche ein neues Rezept ausprobieren, sich an ein Musikinstrument heranwagen – Hauptsache, Sie gehen auf in dem, was Sie tun.

Bleiben Sie im Training

Halten Sie Ihren Körper und Ihren Geist leistungsfähig. Mit Muskel- und Ausdauertraining, gutem Essen, Übungen für Kreativität und Gedächtnis. Faulenzen und Flow schließen einander aus. Nur wer an seinen Fähigkeiten ständig feilt, lebt in permanenter Flow-Bereitschaft.

Stress beiseite schieben

Grübeln über Vergangenes, Sorgen wegen der Zukunft – das Nachdenken über das »Hätte ich …« und »Soll ich …« hört nie auf. Erinnerungen und Erwartungen lenken uns vom Augenblick ab. Sie werden diese Dinge im Moment nicht klären können: Verschieben Sie das Nachdenken auf später. Nicht beschließen: Daran denke ich jetzt

Know-how

Wo erlebt Mihaly Csikszentmihalyi seinen Flow?

»Ich habe meine Flow-Erlebnisse früher beim Klettern in steilen Bergen gefunden, das ist heute in meinem Alter nicht mehr der angemessene Weg. Heute freue ich mich beim Schachspielen, genieße Flow-Erfahrungen beim Schreiben meiner Bücher und Artikel. Ich erlebe Flow darüber hinaus im Kreis meiner Familie, wenn wir etwa auf unserer Ranch in Montana alle zusammen sind und etwas Gemeinsames, wie zum Beispiel eine Bergwanderung, unternehmen, dabei wilde Tiere beobachten, Pilze finden oder auf seltene Pflanzen stoßen. Oder wenn wir am Kamin ein intensives Gespräch über die Evolution oder das Leben führen. Das Zusammentreffen mit Freunden, der wissenschaftliche Austausch auf Konferenzen, all das sind für mich Gelegenheiten für Flow-Erfahrungen.« (Entnommen aus »Bumerang-Prinzip – mehr Zeit für das Glück« von Lothar Seiwert.)

nicht. Sie wissen, wer sich vornimmt, an keinen grünen Elefanten zu denken, sieht nur noch grüne Elefanten an seinem inneren Auge vorbeitrampeln. Stellen Sie das Grübeln ab. Und konzentrieren Sie sich auf Ihr momentanes Tun.

Der Weg ist das Ziel

Sie wollen irgendetwas erreichen: ein Musikstück spielen, zehn Kilometer joggen, eine Anlage basteln ... behalten Sie Ihr Ziel im Hinterkopf, richten Sie die bewusste Aufmerksamkeit jedoch auf Ihre aktuellen Handlungen. Spüren Sie, wie Ihre Beine, Ihre Hände, Ihre Augen Ihren Anweisungen folgen, wie Ihr Kopf für Sie denkt.

Gute Laune

Sie ist das Schmieröl Ihres Erfolgs. Freuen Sie sich auf die vor Ihnen liegende Aufgabe. Gehen Sie mit Lust an die Sache. Bringen Sie sich notfalls zuvor in Stimmung: Erinnern Sie sich an frühere Glücksmomente und empfinden Sie Ihren damaligen Frohsinn nach. Gönnen Sie sich ein entspannendes Bad oder einen Tagtraum auf dem Sofa. Ziehen Sie Ihre Mundwinkel nach oben und lächeln Sie tapfer – eine Minute lang, bis sich Ihre Laune bessert. Heben Sie in Siegerpose Ihre Arme nach oben. Ja, klingt blöd. Aber gleich mal ausprobieren: In dieser Haltung ist es unmöglich, griesgrämig zu sein.

Aufwärmen für den Flow

Statt sofort auf Ihr Ziel loszuarbeiten, wärmen Sie sich erst einmal auf. Bevor Sie Ihren Text für den Chef schreiben, fantasieren Sie eine Traumreise auf ein Blatt Papier. Bevor Sie auf Tempo losrennen, gönnen Sie sich eine lockere Einlaufrunde. Klimpern Sie auf dem Klavier ein paarmal rauf und runter, ehe Sie sich an Ihre schwierigen Etüden wagen. Was Sie auch tun – bringen Sie sich in Fluss, ehe Sie auf ein Ziel losarbeiten.

Flow ankern

Jeder wahre Glücksmoment bleibt unauslöschlich in Ihrem Gedächtnis verankert. Erinnern Sie sich an ein, zwei Elemente, die für diesen Augenblick besonders typisch waren. Ihre lockeren Muskeln? Ihre sprudelnden Einfälle? Ihre flinken Finger? Die lebhaften Farben, in die Ihre Umgebung getaucht schien? Verbinden Sie diese Wahrnehmung mit der Erinnerung an Ihr Glücksgefühl. Sobald Sie das nächste Mal das Fließen genießen möchten, rufen Sie sich die Erinnerung an ein glücksauslösendes Detail ins Gedächtnis zurück. Und siehe da – Sie schalten von Routine auf Flow.

Flow ausklingen lassen

Der Flow ist ein himmlisches Gefühl. Trotzdem – kosten Sie es nicht bis zur Erschöpfung aus. Lassen Sie Ihrem Körper und Ihrem Geist ein paar Reserven. Brechen Sie ab, bevor Sie völlig erledigt sind. Es sei denn, Sie nehmen an einem Wettbewerb teil, in dem Sie sich bis zum Letzten fordern. Aber auch dann brauchen Sie anschließend Erholung. Je mehr Ihr Körper den Flow ausschließlich als Hoch erlebte, umso bereitwilliger wird er Ihnen nach ausreichender Entspannung erneut in den Glücksrausch folgen.

superlinks

Glück Seite 178 | Jonglieren Seite 202 | Konzentration Seite 214 | Entspannte Konzentration Seite 217 | Licht Seite 243 | Meditation Seite 252 | Negative Gefühle Seite 273 | Opium Seite 276

28 Formel-1-Reflex – *A-u-s-a-t-m-e-n!*

Warum Formel 1 so wichtig für Sie ist, habe ich heute erst gelesen: »Stress drosselt die Lebenslust und ramponiert die Gesundheit. Zwei Drittel der Berufstätigen können in der Freizeit nicht abschalten. Doch die Seele braucht Verschnaufpausen, um gesund zu bleiben.« So ist es.

Aber wie entspannt man? Wenn Sie kochen, vor Wut kochen über jedes Ereignis, dann brauchen Sie keine mentale Technik anwenden. Sie können nämlich nicht. Deswegen müssen Sie zuerst lernen, Ihr Adrenalin in der Nebenniere zu lassen. Nicht überzukochen.

Nehmen wir an, ein Säbelzahntiger kommt um die Ecke. Das Adrenalin schießt ins Blut. Das muss so sein, das ist ein Schutzreflex. Adrenalin überschwemmt Sie, mobilisiert Ihre Kräfte und ... Sie laufen weg. Rennen um Ihr Leben. Säbelzahntiger gibt es heute keine mehr, aber Staus, nörgelnde Kunden, quengelnde Kinder, nervende Chefs ... das Adrenalin steigt an. Und lähmt Ihre Denkfähigkeit. Das kennen Sie: In einer Debatte, in der Sie sich aufregen, verlieren Sie in der Regel den Faden. Und im Nachhinein fallen Ihnen dann die guten Argumente ein.

Hochleistungssportler produzieren auch Adrenalin. Nur die haben es im Griff. Die lernen das. Die kennen den Formel-1-Reflex.

Alle haben das gleiche Leiden

Zwei Drittel aller Patienten, die den Arzt aufsuchen, haben das gleiche Leiden. Sie klagen nur völlig unterschiedlich:

Doktor, ich habe Kopfweh, Migräne.
Doktor, ich habe Magenkrämpfe.
Doktor, ich habe Herzstolpern.
Doktor, ich habe Herzstiche.
Doktor, ich habe Kreuzweh.
Doktor, ich kann nicht schlafen.
Doktor, ich bin innerlich so unruhig.

Wissen Sie, was die haben?

Alle das Gleiche. Die atmen falsch. Sie erliegen einem Reflex.

Der Reflex geht so: Der Säbelzahntiger kommt um die Ecke, Sie erschrecken sich, holen tief Luft und rennen weg. Es hat einen Sinn, dass Sie beim Erschrecken einatmen. Müssen Sie, damit Sie schnell wegrennen können.

Unser Erbe – Einatmen

Wenn Sie erst nachdenken müssten: »Säbelzahntiger kommt ums Eck. Ich muss jetzt gleich wegrennen. Jetzt hole ich erst mal ganz tief Luft ...«, dann hätten Sie keinerlei Chance, sich heute

Abend in der Höhle fortzupflanzen, da können Sie Gift drauf nehmen. Darum sind wir heute Nachfahren von denen, die gleich Luft geholt haben. Wir sind wahre Weltmeister im Erschrecken und Einatmen. Wir sind eine gewisse Elite, eine gewisse Auswahl. Nur diejenigen haben sich fortgepflanzt, die instinktiv tief einatmen, wenn sie unter Druck geraten.

Info

Hyperventilationstetanie und der Pelzmantel

Wenn Sie eineinhalb Minuten ständig ganz tief einatmen, überatmen nennt das der Arzt, hyperventilieren, dann kriegen Sie eine Hyperventilationstetanie, das heißt Kalziummangeltetanie, das heißt Pfötchenstellung, umfallen, Kollaps. Das erlebt der Hausarzt häufig. Man hat sich gestritten. Sie liegt auf der Couch und meint, sie stirbt. Sie meint es wirklich. Das ist echte Todesangst. Der Doktor spritzt Kalzium – souverän –, und alles ist vorbei. Dieses Spielchen hat man früher ausgebaut. So vor 100 Jahren hat man ja in der Ehe sehr viel feiner zusammengelebt als heute. Das hat man so gemacht: Ehefrau wünscht sich Pelzmantel. Ehemann sagt nein. Ehefrau echauffiert sich: »Du liebst mich nicht mehr ... hhhhhh, hhhhhh, hhhhhhhhh.« Eineinhalb Minuten, und sie kriegt die Pfötchenstellung und fällt um, Kollaps. Resultat: Ehefrau bekam Pelzmantel. Sehen Sie, diese Hochkultur des Zusammenlebens ist heute verloren gegangen. Wenn die Ehefrau sich heute aufregt, kriegt sie eine Kalzium Sandoz verabreicht – und dann hat sich die Sache.

Wenn der Druck jäh kommt, das Telefon jetzt klingelt oder ein Ereignis Sie überrascht, atmen Sie ein. Immer ein bisschen.

Nachdem Sie nicht alle Jahre mal einem Säbelzahntiger über den Weg laufen, sondern den ganzen Tag unter Druck stehen – wenn Sie ehrlich sind –, atmen Sie den ganzen Tag ein bisschen mehr ein als aus. Das macht nichts.

Der Körper ist ein Regelsystem. Der hebt einfach den pH-Wert im Blut leicht an. Der regelt damit den überschüssigen Sauerstoff, den Sie eingeatmet haben, wieder weg. Ganz banal ist das.

Das Blöde ist nur: Wenn Ihr pH-Wert im Blut ein bisschen ansteigt, fällt Ihr Kalziumspiegel. Kalzium, das ist das schnelle Stresssalz. Kalzium geht sofort herunter. Und das ist ernst.

In Sekunden bis Minuten können Sie Kalzium rapide absenken. Und wenn Ihr Kalziumspiegel absinkt – und das tut er leider jeden Tag –, wird Ihr Nervenkostüm übererregbar.

Sie werden noch nervöser.

Sie werden noch empfindlicher.

Sie erschrecken noch eher.

Sie fühlen sich noch mehr unter Druck.

Ein Teufelskreis – Sie werden immer nervöser.

Sie machen sich Ihren Druck, Ihren Stress, Ihre Nervosität selbst. Und sitzen dann im Wartezimmer beim Arzt und haben Kopfweh, Magenkrämpfe ...

Also all diesen Menschen in der Arztpraxis ...

... müsste man nicht etwa Migränemittel oder Herzmittel oder Magenmittel geben oder eine Kreuzspritze setzen oder Schlafmittel geben. Nein, denen müsste man sagen: »Atmen Sie aus« – und das sage ich Ihnen: »Atmen Sie aus.« Es gibt – ich übertreibe nicht – 100 Meter Bücher über Atemtechnik. Schlüsselbeinatmung,

Zwerchfellatmung usw. Sie können das alles so zusammenfassen: »Atmen Sie aus!«

In fünf Minuten zum Buddha

Sie atmen zurzeit 16-mal in der Minute. Sie müssten aber nur viermal. Das wissen Sie bloß nicht. Sie wissen gar nicht, was das bedeutet: viermal. Sie könnten es herausfinden. Sie nehmen die Uhr und atmen fünf Minuten lang viermal pro Minute. Ist überhaupt keine Kunst. Kann jeder! Wissen Sie, was dann passiert in den fünf Minuten? Ihr Kalziumspiegel steigt dermaßen an, das haben Sie noch nie bewusst erlebt, und Sie werden plötzlich zum Buddha, in nur fünf Minuten. Sie werden unangreifbar für Ihre Umwelt. Nichts dringt mehr ein. In fünf Minuten haben Sie Ihr Leben verändert. Sie halten das nicht für möglich. Sie sind in einem völlig anderen Bewusstseinszustand. Unangreifbar! Ruhig. Souverän.

Die Praxis – das Visitenkärtchen

Aber ... Der Säbelzahntiger kommt um die Ecke, und ich atme ein. Automatisch. Das ist doch ein Reflex. Da kann ich doch nicht erst kurz nachdenken und dann ausatmen ... Ja, das ist schwierig. Der Reflex ist eher da, als Sie sich sagen: »Ich atme jetzt aus – aus Trotz.«

Rein evolutionstechnisch gesehen sind Sie ein bisschen zu spät. Also: Sie brauchen für das sofortige Ausatmen ebenfalls einen Reflex, einen Gegenreflex.

Diesen Reflex müssen Sie sich erst züchten. Wie züchtet man sich einen Reflex? Das geht folgendermaßen: täglich zur gleichen Zeit vier Wochen lang etwas tun. Ist doch banal. Praktisch geht das so: Sie nehmen ein Visitenkärtchen, Sie schreiben darauf »ausatmen« und stellen dieses Visitenkärtchen neben Ihren Hauptstressor. Mein Hauptstressor ist das Telefon. Wenn das Telefon klingelt, rege ich mich auf. Dort habe ich das Kärtchen hingestellt mit »ausatmen«. Wenn das Telefon klingelt, muss ich hingucken, den Hörer abheben, und in dem Moment sehe ich »auuuuusatmen«.

Tun Sie das auch. Wenn Sie das vier Wochen gemacht haben, werden Sie immer, wenn das Telefon klingelt, ausatmen. Und nicht mehr erschreckt einatmen. Sie haben's geschafft.

Wenn das Telefon nicht Ihr Hauptstressor ist, ist es vielleicht der Berufsverkehr. Dann kleben Sie sich auf die Frontscheibe des Autos unter den Rückspiegel das Visitenkärtchen. Weil der Lastwagen ja rechts herauskommt, und sobald der ausschert, sehen Sie automatisch: »Ausatmen!« Wenn Sie das vier Wochen gemacht haben, werden Sie immer dann ausatmen, wenn Sie im Straßenverkehr in eine bedrohliche Situation kommen. Reflexhaft. Damit haben Sie den ersten Teil vom Formel-1-Reflex. Der zweite steht auf Seite

Know-how

Die Abkürzung

Sie müssen nicht mal nachdenken: »Was ist denn mein Hauptstressor?« Sie können es noch anders machen. Noch einfacher. Das Visitenkärtchen auf den Schreibtisch stellen, und immer, wenn Sie daran vorbeilaufen, atmen Sie aus. 20-mal jeden Tag. Einfach immer nur ausatmen, und plötzlich werden Sie ein ständiger Ausatmer. Ein reflexhafter Ausatmer. Sie lernen das instinktiv, immer auszuatmen. »A-u-s-a-t-m-e-n« – und der Kalziumspiegel steigt.

157. Und dann können Sie ihn mit Iamon noch vervollkommnen ab Seite 257.

Schultern fallen lassen

Wenn Sie sitzen und lesen, wollen Sie sitzen und lesen. Tut keiner von Ihnen. Wissen Sie, was Sie tun? Sie arbeiten schwer körperlich. Sie nehmen eine Haltung ein, bei der Sie bestimmte Muskelpartien – nehmen wir mal die Schultermuskeln – ein bisschen benutzen, ein bisschen anspannen.

Völlig überflüssigerweise. Nur: Ein Muskel, nur 50 Prozent angespannt, ist bereits zu 100 Prozent von der Blutzufuhr abgeschnitten. Anspannung drückt die Blutgefäße zu, das heißt, der kriegt keinen Sauerstoff mehr. Das heißt, der Muskel wird sauer. Das heißt, der Muskel produziert Milchsäure – und das ist der Grund, warum Sie oben diese harten Muskeln haben.

Weil Sie Schreibtischtäter sind, weil Sie nämlich ständig angespannt dasitzen.

Wie kann man nur ständig Milchsäure produzieren?

Wie kann man nur seinen Muskel isometrisch den ganzen Tag anspannen und ihn von der Blutzufuhr abschneiden, sodass er sauer und hart

wird? Wie kann man nur? Wenn Sie wenigstens Holz hacken würden. Da würden Sie Ihre Muskeln mal anspannen und mal entspannen, das wäre gesund, da wäre er durchblutet.

Nein, Sie produzieren sitzend Milchsäure, machen das arme Ding sauer, haben deswegen da oben die Schmerzen, lassen sich massieren – und noch viel schlimmer: Diese Milchsäure geht ins Blut. Die sickert langsam in den Körper, und Milchsäure ist der stärkste Müdemacher, den der Mensch kennt.

Weiß jeder Sportler. Und Milchsäure ist auch der Grund, warum der Schreibtischtäter nachmittags um 14 Uhr körperlich müde ist. Haben Sie das je verstanden? Sie produzieren sich Ihre Müdemacher durch Ihre Haltung. Durch Ihre angespannte Schultermuskulatur.

Autofahrermüdigkeit

Milchsäure ist der Grund, warum Sie nicht im Auto von hier nach Sizilien am Stück fahren können. Sie werden müde. Dabei ist Autofahren in Ihrem Mercedes doch fast schlafen. Sitze sind ergonomische Krücken, Sie haben die Armstützen und ein Lenkrad, das sich mit dem Zeigefinger bewegen lässt. 100 Gramm Kraftaufwand. Das ist gar nichts. Sie sind trotzdem müde. Wissen Sie, warum? Weil Sie ständig Muskeln anspannen! Auch, wenn Sie unter Druck kommen, wenn Sie Stress verspüren. Fahren Sie heute mal ganz bewusst Auto. Sie ziehen ständig die Schultern hoch. Ein Reflex. Machen Sie ganz automatisch. Kommt der Mensch unter Druck, zieht er die Schultern hoch, spannt die Schultermuskeln an. Machen Sie automatisch.

Man erklärt das so: Berglöwe sprang auf Steinzeitmensch, Steinzeitmensch schützte seine Karotis – die wird nämlich von den Löwen oder Tigern immer gerissen an der Antilope. Und dann blutet die aus. Darum hat der Steinzeitmensch lieber die Schultern hochgezogen – und ist geflüchtet.

Tun Sie auch. Das scheint noch so ein Rudiment zu sein von früher. Also immer unter Druck, am Schreibtisch, beim Autofahren.

Ich ertappe mich auch immer wieder dabei.

Und noch ein Reflex, geklaut aus der Physiotherapie

Wie kann man denn das verhindern, dass man sich dauernd verkrampft? Unter Stress, unter Druck verspannt? Sehen Sie, da gibt es wieder einen Reflex, aus der Physiotherapie abgeschaut. Wenn Sie sich sagen: Schultern fallen lassen, dann passiert etwas Komisches. Das geht klick, klick, klick, klick, bis in den großen Zeh.

Wenn Sie einfach nur die Schultern fallen lassen – aktiv, das können Sie machen –, dann rieselt das plötzlich durch den ganzen Körper. Plötzlich entspannt sich Ihr ganzer Körper.

Also haben wir einen zweiten Trick. Sie nehmen noch ein Visitenkärtchen (eines haben Sie schon von Seite 155), schreiben darauf: »Schultern fallen lassen!«

Dieses zweite Kärtchen stellen Sie wieder entweder neben den Hauptstressor, also das Telefon, oder Sie kleben es an die Windschutzscheibe oder aber Sie stellen es einfach auf den Schreibtisch: »Schultern fallen lassen!« Und immer, wenn Sie es sehen, lassen Sie die Schultern fallen. Dann entspannt sich Ihr Körper. Und mit ihm Ihr Geist.

Ein Kärtchen langt …

Nur werden Sie natürlich nicht zwei solche Visitenkärtchen nehmen, sondern Sie sind schlau: Schreiben Sie es auf ein Visitenkärtchen, fassen Sie es zusammen – und dann heißt es: »Aaaaausatmen und Schultern fallen lassen!« Das werden Sie nicht mehr vergessen. Das ist der Trick! Und diese kleine Methode, dieser Formel-1-Reflex …

Das Handgepäck fürs stressfreie Leben

… ändert Ihr Leben dramatisch. Ahnen Sie, was gerade passiert ist? Sie haben plötzlich das erste Mal in Ihrem Leben eine Methode an die Hand bekommen, die praktisch ist, machbar ist – die die Ausschüttung von Adrenalin, dem Stressgifthormon, zuverlässig verhindert. Ihnen hilft, adrenalinfrei zu leben. Den Stress (eigentlich seine Folgen!) besiegt, den Geist souverän bleiben lässt. Ich kann Ihnen das gar nicht klar genug machen, was das bedeutet … Das ist ein Handgepäck, wie beim Fliegen. Das haben Sie immer bei sich.

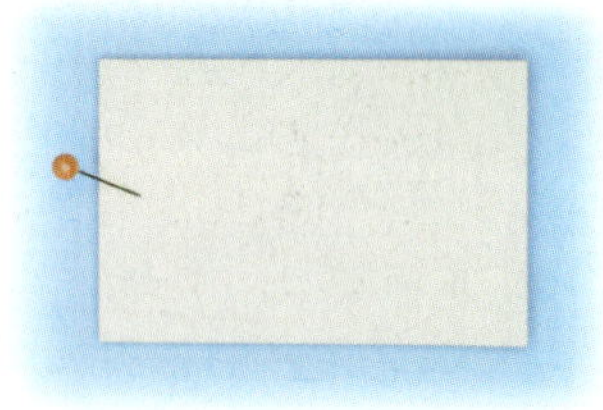

Diesen Reflex können Sie jetzt sofort anwenden, bewusst, jetzt im Moment. Die Technik muss noch gar kein Reflex sein, und Sie haben schon den Benefit. Ahnen Sie, wie Sie Ihr Leben ändern, wenn Sie plötzlich am Schreibtisch nur noch entspannt sind – und nichts mehr Sie aufregt? Benutzen Sie das Kärtchen vier Wochen. Und Ausatmen-Schulternfallenlassen wird zum Teil Ihres Lebens, zum Reflex.

superlinks

Angst Seite 94 | Burnout Seite 120 | Denksport Seite 123 | Fitnesshäppchen Seite 144 | Interview: Hypnose Seite 186 | Entspannte Konzentration Seite 217 | Meditation Seite 252 | Murmeltechnik Seite 255 | Stress weg Seite 293 | Trance Seite 303 | Zen Seite 317 | Interview: Zen Seite 320

29 Frauen denken anders

Männer, sagt man, schauen den Frauen als Erstes auf die Brüste. Und die Frauen den Männern auf den Po. Kein Wunder, dass da keiner so recht über die Beschaffenheit der Gehirne des jeweils anderen Geschlechts Bescheid weiß. Immerhin gibt es vage Vermutungen. So was wie dass Frauen schlecht einparken und Männer nicht zuhören.

Das alles hat historische Gründe

So zynisch es klingen mag: Die noch heute als Vorurteil existierende Idee von der den Männern geistig unterlegenen Frau ist ein wichtiger Meilenstein in der Geschichte der Emanzipation. Allein durch die Tatsache, dass die Männer die Frauen überhaupt irgendwann als geistige Wesen anerkannten.

Wie hielten sie's denn im Mittelalter? Da wurden geisteskranke oder anders denkende Frauen als Hexen auf dem Scheiterhaufen verbrannt. Was für ein Fortschritt, als die vom Teufel besessenen Hexen in der Renaissance zu labilen Frauen mutierten. Und der Arzt Timothy Bright Ende des 16. Jahrhunderts behauptete, Hexen seien in Wahrheit nur krank – »von Natur melancholisch« und »geistig schwach«. So hielt sich der Glaube an die mentalen Unzulänglichkeiten der Frauen bis ins 20. Jahrhundert. Bezeichnenderweise leitet sich die »Hysterie« ethymologisch vom weiblichen Uterus ab. Nun: Heute wissen wir längst …

… Frauen sind einfach klüger

Heute muss man kein Wissenschaftler mehr sein, um daran zu zweifeln, dass weibliche Gehirne nur zum Backen und Stricken taugen. Sie haben sich längst in männlichen Domänen mehr als bewährt. Das beweisen renommierte Naturwissenschaftlerinnen, Ingenieurinnen, Flugzeugkapitäninnen. Bald könnten sie sogar ihre männlichen Kollegen verdrängen. Laut »Spiegel« vom 17. Mai 2004 schreiben die Mädchen in Deutschland heute in der Schule die besseren Noten als die Jungen. Und es zeichnet sich angeblich eine intellektuelle »Jungenkatastrophe« am Horizont ab.

Die Unterschiede sind fein

So fein, dass man sie bis vor kurzem kaum sehen konnte. Seit man mit Computertomographen Strukturen und Aktivierungsmuster im Gehirn visualisieren kann, gehen die Wissenschaftler wie-

Was Frauen besser können

• ***Wahrnehmung.*** Gelingt ihnen schneller als Männern. Sie können sich leichter an Gegenstände, die sie gesehen haben, erinnern. Und sie lösen besser Aufgaben, bei denen sie zusammenpassende Objekte erkennen sollen.

• ***Sprache.*** Frauen lernen leichter Sprachen als Männer. Nicht nur die gesprochene Sprache. Sie interpretieren auch besser Gefühle und Körpersprache. Außerdem sind sie verbal gewandter. Sie sprudeln, wenn sie zum Beispiel möglichst viele Wörter finden sollen, die mit dem gleichen Buchstaben beginnen sollen.

• ***Feinmotorische Koordination.*** Zum Beispiel den Faden durchs Nadelöhr schieben. Das können Frauen besser als Männer. 1:0 für die Damen in der Schneiderwerkstatt.

• ***Rechnen.*** Was ist 14 mal 5 minus 20 plus 73? Oder 3 mal 18 plus 4 minus 10 plus 18 geteilt durch 5? Kriegen Frauen schneller raus als die angeblich mathematisch begabteren Männer.

Was Männer besser können

• ***Räumliches Vorstellungsvermögen.*** Männer können sich besser Himmelsrichtungen und Entfernungen einprägen. Sie können Gegenstände in ihrer Vorstellung drehen. 1:0 für die Herren im Architekturstudium.

• ***Werfen und fangen.*** Männer brillieren, wenn zielgerichtete motorische Fähigkeiten verlangt sind. Nicht böse sein, die Damen. Aber: Beim Baseball bleiben die Herren lieber unter sich.

• ***Mathematische Schlussfolgerungen.*** Zug eins verlässt A um 10 Uhr. Zug zwei fährt in B um 11.15 Uhr los. Wann treffen sich beide Züge? Männer kommen schneller drauf.

Verblüffendes ...

Frauen hören besser zu

Studien haben schon längst belegt, dass Frauen im Gegensatz zu Männern zwei Gesprächen gleichzeitig zuhören können. Forscher der Indiana School of Medicine haben das Phänomen weiter erforscht, indem sie Frauen und Männer beim Zuhören beobachteten, während sie unter einem Computertomographen lagen. Ergebnis: Die Männer benutzen beim Zuhören nur die linke Gehirnhälfte, während die Frauen beide Gehirnhälften in Anspruch nehmen.

der den alten Fragen nach. Warum können Männer besser einparken? Warum lernen Frauen besser Sprachen?

Männerhirne arbeiten asymmetrischer. Das heißt, Männer denken je nach Aufgabenstellung vorwiegend mit der rechten oder linken Gehirnhälfte. Frauen dagegen aktivieren tendenziell beide Gehirnhälften gleichzeitig.

Gleicher IQ – andere Gehirntätigkeit

Kalifornische Forscher hat kürzlich interessiert, wie Mann und Frau zu ihrem gleich hohen IQ kommen. Per Magnetresonanztomographie guckten sie ins Gehirn und analysierten die Aktivitätszentren von Männern und Frauen mit gleichem Intelligenzquotienten. Sie fanden heraus: Männer nutzen beim Denken vor allem die graue Gehirnsubstanz, die hauptsächlich aus den Zellkernen der Neuronen besteht. Und Frauen aktivieren eher die weiße Substanz, die die Verbindung der Nervenzellen untereinander enthält. Das erklärt auch, warum Männer eher bei Aufgaben brillieren, die eine lokale Signalverarbeitung des Gehirns erfordern, wie in der Mathematik. Da braucht man graue Zellen. Weil sie eher die weiße Substanz aktivieren, macht das Frauen integrativer und einfühlsamer.

Auch im Bett denkt Sie anders

Beim Sex arbeiten weibliche und männliche Gehirne definitiv mit unterschiedlichen Betriebssystemen. Männer aktivieren nur zwei Gehirnregionen im Schläfenbereich, Frauen zusätzlich ein Areal im Stirnhirn – sie nutzen neben purem Instinkt auch die Emotion. Fand kürzlich ein Professor von der Universitätsklinik Essen heraus.

Am besten denken Frauen und Männer im Team

Warum nicht die Vorteile beider Gehirne nutzen? Was das folgende Beispiel schön illustriert: Herr und Frau X sind zu Fuß in einer fremden Stadt unterwegs und machen sich am Ende der Tour auf den Rückweg zu ihrem Auto. Aus Laborexperimenten weiß man, dass Männer sich gut Himmelsrichtungen und Entfernungen einprägen können. Frauen haben kein so gutes räumliches Vorstellungsvermögen. Dafür können sie sich besser markante Punkte entlang des Weges einprägen. So gelangen Herr und Frau X – würden sie separat gehen – gleich schnell ans Ziel. Aber sie finden den Weg noch besser, wenn sie zusammen suchen.

superlinks

Jonglieren Seite 202 | Legasthenie Seite 236 | Linkshänder Seite 245 | Neurobics Seite 274 | Synästhesie Seite 300

30 Frühstück *für den fitten Kopf*

morgens braucht das Gehirn Zucker. Nein, keinen Industriezucker (auch kein Industriemehl) – der schadet dem Gehirn, macht in zwei Stunden müde und nervös. Kennen Sie. Sie klopfen dann nervös mit dem Nagel auf die Tischplatte. Oder kauen am Bleistift. Und dann kommt die Lust. Auf die Cola oder den Schokoriegel. Auf irgendwas, das mit Zucker oder Stärke den Blutzucker wieder auffüllt. Der im Keller ist, was nervös und unkonzentriert macht. Ist typisch für den Marmeladenbrotesser, den Cornflakesesser. Zucker und Stärke treiben den Blutzucker hoch. Machen erst mal wach. Aber nach zwei Stunden fällt er wieder runter. Weil viel Zucker/Stärke auch viel Insulin lockt. Und dann geht dem Gehirn der Zucker aus. Und dann regiert die Lust auf Zucker den ganzen Tag. Macht erst immer wieder nervös, unkonzentriert und heißhungrig. Dann irgendwann Insulinresistenz – dann Alzheimer …

Was braucht das Gehirn morgens?

- **Das Gehirn braucht Fruchtzucker.** Essen Sie Obst. Eine große Schüssel Obst.
- **Das Gehirn braucht Eiweiß.** Mit den gehirnaktiven Aminosäuren (Tyrosin, Tryptophan, Phenylalanin), die glücklich machen, die wach machen, die kreativ machen … Sojamilch, Buttermilch, Joghurt – oder einen Eiweißshake. Rezepte finden Sie auf Seite 356.
- **Das Gehirn braucht B-Vitamine.** Darum empfehle ich Hefeflocken im Gehirnshake.
- **Das Gehirn braucht Omega-3-Fettsäuren.** Darum streue ich mir Leinsamen übers Obst. Das tut übrigens Prof. Beyreuther auch – lesen Sie das Interview ab Seite 136.
- **Mein Gehirn braucht Kaffee.** Den Trunk der Dichter und Denker. Manches Gehirn braucht morgens nur den Kaffee. Das hat eben erst ab zehn oder elf Lust aufs Essen. Kein Problem. Der Bauer ging früher auch erst mal um vier aufs Feld, kam nach fünf Stunden Arbeit mit regem Stoffwechsel nach Hause und nahm sein Frühstück ein. Wer nicht frühstücken mag, sollte sich dazu nicht zwingen.
- **Das Gehirn braucht Flüssigkeit.** Morgens sollten Sie schon 1,5 Liter trinken, das steigert messbar Konzentration und Merkfähigkeit.

superlinks

Acetylcholin Seite 83 | Aminosäuren Seite 90 | Brainfood Seite 113 | B-Vitamine Seite 105 | Dolce Vita Seite 128 | Interview: Klug essen Seite 136 | Kaffee Seite 208 | Kluge Kids Seite 210

Interview mit Klaus Kolb

Der Mann, der nie vergisst: Klaus Kolb ist einer der führenden Mentaltrainer Deutschlands. 1995 nahm er als erster Deutscher an den World Memory Championships in London teil. Heute ist er Geschäftsführer der Gesellschaft für Gedächtnis- und Kreativitätsförderung (GGK).

Zum guten Gedächtnis gehören Technik, Fantasie – und Wasser

Gedächtnisakrobaten trifft man im Alltag so selten wie Zinngießer. Wie kommt man zu diesem Beruf?
:Als ich Betriebswirtschaft studierte, musste ich sehr viel lernen. In der Prüfung wusste ich den Stoff – um danach das meiste wieder zu vergessen. Das hat mich sehr gestört. Ich besuchte ein Seminar für Gedächtnistechniken. Richtig gefunkt hat es aber erst, als ich eine Zeit lang in Japan arbeitete. Die Menschen dort haben ein starkes bildliches Vorstellungsvermögen – wahrscheinlich aufgrund der Bildhaftigkeit ihrer Sprache und Schrift. Das erinnerte mich an einige Gedächtnisstrategien. Und ich machte mein Hobby zum Beruf.

Tatsächlich arbeiten Sie in Ihren Büchern gern mit visuellen Übungen.
:Stimmt, aber das ist im Grunde nichts Neues. Das haben schon die alten Griechen gemacht. Nur werden diese Memotechniken leider bei uns in der Schule nicht vermittelt. Dabei sind sie sehr nützlich. Und die Teilnehmer in meinen Seminaren sind immer wieder begeistert, wie einfach das funktioniert.

Muss man sehr intelligent sein, um sich viel merken zu können?
:Nein, überhaupt nicht. Natürlich schadet Intelligenz nicht. Sie hilft zum Beispiel, eigene Memostrategien aufzubauen. Aber es gibt auch Menschen, die sich kilometerlange Zahlenreihen merken können, aber nicht in der Lage sind, ihr Leben zu bewältigen. Sie können nicht mehr vergessen, was sie gelernt haben. Ein Problem!

Das ist Wasser auf die Mühlen aller, die behaupten, Memorieren sei nichts anderes als stures Auswendiglernen. Was sagt der Experte dazu?
:Stimmt nicht. Für ein gutes Gedächtnis braucht man vor allem Kreativität und Fantasie. Je fantasievoller ich Neues mit vorhandenem Wissen verbinde, desto besser präge ich es mir ein. Dieses Phänomen aus der Werbung kennt jeder: Je fantasievoller und kreativer ein

Produkt beworben wird, desto besser bleibt es im Gedächtnis haften. Dieses Prinzip funktioniert auch im eigenen Alltag. Man muss sich nur seine eigene Kreativwerkstatt einrichten.

Wie läuft das denn konkret?
:Wenn Sie sich zum Beispiel Ihre Uhr von der Reparatur abholen wollen, stellen Sie sich vor, wie Sie Ihre Uhr auf Ihrem Auto transportieren. Das ist völlig absurd und unrealistisch, aber Sie werden es nicht vergessen.

Gibt es Menschen mit einer speziellen Begabung für das Memorieren – oder ist das eine Sache des Fleißes?
:Thomas Edison, der Erfinder der Glühbirne, sagte einmal: »Erfolg ist zu einem Prozent Inspiration und zu 99 Prozent Transpiration.« Das heißt: Eine gewisse Begabung braucht man für alles, was man tut. Nur ist Kompetenz vor allem davon abhängig, wie lange und ausdauernd man sich mit einer Sache beschäftigt. Dies zeigen Studien mit Sportlern und Musikern. Zu viel Begabung ist in dem Zusammenhang sogar eher hinderlich, weil man sich dann weniger anstrengt.

»Anstrengen« ist ein gutes Stichwort. Den meisten Menschen ist Lernen eine Qual. Warum macht Ihnen Memorieren Spaß?
:Der Mensch ist von Natur aus auf Lernen und Spaß ausgerichtet. Kinder lernen mit Lust und

Neugierde. Das menschliche Gehirn kann eigentlich nicht anders, als ständig zu lernen. Das Problem ist nur: Vielen Menschen wurde der Spaß am Lernen durch schlechte Noten in der Schule verleidet.

Und so lassen sie ihren Kopf ungenutzt und helfen sich mit Handys, Taschenrechnern und Organizern. Die Folgen?
:Viele Kinder können heute beispielsweise nicht mehr kopfrechnen. So schön es ist, dass Laptops und Organizer heute das Gehirn entlasten, wird es auf der anderen Seite dann aber auch nicht mehr trainiert.

Verblöden wir durch die Unterforderung unserer Gehirne?
:Die Unterforderung ist das eine Problem. Das andere ist, dass man sich von den technischen Geräten abhängig macht. Ich muss ja nicht das Telefonbuch von New York im Kopf haben, aber die wichtigsten Nummern, die ich häufig brauche, schon.

Man ist heute trendy, wenn man nichts weiß. Jeder googlet und sagt: Ich weiß es nicht, aber ich weiß, wo es steht.
:Einerseits muss ich heute im Prinzip gar nichts mehr im Kopf haben. Andererseits ist ein Mensch, der gewisse Informationen im Kopf hat, zum einen flexibler, sicherer und selbstbewusster; zum anderen spart er Zeit und beugt Stress vor.

Wie denn das?
:Ich kann schnellere und sicherere Entscheidungen treffen, wenn ich nicht mehr nachschauen muss. Und ich entledige mich quälender Fragen – zum Beispiel: Habe ich wirklich die Haustüre oder mein Auto abgeschlossen?

Interview
mit Klaus Kolb

Sie sagen: Gedächtnistraining steigert das Selbstbewusstsein.

:Ja, das Selbstbewusstsein, das Selbstvertrauen und die Motivation. Man kann besser sparten- oder fachübergreifend denken, wird zum Querdenker. Wenn ich eine gewisse Basis an Wissen habe, kann ich Vergleiche ziehen und bin einfach flexibler. Dazu kommt: Mit Gedächtnistraining verschaffe ich mir Erfolgserlebnisse. Und das motiviert.

Haben Sie sich unseren Interviewtermin notiert oder gemerkt?

:Ich habe ihn mir auf einen Zettel geschrieben – und damit war er auch in meinem Kopf gespeichert. Ich kann mir die Termine merken, die die nächsten Tage betreffen. Alles, was über eine Woche hinausgeht, trage ich in einen Terminkalender ein.

Glauben Sie, dass Sie Ihre Umwelt bewusster und intensiver wahrnehmen?

:Ja. Weil ich die Dinge, die ich mir merken möchte, auch besser und bewusster bildlich wahrnehmen muss. Als lernbereiter Mensch gehe ich immer mit offenen Augen durch die Welt. Allerdings gehöre ich nicht zu den Menschen, die über ein überdurchschnittlich gutes natürliches Gedächtnis verfügen. Ich muss alles bewusst abspeichern.

Was bringt Gedächtnistraining noch?

:Es wirkt sich positiv auf die Konzentrationsfähigkeit aus, es verhindert den altersbedingten geistigen Abbau und es verbessert die Lebensqualität, weil ein gutes Gedächtnis die Grundlage für Wissen und Bildung ist. Würde man Gedächtnistechniken an der Schule lehren, würde die nächste Pisa-Studie bestimmt besser ausfallen.

Erzählen Sie das doch mal der Kultusministerin.

:Die habe ich bereits angeschrieben. Aber es wird dauern, bis sich mein Anliegen durchsetzt. Die Mühlen der Bürokratie mahlen nun mal langsam.

Bis es so weit ist, muss man eben zu Ihnen ins Seminar gehen ...

:... wo man seltsamerweise nur wenige Lehrer und Lehrerinnen antrifft. Aber es tut sich was. In Ulm gibt es einen renommierten Gehirnforscher, der versucht, das Lernen an den Schulen zu revolutionieren. Demnach soll in Prüfungen nicht – wie üblich – nur der Stoff der letzten sechs Wochen abgefragt werden, damit sich die Schüler angewöhnen, kontinuierlicher zu lernen. Nur so bleibt das Gelernte ein Leben lang im Gedächtnis.

Wie halten Sie Ihr Gehirn in Schuss?

:Gedächtnistraining allein ist keine Garantie für ein gutes Gedächtnis. Wenn ich zu wenig trinke, trocknet mein Gehirn regelrecht aus. Derzeit gibt es ein Projekt, das heißt: »Trinken im Unterricht«. Da wird gefördert, was früher verboten war. Der menschliche Körper besteht je nach Alter bis zu 70 Prozent aus Wasser, und Wasser ist sozusagen das Öl, ohne das die Gehirnmaschine nicht läuft. Und die richtige Ernährung gehört natürlich auch dazu. Nüsse und Fische sollten viel öfter auf dem Speiseplan stehen.

superlinks

Abschreiben Seite 82 | Auswendig lernen Seite 101 | Konzentration Seite 214 | Lesen Seite 241 | Liste Seite 247 | Namen merken Seite 270 | Zahlen merken Seite 315

Nützt es, wenn man sich während des Denkens bewegt?

:Es gibt Untersuchungen, die nachgewiesen haben, dass man sich Dinge viel besser einprägen kann, wenn man sich auf einem Hometrainer bewegt, als wenn man still sitzend lernt.

Welche Rolle spielt Entspannung?

:Eine sehr große Rolle. Nur ein entspanntes, ungestresstes Gehirn ist aufnahmefähig.

Und wie ist das mit den Emotionen?

:Die sind auch sehr wichtig. Wenn die Gefühle zu stark sind, lenken sie zu sehr ab. Am besten lernt man, wenn man sich in einer positiven, aber ruhigen Gefühlslage befindet. Wenn ich Dinge mit Gefühlen verbinde, prägen sie sich besser ein. An den ersten Kuss zum Beispiel, der besonders aufregend war, kann sich jeder gut erinnern.

Wie motivieren Sie sich?

:Einmal durch den Erfolg der anderen. Wenn ich zum Beispiel in meinen Seminaren sehe, dass die Teilnehmer Erfolg haben. Zu Beginn eines Seminars meinen sie, ein schlechtes Gedächtnis zu haben, und sind dann am Ende völlig überrascht und erstaunt, wie viel sie sich plötzlich merken können. Das motiviert mich, mein Wissen weiterzugeben und andere zu trainieren.

Und wie kann ich mich motivieren?

:Indem Sie sich Dinge einprägen, die Ihnen Spaß machen und die Ihnen nützen. Wenn Sie zum Beispiel wissen, dass Sie in zwei Monaten nach Spanien fahren werden, sind Sie sehr motiviert, die Sprache zu lernen.

Know-how

Das können Sie im Alltag für Ihr Gedächtnis tun

- Versuchen Sie, das Memorieren in Ihren Alltag zu integrieren – Techniken finden Sie ab Seite 101, 270 und 315.
- Lernen Sie kontinuierlich, das heißt: lieber mäßig, dafür aber regelmäßig. Besser täglich zehn Minuten lernen als einmal im Monat zwei Stunden.
- Nutzen Sie jede Gelegenheit, die sich im Alltag bietet, um Ihr Gehirn zu trainieren. Versuchen Sie im Supermarkt, die Preise aller eingekauften Artikel im Einkaufswagen zu memorieren und am Schluss die Endsumme zu überschlagen. Kleiner Nebeneffekt: Sie zahlen nicht ahnungslos drauf, falls sich die Kassiererin vertippen sollte.
- Verbannen Sie die Zettelwirtschaft aus Ihrem Haushalt. Versuchen Sie, Einkaufslisten, Adressen und Telefonnummern in Ihrem Kopf zu speichern. Und genießen Sie das Gefühl von Freiheit und Unabhängigkeit.
- Sind Sie nun auf den Mindness-Trip gekommen und wollen noch mehr über Gedächtnistraining erfahren? Dann lesen Sie die Bücher von Klaus Kolb: »Gedächtnis-Training«, »Gedächtnis-Training im Job« und »Leichter lernen mit Köpfchen und Spaß« (alle im GU-Verlag erschienen). Schnupperkurs: Ab Seite 315 lernen Sie mit seiner Methode, sich Zahlen zu merken, ab Seite 101 Begriffe, ab Seite 270 Namen. Kluge Klaus-Kolb-Infos im Netz:
www.memoquotient.com
www.memoriade.net
(Deutsche Gedächtnismeisterschaft)

31 *Die* Gedächtnispille *gegen das Vergessen*

Einfach zum Morgenkaffee eine Pille einwerfen – und das Hirn ist den ganzen Tag über potent. Einfach eine Viagra fürs Gehirn schlucken, und man vergisst keine Geheimnummer mehr, kann besser lernen, kreativer sein, speichert jeden Namen und hat Idee um Idee. Nicht mal der Leistungsschwund, der bekanntlich schon im Alter von 25 einsetzt, hat eine Chance.

Da so eine Pille eine Goldquelle wäre, ist sie freilich schon fast Realität. Daran basteln Forscher weltweit. Nichts verspricht der Pharmaindustrie mehr Geld, als den alternden Planeten mit einer Pille geistig fit zu halten. Und die Forscher sind auf dem besten Weg.

Kandels Nobelpreis

Der New Yorker Neurowissenschaftler und Nobelpreisträger Eric Kandel hat Wirkstoffe entdeckt, die demente Mäuse vor dem Vergessen schützen. Er bekam 2000 den Nobelpreis, weil er all die molekularen Vorgänge aufgedeckt hat, die dem Lernen und Erinnern zugrunde liegen. Und nun ist er dabei, dieses Wissen in ein Medikament umzusetzen. Bald schon wird es einen Wirkstoff geben, der den geistigen Verfall namens Alzheimer oder Demenz bremst. Insofern ein erstrebenswertes Ziel. Doch Kandel und auch all die anderen Gehirnforscher vermuten, dass sich in einigen Jahren viele Gesunde mit Gehirnpotenzpillen dopen werden.

Wertvolle Löschtaste

Wie wäre das denn, wenn wir alles behalten könnten? Das wäre eine Katastrophe. Stellen Sie sich vor, Sie speichern alles, was Sie über Eier in der Zeitung lesen. Und diese widersprüchlichen Informationen tauchen alle auf, wenn Sie gerade

Know-how

Wie wirkt das Kandel-Medikament?

Wir haben einen Filter eingebaut, der den Transfer von Informationen vom Kurzzeit- ins Langzeitgedächtnis behindert. Es bedarf starker Reize (ein ständiges Wiederholen des Namens, Bilden einer Eselsbrücke, starke emotionale Bedeutung ...), damit die Info den Filter passiert und im Langzeitgedächtnis abgespeichert wird. Je älter wir werden, desto weniger durchlässig wird dieser Filter, blockiert den Infofluss. Das Kandel-Medikament hebt die Blockade auf, erleichtert den Fluss der Info vom Kurzzeit- ins Langzeitgedächtnis. Auf die Frage »Gelingt die pharmakologische Manipulation bereits? Können Sie uns helfen, wenn uns unser Gedächtnis im Stich lässt?« sagte Kandel dem »Spiegel« (18/2003): »Wenn Sie eine Maus wären und an Alzheimer litten, dann hätten wir schon eine Menge von Mitteln, mit denen wir Ihnen helfen könnten.« Also ich bin keine Maus, glaube ich. Und ich möchte keine Demenz kriegen. Ich weiß heute, dass ich mit 90 einen größeren Datenspeicher haben werde, als ich ihn mit 20 hatte. Ganz einfach, weil ich laufe. Und weil ich nicht ständig Zucker esse oder Glutamat.

Ihr Frühstücksei essen wollen. Wetten: Dann sitzen Sie abends noch davor.

Nicht alles, was wir erleben, wird im Gehirn abgespeichert und wartet einfach nur auf Abruf. Nein. Wir haben eine wunderbare Löschtaste eingebaut. Das wissen wir schon seit dem 19. Jahrhundert. Der Altvater der Gedächtnisforschung, Hermann Ebbinghaus, bewies, dass wir binnen 30 Minuten die Hälfte von dem vergessen, was wir gerade gelernt haben. Und was wir nicht benutzen, was wir nicht brauchen, vergessen wir auch wieder. Wie viele Gedichte können Sie noch rezitieren, die Sie damals im Unterricht vorgetragen haben?

Vergessen – die größte Errungenschaft der Kultur

Der Münchner Literaturwissenschaftler Harald Weinrich hält »Vergessen« für die größte Errungenschaft unserer Kultur. Schöpferische Gedankensprünge sind nun mal nur möglich, wenn wir uns nicht in kleingeistigen Details verheddern. Und der Psychologe Rolf Degen aus Bonn findet es im Übrigen überhaupt nicht erstrebenswert, mit einer täglichen Pille jegliches Vergessen zu verhindern (Gehirn & Geist, 5/2003): »Das sollte jedem spätestens dann klar werden, wenn er bedenkt, dass dadurch auch die anderen nichts mehr vergessen würden. Dann würden sie uns nämlich am Ende ständig unser Geschwätz von gestern aufs Brot schmieren – alle nicht eingehaltenen Versprechen, geplatzte Liebesschwüre und großspurig vorgetragene Fehlspekulationen. Eine schaurige Vorstellung!«

Also ich würde keine Pille schlucken. Ich bewege mich lieber, um mein Neuronennetz da oben zu verdichten. Und nutze, um mir Namen und Zahlen zu merken, ein paar Tricks der Gedächtnisakrobaten.

superlinks

Erinnerung Seite 135 | Ginkgo Seite 174 | Kaffee Seite 208 | Lernen Seite 238 | Liste Seite 247 | Namen merken Seite 270 | Sprachen lernen Seite 290 | Zahlen merken Seite 315

32 Gehirnmedizin – *fünf Gründe für Bewegung*

das wünscht sich jeder, der die 101 noch vor sich hat, fürs Alter: einen gesunden Geist und einen fitten, kreativen Kopf. Wie den von Jopi Heesters. Den hat er, weil er ein Leben lang in Bewegung blieb. Geistig und körperlich. Ein Kopf funktioniert gut, solange die Beine in Bewegung bleiben. Laufen steht für Ausdauerbewegung und ist Gehirnmedizin pur.

Demenz

Unter Demenz versteht man alle neurodegenerativen Erkrankungen. Alles, wozu der Volksmund Verblödung sagt und der Mediziner geistiger Verfall. Vergesslichkeit ist das bekannteste Demenzsymptom. Zudem verändert der Patient seine Persönlichkeit, wird aggressiv und traurig. Passiert in letzter Zeit leider immer häufiger. Die Zahl der Demenzfälle nimmt stetig zu.

Wie entsteht die Krankheit? Einmal durch die Verstopfung oder Verengung der Gefäße in der Halsschlagader oder Hirnader. Was zur Folge hat, dass das Gehirnareal nicht mehr mit genügend Nährstoffen und Sauerstoff versorgt wird. Oder: Die Nervenzellen im Gehirn verändern sich. Erst werden die Gedächtnissignale nicht mehr so gut weitergeleitet, schließlich sterben die Nervenzellen ab.

Der Demenz davonlaufen

Das ist 1A-Dünger für die Demenz: Nikotin, Diabetes mellitus, Gicht, erhöhte Blutfettwerte, Übergewicht und Stress. Bewegung bewirkt das Gegenteil. Bewegung entstresst, putzt die Adern frei und verändert positiv Funktion und Struktur des Gehirns. Bewegung lässt den Östrogenspiegel ansteigen, der vor allem die Gehirnzellen von Frauen schützt. Das haben auch unzählige wissenschaftliche Studien gezeigt: Geistig und körperlich rege Menschen erkranken seltener an Demenz. Schon der eine oder andere Schritt mehr im Alltag kann Wunder wirken. Man weiß, dass über 70-Jährige, die täglich drei Kilometer zu Fuß zurücklegen, ihr Demenzrisiko halbieren – verglichen mit Altersgenossen, die nicht mehr als 400 Meter gehen.

Also: Lassen Sie keine Gelegenheiten aus, die Beine für den Kopf einzusetzen. Meiden Sie Fahrstühle und steigen Sie Treppen. Meiden Sie das Auto und fahren Sie Fahrrad. Legen Sie selbst Hand in Haus und Garten an. Und beziehen Sie Ihre grauen Zellen in Ihr Fitnessprogramm mit ein: Lesen Sie anspruchsvolle Bücher und Zeitungsartikel und suchen Sie die Diskussion mit anderen Menschen. Wagen Sie Neues oder lösen Sie kniffelige Rätsel.

Schlaganfall

500 000 Deutsche trifft jedes Jahr der Schlag. Die Lage ist ernst, aber nicht hoffnungslos – selbst wenn der Arzt bereits das Schlimmste diagnostiziert: einen Schlaganfall, verschlossene oder gerissene Blutgefäße im Gehirn und Zelltod. Sogar nach einem Schlaganfall im hohen Alter lassen sich Nervenzellen reparieren. Jenaer Forscher fanden heraus: Wie der Computer macht das Gehirn nach dem Schlaganfall einen Neustart. Es fällt für

einen Zeitraum von sechs Monaten in ein jugendliches Entwicklungsstadium zurück. Wird wieder lernfähig. Diese Chance der Natur muss man nutzen.

Erst Bettgymnastik, dann laufen, hüpfen, radeln

Früher hat man Schlaganfallpatienten Bettruhe verordnet. Ist mittlerweile völlig out. Heute setzt man auf krankengymnastische Übungen und Bewegungstherapie. Schon während die Patienten noch im Bett liegen. Lässt sich das Gehirn nach einem Anfall vollständig wiederherstellen? Theoretisch ja. Wenn sich der Patient innerhalb von drei bis sechs Stunden nach dem Schlaganfall in einer Spezialklinik (Stroke-Unit) behandeln lässt. Dort werden übrigens auch spezielle Trainingsprogramme für Schlaganfallpatienten angeboten.

Parkinson

Parkinson ist eine neurodegenerative Erkrankung. Das heißt: Im Mittelhirn sterben Nervenzellen ab. Das drosselt die Produktion von Dopamin. Dem Botenstoff, den das Gehirn für die Steuerung von Bewegungen braucht. Die Folge: Der Patient leidet unter motorischen Störungen. Er wird steif, beginnt unkontrolliert zu zittern. 200 000 Deutsche haben heute mit der Krankheit zu kämpfen. Eigentlich ein klassisches Altersleiden, das in letzter Zeit aber immer mehr junge Menschen trifft. Experten machen den modernen Lifestyle für den Trend verantwortlich: schlechte Ernährung, Bewegungsmangel und Umweltgifte.

Mit Bewegungsfreude gegen die Bewegungsstarre

Dass man mit Bewegung Parkinson vorbeugen kann, ergab eine Langzeitstudie der Harvard School of Public Health. 13 Jahre lang ließen die Forscher 48 000 Männer und 77 000 Frauen Fragebögen über Krankheiten, Lebensgewohnheiten und sportliche Aktivitäten ausfüllen. Die Studie erbrachte vor allem in der Männergruppe ein aussagekräftiges Ergebnis. Männer, die regelmäßig Sport trieben, erkrankten um 50 Prozent weniger häufig an Parkinson als Probanden, die sich nur wenig bewegten. Am besten schnitten die richtigen Sportskanonen ab. Ihr Risiko sank sogar um 60 Prozent.

Depression

Hört man manchmal, liest man in der Zeitung: »Burnout-Syndrom«, »Midlifecrisis«, »Klimakterium virile« (die Wechseljahre des Mannes) und »Sissi-Syndrom«. Typische Modekrankheiten. Sind alles Verwandte der Depression. Und sie gehen alle auf eine gemeinsame Ursache zurück: eine Störung des Hirnstoffwechsels.

Die genetische Veranlagung zur Depression haben viele Menschen. Einige von ihnen gehen

munter und unbeschwert durchs Leben. Erst wenn diese Menschen unter starken Stress geraten, bricht die Depression aus. Ein Neuroteufelskreis: Während sich im synaptischen Spalt nicht genügend vom Gute-Laune-Hormon Serotonin tummelt, überschwemmen Stresshormone das Gehirn. Wie schützt man sich vor einer Depression? Indirekt, indem man aktiv dem Stress vorbeugt. Und Sie kennen ja mein favorisiertes Antistressrezept: Magnesium plus Bewegung.

Laufen Sie sich in Laune

Wo finden Sie schon eine Psychopille ohne Nebenwirkungen, die obendrein nichts kostet? Im Wald, im Park oder am Strand. Dort müssen Sie einfach nur loslaufen. Und schon beginnt die Pille zu wirken. Laufen baut Stresshormone ab. Gleichzeitig locken Sie im Sauseschritt das körpereigene Antidepressivum Serotonin, das Angstzustände vermindert und wieder Farbe in den tristen Alltag bringt. Und das Eustresshormon Noradrenalin stärkt das Selbstbewusstsein und kontrolliert – ähnlich wie Dopamin – Erregungszustände. Endorphine wecken wieder die Lust am Leben.

Kein Wunder, dass Psychiater heute statt Pillen Laufschuhe verordnen. Schon ein 30- bis 60-minütiges Training, drei- bis viermal die Woche, wirkt genauso gut wie eine medikamentöse Therapie. Wer mehr tut, erntet auch bessere Laune, berichtete kürzlich eine amerikanische Fachzeitschrift für Prävention.

Migräne

Lange Zeit belächelte die Gesellschaft Migräne als eingebildete »Frauenkrankheit«. Eine Frechheit gegenüber jedem, der weiß, wie sich Migräne anfühlt. Der diese rasenden Kopfschmerzen kennt, begleitet von Übelkeit, Lichtscheu und Lärmempfindlichkeit. Eine Höllenqual, unter der zehn Millionen Menschen in Deutschland leiden.

Ursache der Migräne ist eine Störung der Hypothalamusaktivität während der Verarbeitung von Reizen wie Gerüchen, Geschmäckern oder Stress. Dadurch entstehen Entzündungen an den Kopfgefäßwänden. Sie quellen auf und verdicken sich. Das drosselt die Blutzufuhr. Nach einiger Zeit hat die Entzündung die gesamte Gefäßwand erreicht, die dann durch den ständigen Blutdruck aufweicht. Durch das »ausgeleierte« Gewebe tritt schließlich eiweißhaltige Flüssigkeit aus. Die erhöht die Schmerzempfindlichkeit. Und so wird jeder Pulsschlag zur unerträglichen Marter.

Ein Läufer kennt keinen Schmerz

Wie gut man durch Bewegung Migräne lindern kann, bewies ein Team von Neurologen der türkischen Universitätsklinik von Erciyes. Die Forscher beobachteten 40 Migränepatienten, die sechs Wochen vor dem Beginn der Studie ihre Migränemedikamente absetzen mussten. Stattdessen walkten oder joggten sie dreimal pro Woche eine halbe Stunde lang. Bereits nach sechs Wochen halbierten sich Zahl und Dauer der Migräneattacken. Auch die Intensität der Anfälle sank um etwa ein Drittel. Der Erfolg spiegelte sich auch in der Gehirnchemie der Versuchsteilnehmer wider: Ihr Endorphinspiegel war fast dreimal so hoch wie zu Beginn der Studie. Endorphine sind schmerzbekämpfende und glücklich machende Opiate, die der Körper ausschüttet – zum Beispiel, wenn er sich bewegt.

superlinks

Alzheimer Seite 86 | Denksport Seite 123 | Dick & Doof Seite 125 | Dolce Vita Seite 128 | Fitnesshäppchen Seite 144 | Gene Seite 173 | Interview: Hypnose Seite 186 | Licht Seite 243 | Musik Seite 262 | Opium Seite 276 | Schmerz Seite 284 | Trance Seite 303

33 Gehirnschmalz – *Fett, das nicht dumm macht*

Zu hoher Fettkonsum erhöht das Demenzrisiko auf mehr als das Doppelte. Ja. Halbe Wahrheit. Richtig ist: Das »bad fat« aus Fertigprodukten, das aus der Industrie, das aus dem Braten und der Wurst, lässt uns allmählich verblöden. Tierische Fette bestehen zum Großteil aus gesättigten, arterienzerstörenden Fettsäuren. Und der Körper deponiert ein Zuviel davon für Notzeiten als Energiespeicher auf Ihren Hüften. Und in den feinen Kanälchen im Gehirn. Für Fitfette ist das Gegenteil der Fall – die schmieren Ihren Denkapparat da oben.

Da haben sie was angerichtet, unsere Ernährungsexperten, mit ihrem Rat: Zählt Fettaugen, spart Fett. Weil die Menschen ihr Herz schützen wollten, handelten sie sich halt Gehirnleistungsstörungen, eine Depression oder Alzheimer ein. Das Gehirn braucht Fett. Es braucht Omega-3-Fette, aus Fisch und bestimmten pflanzlichen Ölen. Stecken beispielsweise in Avocado, Oliven-, Raps- und Leinöl und Nüssen. Auch in Walnüssen – kann man sich gut merken, weil die wie kleine Gehirne aussehen.

Junge Denker knabbern Studentenfutter

Sie wissen schon, warum. Weil Omega-3-Fett die Leitfähigkeit im Gehirn erhöht. Schließlich besteht das Gehirn zu 60 Prozent aus Fett. Und gut ein Drittel unseres Gehirnschmalzes besteht aus Omega-3-Fett. Die Sache hat nur einen Haken: Omega-3-Fett steckt ganz bestimmt nicht in dem, was Sie im Supermarkt kaufen. Denn dieses Fett ist nicht haltbar. Wird ranzig auf dem Weg von der Fabrik über den Supermarkt in Ihren Vorratsschrank. Ware, die man heute kaufen und frisch essen muss, stellt kein Industrieller her. Würde damit bald bankrott gehen.

Wenn Sie Ihrem Gehirn das wichtige Fett versagen, mag es erst einmal nicht mehr so richtig – und irgendwann gibt es den Geist auf. Warten Sie nicht, bis es zu spät ist. Mit Omega-3-Fettsäuren kann man Alzheimer vorbeugen. Weil ungesättigte Fette das schlechte Cholesterin senken und so die Ablagerungen im Gehirn reduzieren. Aller-

Verblüffendes …

Warum fette Wurst Alzheimer macht

Wissenschaftler des Rush-Presbyterian-St. Luke's Medical Center in Chicago untersuchten 815 Menschen ab 65 Jahren über einen Zeitraum von vier Jahren. Und nahmen dabei auch unter die Lupe, wie sich Fitfette in der Ernährung auf Alzheimer auswirken. Ergebnis: Probanden, die einen hohen Anteil an ungesättigten Fetten zu sich nahmen, hatten ein um 80 Prozent geringeres Risiko, an Alzheimer zu erkranken, als die Wurst- und Bratenfettliebhaber.

Know-how

Eine Pille hält den Geist jung

Ihre Zellmembranen brauchen Omega-3-Fettsäuren. Omega-6 haben Sie genug. Haben sich jahrelang mit Sonnenblumenöl und Distelöl und Margarine versorgt. Was Sie brauchen, sind Omega-3-Fettsäuren. Und die stecken im Fisch, im Leinöl, ein wenig im Rapsöl. Und wenn Sie das nicht täglich essen, dann sollten Sie in die Apotheke. Und die Nahrung mit einer Kapsel ergänzen.

dings: Ist die Krankheit erst einmal ausgebrochen, hilft auch der Fisch oder die Walnuss nichts mehr. Die sollten Sie schon vorher essen.

Gehirnschmalz pur

- Gut ist einfach ungesättigtes Fett, das in Raps- und Olivenöl steckt. Diese Fettsäuren senken schlechtes Cholesterin. Kommt auch dem Geist zugute.

- Omega-3-Fettsäuren: Die gehören zur Gruppe der mehrfach ungesättigten Fettsäuren. Sie schützen Herz und Hirn vor Infarkt, beugen Krebs vor, lindern Symptome rheumatischer Arthritis, Migräne und Bronchialasthma, wirken entzündungshemmend, regulieren das Immunsystem – und neue Studien zeigen: Sie helfen gegen Depressionen. Wichtigste Vertreter: Linolensäure, Eicosapentaensäure und Docosahexaensäure. Sie stecken im fetten Fisch und in Leinöl und in Walnüssen.
- Essen Sie fetten Fisch: Mit Fischfett in Form von Lebertran hat man lange Zeit Kinder gegängelt, weil der Tran das Wachstum unterstützt. Gut für die Nerven, für gute Laune. Wäre nur das Schlucken nicht. Den Tran brauchen Sie nicht. Essen Sie Seefisch. Lachs, Makrele und Hering sollten Ihnen oft ins Einkaufsnetz gehen. Fischfett macht klug und hält jung. Wissen Sie, wer das wusste und auch getan hat? Ernst Jünger. Wurde über 100 Jahre jung.
- Distelöl, Weizenkeimöl, Sojaöl, Sonnenblumenöl sollten Sie sparsam verwenden. Genauer: nicht mehr als einen Esslöffel. Denn die bringen mit ihren Omega-6-Fettsäuren das Eicosanoid-Gleichgewicht durcheinander. Die Eicosanoide sind Gewebehormone. Sie halten die Funktion der Organe aufrecht und nehmen Einfluss auf unsere Gefäße, sie mischen bei Entzündungsreaktionen mit und blockieren oder stimulieren andere Hormone.
- Die gesunde Fettformel: Sie brauchen drei bis fünf Esslöffel Öl täglich. Das heißt beispielsweise: drei bis vier Esslöffel Oliven- oder Rapsöl und je einen Teelöffel Lein- und Walnussöl.

superlinks

Aminosäuren Seite 90 | Antioxidanzien Seite 98 | B-Vitamine Seite 105 | Dolce Vita Seite 128 | Fisch Seite 142 | Fleisch Seite 148 | Kluge Kids Seite 210 | Interview: Klug essen Seite 136

34 Die Gene, der Charakter und das Leben

der eine ist mutig, der andere ängstlich, der eine ist gewissenhaft, der andere neugierig. Ob man nun mutlos und schüchtern durchs Leben schleicht oder vital und aufgeschlossen durch ein lebenslanges Abenteuer fliegt, liegt an vielem. An der Erziehung, der Ernährung, der ersten Liebe, der Umwelt – und etwa zu 50 Prozent an den Genen. Dass Gene etwas mit der Persönlichkeit zu tun haben, lässt sich nicht abstreiten. Eineiige Zwillinge sind sich viel ähnlicher als zweieiige. Sie ergreifen nicht selten den gleichen Beruf, und sie kriegen sogar zur gleichen Zeit Schnupfen, wenn sie in unterschiedlichen Städten leben. Die Forscher haben schon ein Stressgen aufgestöbert, das verantwortlich dafür gemacht wird, wenn ein Mensch durch einen Schicksalsschlag in die Depression rutscht. Oder es gibt ein »Gottesgen«, VMAT2, das die biochemischen Prozesse steuert, die Spiritualität ausmachen. Es gibt ein Neugier-Gen namens DRD4-Gen, das Abenteurer haben und Stubenhocker nicht. Es gibt das Alzheimer-Gen – und sogar ein Pechvogel-Gen soll es geben.

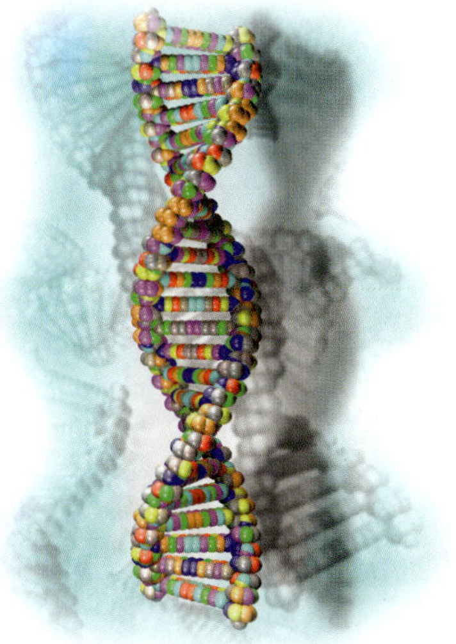

Die berühmte Doppelhelix – sie enthält den genetischen Code

Seien Sie nicht der Sklave Ihrer Gene

Nun kann man natürlich sagen: Ich bin so. Das liegt an den Genen. Nur ist das genauso wie mit dem halb vollen und dem halb leeren Glas Wein. Kommt auf den Blickwinkel an. Aus einem schüchternen, streng erzogenen Kind kann ein aufgeschlossener, fröhlicher, extrovertierter Erwachsener werden. Wenn die erste Liebe (hat einen großen Einfluss auf die Charakterbildung; viel stärker als die Eltern) das Selbstwertgefühl nach oben katapultiert. Wenn man seine Umgebung ändert – fröhliche Menschen kontaktiert, das Abenteuer sucht … dann bleibt auch der langweiligste Charakter nicht in Stein gemeißelt.

Ein Depressions-Gen beißt sich meist die Zähne aus an den Muskeln und der Stressresistenz eines Läufers. Und wer ein Alzheimer-Gen hat, der braucht sich nicht mit 30 an den Straßenrand zu legen und zu sagen: Dumm geboren! Mit Bewegung, gesundem Essen, ein paar Vitaminen bricht der Alzheimer mit Sicherheit nie aus.

superlinks

Alzheimer Seite 86 | Gehirnmedizin Seite 168 | Glück Seite 178 | Negative Gefühle Seite 273

35 Ginkgo – grüner Schutz für graue Zellen

Spielen Sie Golf? Dann tun Sie was fürs Gehirn. Ist ein Superfitmacher für den Kopf. Und wenn Sie dann noch Ginkgo nehmen, dann dürfte Sie das unschlagbar machen. Fand Deutschlands berühmtester Hirnforscher Prof. Ernst Pöppel in der so genannten Golfstudie heraus. Er untersuchte gesunde und sportliche Golfspieler im Alter zwischen 50 und 70 Jahren. Sie können sich vorstellen: Golf eignet sich besonders gut als Forschungsmodell, da es eine komplexe sensorische, motorische und kognitive Leistungsfähigkeit erfordert. Ein Teil der Golfprobanden nahm über sechs Wochen Ginkgo ein – bei dieser Gruppe stieg die Leistung bei bestimmten Golftechniken im Vergleich zur Kontrollgruppe deutlich an. Nein, auch das möchte ich den Profis unter Ihnen jetzt nicht vorenthalten: Die volle Wirkung entsteht mit 240 Milligramm Extrakt – die Wirkung setzt nach rund zwei Wochen allmählich ein und nimmt danach über einige Wochen weiter zu.

Ginkgo – die Pflanze der starken Weisen

»Dieses Baumes Blatt, der von Osten
meinem Garten anvertraut,
gibt geheimen Sinn zu kosten,
wie's den Wissenden erbaut.«

Das dichtete Johann Wolfgang 1815 über den Ginkgobaum. Und wie stark die Kraft ist, die in ihm ruht, zeigte etwas mehr als ein Jahrhundert später Folgendes: Nach dem Abwurf der Atombombe über Hiroshima 1945 war der zarte Spross eines Ginkgobaumes das erste Grün, das durch die Zerstörung drang. Heute gehört der grüne Riese mit einer Lebensdauer von teilweise über 1000 Jahren zu den am meisten gepflanzten Straßenbäumen in Städten mit hoher Luftverschmutzung wie New York, Tokio oder auch Berlin. Dieser Baum scheint also resistenter als andere Lebewesen gegen massive Störungen von außen zu sein.

Ein Überlebenskünstler

Doch das lebende Fossil ist nicht nur in der Lage, sich selbst zu helfen, es wirkt auch wie ein Schutzschild auf die Zellen des menschlichen Körpers. Besonders unser Gehirn profitiert von dem Baum mit den charakteristischen fächerförmigen Blättern. Studien zeigen: Ginkgoextrakt greift direkt an den Nervenzellen an, treibt die Zellkraftwerke (Mitochondrien) zu neuen Höchstleistungen an und regeneriert geschädigte Kraftwerke.

Wo habe ich noch mal meine Brille hingelegt …

Der Name der netten Nachbarin – einfach weg? Ewig sucht man nach Schlüsselbund oder Brille? Auch hier hilft Ginkgo. Mit dem grünen Extrakt

Know-how

Noch mehr Denkermedizin

- **Ginseng:** Die asiatische Wurzel steigert Ihre Konzentration und hilft Ihrem Gehirn, mehr Sauerstoff zu tanken. Den braucht das Hirn zur Energiegewinnung und um ordentlich zu arbeiten. Aber die tolle Knolle kann noch mehr. Sie lindert Stresssymptome, sodass Sie in Ruhe nachdenken können. Gibt's als Pulver oder Tee im Reformhaus. Clever genießen: abends ein Glas Ginsengtee im Bett trinken. Das entspannt herrlich.
- **Guarana:** Schon vor Jahrhunderten brauten sich die Indios einen honigsüßen Trunk aus den geschälten trockenen Samen eines südamerikanischen Lianengewächses namens Guarana. Um sich zu stärken und sich zu erfrischen. Guarana enthält Koffein, das nach und nach freigesetzt wird und vier bis sechs Stunden lang stimuliert. Guarana macht munter, erhöht die Konzentrations- und Lernfähigkeit – aber nur kurzfristig. Gibt's heute in Energydrinks, als Drops und Kaugummis und in Kapseln. Höhere Dosen erzeugen allerdings Ruhe- und Schlaflosigkeit, Zittern, manchmal auch Herzrhythmusstörungen. Wenn, dann also mit Vorsicht genießen!

stellen sich Augen und Ohren schneller auf neue Reize ein. Konkret bedeutet das: Gesichter werden um zehn Prozent besser wiedererkannt, Zahlen und Worte sogar um 22 Prozent besser erinnert. Zudem hält der Urbaum das Gehirn wach und sorgt für Aufmerksamkeit. Nach Einnahme von Ginkgoextrakt wurde eine erhöhte Gehirnaktivität festgestellt, mehr Nervenzellen waren aktiv als ohne Ginkgo.

Ginsengwurzeln

Schneller denken – zufriedener leben

Ginkgo hilft Alzheimer-Patienten genauso wie Menschen mit leichten Hirnleistungsstörungen. Vergesslichkeit, nachlassende Konzentration: mehr als eine Lappalie? Ja. In einer aktuellen Studie mit 1500 Teilnehmern zeigte sich, dass Leistungsstörungen des Gehirns das körperliche Wohlbefinden ähnlich stark beeinträchtigen wie Diabetes mellitus oder Herz-Kreislauf-Erkrankungen. Die psychische Belastung von Menschen mit Gehirnproblemen ist sogar deutlich höher. Bereits nach einer vierwöchigen Einnahme von Ginkgo verbesserten sich das körperliche und psychische Befinden deutlich. Ginkgoeinnehmer konnten sich besser konzentrieren und mehr merken, sie fühlten sich ausgeglichener und belastbarer. Glauben. Oder ausprobieren!

superlinks

Acetylcholin Seite 83 | Aminosäuren Seite 90 | Brainfood Seite 113 | Gedächtnispille Seite 166 | Kaffee Seite 208

36 Glaube *ist auch Medizin*

Jede Krankheit ist heilbar, nicht aber jeder Kranke«, sagte ein berühmter Apotheker des 19. Jahrhunderts namens Emile Coué. Und brachte damit auf den Punkt, worum es geht: um unsere wunderbare Fähigkeit, uns selbst heilen und fit halten zu können. Nur durch unseren Kopf. Durch unseren Willen, unseren Glauben, unsere Hoffnung und unsere Vorstellung.

Glaube heilt. Wer's nicht glaubt, sollte nach Lourdes reisen. Zu der berühmten Grotte, in der einem Hirtenmädchen 1858 die Madonna erschienen sein soll. Seither pilgern jedes Jahr Kranke und Gebrechliche in Millionenscharen in das französische Pyrenäendorf. Angezogen vom genius loci. Und vom Lourdesschen Quellwasser, dem man heilende Kräfte nachsagt. Und das scheint wirklich zu helfen. Seit 1862 registrierte die katholische Kirche offiziell 65 Fälle von Wunderheilung in Lourdes. Inoffiziell sind es angeblich noch viel mehr, etwa 2000.

Dass all diese Heilungen tatsächlich der Wundertätigkeit der Muttergottes zu verdanken sind, mochten schon die Ärzte und Kleriker des 19. Jahrhunderts nicht recht glauben. Wohl aber waren sie beeindruckt, wie der eher skeptische Arzt Henri Vergez. Von den Heilkräften, die durch »starke Gefühle der Seele, Hoffnung, Freude und Erwartung« ausgelöst werden können.

Und noch mehr Wunder

Kennen Sie die Geschichte von dem Amerikaner Jim Howley, der am 22. August 1988 die Diagnose AIDS gestellt bekam – und sein Todesurteil: Sie haben noch 18 Monate. Sieben Jahre später machte er seinen ersten Triathlon in Hawaii, wurde Ironman. Oder die Geschichte von dem kleinen krebskranken Jungen, den alle abgeschrieben hatten. Der mit einer Visionstechnik kleine Kampfflugzeuge gegen Krebszellen ansetzte – und der Tumor verschwand. Von dem Mädchen, das mit Leukämie nach Lourdes kam – und gesund nach Hause.

Es gibt viele dieser Geschichten. Manche Ärzte sagen dazu Spontanremission. Ein neues Wort für Wunder. Man könnte auch sagen: Glaube heilt. Die Kraft, auch die Heilkraft unseres Geistes, ist viel größer, als man denkt. Der Wille ist stark. Oder was meinen Sie, womit man einen Marathon läuft? Mit den Beinen? Nein. Den läuft man mit dem Kopf.

Gefühle rauben oder schützen die Gesundheit

Die Auslöser von Krankheiten sind oft Hürden und Belastungen des Alltags, denen wir nur schwer aus dem Weg gehen können: Stress, Ängste, Trauer, Hass (anderen und sich selbst gegenüber), Hilflosigkeit, Minderwertigkeitsgefühle, Einsamkeit. Sie erhöhen den Blutdruck, schwächen das Immunsystem, verlangsamen den Stoff-

superlinks

Biofeedback Seite 110 | Body-Mind-Medizin Seite 111 | Glück Seite 178 | Interview: Hypnose Seite 186 | Licht Seite 243 | Meditation Seite 252 | Plazeboeffekt Seite 279 | Sechster Sinn Seite 289 | Visualisieren Seite 308

wechsel und drosseln die Entgiftung, verringern die Sauerstoffzufuhr – das Lebenselixier jeder Zelle. Am Ende werden wir krank. Kriegen Rheuma, Allergien, Herzinfarkt, Schlaganfall, Magengeschwüre, Nierenversagen oder Krebs.

Das ist die schlechte Nachricht. Aber es gibt auch eine gute. Genauso wie negative Gefühle – als Folge von Stress und Lebenskrisen – krank machen, können positive Gefühle Krankheiten verhindern und sogar heilen. Nein, ich tröte jetzt nicht in das Horn der vielen »Du-musst-nur-positiv-denken-dann-sitzt-es-sich-im-Mist-besser«-Prediger. Wir können unsere negativen Gedanken nicht ganz abschalten. Aber man kann einfach mehr Positives ins Leben lassen. Aktiv. Bewusst. Und dazu gehört auch Glaube.

Der Glaube ist kein Wundermittel

Weil nicht jeder so viel Frömmigkeit aufbringen kann wie jene Herzpatientin, der man bei einer Bypassoperation die Aortenklappe eines Schweines implantierte. Worauf sich die tief gläubige Jüdin nur schwer erholte. Erst als ein Rabbi an ihr Krankenbett gekommen war und die Schweineklappe segnete, ging es ihr wieder besser. Aber der Glaube kann sich positiv auf die Genesung von einer Krankheit auswirken. Er kann verhindern, dass man krank wird. Und er kann helfen, besser mit Krankheiten umzugehen. Warum? Weil Glaube – egal, ob an Gott, Buddha, Mohammed, Allah oder das Gute im Menschen – starke Gefühle der Seele schafft, Hoffnung, Freude und Erwartung. Und das schützt Ihre Gesundheit.

Know-how

Wie Glaube heilen kann

- Forscher des New Yorker Krebszentrums Sloan Kettering Cancer Center fanden heraus, dass gläubige Krebspatienten besser mit ihrer Diagnose zurechtkommen.
- Die kalifornische Alameda-Studie von William Strawbright hat sich mit Spiritualität und Gesundheit beschäftigt. Untersucht wurden 5286 Menschen zwischen 1965 und 1993. Ergebnis: Gläubige sind eher bereit, Sport zu treiben, sich gesund zu ernähren und mit dem Rauchen aufzuhören.
- Die Universität Duke in North Carolina untersuchte den Zusammenhang von Glaube und Zigarettenkonsum. Ergebnis: Gläubige rauchen weniger – sehr Fromme sogar bis zu 90 Prozent weniger.
- Mediziner der Duke-Universität untersuchten die Wirksamkeit von spirituellen Behandlungsmethoden bei Herzkranken. Demnach gesundeten Patienten, die mit Handauflegen und Gebeten therapiert wurden, besser als konventionell behandelte Patienten.
- Hirnforscher fanden heraus, warum praktizierende Buddhisten tatsächlich glücklicher sind als andere. Weil bei ihnen eine bestimmte Gehirnregion, der so genannte linke präfrontale Lappen, nahezu ununterbrochen aktiv ist – ein für positive Emotionen typisches Merkmal. (Quelle: Owen Flanagan von der Duke-Universität in Durham.)

37 Glücklich *sind die geistig Reichen*

Der Weg zum Glück. Die Glücksformel. Die Suche nach dem Glück. Jeder Tag ein Weg zum Glück. Das kleine Buch vom wahren Glück. Mehr Zeit fürs Glück. Die zehn Geheimnisse des Glücks. Zurück zum Glück … Es gibt unzählige Ratgeber, die Glück versprechen. Nur – die meisten Menschen suchen ein Leben lang. Nicht so Nina Hagen. Sie ist ein gutes Beispiel. Sie erinnern sich vielleicht noch an die Verwüstungsspur, die dieses schräge Enfant terrible durch die gesamten 1980er Jahre legte. Ihre Provokationsauftritte im Fernsehen, die Berichte über ihre Drogenexzesse und die Schlägereien, die sie sich mit ihren Lovern lieferte. In den 1990er wurde es dann stiller um sie. Nina Hagen begann sich mit religiösen und spirituellen Dingen auseinander zu setzen. Und sie überraschte ihr Publikum mit einem erstaunlichen Bekenntnis: Sie arbeite nun regelmäßig als freiwillige Krankenschwester in einem Sterbehospiz. Ausgerechnet die Frau, die einmal sang: »Ich wasch nicht deine Käsesocken, würg, würg, kotz, kotz.«

Die Punk-Diva hätte natürlich auch zur Charity-Lady werden können, wie viele andere prominente Frauen. Rein ökonomisch gesehen macht das Charity-Prinzip auch mehr Sinn, als selbst Hand anzulegen. Von einer dicken Spende haben die Betroffenen letztendlich mehr. Nur, was hätte Nina Hagen selbst davon gehabt?

Spaß ist nicht gleich Glück

Früher hat die Religion den Menschen die Frage nach dem persönlichen Glück beantwortet: Verhalte dich redlich, achte deine Mitmenschen, fürchte deinen Gott – zur Belohnung dafür wirst du in den Himmel kommen. Oder ins Nirwana, in die ewigen Jagdgründe. Irgendwohin, wo es schöner ist als auf dieser schnöden Welt.

Seit den letzten zwei Jahrhunderten allerdings will in unseren Breitengraden niemand mehr so recht an das Paradies glauben. Weshalb der moderne Mensch des Westens begann, sich das Paradies auf Erden einzurichten. Das heißt: Er lässt es sich gut gehen, so gut er kann. Er trinkt Alkohol, isst Schokolade und Hamburger, amüsiert sich vor dem Fernseher, spielt Computerspiele, hat Sex ohne Liebe. Vergnügen nennt man das. Der US-Psychologe Martin E. P. Seligman nennt es in seinem Buch »Der Glücksfaktor« (Lübbe-Verlag) auch »Abkürzung zum Glück«. Ein wunderbares Buch. Auch wenn das Thema »positive Psychologie« in der Fachwelt sehr umstritten ist. Zu Recht. Man kann sich nicht immer alles schön denken. Geld gehört übrigens auch zu diesen Glücksabkürzungen. Mit Geld kann man sich schließlich alles kaufen – außer einen Marathon. Den müssen Sie selbst laufen.

Das kurze Glück schmeckt bitter nach

Warum sind dann reiche Menschen, wenn überhaupt, nur unwesentlich glücklicher als arme? Zunächst lässt sich das sehr leicht beantworten: Das Glück, das man durch Vergnügungen erlangt, ist nur von kurzer Dauer. Es hört unmittelbar auf, wenn man das Bonbon zu Ende gelutscht hat. Nun könnte man natürlich den ganzen Tag mit Bonbonlutschen, Filmegucken und Schaumbaden verbringen. Tun ja auch viele Menschen. Trotzdem macht sie diese lückenlose Anhäufung von Glücksmomenten nicht glücklich. Sie fühlen sich leer, bekommen schlechte Laune. Seltsam, was?

Glück entsteht im Kopf

Warum sind wir überhaupt unglücklich? Warum können wir nicht von Natur aus fröhlich und unbeschwert durchs Leben ziehen? Ganz einfach: weil wir sonst kaum überleben würden. Wir würden naiv in jede Falle tappen, würden uns Menschen anvertrauen, die uns nicht gut tun. All diese negativen Emotionen wie Angst, Trauer, Wut oder Kummer haben ihren biologischen Sinn. Nun hat sich unser Gehirn leider dahin-

Know-how

Glück kann man messen

Glückliche Menschen haben weniger Kortisol im Blut. Das Stresshormon macht Diabetes mellitus, Bluthochdruck, schadet dem Immunsystem und dem Hirn. Wer unter Depressionen leidet, hat höhere Kortisolwerte. Londoner Forscher untersuchten 200 Personen im Alter von 45 bis 59, die ein Glückstagebuch schrieben. Diejenigen mit den wenigsten Glücksmomenten im Alltag hatten die höchsten Kortisolwerte und entwickelten unter Stress viel mehr vom Blutgerinnungsstoff Fibrinogen als glückliche Menschen. Risiko für die Gefäße, Risiko fürs Hirn!

gehend entwickelt, dass diese Unglücksgefühle sich in unseren Köpfen eingenistet haben und zur Dauerbelastung werden können. Wir steuern dann zum Beispiel mit Schokolade dagegen. Was zur Folge hat, dass wir dicker werden, während der Kummer bleibt. Er wird sogar größer, weil wir zudem noch unglücklich über unsere Pfunde sind. Wie kommen wir aus dieser Nummer raus? Wir müssen uns selbst umprogrammieren. Indem wir nach glücklichen Momenten in unserer Vergangenheit suchen. Und Frieden schließen mit den Dämonen, die uns quälen. Das ist die eine Strategie auf der Suche nach dem Glück. Die zweite: Tun. Und dadurch die negativen Emotionen umprogrammieren.

Happyness by doing

Was treibt den Extrembergsteiger, sich immer wieder mörderischen Gefahren und Strapazen auszusetzen? Er kriegt kein Geld dafür. Auch keinen Ruhm – die alpinen Rekorde sind alle schon längst gebrochen. Oft wissen die Bergsteiger keine richtige Antwort auf diese Frage, dann sagen sie gerne, ihre Leidenschaft beschere ihnen eine Art spirituelles Erlebnis. Was sie damit meinen, gilt als eine der wichtigsten Weisheiten der buddhistischen Lehre: »Der Weg ist das Ziel.« Wahrscheinlich ist das die älteste Glücksformel der Welt.

Es geht also ums Tun. Aktives Tun. Sinnvolles Tun? Klar, wer wie Nina Hagen Todkranken hilft, belohnt seine Seele, weil er anderen Gutes tut. Aber Bergsteigen? Tut man vor allem für sich selbst. Macht aber dennoch glücklich. Weil man, wie Seligman schreibt, mit jedem Tun »seelisches Kapital« in seine Zukunft investiert. Auch Seligman glaubt, was Mihaly Csikszentmihalyi in die Welt trug: dass alles glücklich macht, was der Mensch im Zustand selbstvergessener Konzentration macht, im so genannten Flow (siehe Seite 150ff.). Er unterscheidet zwischen Hoch-Flow-Typen (Menschen, die ihre Freizeit aktiv gestalten) und Niedrig-Flow-Typen (Menschen, die abends vor der Glotze abhängen). Hoch-Flow-Typen neigen weniger zu Depressionen. Sie haben mehr Erfolg im Leben – und auch eine höhere Lebenserwartung.

Sechs Strategien für ein glückliches Leben

Sammeln Sie Freunde um sich

Unglückliche und depressive Menschen neigen dazu, sich zurückzuziehen und Kontakte zu vermeiden. Wer dagegen offen ist, häufig ausgeht und Freundschaften pflegt, scheffelt viele Punkte auf seinem Glückskonto. Eine feste Partnerschaft

oder eine Ehe macht nachweislich glücklicher als ein Singleleben (die flüchtigen Liebesabenteuer, die Singles erleben, fallen unter die Rubrik »vergängliche Vergnügungen«). Wichtig: Die Partnerschaft muss gut sein. Schlecht Verheiratete oder Liierte stehen auf der untersten Position der Skala des Glücklichseins.

Glauben Sie an einen höheren Sinn

Es muss nicht unbedingt der liebe Gott mit weißem Rauschebart sein, dem Sie huldigen. Das heißt: Es geht nicht um naive Frömmelei oder inbrünstige Bigotterie. Glauben heißt ganz einfach: dem Leben einen tieferen Sinn abzugewinnen. Mehr darin zu sehen als die Suche nach Geld, Freizeit und Spaß. Wer sich mit – egal welcher – Religion beschäftigt, stößt auf Themen, die sich mit der Sinnfrage beschäftigen. Es geht um Tugenden wie Respekt, Liebe, Vertrauen, Mut, Geduld, Fleiß. Religionen sind die ältesten und nach wie vor bewährtesten Anleitungen in der Kunst des Glücklichseins.

Schauen Sie nach vorne – mit Zuversicht

Glück ist eine Sache der inneren Einstellung. Die ist bei vielen Menschen geprägt von den Philosophien der letzten Jahrhunderte, zum Beispiel von Karl Marx oder Sigmund Freud. Vom so genannten Determinismus. Deterministen sagen: Du bist ein Produkt deiner Vergangenheit, deiner Herkunft, deiner Kindheit, deiner Bildung. Deterministisch über andere zu denken ist gut – man begegnet ihren Schwächen milder, wenn man weiß, woher sie kommen. Deterministisch auf sich zu schauen ist dagegen recht schlecht. Man sieht sich dann als hilfloses Opfer einer ungünstigen Vorbestimmung. Wird resigniert, pessimistisch, verbittert. Sagt sich: einmal Verlierer, immer Verlierer. Und verbaut sich alle Rettungswege, die aus der Tristesse des Unglücklichseins führen.

Empfinden Sie echte Dankbarkeit

Kein Wunder, dass die Menschen so unglücklich sind, solange sich die Dankbarkeit auf ein Höflichkeitsritual beschränkt. Aufs Dankesagen oder -schreiben, wenn man etwas geschenkt bekommt. Aber wann bedankt man sich schon für die scheinbar selbstverständlichen Dinge – Gesundheit, ein Dach über dem Kopf, eine gute Ehe, einen guten Job? Dankbarkeit kann man lernen und üben. Das geht folgendermaßen:

- Küren Sie in regelmäßigem Abstand einen Menschen, der Ihnen viel bedeutet. Ein Freund, der Ihnen in kritischen Zeiten beigestanden hat. Oder ein Lehrer, dem Sie wertvolles Wissen ver-

Info

Die verhexte Echse

Seligman erzählt von einem Bekannten, der eine Eidechse in seiner Wohnung beherbergte. Am ersten Tag saß sie regungslos in der Ecke des Terrariums, obwohl ihr der Mann die schönsten Leckerbissen zum Fressen anbot. Am zweiten Tag wiederholte er das Prozedere – keine Reaktion. So ging das weiter am dritten Tag, am vierten ... bis ihm zufällig eine Zeitung auf den Fressnapf fiel. Da bewegte sich das Tier plötzlich, zerfledderte die Zeitung und begann zum ersten Mal zu fressen. Da verstand der Mann: Die Echse muss jagen, um glücklich zu genießen. So ähnlich ist das mit uns Menschen auch. Das Feierabendbier schmeckt am besten nach einem harten Arbeitstag. Das heiße Bad tut am besten nach einem Spaziergang im Regen. Der Sex ist am besten nach einem intensiven Gespräch. Denken Sie immer daran und bleiben Sie aktiv.

danken. Schreiben Sie eine kurze Dankesurkunde. Die überreichen Sie dann den Betreffenden bei einem Besuch.

- Nehmen Sie sich jeden Abend fünf Minuten Zeit und notieren Sie auf ein Blatt Papier mindestens fünf Gründe, für die Sie in den letzten 24 Stunden dankbar sind: das schöne Wetter zum Beispiel, den Anruf der besten Freundin, das leckere Eis, den interessanten Zeitungsartikel.

Vergeben Sie

»Wie auch wir vergeben unseren Schuldigern«, heißt es im »Vater unser«, und man kann diesen Satz nicht oft genug wiederholen. Wie oft wird jeder Mensch in seinem Leben beleidigt, verletzt, gedemütigt? Aber- und abertausende Male. Jede dieser Verletzungen speichert das Gehirn. Die Erinnerung an den bösen Lehrer steigen hoch, sobald man an die Schulzeit denkt. Der Scheidungskrieg bohrt sich ins Bewusstsein, wenn einem alte Fotos in die Hände fallen. So entsteht schlechte Stimmung, ein Abfallprodukt aus der Vergangenheit. Und so wandeln Sie die trüben Gedanken in gute um: Sie müssen die Opferrolle aufgeben und die unbeglichenen Rechnungen ohne die Täter abarbeiten. So funktioniert das Prinzip der Vergebung.

- Setzen Sie sich an Ihren Schreibtisch und erinnern Sie sich an eine Situation, die Ihnen auf der Seele lastet. Stellen Sie sie sich so konkret wie möglich vor, visualisieren Sie sie.
- Versuchen Sie sich in die Situation des Täters zu versetzen, relativieren Sie. War der Handtaschenräuber nicht ein ziemlich armer Schlucker? Sah er nicht aus, als hätte er nichts zu essen?
- Nun denken Sie an eine Situation, in der man Ihnen vergeben hat. Das macht Sie großmütig.
- Jetzt das große Finale: Nehmen Sie Papier und Stift zur Hand und schreiben Sie dem Täter einen Vergebungsbrief. Den müssen Sie nicht abschicken, Sie machen das alles nur für sich. Aber bewahren Sie ihn gut auf. Und nehmen Sie ihn zur Hand, wenn die Situation später wieder in Ihnen hochkommt.

... und bleiben Sie immer aktiv

Fragen Sie sich bei allem, was Sie tun: Wird es mich kurz- oder langfristig glücklich machen? Gehen Sie wandern, lesen Sie ein interessantes Buch, helfen Sie Freunden beim Umzug, hören Sie zu, wenn andere Sie um Rat fragen, gehen Sie einem Hobby nach, treiben Sie Sport, kochen Sie selbst. Auf den sinnlosen Spaß müssen Sie deswegen nicht verzichten. Damit ist es wie mit Alkohol, Zigaretten und Süßigkeiten. Das macht Sie glücklich, solange Sie maßvoll damit umgehen.

superlinks

Damasio Seite 122 | Dolce Vita Seite 128 | Flow Seite 150 | Gene Seite 173 | Glaube Seite 176 | Licht Seite 243 | Meditation Seite 252 | Negative Gefühle Seite 273 | Opium Seite 276

38 Halluzinationen & Co. – wie uns das Gehirn narrt

hat Sie Russell Crowe, der Hollywood-Haudegen (»Gladiator«), auch so begeistert mit seiner sensiblen Darstellung des Nobelpreisträgers John Forbes Nash Jr. in dem oscarprämierten Film »A Beautiful Mind«? Die Geschichte um den psychisch kranken Mathematiker ist wahr. Und sie gewährt einen Einblick in die Lebenswelt der Schizophrenen. Da tauchen plötzlich Personen auf, die so real erscheinen, dass der Wissenschaftler glaubt, sie existierten wirklich.

Wie ist das möglich? Nach heutigen Erkenntnissen produzieren Schizophrene zu viel Dopamin und Serotonin. Sie wissen schon, diese Botenstoffe, die Nervenreize auf dem chemischen Weg weiterleiten – für Fantasie und Beschaulichkeit zuständig. Sind sie zu aktiv, ruft das Gehirn Bilder aus der Erinnerung ab und integriert sie einfach in die Wahrnehmung der Realität.

Auch Drogen verwirren den Kopf

Man kann die Aktivität der Botenstoffe, der Neurotransmitter, auch künstlich beeinflussen. Durch Drogen. Durch so genannte Halluzinogene wie LSD und Meskalin. Nein, da habe ich keine Erfahrung. Brauche ich auch nicht. Ich mache mir meine Botenstoffe selbst. Auch eine Schädigung des Frontalhirns kann den unerwünschten Informationsfluss aus dem Gedächtnisspeicher zur Folge haben. Das Frontalhirn ist dafür zuständig, dass wir uns nur erinnern, wenn wir uns erinnern wollen.

Der unsichtbare Freund

Kinder halluzinieren ganz natürlich. Kreative Kinder. 30 bis 65 Prozent aller Vorschulkinder haben irgendwann einen unsichtbaren Freund. Der erschreckt nur die Eltern, hilft aber dem Kind. Der australische Entwicklungspsychologe Charles Fernyhough sagt, Kinder mit unsichtbarem Freund seien sozial besser angepasst, weniger schüchtern, viel kreativer und könnten sich auch besser in andere Menschen einfühlen. Und der unsichtbare Freund braucht keinen Psychiater, er verschwindet von allein, wenn die Kinder sieben oder acht werden.

Nicht nur Kinder & Kranke halluzinieren

Auch gesunde Menschen werden regelmäßig von Erinnerungen heimgesucht. Nachts, wenn sie schlafen. Wir nennen diese Bilder »Träume«. Und die sind im Wesentlichen nichts anderes als Halluzinationen. Hirnforscher glauben, dass wir im Schlaf halluzinieren, weil unser Gehirn nach ständiger Stimulation verlangt. Bleiben die Stimulationen von außen aus, bedient sich das Gehirn mit Bildern und Informationen aus dem Erinnerungsspeicher. Aus diesem Grund halluzinieren auch Menschen unter völligem Reizentzug. Der US-Psychologe Ronald Siegel bewies das in einem Experiment. Er legte sich in einen stockdunklen Wassertank. Bereits nach wenigen Stunden sah er Formen, später einen Wolkenkratzer und schließlich einen lachenden Buddha.

Die große Palette der Halluzination

Laut Definition sind Halluzinationen Trugwahrnehmungen, die sämtliche Sinne betreffen können – manchmal auch mehrere zur gleichen Zeit. Man unterscheidet zwischen:

Know-how

Falsches Déjà-vu

Geht einem manchmal auf Partys so: Man sieht einen Menschen, den man noch nie zuvor gesehen hat. Aber man glaubt ihn zu kennen – weiß allerdings nicht woher. So mancher spricht dann von einem Déjà-vu. In Wirklichkeit handelt es sich jedoch um ein Schnippchen, das einem das Gehirn spielt, behauptet ein Wiener Neurologe. In Wirklichkeit hat man diesen Menschen schon einmal vorher gesehen, ganz kurz vermutlich. Trotzdem hinterlässt das Bild Spuren in der Erinnerung. Denn das Gehirn speichert jede Wahrnehmung, egal, wie flüchtig sie ist. Allerdings kann es später manchmal nur einen Teil des Eindrucks abrufen. So kommt es zu dem scheinbaren Déjà-vu-Erlebnis.

- ***optischen Halluzinationen***. Die Betroffenen sehen Lichter, Farben, Blitze. Manchmal auch Gestalten, Figuren, Szenen. Halluzinationen können angenehm sein. Zum Beispiel als Visionen, die religiöse Menschen während ekstatischer oder meditativer Zustände erleben. Weniger schön: die berühmten weißen Mäuse, Spinnen, Käfer, die Alkoholiker und Drogensüchtige im Rausch bedrohen. Manchen Depressiven erscheinen Furcht einflößende Teufelsfratzen, Schattenfiguren oder Skelette.

- ***akustischen Halluzinationen***. Erlebt man als Geräusche oder Stimmen. Diese Stimmen äußern gewöhnlich einzelne Wörter oder kurze Sätze. Manchmal geben sie auch Befehle oder bedrohen und beschimpfen den Betroffenen. Nicht alle akustischen Halluzinationen gelten als krankhaft. Dass Verwitwete die Stimme des verstorbenen Partners hören, gilt unter Experten als normal.

- ***Geruchs- und Geschmackshalluzinationen***. Man riecht Benzin, Schwefel, Teer, Rauch, Gas oder Aas, Fäulnis, Verwesung. Nicht selten in Verbindung mit Geschmackshalluzinationen. Man schmeckt bitter, salzig, sauer, süß, schwefelig. Menschen mit Gehirntumoren, Epileptiker und schwer Depressive erleben das manchmal.

- ***taktilen Halluzinationen***. Die Betroffenen fühlen sich berührt, angegriffen, festgehalten, gestochen, gewürgt. Einige glauben, sexuell misshandelt und vergewaltigt zu werden. Andere bilden sich ein, krabbelndes Ungeziefer unter der Haut oder im Körperinneren wahrzunehmen. Kommt vor allem bei Drogenkranken und Schizophrenen vor.

- ***Gleichgewichtshalluzinationen***. Erlebt man im Drogenrausch. Man glaubt zu schweben, zu fliegen, zu fallen, zu schwanken.

Körperhalluzinationen. Sind die qualvollsten Trugwahrnehmungen. Schizophrene sind am meisten davon betroffen. Sie glauben, ihr Körper sei versteinert, vertrocknet, geschrumpft, verstopft. Manchmal scheint er zu wachsen, dicker, schwerer, leichter zu werden. Manche Betroffene erleiden auch eingebildete Erstickungsattacken. Sie glauben, dass sich bestimmte Gliedmaßen eigenständig bewegen. Oder sie verfallen in so genannte Bannungszustände – sie können weder sprechen noch sich bewegen.

Kennen Sie das Déjà-vu?

Déjà-vu kommt aus dem Französischen und bedeutet »schon gesehen«. Den meisten Menschen ist das bereits passiert: Sie sehen, an einem unbekannten Ort, einen Gegenstand, ein Bauwerk, eine Landschaft, eine Person. Sie erleben eine bestimmte Situation. Und meinen, das schon mal in ihrem Leben gesehen oder erlebt zu haben. Viele neigen dann zu einer mystischen Interpretation der Ereignisse. Das Erlebnis, glauben sie, sei eine Erinnerung an ein früheres Leben. Andere dagegen sind überzeugt, das Gesehene oder Erlebte schon einmal geträumt zu haben. Letzteren Erklärungsansatz verfolgte auch lange Zeit die Wissenschaft. Die Forscher sahen in der Tatsache, dass man keinen konkreten Zeitpunkt mit der Erinnerung verbinden könne, einen Hinweis auf einen Traum.

Eine Art von Gefühlshalluzination

Nun entwickeln Wissenschaftler gerade eine neue These, mit der sie die geheimnisvollen Erlebnisse erklären wollen. Demnach ist ein Déjà-vu eine Art Gefühlshalluzination. Der Neurologe Josef Spatt vom Wiener Ludwig-Boltzmann-Institut vermutet, ein Déjà-vu entstehe, wenn uns der Parahippocampus im Gehirn einen Streich spiele. Der meldet normalerweise dem Bewusstsein, ob ein Reiz vertraut oder nicht vertraut ist. Indem er sich an den Hippocampus koppelt, der im Gehirn für das Erinnern von Bildern und Erlebnissen zuständig ist. Nun meint Spatt, dass der Parahippocampus auch ohne Beteiligung des Hippocampus ein Vertrautheitsgefühl auslösen könne. Also ohne echt Erlebtes oder Gesehenes aufzurufen. Somit sei ein Déjà-vu nichts weiter als ein kleiner Fehler im System. Na, schau mer mal, ob er Recht hat. Wissenschaftler mögen halt diese kleinen unerklärlichen Dinge auf dieser Welt nicht. Und darum treten sie für alles einen Beweis an …

superlinks
In Bildern denken Seite 109 | Interview: Hypnose Seite 186 | Illusionen Seite 192 | Opium Seite 276 | Synästhesie Seite 300 | Trance Seite 303

Interview
mit Prof. Wolfgang Miltner

Professor Wolfgang Miltner arbeitet als biologischer und klinischer Psychologe an der Universität Jena. Er erforscht, wie das Gehirn Schmerz unter Hypnose verarbeitet.

Schmerzfrei unter Hypnose

Wie geht es Eli und Karla – arbeiten sie noch in Ihrem Institut?
:Unserer Kornnatter Eli und unserer Hausvogelspinne Karla geht es wunderbar. Die beiden sind seit sechs Jahren bei uns und unterstützen uns in der Arbeit mit Patienten, die unter Spinnen- oder Schlangenangst leiden.

Die andere, ebenfalls manche Menschen skurril anmutende Methode, mit der Sie arbeiten, heißt Hypnose.
:Leider haftet der Hypnose manchmal noch das Jahrmarktsimage an. Der seriösen Anwendung ist das nicht dienlich. Seit der Begriff Medizin existiert, hat man sich auch des Mittels der Hypnose bedient. Und lange vorher. In der Religion spielte sie schon immer eine Rolle, und noch heute wenden Naturvölker Hypnose an, obwohl sie sicher keine konkreten Vorstellungen von dem haben, was wir unter Medizin verstehen.

Aber irgendwann kam sie in Verruf …
:Ja, spätestens als man Anästhetika entwickelt hat und mit Hilfe biochemischer Produkte das erzielte, was man vorher nur durch Hypnose oder brachialere Methoden hinbekam – zum Beispiel, dass man Menschen vor der Operation aufs Hirn schlug, um sie bewusstlos zu machen.

Die Hypnose geht da sanfter vor …
:Ja, es gibt viele unterschiedliche Methoden, um Menschen in einen hypnotischen Zustand zu bringen. Der direkte Weg führt über einen Gegenstand, den der Proband fixiert, oder er richtet seine Aufmerksamkeit auf die Arme, spürt, welcher leichter, welcher schwerer ist. Wir verwenden gerne die indirekte Hypnoseinduktion nach dem amerikanischen Psychiater Milton Erickson. Der Proband wird über einen Dialog in Trance gebracht.

Trance, Hypnose, Meditation – gibt es da einen Unterschied?
:Nur einen begrifflichen, keinen wirklichen. Es gibt nicht mal eine einheitliche Definition für Hypnose. Kein Mensch kann Ihnen klar sagen, was Hypnose ist. Vom Verhalten her kann man hypnotische Zustände überhaupt nicht vernünftig definieren. Die einen sprechen von einer tiefen Entspannung, die anderen von einem schlafähnlichen Zustand. Andere sind in Hypnose höchst aktiv; denken Sie an den Derwisch, der sich in Trance tanzt. Was all den verschiedenen Formen ähnlich ist:

- Man macht eine ganz andere Zeiterfahrung.

In der Regel kommt einem die Zeit sehr viel länger vor.

- Die Aufmerksamkeit und häufig auch das kritische Denken sind eingeschränkt. Vorwiegend fokussiert man die Aufmerksamkeit auf das, was der Hypnotiseur sagt oder was man sich selbst suggeriert.
- Man erfährt die emotionalen Körperreaktionen intensiver. Fühlt, je nach Suggestion, verstärkt Ruhe oder auch Erregung.

Eigentlich kann man sagen, die Hypnose erlebt ein Comeback, sogar der Zahnarzt wendet sie an ...

:Ja, einige Fachärzte ziehen sogar den Weisheitszahn nur mit Hypnose. Es gibt viele Bereiche der Psychosomatik, wo Hypnose eine Rolle spielt – von Raucherentwöhnung über die Herpes- bis zur Krebstherapie. Und in einer Reihe von Ländern, wie Großbritannien, müssen Anästhesisten die Hypnose als Grundwerkzeug erlernen. Weltweit gibt es Kollegen, die unter Hypnose komplizierte chirurgische Eingriffe ohne Narkosemittel vornehmen, wie etwa Magen- oder Darm- oder selbst Herzoperationen.

Sie erforschen ja vor allem die Wirkung der Hypnose in Zusammenhang mit Schmerz?

:Genau. Wir interessieren uns dafür, wie das Gehirn im hypnotischen Zustand organisiert ist. Wie das Gehirn ermöglicht, tatsächlich keinen Schmerz zu empfinden – obwohl starke Reize ihn auslösen müssten.

Das interessiert jeden: Warum hat der Fakir auf dem Nagelbett keine Schmerzen – oder der Mensch auf dem Zahnarztstuhl?

:Der hypnotische Zustand geht mit einer Art Zerfall von Kommunikationsvorgängen zwischen verschiedenen Teilen des Gehirns einher, die normalerweise aktiv sind, wenn wir Reize verarbeiten, die uns Schmerz verursachen. Ein solcher Reiz aktiviert bestimmte Regionen im Gehirn in bestimmter Weise und Ordnung. Wenn all diese Strukturen wie einzelne Spieler eines Orchesters richtig, also geordnet zusammenspielen, sind Sie in der Lage, Schmerzen zu empfinden. Sie merken, der Schmerz fühlt sich drückend, ziehend, brennend oder stechend an. Auch seine emotionale Komponente wird bewusst: Sie finden ihn scheußlich, ekelhaft, schrecklich. Und in seiner In-

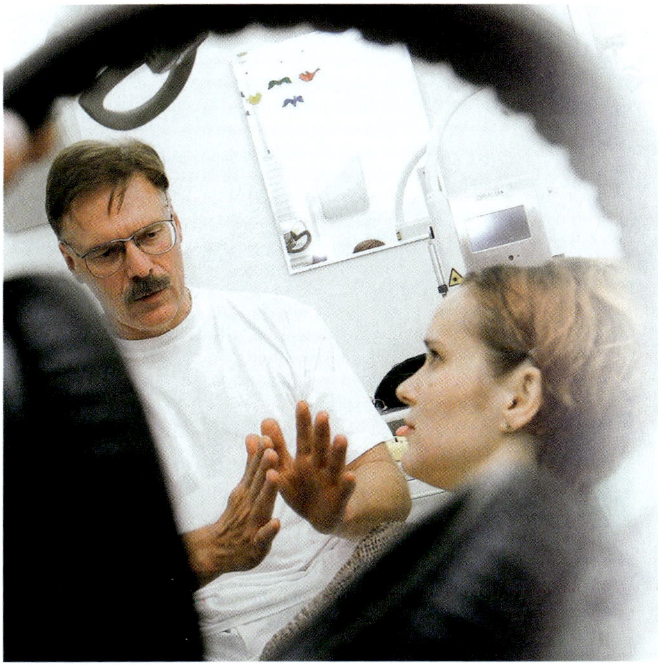

tensität kann er ebenfalls korrekt eingeschätzt werden: Der Reiz ist jetzt besonders stark, viel stärker als vorhin. All diese Fähigkeiten, Schmerzen zu erkennen, setzen voraus, dass verschiedene Teile im Gehirn richtig zusammenarbeiten. Und mit dem EEG oder der funktionellen Kernspintomographie konnten wir zeigen, dass unter Hypnose all diese Module zwar aktiv sind, aber nicht mehr in der Weise kommunizieren, wie das ohne Hypnose der Fall wäre. Wir sprechen von einem Breakdown, einem Zusammenbruch der Kommunikation der Module. Die Folge: die Alarmreaktion, der Schmerz bleibt aus.

Und warum reden die Module plötzlich nicht mehr miteinander?

:Dafür verantwortlich sind im Frontalhirn liegende Steuerungszentren. In diesen werden die Suggestionen des Hypnotiseurs analysiert und in entsprechende Reaktionen des Gehirns und des Körpers umgesetzt.

Der Unterschied zur Schmerztablette ist also: Im Gehirn kommen die Schmerzimpulse zwar noch an ...

:... werden aber nicht als Schmerz wahrgenommen, weil nicht alle Teile des Gehirns in korrekter Weise wie außerhalb der Hypnose miteinander kommunizieren. Medikamente hingegen blockieren die Vermittlung der schmerzhaften Ereignisse von Nerv zu Nerv ans Gehirn. Unter Anästhesie, jener strengen Form der Bewusstseinsausschaltung, passiert Ähnliches wie bei der Hypnose – allerdings häufig mit Nebenwirkungen.

Taugt jeder für die Hypnose?

:Da gibt es unter Experten viel Streit. Manche sagen nein, weil die Eigenschaft der Suggestibilität dazugehört, also die Beeinflussbarkeit. Andere sagen, jeder kann sich hypnotisieren lassen. Es kommt nur auf die Güte der Interaktion zwischen Hypnotiseur und Proband an.

Dieter Zimmer in einem wunderbaren Buch mit dem Titel »Tiefenschwindel« hin. Verdrängung und Vergessen sind Begriffe, mit denen sich Philosophen schon vor 2000 Jahren beschäftigt haben. Nur: Die sind in Vergessenheit geraten, und nun glaubt man, dass die Entdeckung des Unbewussten eine Freudsche Erfindung sei.

Endlich Nichtraucher – so mancher Therapeut verspricht, per Hypnose das Suchtprogramm im Gehirn zu löschen ...

:Es ist unglaublich, was in unserem Gehirn alles gelöscht wird: Suchtprogramme, Angstprogramme ... Das ist schnell dahergesagt, wird von vielen postuliert – ohne dass sie wissen, über was sie reden. Es gibt niemanden auf dieser Welt, der Ihnen sagen kann, wie ein Suchtprogramm im Gehirn aussieht. Das müsste er können, um zu erklären, dass die Intervention mit Hypnose genau an diesem Punkt angreift. »Programm löschen« ist nichts anderes als eine Metapher, die besagt: Die Hypnose ist hilfreich bei der Raucherentwöhnung, aber warum sie hilfreich ist, kann ich leider nicht sagen. Und weil es kein Mensch sagen kann, muss man neue Formulierungen aus der Neurowissenschaft verwenden, die modern und gescheit klingen, aber grunddumm sind. Hier handelt es sich um eine Verschleierungstaktik des Unwissens. Denn kein Arzt, kein Hypnotiseur kann sagen: Ich weiß nicht, warum ich das mache oder wie das hilft. Da würden ihm die Leute davonrennen.

Wer über das Unterbewusstsein redet, spricht über Freud ...

:Ich frage mich: warum? Empirisch-experimentelle Studien haben seine Spekulationen nicht belegt. Darauf wies der »Zeit«-Journalist

Sie wollen die Bewusstseinstiefe von Probanden messbar machen – ecken Sie da nicht an?

:Doch. Weil es schwierig ist zu definieren, was Bewusstsein ist. Bewusstsein ist einer der schillerndsten Begriffe. Psychologen haben ihn seit vielen Jahren geschickt aus ihrer Wissenschaft ausgeklammert. Und Neurowissenschaftler haben das Bewusstsein als letztes großes Menschheitsrätsel definiert – das sie lösen wollen. Wir haben alle eine Ahnung davon, was das Bewusstsein sein könnte. Aber: Jeder hat eine andere Definition. Darum können wir über einen alltäglichen Begriff plaudern – nur versteht jeder etwas anderes darunter. Und da Hypnose mit Bewusstsein oder Nichtbewusstsein zu tun hat, können wir uns auch darüber eben nur auf dieser Ebene unterhalten.

Und wie definieren Sie Bewusstsein?

:Bewusstsein hat etwas mit Aufmerksamkeit zu tun. Das heißt, ohne Aufmerksamkeit gibt es offensichtlich kein Bewusstsein. Das heißt, wir sind uns nur dann bewusst, wenn wir unsere Aufmerksamkeit auf Verhaltensweisen, auf Gedanken, auf Ideen, die wir haben, auf Erinnerung, Gedächtnisinhalte lenken. Und wir sind uns in dem Ausmaß bewusst, die uns die Aufmerksamkeitsspanne erlaubt. Und der Grad der Aufmerksamkeit, den wir in einer Situation haben, kann man mittels Gehirnströ-

men messen. Wie zahlreiche Studien zeigen, ist Hypnose ein sehr fokussierter Zustand der Aufmerksamkeit auf die Suggestionen des Hypnotiseurs oder – wenn wir uns selbst hypnotisieren – auf unsere eigenen Befehle.

Und kann man mit diesem fokussierten Aufmerksamkeitsprozess Missbrauch betreiben?
:Da gibt es auch eine breite Debatte, ob man unter Hypnose Menschen dazu bringen kann, Dinge zu tun, die sie außerhalb der Hypnose nicht tun würden. Diskutiert werden insbesondere ethische oder moralische Fragen, also: »Kann ich jemanden dazu verleiten, jemand anderem Schaden zuzufügen?« Die Wissenschaft ist sich dazu ziemlich uneins. Manche gehen davon aus, Menschen in hypnotischem Zustand tun nur Dinge, die sie auch außerhalb der Hypnose tun würden. Andere sagen, nein, die Kontrollsysteme persönlicher Art sind unter Hypnose weitgehend außer Kraft gesetzt, und man tut dann bestimmte Dinge, die man sonst nicht tun würde. Aber beides kann man nicht beweisen. Eine wissenschaftliche Antwort gibt es auf Ihre Frage nicht.

Kann man in der Hypnose hängen bleiben?
:Viele haben das immer wieder behauptet. Und vielleicht auch gelegentlich gezeigt, dass so etwas möglich ist. Viele haben dann dieses Ereignis als besondere Gefahr interpretiert und mit der Warnung verbunden, dass Hypnose nur durchführen darf, wer eine spezielle Ausbildung durchlaufen hat – bei einem hypnotischen Geheimbund, der damit Geld verdient. Ich halte das für Blödsinn. So etwas passiert nur dann, wenn man jemanden hypnotisiert, der psychisch stark krank ist. So, dass unter solchen kognitiven Bedingungen sein Gedächtnis, seine Vorstellungskraft extrem aktiviert werden und er darüber die Kontrolle verliert. Dann würde ich das als einen extrem seltenen Kunstfehler des Verfahrens betrachten.

Kann man mittels Hypnose Traumata behandeln?
:Es gibt eine Reihe vernünftiger Studien, die gezeigt haben, dass man mit Hypnose ein sehr breites Spektrum psychischer Störungen behandeln kann. Viele dieser Studien kranken aber daran, dass echte Langzeitstudien fehlen. Außerdem gibt es elegantere Ansätze zur Traumabehandlung als die Hypnose.

Sinnvoller setzt man die Hypnose als Pflaster bei einer OP ein?
:Patienten können mit Hilfe von Suggestion ihre Blutgefäße verengen oder

darüber entscheiden, wie viel Bluttropfen aus ihrer Wunde treten, die sie sich mit einem Nadelstich zugefügt haben. Dadurch kann unter Umständen der Blutverlust bei bestimmten Operationen, die unter Hypnose durchgeführt werden können, vermindert werden.

Kann man sich selbst hypnotisieren?
:Ja, das kann man. Das kennen Sie doch auch: Als Schüler haben wir in besonders langweiligen Unterrichtsstunden auf einen Punkt auf der Tafel gestiert. So lange, bis wir in einem Zustand waren, dass wir ringsherum nichts mehr gehört haben – und auch das Zeitgefühl verloren. Die klugen Lehrer entdeckten leider oft, dass wir stierten, nicht mehr ganz mit vollem Bewusstsein am Unterricht teilnahmen, und haben uns dann malträtiert.

Sich selbst hypnotisieren – tun Sie das heute auch noch?
:Ja.

Nennen Sie das Hypnose oder Meditation?
:Ich persönlich trenne nicht zwischen Meditation und Autohypnose. Meditation ist also ein Zustand, der selbst herbeigeführt wird und wie Selbsthypnose wirkt.

Wie versetzen Sie sich in Hypnose?
:Ich spare mir viel Geld, da ich Herb Bensons Arbeiten gelesen habe, der in den 1960er Jahren bereits gezeigt hat, dass man die individuellen Mantras wie »raam«, die einem die Bewegung der transzendentalen Meditation teuer verkauft, einfach durch den Begriff »one« ersetzen kann. Benson zeigte: Man braucht nur ein wohlklingendes ein- oder zweisilbiges Phonem, einen sinnlosen Begriff, den man in einem bestimmten Rhythmus wiederholt. Relevant beim Meditieren ist, dass man in der Lage ist, seine Aufmerksamkeit auf etwas zu richten, mit dem man sich nicht in Bildern auseinander setzen muss. Das kann auch der Atem sein. Ich würde es zum Beispiel nicht sehr dienlich finden, über Sorgen zu meditieren oder über einen Anlass der Wut oder Enttäuschung.

superlinks
Alpha-Zustand Seite 84 | Biofeedback Seite 110 | Body-Mind-Medizin Seite 111 | Formel-1-Reflex Seite 153 | Gehirnmedizin Seite 168 | Glaube Seite 176 | Halluzinationen Seite 183 | Illusionen Seite 192 | Meditation Seite 252 | Mind Machine Seite 254 | Murmeltechnik Seite 255 | Opium Seite 276 | Plazeboeffekt Seite 279 | Schmerz Seite 284 | Stress weg Seite 293 | Switchen Seite 296 | Tagträume Seite 301 | Trance Seite 303 | Visualisieren Seite 308 | Zen Seite 317 | Interview: Zen Seite 320

39 Illusionen – *Hollywood in Ihrem Gehirn*

Sie wissen: Ich schnuppere nur am Weinglas. Ich bin kein Mensch, der sich gern berauscht. Schon gar nicht in der Masse. Auf einer Bierbank, eingepfercht zwischen wild gewordenen Schreihälsen, die ihrer Lebensfreude Ausdruck verleihen, indem sie die Stabilität ihrer Trinkgefäße am Schädel ihres Tischnachbarn überprüfen. Trotzdem mag ich etwas am Münchner Oktoberfest. Die Illusionen. Man muss nur einen großen Bogen um die Bierzelte machen und sich zu den Relikten aus jener Zeit begeben, in der die Menschen in Scharen in die Jahrmarktbuden strömten, um den »größten Mann der Welt« zu sehen. Der »alte Schichtl« zum Beispiel, bei dem man eine effektvolle Scheinenthauptung erleben kann, gehört zu diesen übrig gebliebenen Attraktionen. Auch schön: das Spiegelkabinett. Indem man sich, zum Wunderstumpen verzerrt, in die alten Zeiten »vor der Strunz-Diät« zurückversetzen kann – oder dann im nächsten Spiegel die verzerrte Illusion bekommt, wie es danach sein könnte.

Oder eine alte Geisterbahn. In einem geschwungenen Holzwaggon vorbeikurven an zappelnden Skeletten, die an unsichtbaren Drahtseilen aufgehängt sind. An der Mumie, die sich mechanisch aus einem Sarg hebt, an einer Riesenspinne aus Pappmaché. Früher klammerten sich die jungen Damen beim Anblick dieser völlig harmlosen Schauerillusionen kreischend um die Hälse ihrer Galans. Warum wirken die alten Geister heute nicht mehr? Über Illusionen reden heißt, eine Illusion zu rauben: nämlich die alte Vorstellung, visuelle Illusionen seien pure visuelle Tricks.

Das Missverständnis mit der Augentäuschung

Noch heute spricht man in der Kunstwissenschaft vom so genannten »Trompe l'oeil« (Augentäuschung), wenn der Maler eine Fliege auf das Bild pinselte, die den Anschein erweckte, als sei sie echt und würde auf der Leinwand sitzen.

Früher glaubte man noch, die Augen würden uns ein objektives Bild der Wirklichkeit widerspiegeln. Alles sei wahr, was man mit eigenen Augen gesehen hat. Und der »Augenzeuge« würde wahrheitsgemäß Auskunft geben können, wie sich ein Vorfall zugetragen hat. Inzwischen weiß man: Die visuelle Wahrnehmung ist ein Prozess, der sich im Gehirn abspielt. Das Gehirn nimmt das Gesehene nicht einfach nur zur Kenntnis. Es interpretiert die Bilder, zieht Schlüsse.

So lässt sich erklären, warum nach einem Unfall fünf Zeugen Unterschiedliches gesehen haben. Und so lässt sich der Trick mit der Fliege erklären. Das Gehirn ist in der Lage, zum Beispiel ein Landschaftsbild auf zweierlei Weise zu interpretieren. Erstens: als gemalte Landschaft. Zweitens: als reales Bild. So kann es passieren, dass es die gemalte Fliege fälschlicherweise dem realen Bild zuordnet. Weil es Wissen und Erfahrungen zurate zieht. Deswegen funktioniert die Illusion aus der Geisterbahn nicht mehr. Wer sie durch-

Know-how

Wer ist Fata Morgana?

Angeblich war die Fee Morgana (ital. Fata heißt Fee) eine Halbschwester von König Artus. Ihre Macht verdankte sie ihrer Fähigkeit, Scheinseen in die Landschaft zu zaubern. Noch bis vor 200 Jahren hielten Reisende wie Marco Polo die trügerischen Oasen für ein Zeichen des Bösen. Denn vielen von ihnen wurden sie zum tödlichen Verhängnis.

Heute weiß man, wie die Illusion zustande kommt. Die Voraussetzung dafür sind extreme Temperaturunterschiede zwischen bodennahen Luftschichten. Passiert zum Beispiel auch bei uns an heißen Sommertagen, wenn sich der Asphalt stark erhitzt. Von weitem sieht der Boden aus, als wäre er nass. Eine Fata Morgana sieht man aber auch in kälteren Regionen, wenn warme Luft auf kalten Boden trifft. Dort, wo die unterschiedlichen Luftmassen aufeinander treffen, wird Licht gebrochen. Und das spiegelt den Himmel auf den Boden. Von weitem sieht es aus wie ein See.

schaut, nimmt sie nicht mehr ernst. Er schmunzelt, anstatt sich zu fürchten.

Was wir sehen, entsteht im Kopf

Genauer gesagt: in einem winzigen Punkt im hinteren Teil des Gehirns, im »Sehzentrum«. Da werden die Bilder, die wir sehen, wie in einem Computer generiert. Die Augen spielen beim Sehvorgang nur eine untergeordnete Rolle. Mit den Zellen in der Netzhaut verwandeln sie Licht in elektrische Impulse, die das Gehirn ins Sehzentrum weiterleitet. Das Zusammenspiel von Augen und Gehirn funktioniert ähnlich wie ein Kopierer. Was wir glauben, unmittelbar zu sehen, ist in Wahrheit ein selbst gemachtes Abbild der Realität. Streng genommen können wir also nie sicher sein, ob wir die Realität sehen oder ob wir einer Illusion aufsitzen. Eine Tatsache, die fasziniert und gleichzeitig beunruhigt. Das demonstriert der Science-Fiction-Kultfilm »Matrix«, in dem böse Maschinen die Menschen beherrschen, indem sie ihnen das wahre Leben durch eine mit dem Rechner hergestellte Lebensillusion ersetzen. Das halten Sie für utopisch? Ich auch. Immerhin: Der Cyberhelm, mit dem man Spaziergänge in

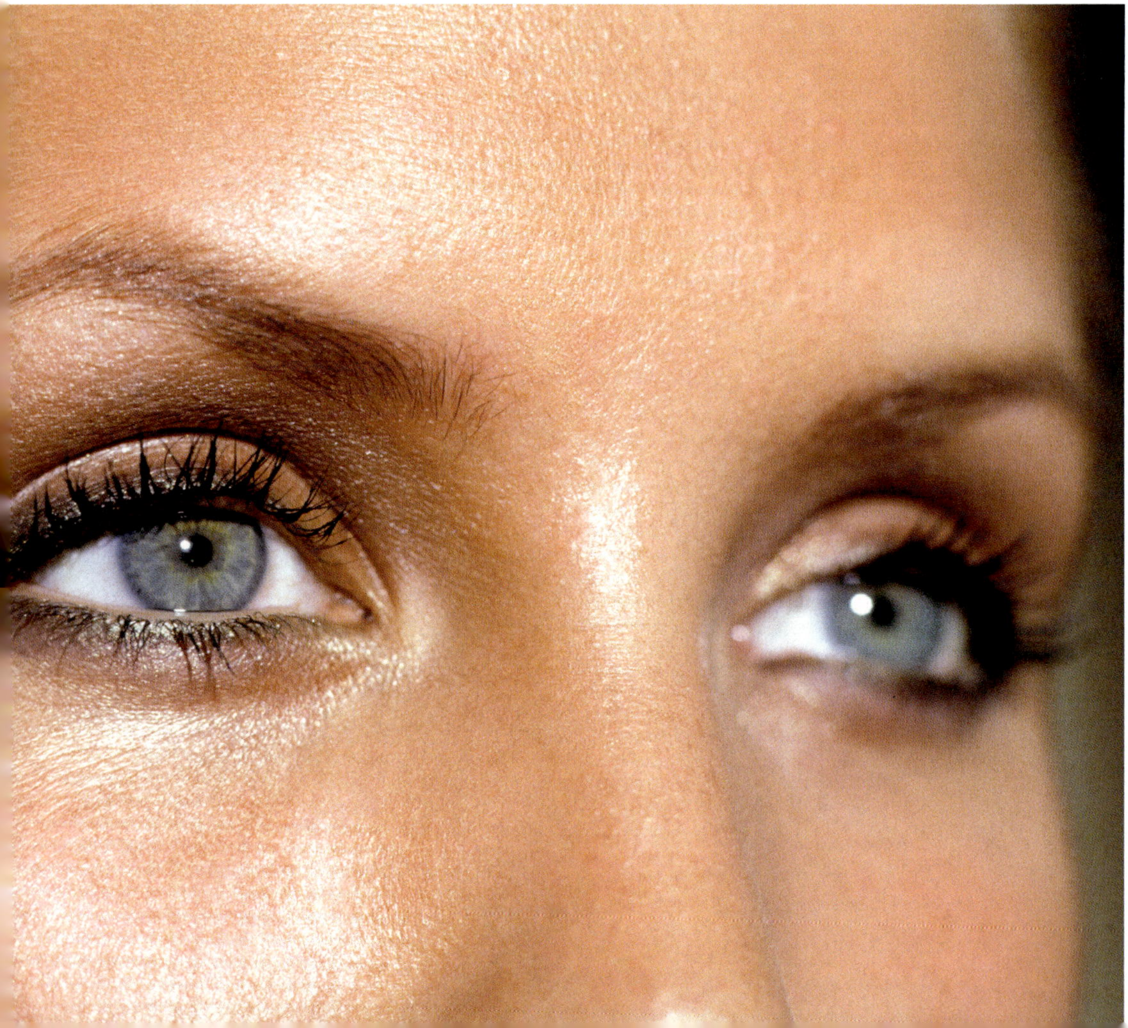

virtuelle Welten unternehmen kann, ist ein erster Schritt zu einer Technologie, die »Matrix« zumindest theoretisch möglich machen könnte.

Gucken Sie dem Maler im Kopf über die Schulter

Werden Sie Zeuge, wie Ihr Sehzentrum Bilder herstellt. Und wie geschickt es Ihre Sinne täuscht.

- Gehen Sie in ein Museum mit einer repräsentativen Sammlung impressionistischer Kunst. Wahlweise können Sie auch in eine Kunstbuchhandlung gehen. Verlangen Sie nach einem Bildband des Künstlers Georges Seurat, dem Begründer des so genannten Pointillismus. Anstatt Linien und Farbflächen zu malen, übersäte Seurat die Leinwand mit winzigen farbigen Punkten. Ein scheinbar chaotisches Farbengewirr, wenn man seine Bilder aus der Nähe betrachtet. Entfernt man sich, verschmilzt das Mosaik zu einem Bild. Der Trick: Seurat zerlegte jeden Farbton in kleine Punke aus Komplementärfarben und machte so als Erster die bildgenerierende Fähigkeit des Gehirns erfahrbar. Auf seinem Prinzip basieren übrigens die Pixel des Computerbilds.
- Kaufen Sie sich ein Daumenkino. Kriegt man in jeder Buchhandlung. Erst blättern Sie das Büchlein langsam durch, dann schnell. Erleben Sie, wie Ihr Sehzentrum, sobald es überfordert wird, aus der Abfolge der Bilder einen Film zaubert. Das heißt: die Illusion einer Bewegung.
- Vertiefen Sie sich in die Abbildungen auf der nächsten Seite – und gucken Sie, was Ihr Gehirn da alles entdeckt.

Vexierbilder ...

... machen viel Spaß, schulen die Wahrnehmung und schärfen die Beobachtungsgabe. Noch mehr optische Täuschungen finden Sie im Internet unter www.deecee.de.

superlinks

In Bildern denken Seite 109 | Divergentes Denken Seite 126 | Halluzinationen Seite 183 | Interview: Hypnose Seite 186 | Opium Seite 276 | Synästhesie Seite 300 | Trance Seite 303

Optische Täuschungen & Illusionen

Schauen Sie genau hin! Lassen Sie Ihre Fantasie spielen! Seien Sie kreativ! Und was sehen Sie?

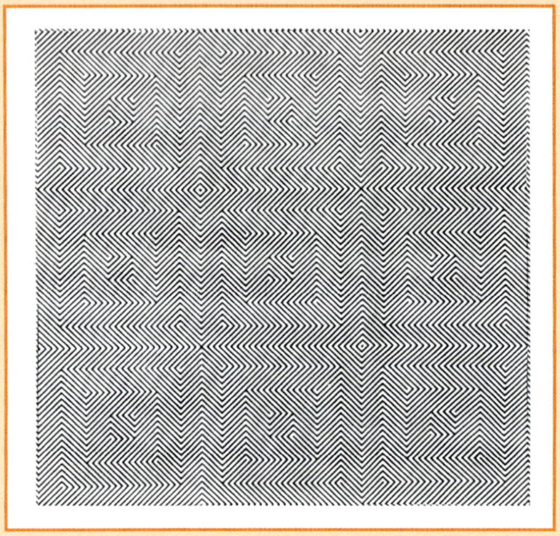

Ein Bild erwacht zum Leben

Schräg oder gerade?

Salvador Dalí: Erscheinung von Gesicht und Fruchtschale am Strand (1938)

T. Kuniyoshi: Ein Gesicht aus Körpern

Expräsident Jimmy Carter? Schauen Sie genauer hin!

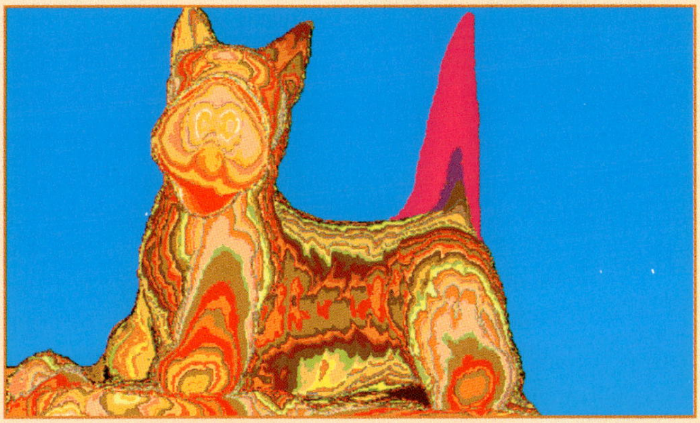

Wenn Sie den Raum abdunkeln und das Bild langsam vor Ihren Augen hin- und herschwenken, fängt der Schwanz des Hundes an zu wedeln. Probieren Sie es aus!

40 Intuition – *die Gabe der Genies*

Wenn man über Genies schreibt, dann fällt logischerweise sein Name. Nur: Wer weiß schon, dass sein Kindermädchen ihn »den Depperten« nannte. Albert Einstein war nämlich ein sprachlicher Spätentwickler. Es ist eben alles relativ. Auch das, was sich die Forscher unter Genies vorstellen. Die einen sagen, Genialität entspringe dem Zufall, die anderen behaupten, der Ursprung der Genialität sei Logik. Weiter greift die Schere nicht. Um bei Einstein zu bleiben: Er sah Genialität nicht in der Logik, sondern in der schöpferischen Intuition. Sein Gehirn saß also im Bauch. Deswegen konnten die Forscher, die sein Hirn in 240 Blöcke schnitten, das Geheimnis seiner Genialität nicht lüften. Aber mit Sicherheit war es die Gabe der Intuition. Er selbst nannte sie »ein Gottesgeschenk«.

Was ist Intuition?

Begreifen. Eine Idee. Eine Entscheidung aus dem Bauch heraus. Ein Geistesblitz, der aus dem Nichts auftaucht. Aus Ihrem Unterbewusstsein,

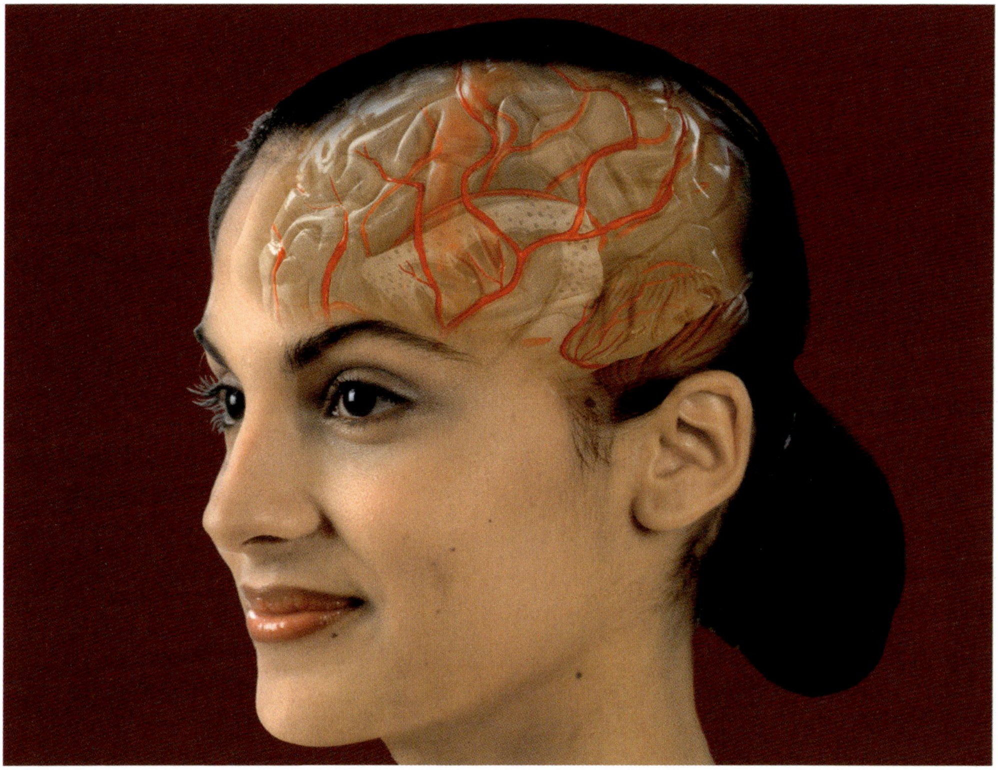

das die Erkenntnis, das Wissen, die Lösung an Ihr Hirn schickt. Den Weg dazu nennen die Wissenschaftler Inkubation (lateinisch für Ausbrütung). Ihr Unterbewusstsein brütet an einer Frage herum, findet die Lösung dann, wenn Sie ihm Zeit lassen und nicht grübeln. Dann irgendwann kommt die Intuition zum Zug.

Egal, ob Albert Einstein oder Sigmund Freud oder Bill Gates, Geniales wurde von ihnen nicht ergrübelt, sondern kam aus dem Bauch heraus. Plötzlich. Dann, wenn Körper, Geist und Seele entspannt waren.

Die Intuition und der Notizblock in allen Lebenslagen gehören zu den Kreativen auf dieser Welt. Denn die Intuition wohnt nicht am Schreibtisch. Eher unter der Dusche oder auf der Wiese, beim Auspacken eines fettigen Schweizer Käses am Kahlen Berg. Wo Bruckner das Leitmotiv für seine Neunte Symphonie kam. Wie Sie im Interview mit Dr. Gottlieb Guntern auf Seite 72ff. gelesen haben.

Auch wer seine Intuition verloren hat, unter Stress begräbt, kann sie wieder entdecken. Mit ein bisschen Übung. Und ein wenig Mut.

In drei Schritten zum Geistesblitz

Längst weiß die Forschung: Wer aus dem Bauch heraus entscheidet, ganz intuitiv, kommt schneller und zu einer besseren Lösung als derjenige, der nachgrübelt. Fragen Sie Ihren Bauch. Und wenn Sie Geduld aufbringen, werden Sie auch eine Antwort erhalten – in aller Regel dann, wenn Sie gerade mit völlig anderem beschäftigt sind.

1. Schritt – Fragen ausdenken

Denken Sie sich ein bis drei möglichst konkrete Fragen aus. Etwa: Sollte ich mich jobmäßig verändern? Nehme ich dafür auch weniger Geld in Kauf? Kann ich meiner Familie einen Umzug zumuten? Oder einfacher: Was schenke ich meiner Frau zum silbernen Hochzeitstag? Psychologen raten: Nachdenken kann man über Alltägliches. Komplexe Entscheidungen sollte man nicht dem Verstand überlassen, sondern dem Unterbewussten, dem Bauch.

2. Schritt – Entspannen

Entspannen Sie sich durch ruhiges Atmen, Meditation – oder laufend. Vielleicht machen Sie ein paar Minuten die Iamon-Übung von Seite 257f. Und dann lassen Sie diese Fragen einige Male vor Ihrem inneren Auge vorbeiziehen. Und dann schenken Sie sie dem Unterbewusstsein.

3. Schritt – Vergessen

Nun vergessen Sie die Fragen. Überlassen sie Ihrem Unterbewusstsein, das für Sie arbeiten wird.

Seien Sie nicht ungeduldig. Irgendwann, wenn Sie es gar nicht (mehr) erwarten, kommt die Lösung. Natürlich nur in einem Augenblick, in dem Sie sehr entspannt sind. Wenn Ihre Endorphine im Körper hoch sind. Mir zum Beispiel kommt's dann immer beim Laufen einfach so in den Kopf geschossen.

Mit der Intuitionsübung im Kasten links machen Sie sich erst einmal mit Ihrem Bauch vertraut.

superlinks

Bauchhirn Seite 107 | Kontemplation Seite 212 | Kreativität Seite 222 | Interview: Kreativität Seite 72 | Nase Seite 272 | Sechster Sinn Seite 289 | Tagträume Seite 301 | Visualisieren Seite 308

Übung

So spüren Sie Ihre Intuition

Intuition heißt auch Bauchgefühl. Warum? Weil man sie spürt. Richtig spürt. Im ganzen Körper, vor allem im Bauch.
Jeder kennt die berühmten Schmetterlinge, die urplötzlich im Bauch wild herumschwirren. Und das nur, weil irgendein Mensch einen anblickt – nur, weil wir uns intuitiv sofort in genau diesen noch völlig fremden Menschen verliebt haben.
Jeder kennt auch den Stein im Magen. Bleischwer sitzen Angst, Kummer und Sorgen im Bauch, drücken, schmerzen, brennen, schnüren uns die Luft ab. Auch das ist ein intuitives Gefühl. Es sagt uns: So geht's nicht weiter, du denkst und rennst in die völlig falsche Richtung. Bleib doch mal stehen, komm zur Ruhe, spür nach, lass dir von mir, deinem Bauch, deiner Intuition zeigen, wo der Ausweg – der leichte, schöne Weg – ist.

Und so funktioniert das intuitive Nachspüren

Nehmen Sie zum Üben irgendeine leichte, einfache Entscheidung, vor der Sie momentan stehen. Zum Beispiel: Soll ich lieber mit Kollege Maier oder Kollege Schulz Mittagessen gehen? Oder: Soll ich beim Italiener oder lieber beim Griechen einen Tisch bestellen? Oder: Soll ich nach Berlin lieber den Flieger oder den ICE nehmen? Oder: Soll ich meiner Tante lieber ein Parfüm oder einen Strauß Blumen zum Geburtstag schenken? Oder: Soll ich heute Abend lieber die rote oder die blaue Jacke anziehen?
Setzen Sie sich entspannt hin, atmen Sie dreimal tief durch und stellen Sie sich dann Alternative A so intensiv wie möglich vor. Spüren Sie, wie sich das in Ihrem Körper, in Ihrem Bauch anfühlt. Warm, weit, angenehm, oder verspannt sich was, drückt es, tut etwas weh? Machen Sie das Gleiche mit Alternative B. Wieder dreimal tief durchatmen, dann intensiv vorstellen und nachfühlen, wie sich diese Möglichkeit anfühlt. Sind beide wenig spürbar oder eher unangenehm, suchen Sie nach einer weiteren Alternative und wiederholen das In-sich-hinein-Horchen, bis Sie bei einer Vorstellung eine deutlich angenehme, positive Körperresonanz bekommen.

Der Bauch funktioniert immer

Gewöhnen Sie sich an, bei jeder der vielen alltäglichen Entscheidungen Ihren Bauch zu befragen. Sie werden verblüfft sein, wie einfach das ist und wie hervorragend Ihr Bauch Sie berät. Immer.
Ich verspreche Ihnen, dass Sie in kurzer Zeit auch größere und wichtige Entscheidungen mit traumwandlerischer Sicherheit intuitiv richtig treffen werden.

41 Jonglieren – *das ideale Kopf-Ball-Training*

Es gibt Zusammenhänge, die haben wir noch nie verstanden. Zum Beispiel: Warum schwillt Popeye ausgerechnet der Unterarm, wenn er sich Dosenspinat einverleibt? Nicht minder seltsam erscheint die Geschichte der zwölf Probanden, die im Dienst der Wissenschaft jonglierten. Nach drei Monaten hatten sie größere Gehirne. Einfach dadurch, dass sie bunte Bälle warfen und fingen. Ganz konkret stellten Wissenschaftler der Universitäten Regensburg und Jena ein Wachstum der Gehirnregion fest, welche die Wahrnehmung der Bewegung von Objekten im dreidimensionalen Raum steuert. Objekte, dreidimensionaler Raum? Braucht man das? Ja. Interessanterweise lässt das nämlich die Ideen blitzen.

Die Entdeckung hielt übrigens auch einer Gegenprobe stand: Als die Probanden mit dem Jonglieren aufhörten, begannen ihre Gehirne prompt wieder zu schrumpfen.

Körpertraining = Gehirntraining

Die Studie bestätigt, was Gehirnspezialisten und Sportmediziner schon lange predigen: Bewegung steigert neben der körperlichen auch die mentale

Know-how

Köpfchenkunst Jonglieren

Ob Sie Bälle, Kegel oder Orangen werfen – fünf Minuten reichen. Gehirn und Geist profitieren, konkret:

- **Die Sprachleistung.** Kann sich durch regelmäßiges Jonglieren um bis zu 60 Prozent verbessern. Jonglieren regt das Kleinhirn an, den Sitz des Sprachzentrums.
- **Die Merkfähigkeit.** Jonglieren hält die Muskeln locker. Und ein gelockerter Körper sendet mehr Informationen an das Gehirn.
- **Die Konzentration.** Jonglieren erfordert hohe Konzentration – sonst purzeln die Bälle auf den Boden.
- **Die Feinmotorik und Geschicklichkeit.** Wer die Bälle in der Luft halten will, muss präzise Bewegungen ausführen.
- **Die Reaktionsfähigkeit.** Der Jongleur muss auf die kleinste Abweichung der Bälle von der Flugbahn blitzschnell reagieren.
- **Die Seele.** Jonglieren verschafft Erfolgserlebnisse. Das stärkt das Selbstbewusstsein und die Selbstsicherheit. Gleichzeitig verringern sich Aggressionen und Frustrationen.
- **Der ganze Mensch.** Der harmonische Fluss der Jonglierbewegung beruhigt und wirkt ausgleichend. Jongleure sind entspannt und leiden weniger unter Stress.

Fitness. Am meisten profitiert der Kopf von Bewegungsarten, die einem besondere Geschicklichkeit abverlangen: jonglieren und balancieren. Beides liefert Grundimpulse für die Steuerfunktion des Gehirns, die Koordination. Sie ist wichtig für alle körperlichen Aktivitäten. Sie ist neben Ausdauer, Kraft, Beweglichkeit und Schnelligkeit Bestandteil der sportlichen Kondition.

Was nicht bedeutet, dass der Spaß mit den Bällen oder Kegeln nur Sportlerhirnen nützt. Auch Manager schwören darauf. Und andere reine Kopfarbeiter, wie zum Beispiel der deutsche Gedächtnisweltmeister Gunther Karsten.

Fliegen die Bälle, fließen die Gedanken

Mittlerweile versuchen Gehirnforscher zu erklären, warum sich Jonglieren so wohltuend auf den tätigen Geist auswirkt. Man geht davon aus, dass jonglierende Anfänger hauptsächlich die linke, rationale Gehirnhälfte nutzen. Hat das Gehirn den Vorgang erkannt und verarbeitet, wird Jonglieren zur intuitiven Angelegenheit. Die rechte Gehirnhälfte kommt ins Spiel.

Und beim Umschalten von der linken auf die rechte Gehirnhälfte schüttet das Gehirn Dopamin aus. Und dieser Nervenbotenstoff sorgt dafür, dass Gedanken ungehindert weitergeleitet und verstärkt werden. Das fördert die Lernbereitschaft und die Kreativität. Einer von vielen Gründen, warum Jonglieren den Geist fit hält.

superlinks

Denksport Seite 123 | Dick & Doof Seite 125 | Divergentes Denken Seite 126 | Fitnesshäppchen Seite 144 | Flow Seite 150 | Frauen Seite 158 | Kreativität Seite 222 | Linkshänder Seite 245 | Neurobics Seite 274

Interview
mit Günter Frei

Wenn Günter Frei nicht gerade mit Bällen, Ringen und Keulen auf einer Bühne steht, jongliert er mit Zahlen und Formeln. Er ist Lehrer an der Hauptschule in Rheinbischofsheim. Seit 1990 lebt der Jongleur seine Leidenschaft vor großem Publikum bei Shows und Galaveranstaltungen aus.

Jonglieren schult den Geist

Seit wann jonglieren Sie?
:Ich begann als Kind mit drei Bällen. Und seit 15 Jahren jongliere ich professionell.

Heute lehren Sie Jonglieren an der Volkshochschule.
:Ich bin sehr vielseitig unterwegs: von der Lehrerfortbildung bis hin zur Hochbegabtenförderung.

Wieso Hochbegabtenförderung?
:Wussten Sie, dass Jonglieren vor 100 Jahren bei uns zur Lehrerausbildung gehörte? Jonglieren schult nämlich komplexes Denken und hat einen positiven pädagogischen Effekt. Die Kinder ernten Erfolgserlebnisse, und das stärkt ihr Selbstbewusstsein. Die Bewegung wirkt auf beide Gehirnhälften. Meist nutzen wir uns durch den Alltag bewegend nur eine Gehirnhälfte, und zwar immer über Kreuz. Wenn Sie mit der rechten Hand winken, aktivieren Sie die linke Gehirnhälfte. Jonglierend muss man sich auf beide Hände gleichzeitig konzentrieren.

Welchen Effekt hat die beidseitige Aktivierung des Gehirns?
:Neben der meditativen Wirkung die Vernetzung. Wie beim Klavierspielen schafft sich das Gehirn neue Datenautobahnen.

Und davon profitiert der Geist?
:Jonglieren ist keine Wunderpille. Aber es kann einem viel fürs Leben geben. Es schult das Ge-

hirn so, dass es einem leichter fällt, komplexe Probleme zu zerlegen und eigenständige Lösungen zu finden.

Dann sollten nicht nur Clowns jonglieren.
:Jonglieren hat sich ja auch in den letzten 30 Jahren aus der Varietéecke herausbewegt. Früher sah man Jongleure nur im Zirkus. Ihre Kunst wirkte ähnlich geheimnisvoll wie die der Zauberer. Nur kennt Jonglieren keine Tricks und ist eine ganz ehrliche Kunst. Aber man kann schon klauen.

Wie denn?
:Man guckt sich die Präsentation von anderen Künstlern ab. Wie die berühmte Apfelessnummer der 1950er und 1960er Jahre: Man jongliert mit zwei Bällen und einem Apfel, der während des Jonglierens gegessen wird.

Gehen Sie eigentlich oft in den Zirkus?
:Wenn ich einen großen Könner erleben kann. Zum Beispiel den Clown Oleg Popov, der auch Jongleur ist. Jonglieren gehört zur Grundausbildung eines jeden Artisten – zumindest in der russischen Artistenschule.

Kann jeder jonglieren lernen?
:Ja. Man muss nur üben, üben, üben. Große Jongleure trainieren an einer einzigen Nummer bis zu sechs Jahre, bis sie die perfekt draufhaben. Das ist das Tolle am Jonglieren: Man ist nie fertig damit. Ich habe gerade angefangen, mit Messern zu jonglieren. Das funktioniert wie mit Keulen. Ist aber ein neuer Gegenstand, an den ich mich noch gewöhnen muss.

Mit welchen Gegenständen sollte man einsteigen?
:Mit Bällen. Dann kommen die Ringe, schließlich die Keulen.

Wie lange braucht man, bis man das Jonglieren beherrscht?
:Beherrscht? In zwei Jahren. Die Grundübung, die so genannte Kaskade, kann man mit etwas Ehrgeiz an einem Wochenende lernen. Und das Schöne ist: Auch die Anfänge schulen schon den Geist.

Wie oft muss man pro Tag üben, um fit zu bleiben?
:Ich habe früher täglich eine Stunde geübt. Um meinen Level zu halten, brauche ich das heute

Know-how

Wurfanleitung

Probieren Sie den kleinen Jonglierkurs auf der nächsten Seite, und falls Sie das Jonglierfieber so richtig packt, lassen Sie sich durch ein gutes Buch anleiten – Dave Finnigan: »Alles über die Kunst des Jonglierens« (DuMont).

nicht mehr. Mein Tipp: Üben Sie einfach, solange Sie Spaß daran haben. Auch zehn Minuten machen das Gehirn fit. Und trainieren Sie nie so lange, bis alles auf dem Boden liegt. Damit bringt man sich um sein Erfolgserlebnis.

Wie und wo kann man Jonglieren lernen?
:In den Jongliergruppen der Universitäten, die sich einmal in der Woche treffen, oder in der Volkshochschule. Wer das nicht mag, lernt es eben mit einem Buch zu Hause. Übrigens geben Könner gerne Tipps.

Kleiner Jonglierkurs

So gelingt der erste Wurf

Haben Sie Lust bekommen, selbst zu jonglieren? Dann fangen Sie einfach damit an. Sofort.

Das Wurfmaterial

Was Sie brauchen: drei ausrangierte Tennisbälle und ein paar Luftballons. Schlitzen Sie die Bälle auf und füllen Sie sie mit Wasser oder Sand. Nehmen Sie die Luftballons und schneiden Sie die Tüllen ab. Dann zwei bis drei Ballons über den Ball ziehen, damit Wasser oder Sand drinbleibt. Nun haben Sie griffige, träge Bälle. Die springen nicht in alle Richtungen davon, sobald sie aneinander stoßen oder auf den Boden fallen. Sollten Sie Feuer fangen, können Sie sich Jonglierbälle kaufen. Gibt es in Sport- und Spielwarengeschäften.

Und so geht's

Stellen Sie sich vor Ihr Bett, und zwar so, dass Sie mit den Beinen Tuchfühlung mit der Matratze haben. Nun erst einmal mit einem Ball werfen. Fällt er auf die Matratze, müssen Sie sich nicht bücken. Das macht Ihre Übungen effizienter.

Werfen Sie den Ball von einer Hand in die andere. Etwa 20-mal. Dann eine kurze Pause einlegen. Und die Übung wiederholen. Bis Sie sie beherrschen.

Darauf müssen Sie achten: Halten Sie die Unterarme waagerecht, als würden Sie ein Tablett darauf tragen. Konzentrieren Sie sich darauf, dass

Tipp

Schneller Erfolg

Statt der Bälle können Sie am Anfang auch Chiffontücher verwenden. Die bewegen sich wesentlich langsamer durch die Luft als die Bälle, und Sie verschaffen sich damit schneller ein Erfolgserlebnis. Mit den Tüchern beherrschen Sie die Kaskade bereits nach einem Tag. Versprochen.

der Ball gleichmäßig fliegt, in zwei Dimensionen – hoch und zur Seite. Das heißt, er darf sich weder zu Ihnen hin- noch von Ihnen wegbewegen. Achten Sie darauf, dass Sie ihn immer gleich hoch werfen, ungefähr auf Stirnhöhe. So macht der Ball einen gleichmäßigen Bogen von links nach rechts und von rechts nach links.

Das klappt schon ganz gut? Dann versuchen Sie es mit zwei Bällen. Das heißt: Sie werfen einen Ball in die Luft. Und sobald er in der Luft seinen Höhepunkt an der Stirn erreicht hat, werfen Sie den anderen hoch. Achten Sie darauf, dass der Ball, den Sie von der linken zur rechten Hand werfen, denselben Bogen macht wie der, den Sie von rechts nach links werfen

Was Sie nicht machen dürfen: Den linken Ball nach rechts übergeben, nachdem Sie den rechten hochgeworfen haben. Die Bälle sollen keinen Kreis beschreiben, sondern eine Kaskade. Die Übung heißt »Wurf, wurf, fang, fang« und nicht »wurf, gib, fang, wurf«.

Dreiballdurchbruch: Sind die Bewegungen gleichmäßig genug, kommt der dritte und letzte Schritt: die Kaskade. Die Hand mit zwei Bällen wirft einen Ball ab. Wenn der Ball auf dem Höhepunkt des Bogenwurfs ist, wirft die andere Hand und fängt den ersten Ball. Am Anfang hilft lautes Mitzählen. Nach drei oder vier Würfen stoppen: Ein Ball wird von einer Hand gefangen, die nun zwei Bälle festhält.

Wer immer wieder den Anfang und den Schluss übt, erntet Erfolgserlebnisse. Langsam die Zahl der Würfe steigern – und in einem Jongliertagebuch notieren.

superlinks

Denksport Seite 123 | Dick & Doof Seite 125 | Divergentes Denken Seite 126 | Fitnesshäppchen Seite 144 | Flow Seite 150 | Frauen Seite 158 | Kreativität Seite 222 | Linkshänder Seite 245 | Neurobics Seite 274

42 Kaffee – Droge der Dichter und Denker

Kürzlich habe ich in »Bild der Wissenschaft« folgenden Satz gelesen: »Ein Mathematiker ist eine Maschine, die aus Kaffee Theoreme herstellt.«

Gesagt hat diesen Satz Paul Erdös, ein Genie, ein Mathematiker aus Ungarn, der im Alter von 83 Jahren starb. Obwohl er sich 19 Stunden am Tag mit Mathematik beschäftigte – und nur wenige Stunden mit Schlaf. Sein Gehirn hielt er mit Unmengen Kaffee auf Trab, mit Koffeintabletten und Amphetaminen. Als ihm sein Freund das Versprechen abnahm, mal vier Wochen auf die Wachmacher zu verzichten, tat er das auch. Er warf ihm aber danach vor, er hätte die mathematische Forschung einen Monat lang aufgehalten.

Die liebste Droge der Deutschen und der Dichter und Denker heißt Kaffee. Und was macht der da im Köpfchen? Er blufft.

Die Sache mit dem Adenosin

Kaffee schickt mehr Sauerstoff ins Gehirn, beschleunigt Gedankenblitze, erhöht die Aufmerksamkeit, aktiviert das Sprachzentrum, verkürzt die Reaktionszeit.

Und Koffein putscht auf, weil es die Nervenzellen im Gehirn blufft. Wenn Sie müde werden, Aufmerksamkeit und Konzentration nachlassen, dann tummeln sich viele kleine Adenosinmoleküle zwischen den Nervenzellen. Diese Nervenbotenstoffe sorgen dafür, dass sich die Nervenzellen regelmäßig entladen und ausruhen. Nun sieht das Koffein so ähnlich aus wie das Adenosin. Und es nimmt einfach den Platz von Adenosin an der Nervenzelle ein – am Rezeptor. Die Zelle ruht sich also nicht aus, sondern denkt und denkt und denkt. Koffein stellt also die Weichen um von Trägheit auf Aktivität.

Nur – ganz dumm ist das Gehirn nicht. Wer meint, er könne jetzt einfach mit einem Espresso nach dem anderen die wach haltenden Koffeinmolekülchen nachschieben, der rechnet nicht mit dem Gehirn. Das denkt sich nämlich was: Da ist mehr Adenosin oder was auch immer, also brauchen wir auch mehr Andockstellen. Folge: Die Nervenzellen bilden mehr Rezeptoren. Und dort dockt dann beides an, Koffein und Adenosin. Kein Espresso hält mehr wach.

Die kleine Hallo-wach-Dosis

Da Kaffee die Geister der Wissenschaft beflügelt, forschen die natürlich auch, wie viel Kaffee das Gehirn auf Trab hält. Fest steht: Je länger wir wach sind, desto mehr müde machendes Adenosin bildet der Körper. Und viel Kaffee hilft nicht viel. Wissenschaftler der Rush University in Chicago fanden heraus: Steigt die Menge an Koffein im Körper parallel zur Adenosinmenge an, kann man die Müdigkeit besonders erfolgreich bekämpfen. Das bedeutet: nicht den großen Becher im Leistungstief trinken (dauert sowieso 30 Minuten bis eine Stunde, bis das wirkt), sondern Schlückchen für Schlückchen über den Tag verteilt genießen. Das optimiert die Konzentration.

Warum die Finnen mehr Kaffee trinken

Die Finnen verbrauchen elf Kilo Rohkaffee pro Kopf und Jahr, die Deutschen 6,6, die Spanier gerade mal 4,3. Italiener und Franzosen kommen auf 5,5 Kilo. Aha. Die Zahl der Kaffeetassen korreliert also mit der Zahl der Sonnenstunden. Warum? Kaffee ist ein Stimmungsaufheller. Kaffee hilft, das fehlende Sonnenlicht etwas zu kompensieren. Deshalb ist der Verbrauch im nördlichen Europa auch deutlich höher als im südlichen.

Studien zeigen: Zwei bis drei Tassen täglich können antidepressiv wirken. Denn Koffein sorgt dafür, dass Serotonin, unser Botenstoff des Glücks im Gehirn, seine positiven Wirkungen entfalten kann.

Die große Dosis

Koffein stimuliert das gesamte Nervensystem, Blutdruck und Körpertemperatur steigen an, Herztätigkeit, Stoffwechsel und Atmung werden beschleunigt. Kein Wunder, dass Koffein auf der Dopingliste des Internationalen Olympischen Komitees (IOC) stand. Positiv fiel der Test aus, wenn die Konzentration zwölf Milligramm pro

Liter Harn überstieg. Das steckt in nur sechs Tassen Kaffee.

- Wer Tasse für Tasse trinkt, sorgt dafür, dass das Gehirn neue Informationen langsamer verarbeitet, und die Entscheidungsfähigkeit nimmt ab. Koffein regt zudem die Nieren an, Wasser auszuscheiden, und hemmt gleichzeitig die Rückresorption von Mineralstoffen. Wer nicht dehydrieren will (mag das Gehirn gar nicht), trinkt zu jeder Tasse Kaffee am besten ein Glas Wasser.
- Ab einer Koffeindosis von etwa 300 Milligramm kann es zu Händezittern, Nervosität und Schweißausbrüchen kommen.
- Mit etwa 100 Tassen Kaffee auf einmal kommt man in den Bereich der tödlichen Dosis (»der goldene Schluck«).

Kaffeeersatz

Für die positiven, das Gehirn stimulierenden Wirkungen sorgt auch Tee (enthält ebenfalls Koffein) – und der Morgenlauf.

superlinks

Aminosäuren Seite 90 | B-Vitamine Seite 105 | Beeren Seite 108 | Brainfood Seite 113 | Denksport Seite 123 | Frühstück Seite 161 | Ginkgo Seite 174 | Gedächtnispille Seite 166 | Interview: Klug essen Seite 136 | Schwermetalle Seite 286

43 Kluge Kids – *löffelweise*

Zwei Dinge mag das kleine Gehirn nicht: **1. Unordnung.** Fanden US-Forscher jüngst heraus in einer Studie mit insgesamt 8000 Drei- und Vierjährigen. Ist es daheim unordentlich, hat das Kind einen niedrigeren IQ – egal, wie reich und gebildet die Eltern sind. **2. Junkfood.** Was das Gehirn gar nicht mag, ist Vitalstoffmangel. Der Hirnforscher Aljoscha Neubaurer, Uni Graz, wurde mal von einem Journalisten gefragt, ob die Ernährung für die Hirnleistung eine Rolle spiele. Er sagte: »Erste Studien weisen auf die Wichtigkeit frühkindlicher Versorgung mit Vitaminen, Spurenelementen und Mineralien hin. Es ist bekannt, dass Babys, die Muttermilch erhielten, acht Jahre später 8,3 IQ-Punkte besser lagen als Flaschenkinder.«

Was sagt uns das? Die Forscher wachen auf, dafür braucht es Studien. Mir sagt das: Muttermilch ist Natur. Säuglingsnahrungsmilch aus der Packung ist keine Natur. Und das kostet 8,3 IQ-Punkte. IQ = etwas Menschengemachtes, Künstliches. Die Natur nennt das Vitamine und hält die Tiere gescheit – ohne künstliches Denken, ohne künstliche Professoren. Um das zu begreifen, braucht der Mensch erst Studien wie die folgende.

Der Southampton-Kinderversuch

Mai, England 2003. Lieferfirmen von Schulspeisen in Southampton verzichteten 14 Tage lang auf die Beigabe von Zusatzstoffen. Die in den Klassen eintretende Ruhe war frappierend. So, dass der Schulpsychologe Professor Jim Stevenson (Uni Southampton) sich zu einer Anschlussstudie mit dem fünfjährigen Zwillingspaar Michael und Christopher Parker entschloss. Er entzog für zwei weitere Wochen einem der beiden Jungen Junkfood. Während sich an Christophs Ernährungsweise nichts änderte, durfte Michael nur essen, was ohne E-Nummern und frei von Süß- und Zusatzstoffen war. Auf dem Speiseplan fehlten Süßigkeiten, kohlensäurehaltige Getränke, Chips und Fertiggerichte. Und nicht nur seine Mutter fand, er sei ausgeglichener, er schnitt auch bei Intelligenztests plötzlich um 15 Prozent besser ab als sein Zwillingsbruder. Sprich: Das Experiment mit eineiigen Zwillingen beweist ganz deutliche

Know-how

Spielen, klimpern, sprechen

Die ersten Jahre sind die wichtigsten für die Ausbildung der Gehirnstrukturen und -funktion. Ohne Probleme kann ein Kind zweisprachig aufwachsen. Wenn es früh ein Instrument lernt, kann es damit später Gefühle in Töne umsetzen, hat also ein emotionales Instrument mehr als die Sprache. Beantworten Sie jedes »Warum?« – und wenn Sie selbst ins Lexikon gucken müssen. Und: Schicken Sie Ihre Kids raus zum Spielen. Bewegung ist der wunderbarste Treibstoff für eine optimale Gehirnentwicklung.

Zusammenhänge zwischen zusatzstofffreier Ernährung und gesteigerter Intelligenz und Konzentration.

Das Experiment

Bevor das Experiment startete, unterzog Prof. Stevenson Christoper und Michael verschiedenen IQ-Tests: Sie machten die gleichen Fehler und machten die Tests in exakt der gleichen Zeit. Nach zwei Wochen machten sie dieselben Tests noch einmal. Professor Stevenson wusste selbst nicht, welcher Junge kein Junkfood bekam. Doch nach den Tests war ihm klar, dass der konzentriertere und klügere Michael »zusatzstofffrei« gegessen hatte.

Die Mutter Lynn Parker sagte dazu: »Das hat mir die Augen geöffnet. Erst war ich skeptisch, doch ich konnte schon am zweiten Tag eine Veränderung an Michaels Verhalten sehen. Er war freundlicher und gesprächsbereiter. Wer nicht auf die Zutatenliste schaut, dem ist gar nicht klar, was in den Lebensmitteln alles drin ist. Doch wir haben die Wahl, ob wir unsere Kinder mit E-Nummern und Zusatzstoffen ernähren oder nicht.«

Übrigens hat man das Experiment an der Schule in Cheshire wiederholt – mit demselben Ergebnis. Die Eltern und die Lehrer waren völlig begeistert. Was ist bei uns? Wir sprechen über Pisa …

Sie wollen kluge Kids?

Dann füttern Sie die Weisheit mit dem Löffel:

- Schwangere müssen ihren Nachwuchs mit genug Omega-3-Fett versorgen. Man weiß heute, dass der Mensch 70 Prozent seiner gesamten 100 Milliarden Neuronen in der Gehirnmasse im Mutterleib bildet. Umso alarmierender ist die

US-Studie, nach der sich die meisten Frauen nur 18 Prozent derjenigen Menge an Omega-3-Fettsäuren zuführen, die für Schwangere empfohlen werden. Mit Fisch den Omega-3-Bedarf zu decken ist schwierig während der Schwangerschaft. Denn da steckt leider oft auch Quecksilber drin. Darum empfehle ich: Omega-3-Fett als Nahrungsergänzung.
- Im bunten Gläschen fehlen manchmal Eisen, Vitamine und Fett. Alles wichtig für den Hirnaufbau.
- Ohne Eisen (Fleisch, grünes Gemüse) können Schulkinder nicht denken. Es kommt zu wenig Sauerstoff ins Gehirn. Der IQ fällt in den Keller, und die Leistung sinkt um mindestens eine Schulnote. Eisen kann man messen.
- Ohne Zink weniger Nervenverknüpfungen, weniger Synapsen. Dumm. Viele Kinder leiden unter Zinkmangel. Kann man messen. Schuld ist Fastfood.
- Zucker (vom Nutellabrot über den Schokoriegel bis zum Softdrink) raubt den Kleinen Geisteskraft. Sie schneiden bei IQ-Tests schlechter ab, haben schlechtere Noten und schlechtere Laune.
- Halten Sie Ihre Kinder von Süßstoffen fern. Die Blut-Hirn-Schranke ist noch nicht so gut ausgebildet. Gewisse Süßstoffe stehen im Verdacht, Hirnschäden auszulösen.

superlinks

Fisch Seite 142 | Fleisch Seite 148 | Frühstück Seite 161 | Gehirnschmalz Seite 171 | Interview: Klug essen Seite 136 | Musik Seite 262

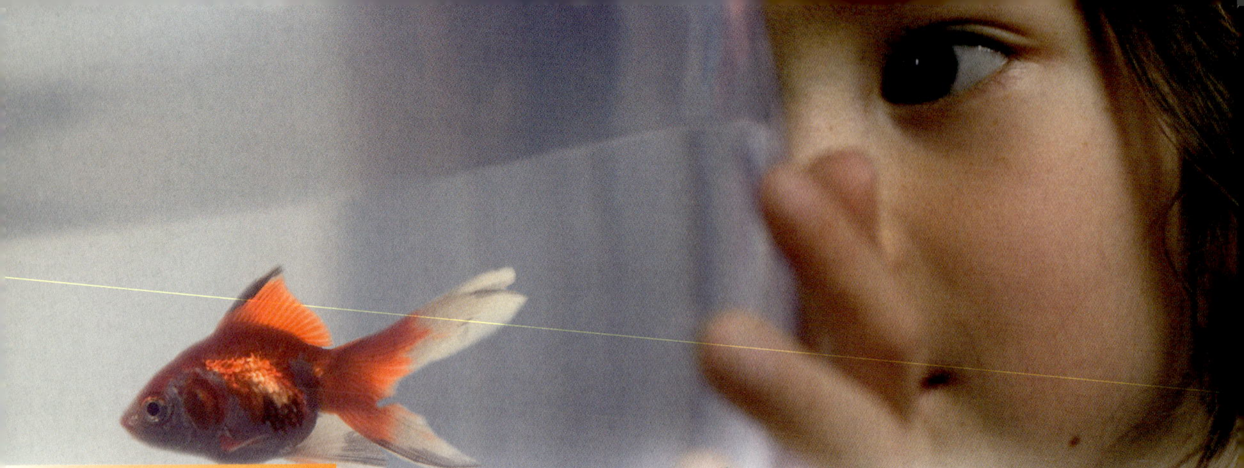

44 Kontemplation – die Welt wie ein Kind sehen

Wissen Sie, wie das Gebäude aussieht, in dem Sie arbeiten? Könnten Sie es zeichnen? Eingang, Zahl der Fenster, Höhe, Dach? Machen Sie das mal. Und vergleichen Sie Ihre Zeichnung mit der Wirklichkeit. Wissen Sie, wie Ihr Partner gestern aussah? Können Sie es zeichnen? Schuhe, Pullover, Hose – Gesichtsausdruck, Frisur?

Können nur wenige. Die meisten schenken den Dingen, die sie umgeben, die vertraut sind, keine Aufmerksamkeit. Da muss man schon in Dubai einen Falkner sehen, damit wir genau hingucken. Das Häubchen des Falken als unvergesslich in unsere Gehirnschubladen versenken. Doch wie oft sind wir schon in Dubai …

Wir verlieren uns selbst

Je mehr wir uns in gewohntem Terrain bewegen, desto weniger Informationen nehmen wir noch auf, desto mehr stumpft der Geist ab. Und wir mit ihm.

Der Teil unserer Welt, der uns am meisten vertraut ist, ist unser Ich. Mit ihm sind wir 24 Stunden am Tag zusammen. Morgens vor dem Spiegel, tagsüber bei der Arbeit, abends vor dem Fernseher. Auf unsere eigenen inneren Signale hören wir folglich am allerwenigsten. Das macht uns abgestumpft, unzufrieden, unglücklich, krank. Kann man ändern, sollte man auch tun. Und der Weg dazu führt über unsere Sinne. Versuchen Sie einmal, Altvertrautes so zu betrachten, als sähen Sie es zum allerersten Mal.

Einfach neugierig sein

Kontemplation ist die Kunst, einen Gegenstand so wahrzunehmen, wie ein Kind ihn sieht: neugierig, unbefangen, offen und empfänglich für die Wunder dieser Welt. Kinder richten den Fokus ihrer Aufmerksamkeit auf ein Objekt, egal, ob eine Schraube, die sie finden, oder einen Apfel – und vergessen alles rings um sich. Sie grübeln nicht über Vergangenes und Zukünftiges. Sie denken nicht nach, was sie mit dem Objekt anfangen könnten. Sie konzentrieren sich allein

superlinks

Erinnerung Seite 135 | Intuition Seite 198 | Konzentration Seite 214 | Kreativität Seite 222 | Interview: Lachen Seite 228 | Lächeln Seite 234 | Musik Seite 262 | Nase Seite 272 | Neurobics Seite 274 | Sechster Sinn Seite 289

auf die Wahrnehmung des Apfels: seine glatte Schale, sein Farbenspiel, seine plastische Form. Sie lassen sich gefangen nehmen von seiner Ruhe und Unbeweglichkeit. Sie schärfen ihre Wahrnehmung. Und den Kopf.

So ähnlich wie Meditation

Kontemplation hat denselben Effekt wie die Meditation. Mit dem Unterschied, dass Sie Ihre Konzentration nicht nach innen, sondern nach außen richten. Gehen Sie in einen ruhigen Raum und machen Sie die Tür hinter sich zu. Suchen Sie sich einen Gegenstand, zum Beispiel eine Tasse. Beginnen Sie die Tasse zu betrachten. Und zwar so, als hätten Sie noch nie zuvor in Ihrem Leben eine Tasse gesehen. Mit der Neugier eines kleinen Kindes. Versuchen Sie, die Form der Tasse zu erfassen, die Form des Henkels. Sehen Sie, wie das Licht auf dem Tassenrand reflektiert. Sehen Sie den Schatten, den die Tasse auf den Tisch wirft. Ist die Tasse bemalt? Dann gucken Sie genau hin. Das fällt Ihnen am Anfang schwer? Dann schauen Sie in eine Kerze (siehe Übung) oder ein offenes Kaminfeuer. Beobachten Sie, wie sich die Flammen bewegen. Bald werden Sie alles um sich herum vergessen. Nicht nur die anderen Gegenstände im Raum. Sondern auch die Gedanken. Der Kopf wird frei. Die Inkubation kann beginnen. Das Unbewusste arbeitet. Schenkt Ihnen bald einen Geistesblitz.

Der Weg ins Unterbewusstsein

Und wenn Sie sich eine Zeit lang in der kindlichen Kunst der Kontemplation üben, dann richten Sie irgendwann ganz automatisch Ihre kontemplative Aufmerksamkeit auf Ihre innere Stimme, entdecken die Botschaften aus Ihrem Unterbewusstsein – oder auf das, was Ihr Körper von Ihnen will. Mehr Ruhe, mehr Vitamin C, mehr Bewegung …

Übung

Gucken Sie wie ein Kind

Trainieren Sie Ihre Wahrnehmungsfähigkeit mit folgender Kontemplationsübung. Wenn Sie diese Übung täglich einige Minuten lang durchführen, gewinnen Sie Ruheinseln für Ihre Gedankenflut. Sie lernen, sich intuitiv in einen Gegenstand einzufühlen. Zünden Sie eine Kerze auf einem leeren Tisch an. Schauen Sie aus einem halben Meter Abstand eine Minute lang in die Flamme. Lassen Sie die Augen im Licht hin- und herwandern, aber behalten Sie die Flamme immer im Zentrum Ihres Sehens.

Schließen Sie nun die Augen und versuchen Sie, die Flamme durch Ihre Lider weiterhin zu »sehen«. Halten Sie das Bild der brennenden Kerze mindestens eine weitere Minute lebendig – mit ihren warmen Strahlen, dem Docht mit dem glühenden Ende, dem Wachs, das auf der Oberfläche der Kerze schwimmt …

Dehnen Sie nach ein paar Tagen die Übung auf kompliziertere Gegenstände aus: Ihr Radio, ein kleines Regal, ein Haus. Gelingt es Ihnen, nach dem Schließen der Augen alle Einzelheiten in Ihrem Bildgedächtnis lebendig zu halten? Erkennen Sie auf Ihrem Radio alle Knöpfe und Beschriftungen, die Bücher im Regal, die Fenster des Hauses und jede Unebenheit im Mauerwerk?

45 Konzentration – *Absage an das Multitasking*

Wie steht es denn um Ihre Konzentration? Um das Verweilen im Augenblick – ohne nörgelnde Männlein im Kopf? Mit allen Sinnen bei der Sache? Dass Sie noch nicht meditieren können, ahne ich. Dann hätten Sie dieses Buch nicht gekauft. Meditation ist der Königsweg zu einem fitten Geist, zur höchsten Konzentration. Darum fangen wir unten an der Aufmerksamkeitsskala an: Wann haben Sie sich das letzte Mal eine Blume angeguckt? Ich meine so richtig. Mit allen Sinnen. Mal dran geschnuppert. Die Blätter befühlt. In die Farbe eingetaucht. Können Sie sich ganz und gar in ein Bild versenken? Abtauchen? Die Umgebung vergessen, die Alltagssorgen aussperren? Nicht einfach, in unserer reizüberfluteten Welt. Die Zahl der Menschen wächst, denen es beim besten Willen nicht mehr gelingt, längere Zeit bei einer Sache zu bleiben. In der Schule nennt man sie Zappelphilipp und füttert sie mit Ritalin. Und auch bei Erwachsenen diagnostizieren Psychologen immer häufiger das ADS: das Aufmerksamkeitsdefizit-Syndrom.

Muss man denn alles auf einmal tun?

Konzentration? Nee. Alle machen »Multitasking«: blättern in einer Zeitschrift, schauen mit einem Auge zum Fernsehen, sprechen mit dem Partner, knabbern Chips und trinken Bier, greifen zum Telefon, stellen die Waschmaschine an. Fernsehen und andere Medien haben ihr Angebot an unsere aufgeteilte Aufmerksamkeit angepasst. Den Serien und Shows kann man auch dann noch folgen, wenn man zwischenzeitlich minutenlang aussteigt – nicht nur in der Werbepause. Geistreich ist das nicht. US-Forscher untersuchten, was effektiver ist: Multitasking oder eine Aufgabe nach der anderen erledigen? Zu diesem Zweck ließen sie Versuchspersonen nach beiden Strategien Aufgaben lösen und maßen die Leistung pro Zeiteinheit. Das eindeutige Ergebnis: Effektiver arbeitet, wer sich zunächst nur auf eine Aufgabe konzentriert und dann erst die zweite in Angriff nimmt.

Also: Lernen Sie wieder, sich auf ein Ding zu konzentrieren – und Sie gewinnen an Lebensqualität und Konzentration.

Höchstleistung erfordert Konzentration

Wenn Sie Höchstleistung vollbringen wollen – egal, ob im Sport, im Studium oder im Beruf –, benötigen Sie volle Konzentration. Solange das, was Sie tun, neu und spannend ist, hält Sie Begeisterung bei der Stange. Aber bleiben Sie auch während langatmiger Routinestrecken am Ball? Können Sie, wenn der Reiz des Neuen erlischt, Ihre Willenskraft mobilisieren? Die Konzentration kann man trainieren.

Hier ein paar Übungen:

1. Aufsatz schreiben

Haben Sie in der Schule gemacht. Kann auch jetzt äußerst sinnvoll sein!

Nehmen Sie sich eineinhalb Stunden Zeit. Schalten Sie alle potenziellen Ablenkungen aus (Fernsehen, Radio, Handy).

Nehmen Sie einige Blätter Papier und einen Stift – keinen Computer! Schreiben Sie einen kleinen Aufsatz oder Essay zu einem Thema, das Sie beschäftigt:

- Was bedeutet für mich Erfolg?
- Wie frei bin ich?
- Wofür bin ich in dieser Welt verantwortlich?

Da wird was Wunderbares herauskommen … ohne Notendruck!

2. Einfach zuhören

Lauschen Sie einem Hörspiel (von CD oder im Radio). Nicht beim Autofahren oder bei einer anderen Beschäftigung, sondern zu Hause, still sitzend, mit geschlossenen Augen. Sie werden feststellen, wie schwer es Ihnen fällt, bei der Handlung zu bleiben und Ihre Gedanken nicht abschweifen zu lassen. Es fällt uns schwer, nur zuzuhören. Aber man kann es wieder lernen.

3. Schach spielen

Spielen Sie Schach gegen den Computer. Lassen Sie sich durch die Geschwindigkeit seiner Züge nicht verleiten, ebenfalls schnell zu ziehen. Über-

Know-how

Aufmerksamkeitsdefizit – zehn Warnsignale

- Sich in Details verlieren – zum Beispiel beim Aufräumen an einem Schubfach hängen bleiben
- Nicht längere Zeit zuhören können, unruhig und abwesend wirken
- Hände und Füße nicht stillhalten können
- Keinen Überblick über seine Angelegenheiten (Geld, Termine) haben
- Schnell mal aus der Haut fahren – hinterher kommt das große Bedauern
- Sich leicht begeistern, aber sich genauso leicht wieder abwenden
- Sehr empfindlich für Stress und leicht ablenkbar sein
- Starken Stimmungsschwankungen unterworfen sein
- Ständig zu wenig Zeit haben, aber sich bei seinen Aufgaben verzetteln
- Oft zerstreut und vergesslich sein

Übungen

Konzentrationskurzübungen für zwischendurch

- Kopfrechnen. Addieren Sie beim Einkaufen blitzschnell die Preise aller Wagen im Einkaufskorb zusammen.
- Nehmen Sie einen Zeitungsartikel und lesen Sie drei Sätze rückwärts.
- Klopfen Sie mit den Fingern der linken Hand im Marschtakt (4/4-Takt) auf den Tisch, mit den Fingern der rechten Hand gleichzeitig im Walzerrhythmus (3/4-Takt).
- Bilden Sie Zahlenreihen nach einem beliebigen Prinzip und rechnen Sie diese Reihe im Kopf so weit wie möglich fort. Beispiel Quadratzahlen: 1, 4, 9, 16, 15, 36, 49 … Oder vergrößern Sie den Abstand zwischen zwei Zahlen immer um 1: 1, 2, 4, 7, 11, 16, 22, 29 …
- Besitzen Sie eine Uhr mit Sekundenzeiger? Versuchen Sie, sich zwei Minuten lang allein auf die Bewegung des Zeigers zu konzentrieren, ohne laut mitzuzählen. Sobald Sie merken, dass Ihre Gedanken abschweifen – das Ganze noch einmal von vorn.

legen Sie bei jedem Zug in Ruhe und rechnen Sie alle Möglichkeiten durch. Spielen Sie so oft, bis Sie keine Partie mehr durch Flüchtigkeitsfehler verlieren. Sie wissen nicht wo? Beispielsweise unter www.schach.de.

5. Tanz mit rohen Eiern für Hektiker

Neigen Sie dazu, unter Zeitdruck fahrig, schusselig und hektisch zu handeln? Dann entdecken Sie die Langsamkeit. Halten Sie ruckartig inne. Sagen Sie »Stopp!« Visualisieren Sie ein großes rotes Stoppschild vor Ihrem inneren Auge. Bremsen

Sie nun das Tempo Ihrer Körperbewegungen ab. Bewegen Sie sich langsam, wie in Zeitlupe. Setzen Sie betont zögernd einen Fuß vor den anderen. Greifen Sie mit der Hand so vorsichtig nach jedem Gegenstand, als handle es sich um ein rohes Ei. Sie werden merken: Nach weniger als einer Minute kehrt Ihre Aufmerksamkeit zurück. Das verringerte Tempo zwingt Sie, automatisierte Abläufe wieder bewusst zu erleben.

6. Ausdauer trainiert den Kopf

Nordic Walking, Joggen, Radfahren und Schwimmen trainieren nicht nur die körperliche, sondern auch die geistige Ausdauer. Wer nach einem Vierteljahr Training statt zehn Minuten eine Stunde lang am Stück laufen kann, hat auch das Durchhaltevermögen des Kopfes auf das Sechsfache gesteigert.

superlinks

Alpha-Zustand Seite 84 | Auswendig lernen Seite 101 | Abschreiben Seite 82 | Flow Seite 150 | Interview: Gedächtnis Seite 162 | Kontemplation Seite 212 | Lesen Seite 241 | Namen merken Seite 270 | Nase Seite 272 | Zahlen merken Seite 315

46 *Die Fähigkeit der entspannten* Konzentration

Sie haben ein Exposé zu schreiben. Sie haben noch eine dreiviertel Stunde. Um Sie herum kocht und brummt es, die Sekretärin will Unterschriften, draußen wartet Ihre Frau und will das Spielzeug für Ihr Kind besprechen, das Telefon klingelt … Kann man in diesem Alltagschaos denn überhaupt bei der Sache bleiben? Kann man!

Mit der Iamon-Technik von Seite 257f. üben Sie die Fähigkeit der entspannten Konzentration. Ganz nebenbei. Das heißt nichts anderes als: Dann können Sie sich auf einen Gedanken länger als zwölf Sekunden konzentrieren. Können Sie jetzt nicht. Noch nicht. Aber in sechs Wochen. Wenn Sie Ihr Gehirn dafür neuronal polen. Auf einen Gedanken konzentrieren, ihn für längere Zeit festhalten – wenn Sie das gelernt haben – und das lernen Sie durch Meditation, mit der Murmeltechnik –, dann können Sie, wenn Sie wollen, auch zwei Stunden eine freie Rede halten, ohne Konzept. Das geht tatsächlich. Ich kann vier Stunden lang frei reden und weiß vorher, ich werde den Faden nicht verlieren. Haben Sie die Formulierung beachtet? So mache ich meine Wettkämpfe! Ich weiß vorher, ich werde den Faden nicht verlieren. Auch nicht in 40 Stunden.

Das Geheimnis von Charisma

Fähigkeit der entspannten Konzentration heißt auch: Sie können Ihrem Gegenüber in die Augen sehen – einem Geschäftskollegen, einem Kunden oder wer auch immer das sei. Und lassen ihn nicht mehr los. Wenn es Ihr Feind ist, gewinnen Sie gegen ihn. Denn das kennt der nicht. Er bekommt Angst. Wenn es Ihr Freund ist, dankt er Ihnen das.

Wissen Sie, was der nämlich fühlt: »Der hört mir zu.« Normalerweise ist das ja anders. Sie schauen jemanden an, hören ihm zu, und Sie wissen genau, nach drei, vier Sekunden fangen Sie doch an, die Schreibtischschublade aufzuräumen, auf das Telefon zu klimpern. Sie haben nicht die Fähigkeit, bei ihm zu bleiben. Sie schweifen ab. Sie denken sonst etwas. Ich schaue die Leute an bei der Anamnese und lasse sie nicht mehr los. Das habe ich eben geübt, 32 Jahre lang. Und die gehen dann raus und sagen: »Der hört mir zu.« Das war es.

Wenn Sie gewinnen wollen auf dieser Welt, brauchen Sie nur zuzuhören. Das gilt für jeden Beruf. Ob Schuhmacher oder Bankdirektor, wenn Sie zuhören, gewinnen Sie. Ein Wiener, Dr. Eggetsberger, sagt: »Die Fähigkeit, jemanden anzuschauen und ihn nicht loszulassen, interpretiert der andere als Charisma.«

Finde ich spannend – und achte jetzt immer darauf. Boris Becker zum Beispiel. In Interviews. Der zwinkerte nicht, der schaute in die Kamera und war da. Vielleicht ist das der Grund, warum man Herrn Becker nachsagt, er hätte Charisma.

superlinks

Alpha-Zustand Seite 84 | Flow Seite 150 | Formel-1-Reflex Seite 153 | Kreativität Seite 222 | Lächeln Seite 234 | Murmeltechnik Seite 255 | Stress weg Seite 293 | Switchen Seite 296 | Visualisieren Seite 308 | Zen Seite 317

Interview
mit Monika Matschnig

Sie wollen Gedanken lesen? Dann lernen Sie die Körpersprache. Über die Lippen mag sich eine Lüge schleichen. Aber der Körper lügt nie. Mit der Sprache unseres Körpers verändern wir auch unsere Emotionen – ernten Selbstsicherheit, Fröhlichkeit ... Wie das geht, verrät Ihnen die Psychologin und Expertin für Körpersprache Monika Matschnig aus Freising bei München.

Körpersprache sagt mehr als 1000 Worte

Was ist Körpersprache?

:Ein teils angeborenes, teils erlerntes Sprachsystem. Jedes Erlebnis, jede Erfahrung, die wir machen, speichern wir im Gehirn ab – und sie spiegelt sich in unserem Körper wider. Über die Sprache des Körpers zeigen wir Gefühle, und diese Gefühle können wir auch bei anderen lesen. Körpersprachliche Signale treten niemals vereinzelt auf, denn wir »sprechen« immer mit dem ganzen Körper: simultan mit unserer Haltung, unseren Gesten, unserer Mimik, unserer Stimme. Die Art, wie wir sitzen oder stehen, was wir mit unseren Händen machen, ob wir lächeln oder die Stirn runzeln, ob wir laut oder leise sprechen, monoton oder im Singsang – all dies lässt auf unsere Emotionen und Gedanken schließen. Sagt dem Gegenüber, ob wir traurig, gut gelaunt, selbstsicher, ängstlich, nervös oder entspannt sind.

Wir kommunizieren zu 93 Prozent mit unserer Körpersprache. Davon machen 55 Prozent die Haltung, die Gestik und die Mimik aus und 38 Prozent die nonverbale Stimme: laut, leise, monoton ... Nur sieben Prozent sagen die Wörter.

Der Körper lügt nie?

:Kann er gar nicht. Weil wir mit dem Körper unbewusst kommunizieren. Ein Mensch, den etwas belastet, hat hängende Schultern, einen schleifenden Gang, der Blick richtet sich auf den Boden, er redet schleppend. Wir können die Körpersprache nicht so mit dem Verstand kontrollieren wie die gesprochene Sprache, in der wir problemlos »Mir geht's hervorragend!« sagen, obwohl wir uns schlecht fühlen. Wir glauben immer zuerst dem Körper – und dann erst den Worten: Das liegt auch daran, dass das Auge 17-mal schneller arbeitet als das Ohr. Wir vertrauen zuerst dem ersten Eindruck, dem optischen.

Die Körpersprache ist doch von Kultur zu Kultur eine andere?

:Abgesehen von den universal verständlichen Signalen wie Trauer, Zorn, Ekel, Schmerz, Interesse und Freude sind vor allem die Gesten von Land zu Land verschieden. Ein Beispiel: Puertoricaner berühren Menschen, mit denen sie sprechen, 180-mal in der Stunde; Engländer berühren sich beim Reden überhaupt nicht. So kann es zwischen Kulturen, wie bei der gesprochenen Sprache, zu Verständigungsschwierigkeiten kommen. Trifft der Brite auf den Puertoricaner, der ihn ständig berührt, denkt er: Was will der nur von mir? Und der Puertoricaner denkt: Der mag mich wohl nicht.

Körpersprache ist auch von Mensch zu Mensch verschieden?

:Nicht für alle Menschen ist die Körpersprache gleich stark ausgeprägt. Bei extrovertierten Menschen sehen wir förmlich die Lebhaftigkeit der Emotionen in der Gestik, im Gesichtsausdruck, in der Haltung. Sie teilen sich mit in überschwänglichen Gesten, arbeiten stark mit der Gesichtsmuskulatur – und die Gefühlslage spiegelt sich im Gang wider. Sie machen meist große Schritte, sind schneller und tänzeln hin und her.

Der eher introvertierte Mensch spricht verhaltener mit seinem Körper. Er benutzt weniger Mimik, macht keine überschwänglichen Gesten, kleinere Schritte und er hat eine gebückte Haltung. Kleine Schritte zeigen, er überspringt keine Details, kontrolliert die Umgebung Schritt für Schritt. Diese Menschen sind schwerer »lesbar« als die Extrovertierten. Extrovertierte Menschen verwenden Handbewegungen, die vorwiegend vom Körper wegführen. Introvertierte hingegen führen ihre Handbewegungen vorwiegend von außen zum Körper hin aus.

Wie erkennt man in unserem Kulturkreis, ob man auf andere positiv wirkt?

:Indem unser Gegenüber Interesse signalisiert. Wenn sein Körper sich direkt mir zuwendet. Der Oberkörper sich im Sitzen nach vorne neigt, wenn er mich plötzlich wirklich ansieht und Blickkontakt hält. Wenn er die Augenbrauen leicht anhebt, signalisiert das: »Ich möchte mehr Informationen haben, ich bin interessiert.« Die Gestik und die Handbewegungen sind offen. Das heißt, er verschränkt die Arme nicht, und die Mundwinkel ziehen sich leicht nach oben. Wenn Frauen sehr interessiert sind, dann tendieren sie dazu, Menschen sehr häufig zu berühren, meist an den Oberarmen. Das heißt: »Du bist mir sympathisch.«

Männer machen das generell weniger?

:Ja. Zum einen, weil sie so erzogen worden sind. Frauen sind lieb, nett, hilfsbereit und dürfen ihre Gefühle zeigen; Männer waren diejenigen, die stark sein mussten, und ein starker Mann berührt nicht gleich ganz emotional andere Leute. Unter Männern berührt man sich sehr, sehr selten. Hingegen empfinden es Männer als äußerst anziehend, wenn sie von Frauen leicht berührt werden. Natürlich an neutralen Körperstellen.

Wie erkennt man, ob man negativ auf jemanden wirkt?

:Indem sich mein Gegenüber plötzlich während des Gesprächs von mir abwendet, die »nackte« Schulter zeigt oder der Blick in der Gegend herumschweift, er unruhig hin- und hertänzelt oder sich mit seinem Oberkörper ständig hin- und herbewegt, die Arme verschränkt, den Oberkörper zurücklehnt und die Lippen aufeinander presst. Das heißt: Ich möchte nichts mehr aufnehmen.

Kann man über Körpersprache das Leben verändern? Beliebter werden, erfolgreicher werden, mutiger werden?

:Teilweise ja. Es gibt zweifelsohne einen Zusammenhang zwischen Körpersprache und Psyche. Der Körper hat Einfluss auf unsere Gedanken und unsere Stimmung. Unsere

Tipp

»So klar« – wie Sie immer eine gute Figur machen

Wie gesagt: Der Körper kann nicht lügen. Das heißt: Er kann Gefühle wie Angst, Freude, Trauer, Unsicherheit nicht verbergen. Körpersprache lässt sich nicht komplett kontrollieren. Aber Sie können sie positiv beeinflussen. Das ist wichtig, wenn Sie mit Geschäftspartnern verhandeln oder beim ersten Date eine gute Figur machen wollen. Halten Sie sich an folgende »So-klar-Regeln«:

So klar. Das »S« steht für »Sitzen Sie dem anderen nie frontal gegenüber«. Weil Sie so Konfrontationen provozieren. Besser: Dem anderen im rechten Winkel gegenüber sitzen. Dann lässt er Sie auch näher an Sie heran – körperlich und geistig.

S**o** klar. Das »O« steht für eine offene, einladende Haltung. Verschränken Sie weder Arme noch Hände, überkreuzen Sie nicht die Beine. Verstecken Sie Ihre Hände nicht hinter dem Rücken oder unter dem Tisch. Gestikulieren Sie mit offenen Händen von unten nach oben. Generell wirken alle Linien, die von unten nach oben gehen, positiv.

So **k**lar. Das »K« steht für Konzentration. Wenn Sie mit dem anderen auf eine Wellenlänge kommen wollen, dann müssen Sie ihm Konzentration und Aufmerksamkeit schenken. Damit Sie mitkriegen, wie er sich gibt und was er sagt.

So k**l**ar. Das »L« steht für leicht nach vorn neigen. Wenn Sie zum Beispiel Ihren Oberkörper im Sitzen leicht nach vorn neigen, dann signalisieren Sie Interesse. Sie sagen mit dem Körper: »Ich komme dir entgegen.«

So kl**a**r. Das »A« steht für Augenkontakt. Gucken Sie Ihrem Gegenüber hin und wieder in die Augen – ohne ihn mit dem Blick zu durchbohren. So erzeugen Sie Aufmerksamkeit.

So kla**r**. Das »R« steht für ruhig bleiben. Zappeln Sie nicht wild herum. Spielen Sie nicht mit Kugelschreibern oder Feuerzeugen. Bewegen Sie nicht Ihren Kopf hin und her. Nur wenn Sie Ruhe bewahren, strahlen Sie auch Ruhe aus.

Gedanken haben wiederum Einfluss auf unsere Körpersprache. Ein kleiner Beweis: Setzen Sie sich völlig mutlos hin – Oberkörper nach vorne beugen, Schultern hängen lassen, Kopf senken, Mundwinkel nach unten ziehen – und nun versuchen Sie, einen positiven Gedanken zu fassen. Es funktioniert nicht. Und nun in die andere Richtung: Richten Sie sich auf, Kopf nach oben, Blickrichtung nach vorn, mit einem kräftigen Atemzug den Brustkorb emporatmen, ein Lächeln auf die Lippen legen – und nun denken Sie negativ. Auch das funktioniert nicht. Eine Körperhaltung kann Gefühle blockieren. Indem Sie mit einem straffen Körper durchs Leben gehen, strahlen Sie nicht nur mehr Selbstbewusstsein aus, sondern fühlen sich auch so – und ein starkes Selbstbewusstsein ist ein erster Schritt, um dem Erfolg näher zu kommen. Alle Eltern, die ihre Kinder zu einer geraden Haltung ermahnen, haben Recht: Tatsächlich lässt einen eine gerade Haltung nicht nur selbstbewusster erscheinen – man fühlt sich auch selbstbewusster.

Die wichtigsten Körpersignale lesen ...

- ***Nervöses Zappeln oder erstarrtes Dastehen:*** Nervosität oder Unsicherheit
- ***Oberkörper kommt weit nach vorn:*** Interesse, ich will unterbrechen
- ***Plötzliches Zurückweichen des Oberkörpers:*** Ich muss die Situation noch überdenken, ich lehne ab
- ***Oberkörper bewegt sich plötzlich zur Seite:*** Einem Vorschlag ausweichen
- ***Lippen machen plötzlich zu:*** Das will ich nicht an- oder aufnehmen
- ***Zusammengepresste Lippen und eine aufrechte starre Kopfhaltung:*** Signalisieren Wut, Aggression
- ***Fehlender Augenkontakt:*** Unsicherheit, Desinteresse
- ***Guter Blickkontakt:*** Interesse am anderen, Selbstsicherheit
- ***Schräg gehaltener Kopf und ein leichtes Lächeln auf den Lippen:*** Ich bin dein Freund. Du kannst mir vertrauen
- ***Handbewegungen, die vom Körper wegführen***: Es kann auf eine zugängliche, offene und kontaktfreudige Person mit viel (Mit-)Gefühl geschlossen werden
- ***Handbewegungen, die vorwiegend von außen zum Körper hinführen:*** Es kann auf eine verschlossene, zurückhaltende Person geschlossen werden

... und senden

- ***Aufrechte Haltung:*** Selbstsicherheit
- ***Oberkörper frontal der Gruppe zuwenden, virtuelle Krone auf den Kopf setzen:*** So wirken wir nicht arrogant und auch nicht unsicher
- ***Sehen wir Menschen mit offenen Augen einen Gedanken lang an,*** signalisieren wir damit Interesse
- ***Hände sollten immer sichtbar sein:*** Das vermittelt Sicherheit. Eine Möglichkeit ist, die Hände in der Bauchnabelgegend locker zusammenzulegen. Hinter dem Rücken versteckte Hände vermitteln Unsicherheit, Hände in den Hosentaschen Gleichgültigkeit
- ***Lächeln signalisiert:*** Hey, ich bin dein Freund, du kannst mir vertrauen, ich interessiere mich für dich, du bist mir sympathisch
- ***Angemessene Stimme***, im Geschäftsbereich tief, im privaten Bereich höher erlaubt, signalisiert Fürsorglichkeit
- ***Als positiv gilt,*** wer von unten nach oben gestikuliert
- ***Distanzzonen beachten:*** Immer eine Armlänge Abstand halten, nicht ins Territorium des anderen eindringen
- ***Dominanzgesten vermeiden:*** Der erhobene Zeigefinger …
- ***Augenbrauen leicht anheben:*** Ich habe Interesse und möchte mehr Information

Monika Matschnig hält Vorträge und gibt Seminare: www.matschnig.com

superlinks

Emotionale Intelligenz Seite 132 | Lächeln Seite 234 | Interview: Lachen Seite 228 | Lügen Seite 249

47 In drei Schritten zu Kreativität

Das Gehirn ist faul. Es mag das Bewährte. Es kann nicht alles und jeden ständig neu bewerten. Es lässt also nur gewisse Informationen durch. Am besten diejenigen, die es kennt. Und die, die es gerade braucht. Nicht gerade die optimale Basis für Kreativität, für Innovationen.

Da gibt es ein wunderbares Experiment, das Bas Kas »Revolution im Kopf. Die Zukunft des Gehirns« beschreibt: Der britische Psychologe Richard Wisemann gab einer Gruppe von Testpersonen eine Zeitung. Und bat sie, die Fotos darin zu zählen. Die meisten zählten in zwei Minuten alle Fotos. Auf Seite zwei prangte ganz groß die Headline: »Hören Sie auf zu zählen. Es sind 43 Fotos in dieser Zeitung!« Weiter hinten stand groß über eine halbe Seite: »Hören Sie auf zu zählen. Sagen Sie dem Versuchsleiter, dass Sie diesen Satz gelesen haben, und kassieren Sie dafür 100 Pfund!« Weder die eine noch die andere Botschaft hat auch nur einer der Zählenden gesehen. Unser Gehirn beschäftigt sich also mit dem, was man ihm sagt zu tun. Und dabei kommt eben nix, aber auch so gar nix Neues raus. Bas Kas in »Impulse«: »Wer das Unerwartete sehen will, muss Situationen neu bewerten, immer wieder. Er muss seine Umwelt auf Unerwartetes hin abklopfen. Ständig.«

Kreativität heißt: Es muss ein wunderbares Neuronennetz im Gehirn vorhanden sein. Viele Datenautobahnen, die untereinander kommunizieren. Denn sobald Sie einen Gedanken fassen, bilden sich dort oben Koalitionen, die gemeinsam denken. Leider ist es meist etwas Ähnliches, was schon Dagewesenes: »Aha, es ist Frühling, der Baum ist grün.« Nur im Fall der Kreativität formieren sich und feuern die Grüppchen im Kopf so, dass etwas völlig Neues entsteht. Eine Melodie »Veronika, der Lenz ist da …« Je vernetzter Ihr Gehirn ist, desto höher die Wahrscheinlichkeit, dass sich dort die Neuronen neu zusammenschließen. Dafür sorgt eine stimulierende Umwelt. Routine tötet Kreativität. Neugierde, Entdeckerlust fördert sie. Klar ist auch: Neues entsteht nicht aus dem Nichts. Wissen ansammeln, lernen heißt, neue neuronale Netze bilden. Nur das Wissen allein reicht nicht – man muss es neu kombinieren. Viele Gedanken, Ideen denken, sammeln und natürlich aussortieren – irgendwann ist wahrscheinlich etwas Geniales dabei.

Der Weg zur Kreativität

Stellen Sie sich vor, Sie sind ein Fischer, der in See sticht, um einen dicken Fisch zu fangen. Dazu brauchen Sie kein Glück. Sondern ein großes Boot, ein stabiles Netz, einen guten Köder und eine Portion Know-how. Das gilt genauso, wenn Sie nach Ideen fischen. Gut präpariert ist halb gefangen. Überlegen Sie sich ein Problem, an dem Sie schon seit längerer Zeit kauen. Suchen Sie die Lösung mit Hilfe der folgenden Techniken. Wetten, der rettende Einfall kommt – wenn nicht heute, dann morgen oder übermorgen! Aber wahrscheinlich, sobald Sie danebenzielen – und zum Laufen gehen.

1. Schritt – schlau machen

Sie wollen in Ihrer Freizeit ohne Geldeinsatz eine Million Euro verdienen. Nutzen Sie alle Kanäle.

Know-how

Auch so kommen Sie auf gute Ideen

- Überlegen Sie sich zu bestimmten Gedanken und Informationen Unteraspekte. Zum Beispiel: Die Arbeitslosigkeit in Deutschland nimmt zu. Mögliche Unteraspekte: Export, Konjunktur, Wohlstand, Zuwanderungspolitik etc.
- Stellen Sie die Logik auf den Kopf. Berühmtes Beispiel: Bis ins späte Mittelalter glaubten die Menschen, dass sich die Sonne um die Erde dreht. Bis Nikolaus Kopernikus den Umkehrschluss wagte und behauptete: Die Erde dreht sich um die Sonne.
- Hinterfragen Sie Binsenweisheiten und so genanntes unumstößliches Wissen. Zum Beispiel: Lange hielt man robuste Autokarosserien für den besten Schutz für die Insassen beim Crash. Heute werden Karosserien dagegen weich gebaut, was den Aufprall verzögert.
- Übertragen Sie Gedanken und Ideen auf eine andere Ebene. Zum Beispiel: das Prinzip des Schlauchboots auf die Möbelbranche übertragen. Resultat: aufblasbare Sofas und Sessel.
- Versuchen Sie das Gute im Schlechten, das Nützliche im Unnützen zu entdecken. Bekanntes Beispiel: Abfallrecycling.
- Werden Sie zum Avantgardisten. Das heißt: Denken Sie einen Schritt voraus. Suchen Sie die Trends von morgen. Zum Beispiel: die neuen, mit Palmen und Stränden aufgemotzten Hallenbäder als »Ballermann« vor der Haustür für reisegestresste Mallorca-Touristen.

Bemühen Sie Bücher, Internet – und andere Menschen. Lesen Sie Biografien über pfiffige Unternehmer (bloß keine Ratgeber »Wie werde ich Millionär?«). Interviewen Sie Freunde, Kollegen, Millionäre. Je mehr Sie wissen, desto besser sprudeln die Ideen. Kreativität braucht Stoff.

2. Schritt – Brainstorming

Nachdem Sie Stoff gesammelt haben, vernetzen Sie linke und rechte Gehirnhälfte und befragen Ihre Intuition (siehe Seite 198ff.). Nehmen Sie einen Zettel und einen Stift zur Hand und schreiben Sie alles auf, mit was Sie meinen, einen geschäftlichen Coup landen zu können. Wichtig: Schreiben Sie wirklich alles auf, auch die verrücktesten Ideen. Versuchen Sie nicht, möglichst gute Gedanken zu Papier zu bringen, sondern möglichst viele. Bei mir stand da mal vor vielen Jahren »Laufen« auf dem Zettel. Da ist natürlich auch viel Mist dabei. Aber den dürfen Sie dann natürlich aussortieren.

Tipp: Ein wunderbares Werkzeug für diesen Schritt ist das Visualisieren. Finden Sie ab Seite 308.

3. Schritt – Inkubation

Nun lassen Sie Ihr Unterbewusstsein arbeiten. Legen Sie Zettel, Stifte, Materialien auf die Seite – und tun Sie etwas ganz anderes. Gehen Sie spazieren. Besuchen Sie ein Café. Hören Sie Musik. Ich gehe laufen. Oben das System abschalten und den Bauch arbeiten lassen. Tut übrigens auch der berühmte Gehirnforscher Prof. Beyreuther (siehe Interview ab Seite 136). Irgendwann kommt die Idee. Und zwar von selbst.

Tipp: Nehmen Sie sich Ihr Brainstorming-Protokoll immer mal wieder vor. Kurz durchlesen, eventuell ergänzen. Sie werden staunen: So mancher vermeintlich unsinnige Gedanke erweist sich auf den zweiten Blick als ganz wichtige Brücke auf Ihrem Lösungsweg. Den Sie am besten laufend antreten.

Der Dreh zur besseren Idee

Der Dreh ist eine Ideentechnik, mit der Sie lernen, eine Sache von verschiedenen Seiten, aus verschiedenen Perspektiven zu betrachten. Schriftsteller, Werbekreative und Journalisten arbeiten gern damit. Der Dreh eignet sich ganz hervorragend, um die Kreativität zu schulen.

Übung

Lassen Sie die Gedanken kreisen

Nun sind Sie dran. Camilla und Prinz Charles haben die Hochzeit um einen Tag verschoben. Die Hochzeitstassen waren allerdings mit Datum bedruckt ... Überlegen Sie sich fünf Drehs ...

nen Blackout habe. Was soll ich dann machen?« Ich sagte: »Wahrscheinlich versuchen Sie das zu überspielen. Das ist falsch. Sie müssen es nicht nur zulassen, sondern sogar noch übertreiben. Ändern Sie also Ihren Tonfall, versuchen Sie zu lispeln, greifen Sie sich theatralisch ans Herz und erklären Sie den Leuten, dass Sie jetzt eine Weile so sprechen werden wie Patienten, die in eine rhetorische Krise hineinrutschen!« Viktor Frankl hat übrigens schon vor 70 Jahren geraten: »Wenn einer Angst vor dem Erröten hat, soll er versuchen, Weltmeister im Erröten zu werden.«

Und um das zu vermitteln, arbeiten Sie mit Clowns zusammen?

:Ja, therapeutische Clowns sind Leute, die sich in der Kunst des Scheiterns auskennen und die Lust am Stolpern wecken. Weil für den Menschen der Übergang von einer unfreiwillig komischen in eine bewusst kontrollierte komische Situation so schwierig ist, parodieren wir das im Clownspiel. Das geht wie eine Slapsticknummer im Zirkus.

Wie funktioniert das im Alltag?

:Natürlich muss ein Clownspiel nicht immer in eine derbe Slapsticknummer ausarten. Mir ist, während ich ein Seminar leitete, mal Folgendes passiert: Ich trug Halbschuhe mit Ledersohlen, die ganz nass waren. Um sie trocken zu kriegen, stopfte ich vorher Zeitungspapier rein. Während ich so auf meinem Stuhl saß, bemerkte ich, wie die Leute schmunzelten. Einige guckten an mir runter. Da sah ich, dass die Hälfte der Zeitung an meinem Socken klebte. Natürlich war mein erster Impuls, das zu korrigieren. Doch dann zog ich einen Hemdzipfel raus und überzog die Situation damit auf eine bewusste Weise.

Interview mit Dr. Michael Titze

Profitieren auch Öffentlichkeitsprofis von Ihrer Technik?

:Ja natürlich. Ich lernte vor kurzem bei einem TV-Talk einen Moderator kennen, der eigentlich ganz souverän war. Er gestand mir aber offen, er würde sich unheimlich oft versprechen. Das würde er aber nie überspielen, sondern den Leuten im Gegenteil erklären: »Meine Damen und Herren, es kann sein, dass ich mich heute noch viel öfter versprechen werde.« Und als er sich dann tatsächlich einmal versprochen hat, sagte er: »Also endlich ist es jetzt passiert.« Und das kam beim Publikum an. Allein dadurch, dass ich etwas Peinliches ankündige, nehme ich die Spannung raus. Ich habe mich unter Kontrolle, weil ich den komischen Kontrast nicht als Katastrophe ansehe, sondern als Anlass, mir ein kreatives Spiel daraus zu machen.

Verona Feldbusch kokettiert auch mit ihren Sprachschwächen.

:Stimmt. Manche Politiker dagegen machen das nicht. Ihre Blackouts bei TV-Duellen wirken deshalb peinlich. Als ein bekannter Parteivorsitzender den neuen Papst besuchte, machte er wie die Damen vor ihm einen Knicks. Als er diesen Fauxpas bemerkte, versuchte er das irgendwie zu korrigieren. Und das war dann erst recht komisch.

Humor ist doch auch eine Frage des Mutes?

:Ja, eine Frage des Mutes zur Lächerlichkeit und Unvollkommenheit. Humor ist das Ergebnis von Kontrasten, vom Zusammenfallen zweier Bezugssysteme. Das eine Bezugssystem entspricht der Strategie des Erwachsenen: der Logik, der Vernunft, der Normen. Das andere wäre das Bezugssystem des Kindes, also das Unvernünftige, Intuitive, das Affektive. Nur wenn ich dieses Bezugssystem nicht unterdrücke, sondern in mein Verhalten strategisch integriere, gibt es eine Synthese, die zur Kreativität und eben auch zur Humorerfahrung führt.

Hat Humor Grenzen, hört der Spaß irgendwo mal auf?

:Wenn der Spaß zynisch ist, dann ja. Sonst nicht. Mir gefällt die Definition: »Die Lage ist hoffnungslos, aber nicht ernst.« Das heißt: Ich habe ja die Entscheidung, wie ich eine Sache sehen kann. Wenn ich immer nur Erwachsener sein will, dann bin ich eines Tages depressiv. Und wenn ich mich nur als Kind definiere und nicht in der Lage bin, auch ernsthaft zu sein, dann bin ich unreif, kindisch.

Angeblich gehört Humor zu den Fähigkeiten, die den Menschen in der Evolution nach vorn gebracht haben. Humor unterscheide den Menschen vom Tier.
:Untersuchungen zeigen, dass Affen eine Art Humor haben. Aber auch andere Tiere. In den 1950er Jahren wurden Delfine darauf trainiert, Torpedos zu feindlichen Schiffen zu bringen. Sie transportierten neun Torpedos zu den feindlichen Schiffsattrappen. Den zehnten Torpedo brachten sie zum eigenen Schiff und schwammen ganz schnell weg. Das finde ich sehr humorvoll. Man kann also nicht sagen, Humor sei nur eine menschliche Eigenschaft. Humor hat sehr viel mit kreativer Intelligenz zu tun, denn man muss intelligent sein, um zwischen der Logik des Erwachsenen und der des Kindes hin- und herspringen zu können.

Humorvolle Menschen haben mehr Erfolg?
:Ja. Menschen wie Harald Schmidt machten die Erfahrung, dass sie sich als Klassenclown eine gute Position verschafft haben – ohne die üblichen Machtspiele mitmachen zu müssen. Der Humorist hat Narrenfreiheit und ist anerkannt.

Sind humorvolle Menschen auch kreativere Menschen?
:Ja, ich habe das selbst mal in einer Lachgruppe ausprobiert. Wir nahmen unser Reflexlachen auf Bändern auf und verteilten sie in der Gruppe. Ich legte dieses Band während langer Autobahnfahrten ein und lachte herzhaft mit. Nach fünf Minuten nahm ich die

Schilder oder die Leute in anderen Autos ganz anders wahr. Das heißt, durch die Heiterkeit konnte ich die Umwelt viel kreativer wahrnehmen. Das berichten auch Menschen, die Lach-Yoga machen.

Könnte man sagen, Lachen ist eine bewusstseinserweiternde Droge?
:Beim Lachen werden Endorphine ausgeschüttet. Und das ist fast so, wie wenn Sie Drogen nehmen. Weil Sie andere Zusammenhänge sehen. Auch interessant: Es kommt vor, dass Polizisten zu einer Frau kommen und sagen: »Ihr Mann ist vor einer halben Stunde bei einem Autounfall ums Leben gekommen.« Und sie fängt an zu lachen – nicht, weil sie herzlos ist, sondern weil die Weisheit des Körpers sie in dieser traumatischen Situation schützt.

Lachen und Weinen liegen nahe beieinander?
:Natürlich. Es handelt sich um unsere ersten Kommunikationsmittel. Schon das Baby zeigt durch das Weinen an, dass es sich unwohl fühlt. Und durch das Lachen, dass es sich wohl fühlt.

Interview
mit Dr. Michael Titze

Ein Grund, warum Lachen ansteckt?
:Wenn das Kind seine Mutter anlächelt, programmiert es die Mutter darauf, es als einen Teil von sich selbst zu sehen. Die gesunde Mutter wird das Kind ins Herz schließen, und es entsteht eine zwischenmenschliche Brücke. Auch Erwachsene können durch ein gewinnendes Lächeln Brücken schlagen. In den USA wird das genutzt, um im Geschäftsleben Erfolg zu haben. Ein Lachen steckt übrigens auch an, wenn man den Lachenden nicht sieht. Darum spielt man Lacher in TV-Soaps ein. Das wird oft kritisiert – ich finde das nicht schlimm.

Warum muss man lachen, wenn man gekitzelt wird?
:Kitzeln ist ein aggressiver Akt, bei dem sich der Gekitzelte wehrlos fühlen muss – weshalb man sich auch nicht selbst kitzeln kann. Kitzeln war im 30-jährigen Krieg sogar ein Foltermittel. Da streute man den Delinquenten Salz auf die Fußsohlen. Das leckte dann eine Ziege ab. Das daraufhin ausgelöste Lachen war nichts anderes als eine Schutzmaßnahme, dem Schreien sehr ähnlich. Lachen selbst kann ja auch bedrohlich wirken, zum Beispiel das laute Lachen von Männern. Lachen kann also beides: bedrohlich aggressiv wirken und sozial verbinden, beschwichtigen.

Kenne ich aus Donald Duck. Da machen die Panzerknacker Har, Har, Har – kein freundliches Hi, Hi, Hi. Haben die Menschen eigentlich früher mehr gelacht als heute?
:Eher weniger – zumindest in der Öffentlichkeit. Lachen galt als derb und bäurisch. In besseren Kreisen hat man deswegen das Lächeln hinter einem Fächer verborgen. Oder man hat in die Faust gekichert.

Was geht beim Lachen im Kopf vor?
:Man sagt ja, dass im Lachen die Weisheit des Körpers die totale Dominanz über die Vernunft erringt. Im Lachen verselbstständigt sich der Körper bzw. die dort vorherrschende unbewusste Logik. Man geht in der Forschung davon aus, dass beim Lachen das so genannte Bauchhirn durch die Kontraktion des Zwerchfells stimuliert wird. Daraus ergibt sich etwas auf einer ganz elementar intuitiven Ebene, auf der man nicht in Kategorien und Begriffen denkt. Man spricht auch von Erlebungen – nicht Erlebnissen.

Was ist der Unterschied zwischen Erlebungen und Erlebnissen?
:Erlebungen sind nicht verbalisierbar und visualisierbar. Sie geschehen im rein körperlichen Kontext. Wenn Menschen zu lachen anfangen, dann denken sie erst mal gar nicht. Und wenn

sie dann versuchen, dieses Lachen zu unterdrücken, gelingt das deshalb nicht, weil sie in diesem Moment nicht fähig sind zu denken. Erst dann, wenn sie die Dynamik des Lachens akzeptieren, kommen die kognitiv erfahrbaren Erlebnisse. Im Lachen ist der Mensch also kein Geist-, sondern ein Leibwesen. Ich habe das mal beim ernsthaften Meditieren selbst erlebt. Da fing plötzlich einer an zu lachen. Der steckte die anderen an. Am Ende lachten wir alle. Und wir konnten es kaum abstellen. Ich kenne Berichte über Lachanfälle, die tagelang angedauert haben sollen.

Welche Gehirnzentren sind aktiv, wenn man einen Witz verstehen muss?

:Von der sprachlichen Herkunft geht der Witz auf das Wort »Wissen« zurück. »Weisheit«, »Witz«, »gewitzt sein« – und auf das englische Wort »wisdom«. Auch das zeigt: Ein Witz ist etwas geistig Bedeutsames und kann natürlich Erheiterung auslösen. Aber niemals das echte Lachen. Erzählt man jemandem, der im Kernspintomographen liegt, einen Witz, dann aktiviert das völlig andere Areale, als wenn man richtig lacht. Lachen ist also etwas anderes als versonnenes Schmunzeln.

Lachen provoziert man mit Lach-Yoga besser als mit Witzeerzählen?

:Es gibt eine Technik, die Madan Kataria als »laughter without reason« bezeichnet. Bestimmte Lachübungen bringen einen zu diesem grundlosen Lachen. Man lacht sich frei und steckt sich dann gegenseitig an. Das ist das Grundprinzip des Lach-Yoga, das man in diversen Lachclubs praktiziert. (Da liegt man auf dem Rücken und hat die Augen zu.) Das Schöne daran ist, dass man sich keinerlei Mühe gibt, sich nur vom Lachen der anderen anstecken lässt – und eine halbe Stunde lang lacht. Ohne zu denken.

Zum Schluss bitte die beste Lachübung, die Sie kennen.

:Das Einfachste ist: Man besorgt sich eine Lach-CD, hört sich das Lachen der anderen an. Und klinkt sich ein. Das ist ein Selbstläufer.

superlinks

Kontemplation Seite 212 | Interview: Körpersprache Seite 218 | Lach-Yoga Seite 226 | Lächeln Seite 234 | Lügen Seite 249

49 Lächeln *verändert das Leben*

Sie haben sicher auch Sargnägel. Menschen, die Sie zum Kochen bringen. Die Sargnägel in meinem Leben heißen Pharmareferenten. Leute mit schwarzem Köfferchen, die meine Praxis betreten und mir was verkaufen wollen. Dagegen habe ich nichts. Ich bin ein lieber Mensch. Nur: Die haben ein Verkaufsgespräch, das dauert zehn Minuten – und meine Praxis ist groß. In meine Praxis kommen im Schnitt zehn dieser Sargnägel täglich. Und irgendwann habe ich mir ausrechnen lassen: 10 x 10 = über eineinhalb Stunden. Da ging mir auf: Die stehlen mir ja mein Leben. Ich habe doch auch eine Familie neben Hobby und Beruf, ich will auch mal heim, und da klauen die mir eineinhalb Stunden.

Das habe ich denen gesagt: »Sie sind mir sympathisch, aber passen Sie mal auf, zehn mal zehn sind eineinhalb Stunden. Sie stehlen mir doch mein Leben.« Sagt der: »Herr Doktor, Sie haben mein volles Verständnis, aber Sie sollten das neue xy unbedingt deswegen anwenden, weil wir … bla, bla …« 9 Minuten 50 Sekunden. Die hören nicht auf. Die sind geschult, nicht aufzuhören. Die müssen Geld verdienen. Auch die haben Kinder. Die können Sie nicht stoppen.

Habe ich geglaubt. Bisher. Bis eine kleine geniale Idee (geboren natürlich beim Laufen) mein Leben veränderte. Heute läuft das so ab: So ein Sargnagel kommt rein, ich schaue hin und denke mir: »Ich – also was du denkst, ist mir wurscht –, aber ich denke froh und heiter, Glück ist mein Begleiter.« Und weil der Satz wirklich herrlich blöd ist, muss ich jedes Mal grinsen.

Beim ersten Mal erschrickt der Sargnagel. Meint, er hätte Eigelb auf der Krawatte oder irgend sowas. Beim zweiten Mal denkt er sich: »Ja, so ein netter Doktor.«

Wissen Sie, kein Mensch ist dumm. Die kennen ihre Rolle ganz genau. Nur: Die sind es nicht gewöhnt, angelächelt zu werden. Und darum passiert etwas Faszinierendes. Ich sage jetzt lächelnd dem gleichen Menschen: »Sie sind mir sympathisch … zehn x zehn Minuten … eineinhalb Stunden, Sie stehlen mir doch mein Leben …« Wissen Sie, was dieser gleiche Mensch jetzt sagt? Der erste Satz ist identisch. »Herr Doktor, Sie haben mein volles Verständnis« – und jetzt, Achtung, neu: »Ich lege das Präparatemuster da hin, Sie unterschreiben, ich bin schon wieder draußen. Zehn Sekunden!«, hat er gesagt – und schon war er weg.

Zehn Sekunden. Das kann ich mir erlauben. Zehn x zehn Sekunden. Die habe ich.

So habe ich über eineinhalb Stunden Leben gewonnen. Aus dem Nichts.

Zielen Sie einfach daneben

Wie ich das gemacht habe? Mit einem echten Lächeln. Das ist der Unterschied. Echt! Das Lächeln muss echt sein! Freilich: Wie wollen Sie echt lächeln, wenn Sie am Ischias leiden, Schulden auf der Bank haben, den Kerl nicht leiden können. Das können Sie nicht. Sie machen immer den gleichen Fehler: Sie zielen ins Schwarze. »Ich muss jetzt lächeln« – und schon ist es vorbei. Vergessen Sie das. Sie müssen danebenzielen. Etwas anderes tun. »Ich denke froh und heiter, Glück ist mein Begleiter.« Ein genialer Satz. Dann lachen Sie unwillkürlich, und das ist echt, das zählt. Und plötzlich sind Sie in der Seele des Gegenüber. Und er tut, was Sie wollen.

Der Trick für Hartgesottene

Sie denken sich: »Der Dr. Strunz, der hat ein schönes Leben. Der hat ja keine Ahnung vom Geschäftsleben. In meinem Leben gibt es Sargnägel, da würde ihm das Lächeln auf den Lippen gefrieren.«

superlinks

Interview: Lachen Seite 228 | Kontemplation Seite 212 | Entspannte Konzentration Seite 217 | Interview: Körpersprache Seite 218 | Lach-Yoga Seite 226 | Interview: Zen Seite 320

Info

Was Lächeln im eigenen Kopf bewirkt

Wissen Sie, wie der beste Therapeut heißt? Lächeln. Sagt zum Beispiel der kalifornische Mimikforscher Prof. Paul Ekman. Beginnen Sie den Tag damit – dann sind Sie heiter bis in die Nacht. Die Lachmuskeln um Mund und Augen locken im Gehirn die Emotion namens Freude. Ist Wissenschaft. Das misst Prof. Ekman im EEG. Ein echtes Lächeln löst übrigens auch bei Ihrem Gegenüber Freude aus. Aber nur ein echtes. Können Sie ein echtes von einem falschen Lächeln unterscheiden? Machen Sie mal den Test. Hier werden Sie 20-mal angelächelt – nicht immer echt: www.bbcgermany.de/bbcexklusiv/bewusstsein_d_menschen/
Übrigens: Männer erkennen besser als Frauen, ob es sich um ein echtes Lächeln handelt, fand der Psychologieprofessor Richard Wiseman heraus, der 15 000 Testpersonen Fotos zeigte, auf denen Männer und Frauen falsch oder echt in die Kamera lachen. Sein Fazit: »Männer entdecken ihre intuitive Seite.« Und noch ein Ergebnis der Studie: Das falsche Lächeln eines Mannes ist schwerer zu entlarven.

Für Sie habe ich diesen Satz weiterentwickelt. Mit Turboeffekt. Das geht dann so: »Ich denke froh und heiter, Glück ist mein Begleiter – du Arsch!«

Das klappt immer. Können Sie Gift darauf nehmen. Daran gewöhnt man sich nicht, man wird immer plötzlich lachen müssen. Und genau das ist das Geheimnis. Sie lachen plötzlich. Kein Mensch versteht es.

50 Legastehnie
oder Legasthenie?

früher war alles besser«, sagen viele Menschen. Legastheniker sind da wohl kaum darunter. Für die beginnt nämlich erst jetzt ein goldenes Zeitalter: A) Wissenschaftler machen sich Gedanken, wie man diese »Teilleistungsstörungen« des Gehirns effektiv beheben kann. B) Sie müssen sich nicht mehr beim Briefeschreiben blamieren, dank intelligenter Rechtschreibprogramme im Computer. Es locken ja sogar Jobs, für die Legastheniker geradezu ideale Voraussetzungen mitbringen. Zum Beispiel: Autor beim Magazin der Süddeutschen Zeitung. Da erlebt die aus Frankreich stammende uralte Kunst des Buchstabenverdrehens, die so genannte Contrepèterie, gerade wieder ihre Renaissance. Da mutiert der Zeichenlehrer zum Leichenzehrer oder das Plumsklo zu (Heidi) Klums Po. »Gemischtes Doppel« heißt die wöchentlich erscheinende Rubrik. Und sie ist bei den Lesern außerordentlich beliebt.

Ein rätselhaftes Leiden

Sonst haben Legastheniker eher weniger zu lachen. Es leben übrigens vier Millionen in Deutschland. Und jedes Jahr kommt ein Heer dazu. 200 000 Grundschulkinder zittern in der Schule vor jedem Diktat, erleben Deutsch, Englisch und Französisch als Horrorfächer oder schwitzen vor der Mathestunde. Es gibt nämlich auch eine Mathematiklegasthenie – genannt Dyskalkulie.

Die Weltgesundheitsorganisation (WHO) hat die auch »Lese-Rechtschreib-Schwäche« (LRS) genannte Legasthenie als krankhafte Störung in ihre offizielle Liste der gesundheitlichen Beeinträchtigungen aufgenommen. Die damit verbundene Botschaft ist klar: LRS-Betroffene sind weder dumm noch faul. Sie brauchen nur etwas Rücksicht. Und Hilfe. Kompetente Hilfe. Denn die Legasthenie ist ein sehr komplexes Leiden. Sie ist nicht heilbar. Aber man kann verhindern, dass sie sich fürs Leben manifestiert.

Die vielen Gesichter der Legasthenie

Nicht jeder, der ab und zu »Widerspruch« mit »ie« schreibt oder »Voraussetzung« mit zwei »r«, leidet an einer Rechtschreibschwäche. Legastheniker machen chronisch Fehler. Sie vertauschen Buchstaben und Silben, fügen welche hinzu oder lassen sie weg. Warum sie das tun, kann unterschiedliche Gründe haben: zum Beispiel Hörprobleme. Manche können ähnlich klingende Laute nicht voneinander unterscheiden. Für sie klingt »g« wie »k« oder »ö« wie »ü«. Andere erkennen keinen Unterschied zwischen Buchstaben, die ähnlich ausse-

superlinks
Frauen Seite 158 | Lernen Seite 238 | Kluge Kids Seite 210 | Musik Seite 262

hen: »c« und »o« oder »m« und »n«. Wieder andere leiden unter einer so genannten Sequenzschwäche. Das heißt: Sie haben Probleme mit der richtigen Reihenfolge der Buchstaben und schreiben zum Beispiel »Gräten« statt »Gärten«.

Womit hängt das alles zusammen?

Forscher untersuchten Legastheniker im Kernspintomographen und stellten bei ihnen eine vergleichsweise niedrige Aktivität in bestimmten Arealen der linken Gehirnhälfte fest. Dort, wo das Gehirn Klänge verarbeitet und Bedeutung tragende Laute unterscheidet. Außerdem fanden Wissenschaftler in dem für die Sprache wichtigen linken Schläfenlappen so genannte Ektopien. Das sind Zellen, die während der pränatalen Entwicklung nicht ihren Bestimmungsort fanden und sich unterwegs zu Zellclustern zusammenschließen. Zudem erscheinen in Legasthenikergehirnen diejenigen Zellen, die an der visuellen Wahrnehmung beteiligt sind, kleiner als bei Nichtbetroffenen. US-Neurowissenschaftler der Northwestern University vertreten die These, Legasthenie sei die Folge einer verzögerten Hirnentwicklung. Die Betroffenen könnten der Erzeugung von Lauten nicht schnell genug folgen. Fazit: Die Ursache für Legasthenie sind Teilleistungsstörungen des Gehirns. Und die können bei gezieltem Training von anderen Gehirnarealen übernommen werden.

Know-how

Ihr Kind ist Legastheniker?

Wie gesagt: keine Panik, wenn Ihr Kind hin und wieder Fehler beim Lesen und Schreiben macht. Das ist ganz normal. Aufmerksam sollten Sie dagegen werden, wenn Sie selbst Legastheniker sind, denn das ist vererbbar. Und wenn Ihr Kind

- sich schwer tut, Buchstaben oder Laute zu erkennen.
- keine Reihen lernen kann. Zum Beispiel: Montag, Dienstag, Mittwoch ...
- keine Wortbilder erkennt. Das heißt: einfache Worte wie »Möbel«, »Wasser« oder »Auto«, die man im Ganzen, also ohne innerlich zu buchstabieren, liest.
- sich schlecht im Raum orientieren kann. Und sich deshalb nicht sicher ist, welche Lage die Buchstaben haben. Zum Beispiel: Bei »p« ist der Bauch oben, bei »d« ist er unten.
- sich schwer konzentrieren kann.
- so richtig ungern liest und schreibt.

Was Sie nicht tun sollten: Die Sache selbst in die Hand nehmen. Indem Sie versuchen, die Schwäche Ihres Kindes mit Druck und Pauken auszumerzen.

Was Sie tun sollten: Ihr Kind für eine spezielle Legasthenikertherapie anmelden. Mit Tests findet man heraus, wo es bei Ihrem Kind hapert, und kann es dann gezielt therapieren.

- **Infos im Internet** unter www.legasthenie.net, www.dvld.de.

50 Prozent weniger Legastheniker

In Hessen machte man einen groß angelegten Modellversuch. Die Lehrer stellten sich nicht frontal vor die Klasse und dozierten, sondern ließen die Kinder in ihrem eigenen Tempo selbstständiger lernen. Und sie griffen dort verstärkt ein, wo Unterstützung notwendig war. Das Ergebnis der Studie: fast 50 Prozent weniger Kinder mit Lese-Rechtschreib-Schwäche.

51 Lernen – *natürlich nur mit Lust!*

Im Fernsehen gibt es neben den echten und operierten Schönen, den Reichen und Erfolgreichen diesen ganz anderen Typus von Star: Marcel Reich-Ranicki, Rangar Yogeschwar, Gesine Schwan, Maybrit Illner. Die so genannten Intelligenzbestien. Das sind Leute, die man bewundert und gleichzeitig fürchtet. Weil sie so gescheit sind. Und man sich neben ihnen so klein und unbedeutend vorkommt.

Was haben uns Intelligenzbestien voraus?

Optimale Gene? Eine elitäre Schulbildung? Kann schon sein. Aber viel entscheidender ist: Diese Menschen haben offensichtlich großen Spaß am Lernen. Sie lesen täglich mehrere Zeitungen, sie gucken im Fernsehen die politischen und kulturellen Sendungen, sie lesen Sachbücher und unterhalten sich nicht nur vor der Kamera mit interessanten Leuten. »Mein Hobby«, sagen sie, »ist mein Beruf.«

Ein kluger Lehrer sagte mal: Die Aufgabe der Schule bestehe weniger darin, Mathematik und Latein zu lehren. Sondern die Lust am Lernen zu wecken. Am lebenslangen Lernen. Aber das gelingt leider nur äußerst selten. Die meisten Menschen verbinden mit der Schule mehr Last als Lust. Langeweile, öde Paukerei und Lehrer, die sich beim Ausfragen so sensibel verhalten wie ein Bronx-Cop beim Verhör. Kein Wunder, dass viele nach ihrem Schulabschluss nur noch billige Blättchen lesen und mit Stefan Raab vor der Glotze verblöden.

Lerngift Stress

Der berühmte Stressforscher Frederic Vester erklärte die Lernmisere in der Schule an einem Beispiel aus der Tierwelt. Legt man im Tierpark den Antilopen einen bunten gestreiften Ball ins Gehege, laufen die Tiere weg, sobald sie ihn sehen. Aus natürlichem Fluchtreflex, dem alle Lebewesen folgen, wenn sie auf unbekannte Dinge stoßen. Menschen, meint Vester, entwickeln ein ähnliches Verhalten, wenn sie in Lehrbüchern unverständlichen Sätzen wie dem folgenden begegnen: »Zur Vermeidung dilatorischer Formenkompromisse fordert eine optimalisierte Umweltpolitik die Institutionalisierung rationaler Zielfindungsprozesse, die operational definierbar sind …« Das Gehirn signalisiert: unbekannt, feindlich – Vorsicht! Und solchen Sätzen begegnet man nicht nur in Lehrbüchern, in der Zeitung, der Fachliteratur, Gehirnbüchern … Der Körper setzt ein Überlebensprogramm in Gang, das bedeutet: bloß nicht nachdenken – fliehen. Er schüttet die Stresshormone Adrenalin und Noradrenalin aus. Die vermindern die Schaltfähigkeit der Synapsen an den Nervenzellen im Gehirn. Sie blockieren den Kopf. Da hilft dann auch kein Pauken und kein Druck. Im Gegenteil. Der Stress wird dadurch nur größer, und der Denkapparat reagiert mit einem Totalausfall.

So wird Lernen zum Vergnügen

Learning by entertaining

Verbannen Sie den strengen Lehrer aus Ihrer Erinnerung. Auch den in Ihrem Kopf, der sagt: »Du solltest mal ein kluges Buch lesen, eine neue Sprache lernen, dein Allgemeinwissen verbessern.« Gehen Sie nach dem Lustprinzip vor. Verbinden Sie Lernen mit Unterhaltung und Entspannung. Zwingen Sie sich nicht zum Studium Ihnen unbekannter Themen in anspruchsvollen Büchern. Lesen Sie Frank Schätzings »Der Schwarm«, wenn Sie etwas über Tsunamis wissen wollen. Jules Verne ist eine wunderbare Lektion in der Naturwissenschaft. Lesen Sie interessante Biografien über tolle Menschen, spannende Wirtschaftskrimis von John Grisham und Politthriller von Freddy Forsyth, fesselnde Science-Fiction-Romane von Michael Crichton, Medizinschinken von Noah Gordon, Historienromane von Umberto Eco oder Ken Follet oder Religionsgeschichte von Dan Brown. Und seien Sie ehrlich. Sie haben keine Ahnung von Physik? Dann müssen Sie sich auch nicht schämen, wenn Sie sich Ihr Wissen aus Sachbüchern und Sendungen für Kinder und Jugendliche holen. Macht TV-Moderatorin Sandra Maischberger übrigens auch. Die Sendung mit der Maus, sagte sie mal, habe sie erst mit 30 für sich entdeckt.

Learning by watching, listening …

Als Kleinkind konnten Sie keine Bücher lesen und Sie haben trotzdem viel gelernt. Einfach indem Sie wahrgenommen haben – mit allen Sinnen. Nutzen Sie diese angeborene Fähigkeit und lernen Sie, wenn möglich, am Objekt oder vor Ort. Unternehmen Sie Kulturreisen, besuchen Sie Ausstellungen und Museen. Sie wollen zum Beispiel Französisch lernen? Dann gehen Sie französisch essen, gucken Sie französische Filme im Original, hören Sie französische Chansons. Neurologischer Hintergrund: Je mehr Sinne Sie beim Lernen beteiligen, desto mehr Möglichkeiten bereiten Sie dem Gehirn, das Gelernte im Langzeitgedächtnis abzuspeichern.

Learning by doing

Der ehemalige US-Finanzminister Michael Bloomberg sagte einmal in einem Interview: »Als

superlinks

In Bildern denken Seite 109 | Divergentes Denken Seite 126 | Gedächtnispille Seite 166 | Kreativität Seite 222 | Legasthenie Seite 236 | Licht Seite 243 | Liste Seite 247 | Sprachen lernen Seite 290

Know-how

Machen Sie es sich bequem

Die alten Griechen hatten die seltsame Angewohnheit, ihre Kinder im Freien zu unterrichten. Ausgerechnet die kultivierten alten Griechen! Das Volk der großen Denker und Philosophen. Das Volk, das prachtvolle Tempel und Theater baute. Warum baute es dann keine Schulen?

Die Antwort findet man in jedem Altgriechischlexikon. »Scholä«, das altgriechische Wort für »Schule«, bedeutet in der wörtlichen Übersetzung »Muße«. Und so wird einiges klar. Die Griechen sahen in der Schule so was wie ein Picknick. Etwas höchst Beglückendes, was man fernab dem regen Treiben der Stadt tut. Dort, wo es schön ist: auf einer grünen Wiese, im kühlen Schatten der Bäume. Ein ähnlicher Gedanke liegt übrigens auch dem weltweit berühmt gewordenen deutschen Kindergarten zugrunde. Friedrich Fröbel, der Vater des Kindergartens, propagierte ihn als einen vor dem Alltag behüteten Hort, in dem die Kinder wie junge Pflänzchen ungehindert ihrem natürlichen Lerntrieb folgen können.

Warum ich Ihnen das erzähle? Weil ich ein blödes Gerücht in Frage stellen will: dass Lernen was mit Disziplin und Selbstbeherrschung zu tun hat. Sprich: mit Zwang und Qual. Und weil ich das Erfolgsgeheimnis der kleinen und der großen Lerngenies kenne: Sie lernen, wo sie sich am meisten wohl fühlen. Die einen auf der Couch oder im Bett, die anderen auf einem Liegestuhl im Garten, in einem Ledersessel vor dem Kamin oder im Korbstuhl eines gemütlichen Cafés. Mir gefällt auch die alte Geschichte über jenen US-Finanzminister, der gefragt wurde, wie er denn sein gigantisches Arbeitspensum bewältige.

Antwort: Er beginne den Tag um fünf Uhr morgens mit einem heißen Vollbad. Da sei er entspannt, gleichzeitig aber sehr wach und aufnahmefähig. Seiner Ansicht nach der ideale Ort zum Studium schwieriger Akten.

ich mein Amt angetreten habe, hatte ich von der Materie keine Ahnung. Man kann alles lernen, wenn es der Job erfordert.« Wie wahr. Wie viele Menschen waren in der Schule Nieten – und wurden später erfolgreiche Geschäftsleute, Ärzte, Professoren. Wissen Sie, warum?

Weil Machen ungeheuerlich motiviert. Probieren Sie's aus:

Basteln und bauen Sie, schreiben Sie Aufsätze und Artikel, bewerben Sie sich für Praktika. Und schreien Sie immer »Hier!«, wenn Sie Herausforderungen begegnen.

Learning by playing

Frederic Vester schreibt: »Ein spielerisch-assoziatives Erlernen der Wirklichkeit ist die effizienteste Art zu lernen. Weil es die Möglichkeiten unseres Denkapparats voll nutzt.« Und: Weil Spielen das Gegenteil von Stress ist. Wie Sie den Tipp umsetzen können? Mit unzähligen alten und neuen Wissensspielen, die es auf dem Markt gibt. Neben Kreuzworträtseln, Monopoly und Quizspielen bietet heute der Medienmarkt interessante Simulationsspiele auf CD-ROM, mit der Sie Ihr Wissen aufpeppen können.

52 Lesen
kann jeder – von wegen!

K-A-F-F-E-E… Lesen haben Sie gelernt. Ja. Ich auch. In der ersten und zweiten Grundschulklasse. Dann stehen Diktate auf dem Lehrplan, Aufsätze, später Gedichte und Textanalysen. Aber kein »Lesen für Fortgeschrittene«. Und so wühlen sich die meisten Menschen mühsam durch Berge von Faxen, Memos, Zeitungsartikeln und Fachbüchern – mit einem Know-how, das sie einer bunt bedruckten Schulfibel verdanken, auf der »Elemelemule, der Kasperle geht in die Schule« steht.

Und da mag bei dem einen oder anderen das Gefühl aufkommen, mit dem Mofaführerschein einen Starfighter navigieren zu müssen.

Und dieses Gefühl verdoppelt sich. Genauso wie sich die weltweit verfügbaren Informationen in den nächsten zwei Jahren verdoppeln. Zum fürchten! Ein Info-Tsunami! Wer da überleben will, braucht einen großen, großen Papierkorb. Und ein paar clevere Strategien, um die Spreu vom Weizen zu trennen. Kann man nämlich lernen, wie man intelligent liest.

Effektiv lesen heißt selektieren, selektieren, selektieren

Die Kunst des schnellen Lesens beginnt schon vor dem Lesen. Mit der Entscheidung, was man liest. Sie müssen Wichtiges aus Unwichtigem herausfiltern. Was auf den ersten Blick unwichtig ist, fliegt sofort weg. Nicht lange überlegen. Der Bauch, die Intuition haben immer Recht. Gilt für Zeitungen, Bücher, den Poststapel oder E-Mail-Accounts.

- Bevor Sie lesen, versuchen Sie so viele Vorabinformationen wie irgend möglich über den Text zu sammeln. Orientieren Sie sich bei Zeitungs- und Onlineartikeln an Titeln, Untertiteln, Zwischentiteln, Bildzeilen. Und lesen Sie genau. Zum Beispiel verrät eine Kurzzusammenfassung im Inhaltsverzeichnis den Kern eines Interviews mit Clint Eastwood, über das der »Spiegel« schreibt: »Der milde Eastwood – Gewalthelden waren lange seine Domäne, nun sind sie ihm ›fremd‹ geworden.«
- Wenn Sie gezielt suchen, sollten Sie erst mal nach Stichwörtern Ausschau halten. In Büchern finden Sie sie im Register. Sie recherchieren im Netz? Dann aktivieren Sie die Suchmaschine und geben das gewünschte Stichwort ein.

So selektieren Sie im Text

- Machen Sie sich zuerst klar, was Sie wissen wollen. Interessiert Sie wirklich die problematische Lage des deutschen Arbeitsrechts in allen Details?

Know-how

Gründlich und schnell ist kein Widerspruch

Gewöhnen Sie sich an, konzentriert und zügig zu lesen. Nicht mittendrin stoppen und immer wieder nach oben springen. So verlieren Sie sich nicht in Details, die Sie den inhaltlichen Tenor des Textes vergessen lassen. Variieren Sie zudem das Lesetempo. Geben Sie Gas, wenn es Ihnen der Autor leicht macht. Und schalten Sie in den ersten Gang, wenn der Text schwierig wird.

Oder wollen Sie nur etwas über Kündigungsschutz erfahren? Begegnen Sie dem Autor wie ein Moderator mit gezielten Fragen. Damit installieren Sie eine automatische Selektionsschere in Ihrem Kopf.

- Lesen Sie quer. Das kostet Sie zwar ein wenig Mehrzeit, wenn Sie den Text anschließend doch komplett lesen. Dafür sparen Sie viel, wenn Sie merken, dass der Text nicht hält, was er auf den ersten Blick erhoffen ließ. Und Sie erhaschen sofort die Stellen, die wichtig sind. In der Regel sind das 20 Prozent.
- Suchen Sie gezielt nach Reizwörtern. In einem Artikel über Vaterschaftstests wären das zum Beispiel: »Abstammungsbegutachtung«, »Erzeuger«, »Gutachten«, »Torschlusspanik«, »Jugendzentrale«. Alles Begriffe, die Ihnen einiges über den Inhalt des Textes verraten. In einem Sachbuch würde man sie im Register finden. Und diese Stichworte markieren Sie sich sofort, im ersten Durchgang.
- Versuchen Sie nicht, wie in der Schule Wort für Wort zu lesen, sondern nehmen Sie immer Wortgruppen ins Visier. Also: »genetischer Fingerabdruck« oder »Erbe hinterlassen« oder »Unterhalt gewähren«. Dafür überlesen Sie überflüssige rhetorische Wendungen wie »dazu muss man unter der Berücksichtigung der vorangegangenen Aspekte sagen …« Oder: »Diese Überlegung beiseite lassend …«
- Orientieren Sie sich an der Struktur des Textes. Die meisten Texte folgen dem klassischen Aufbau »Einleitung, Hauptteil, Schluss«. Heißt im Klartext: Einleitungen können Sie in der Regel oberflächlich überfliegen. Dem Hauptteil schenken Sie dann mehr Aufmerksamkeit – da kommt der Autor meist auf den Punkt. Den letzten Absatz verfolgen Sie mit Adleraugen, am besten lesen Sie ihn zuallererst. Da findet sich oft das wichtigste Element des Textes: ein Fazit oder eine kurze Zusammenfassung.

superlinks

Abschreiben Seite 82 | Auswendig lernen Seite 101 | Interview: Gedächtnis Seite 162 | Konzentration Seite 214 | Liste Seite 247 | Namen merken Seite 270 | Zahlen merken Seite 315

53 Licht
zündet das Glück an

es gibt kein unkomplizierteres fröhlich machendes Mittelchen als eine Dosis Licht. Licht vertreibt Depressionen und weckt die Lebensgeister. Kennen Sie das Gefühl, das einen im November befällt? Innen wird's so grau. Und im Frühling, mit den ersten Sonnenstrahlen, wird's bunt da drinnen. Das machen die Botenstoffe. Sonnenlicht bremst die Zirbeldrüse, dämpfendes Melatonin zu bilden. Das uns in den Monaten mit »r« so müde, lethargisch und antriebslos macht. Weil es eigentlich das »Gute-Nacht-Hormon« ist und tagsüber nix im Blut zu suchen hat. Dort aber hinkommt, wenn wir uns ständig in künstlichen Höhlen aufhalten. Sonnenlicht lockt gelassen machendes Serotonin und erheiterndes Noradrenalin, das fröhlich und wach macht und die Gedanken schärft.

Der geistige Vater der Lichttherapie

Als der Arzt Frederick Cook im 19. Jahrhundert den Norden erforschte, wurden die Nächte immer länger und seine Männer immer apathischer und pessimistischer. Er riet ihnen, sich täglich

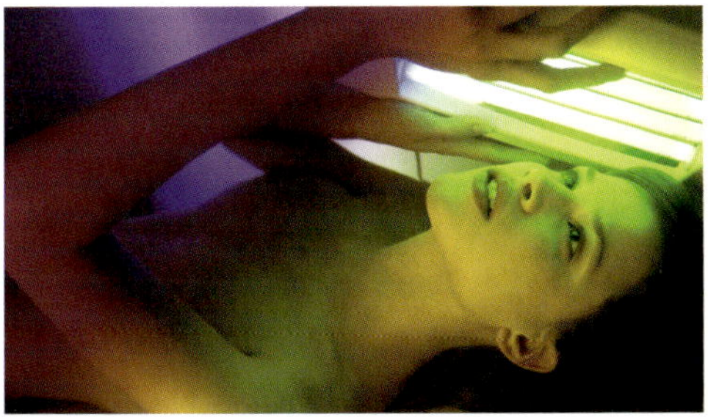

mehrere Stunden an ein Lagerfeuer zu setzen. Und er stellte fest, dass das Licht eine stärkere Wirkung auf die Stimmung seiner Mannschaft hatte als die Wärme. Somit, könnte man sagen, war Frederick Cook der geistige Vater der Lichttherapie. Die heute immer mehr Ärzte gegen die Winterdepression einsetzen. Erst mit der 10 000-Lux-Lampe, dann mit der Dämmerungs-Simulationsleuchte.

Der Lichtwecker

Über die Augen dringt Licht ins Gehirn und wirkt auf den Hypothalamus, eine Region, die mitten im emotionalen Gehirn liegt. Der Hypothalamus reguliert die Sekretion aller Körperhormone, über die er mehrere grundlegende Hirnfunktionen beeinflusst: unter anderem Appetit, Libido, Menstruationszyklus, Temperaturregelung, Fettstoffwechsel, ja unsere Energie und innere Dynamik und die Schlafzyklen. Auch das erklärt die Müdigkeit in den Wintermonaten. Viele Menschen stehen einfach zu früh auf. Morgens um sechs oder sieben Uhr, wenn der Wecker klingelt, ist es noch stockfinster. Egal, wie lange der Abend dauert – morgens reißt einen das Radio brutal aus dem Schlaf, bevor der natürliche Wecker, das Licht der aufgehenden Sonne, überhaupt nur die Chance hat, einen sanft in den Wachzustand zu bringen. Oder wie man es im Volksmund poetisch ausdrückt: bevor einen die Sonne wach küsst.

So wie man das im Sommer erlebt. Man träumt noch. Und sobald die ersten Lichtstrahlen

Tipp

Lichttherapie

Leiden Sie auch unter der lichtarmen Zeit? Ich tue das nämlich. Nennen die Wissenschaftler ganz einfach »Winterdepression«. Ist sie nicht so schlimm, hilft es, laufen zu gehen – und ab und zu unters Solarium. Ist sie schlimmer, gibt es Speziallampen. Mit ganz hellem Licht, 10 000 Lux, 20-mal heller als eine Glühbirne. Die können Depressionen vertreiben. Und manche kluge Manager tanken auch am Schreibtisch zwischendrin 30 Minuten helles Licht. Das weckt nämlich auch den Geist. Dämmerungssimulatoren und Therapielampen kriegen Sie auch bei uns in Apotheken und im medizinischen Fachhandel.
Infos: www.davita.de oder www.lichttherapie.de.

durch unsere Augenlider dringen, leitet der Hypothalamus den Übergang aus dem Tiefschlaf ein. Erst wird der Schlaf leichter, dann wird man wach. Und fühlt sich frisch und fit für den Tag.

Der Jetlag – und der Sonntagsblues

Sie fliegen von Westen nach Osten in eine andere Zeitzone – und der ganze Körper rebelliert. Sie fühlen sich depressiv, es ist Ihnen übel, Sie haben keine Energie. Warum? Weil Ihre innere Uhr aus dem Gleichgewicht ist. Weil der Hypothalamus seine Hormone zu Unzeiten auf die Pirsch schickt. Dann, wenn Sie laut innerer Uhr schlafen sollten, aber wach sind – und umgekehrt. Licht hilft, diese innere Uhr neu einzustellen. Machen Sie nicht den Fehler und legen Sie sich nach Ankunft mit ihrer inneren Uhr ins Bett. Sondern gehen Sie raus ins Licht. Licht hilft, auch Kunstlicht. Auf die andere Zeitzone. Auch auf Kunstlicht.

Dämmerung aus der Steckdose

Den Vorgang des Weckens per Dämmerung hat ein US-Forscher im düsteren und verregneten US-Bundesstaat Seattle in einer Fünfjahresstudie unter Laborbedingungen erforscht. Und sein Fazit könnte Millionen Menschen von den klassischen Winterbeschwerden befreien: Heißhunger auf Süßes, Depression, Antriebslosigkeit und chronische Müdigkeit. Es könnte Vielreisenden das Leben ziemlich vereinfachen – und Schichtarbeitern auch. Die Lösung ist schlicht und einfach ein kleines Gerät, das die Morgendämmerung im Schlafzimmer simuliert. Eine Kombination aus Zeitschalter und Lichtdimmer, die man an die Nachttischlampe anschließt. Manche haben auch eine Sonnenuntergangsfunktion, die das Einschlafen erleichtert.

Mittlerweile wurde dieser Dämmerungssimulator in weiterführenden Studien erprobt. Mit erstaunlichem Erfolg. Neben seiner Wirkung gegen Depressionen und Schlaflosigkeit half er auch bei weiteren winterbedingten Beschwerden. Er stabilisierte Störungen im Menstruationszyklus und zügelte sogar Fressanfälle.

superlinks

Flow Seite 150 | Gehirnmedizin Seite 168 | Glaube Seite 176 | Glück Seite 178 | Lernen Seite 238 | Meditation Seite 252 | Negative Gefühle Seite 273 | Opium Seite 276 | Schlaf Seite 283 | Sprachen lernen Seite 290

54 Lieber echter Linkshänder als falscher Rechter

rockefeller war's. Henry Ford war's. Franklin war's. Die meisten amerikanischen Präsidenten auch. Genauso wie Albrecht Dürer. Albert Einstein. Charly Chaplin. Bill Gates. Alle Linkshänder. Die haben den Vorteil, dass sie ihr rechtes Hirn mehr einsetzen. Kreativer sind. Obwohl Wissenschaftler das anzweifeln (Rechtshänder?). Fest steht: Ob man Rechts- oder Linkshänder wird, entscheiden die Gene. Den Unterschied kann man schon bei ungeborenen Föten sehen. Die meisten lutschen am rechten Daumen, einige wenige am linken. Das Verhältnis entspricht ziemlich genau der Verteilung von Links- und Rechtshändern in der erwachsenen Gesellschaft. Experten schätzen, dass sie bei 80 (rechts) zu 20 Prozent (links) liegt.

Linkshänder sind also eine klare Minderheit. Kriegen die meisten in ihrer Kindheit auch deutlich zu spüren. Sie werden oft gehänselt, weil sie sich so »dumm« anstellen, beim Schuhezubinden oder Zähneputzen. Andererseits genießen Linkshänder den einen oder anderen schmeichelhaften Ruf. Zum Beispiel, dass sie im Tenniscourt oder im Boxring einen gewichtigen Vorteil haben – sie können den Gegner aus einer für ihn ungewohnten Richtung attackieren.

Linkshänder sind rechtsgesteuert

Warum hat unser Körper zwei Seiten, eine starke und eine schwache? Warum können wir mit einer Hand besser schreiben und zeichnen, mit einem Bein besser mit dem Fußball dribbeln und Tore schießen? Das liegt an unserer Schaltzentrale, in der die motorischen Abläufe gesteuert werden: an unserem Gehirn. Das besteht bekanntlich aus zwei Hälften, der rechten und der linken. Beide Seiten sind über Nervenbahnen miteinander verbunden, und jede einzelne steuert die Motorik der jeweils gegenüberliegenden Körperseite. Das heißt: Die rechte Gehirnhälfte steuert die linke Hand, das linke Bein, das linke Auge – und umgekehrt. Nun ist bei fast jedem Menschen eine der beiden Seiten dominant – bei den Rechtshändern die linke Gehirnhälfte und bei den Linkshändern die rechte (können Sie ausprobieren im Internet: Unter www.Philoglosie.net finden Sie einen Hirndominanztest). Inzwischen weiß man, dass die Gewichtung sehr unterschiedlich ausfallen kann. Es gibt also Menschen mit mehr oder weniger rechts oder links dominierenden Seiten. Und so wie es neben Homo- und Heterosexuellen auch Bisexuelle gibt, hat die Natur den einen oder anderen mit zwei gleichwertigen Gehirnhälften

Know-how

Forever links

- Kindern auf die Hände gucken: Trotz der neuen Linkshändertoleranz im Klassenzimmer gibt es heute immer noch einige »falsche« Rechtshänder. Schuld daran sind die Eltern, die ihre Kinder umerziehen – bewusst oder unbewusst. Viele linkshändige Kinder passen sich automatisch den Rechtshändern an. Um das zu vermeiden, sollten Eltern ihre Kinder beobachten. Und sie nicht behindern, sondern sie zur Linkshändigkeit motivieren.
- Im Alter umschulen: Sie selbst sind zum Beispiel ein angepasster Rechtshänder? Dann sollten Sie eine Rückschulung in Betracht ziehen. Die kann kleine Wunder auslösen: ein besseres Lebensgefühl und mehr Leistungsfähigkeit, wenn der Körper wieder so funktionieren darf, wie er geschaffen ist. Andererseits begegnet man während der Rückschulung auch unangenehmen Erinnerungen aus der Vergangenheit. Lassen Sie sich also dabei unbedingt von einem Therapeuten helfen. Infos unter www.lefthander-consulting.org.

ausgestattet. So genannte Beidhänder trifft man allerdings äußerst selten.

Die Leiden der falschen Rechtshänder

»Linkisch« nennt man jemanden, der unbeholfen und unsicher wirkt. Und »mit links« macht man alles, was so leicht ist, dass es fast von allein geht. Müssen sich Linkshänder über die allgemeine Geringschätzung ihrer starken Seite Sorgen machen? Sind sie den Rechtshändern gegenüber im Nachteil? Definitiv: nein – solange sie Linkshänder sein dürfen. Das war früher leider absolut keine Selbstverständlichkeit. Jahrhundertelang hat man sie in der Schule zu Rechtshändern umerzogen. Ein lebenslanges Martyrium für die Betroffenen, sagen Experten. So gut man sein Gehirn trainiert, wenn man kurzfristig die »falsche« Körperseite aktiviert, so sehr schadet es, wenn man dies permanent tut.

Aus links mach rechts macht krank

Zu Rechtshändern erzogene Linkshänder überfordern die schwache rechte Seite, während sie die starke linke Seite unterfordern. Die möglichen Folgen einer gewaltsamen Unterdrückung der angeborenen Händigkeit: Konzentrationsstörungen, Ängste, Depressionen, Migräne bis hin zu Magen-Darm-Problemen. Das alles ersparen sich Linkshänder, die sich mit pfiffigen Tricks durch die Rechtshänderwelt schlagen. Paul McCartney zum Beispiel, der seinen berühmten Höfer-Bass seitenverkehrt besaitete, damit er ihn mit links spielen konnte. Mittlerweile finden Linkshänder neben speziell für sie gefertigten Instrumenten alle wichtigen Gegenstände des täglichen Lebens in eigenen Linkshändergeschäften: von der Nagelschere bis zum Bleistiftspitzer.

Wertvolle Tipps, Tricks, Infos, Hilfen und Adressen finden Sie übrigens unter www.linkshaenderseite.de.

superlinks

Divergentes Denken Seite 126 | Frauen Seite 158 | Jonglieren Seite 202 | Kreativität Seite 222 | Sechster Sinn Seite 289

55 Die Liste im Kopf

bisher haben Sie Notizbücher und lose Zettel benutzt – für alles, was Sie im Alltag besorgen und erledigen müssen. Werfen Sie diese Krücken von sich und benutzen Sie Ihren Kopf. Geht ganz einfach mit der so genannten Loci-Technik. Loci kommt von lateinisch locus (Ort). Das heißt: Sie verbinden die Begriffe, die Sie sich merken wollen, mit Orten in Ihrer Umgebung. Die gehen Sie, wenn Sie sich erinnern wollen, im Geist durch und verhelfen so Ihrem Gedächtnis auf die Sprünge. Gehirntraining pur – für jeden Tag. Fertigen Sie sich morgens im Kopf Ihre To-do-Liste an.

Die To-do-Liste vor Ort

Prägen Sie sich acht, neun, zehn oder mehr Gegenstände oder Orte in Ihrem Büro ein. Zum Beispiel: die Tür, die Schreibtischplatte, den Boden, den Computerbildschirm, die Tastatur, eine Lampe, den Drucker, das Fensterbrett und die Heizung.

Jetzt basteln Sie sich Bilder aus diesen Orten und Schlüsselbegriffen Ihrer aktuellen To-do-Liste. Immer daran denken: Je plastischer und origineller Sie sich die Bilder ausmalen, desto leichter können Sie sie behalten.

Also: Die **Tür** ist ein riesiger Briefumschlag (Sie müssen zur Post). Ihr **Schreibtisch** ist eine riesige Knäckebrotscheibe, von der Sie ein Stück abgebissen haben (Sie müssen unbedingt zum Zahnarzt). Die Latten Ihres Parkett-**Bodens** sind Rollbahnen, auf denen Flugzeuge starten und landen (Geschäftsreise buchen!). Auf dem **Computerbildschirm** erscheint ein Porträt von Ihrer Oma (der müssen Sie noch zum Geburtstag gratulieren), auf der **Tastatur** stellen Sie sich Ihre Kinder vor, wie sie von einer Taste zur anderen hüpfen (die müssen Sie vom Fußballtraining abholen). Die **Lampe** ist eine Höhensonne, unter der Sie sich aalen (im Haus fehlt Sonnenmilch). Ihr **Drucker** gibt den Geist auf, und Sie treiben ihn mit einem Pedaldynamo per Muskelkraft an (Fahrrad muss zur Reparatur). Auf dem **Fensterbrett** steht ein Blumenkasten mit gelben Geranien (Sie müssen noch zum Gärtner). Und auf der **Heizung** liegen Ihre Laufschuhe zum Trocknen (da sind die Schnürsenkel gerissen, und Sie haben keinen Ersatz mehr im Haus).

Die Liste für unterwegs

Sie wollen sich unterwegs, zum Beispiel beim Einkaufen, erinnern? Dann wenden Sie die Loci-Technik mit Ihrem Körper an. Das heißt: Statt

superlinks

Abschreiben Seite 82 | Auswendig lernen Seite 101 | In Bildern denken Seite 109 | Gedächtnispille Seite 166 | Lernen Seite 238 | Lesen Seite 241 | Namen merken Seite 270 | Neurobics Seite 274 | Sprachen lernen Seite 290 | Zahlen merken Seite 315

Regal, Tischplatte etc. prägen Sie sich Augen, Nase, Ohren, Knie, Füße etc. ein. Lassen Sie in Ihrer Fantasie Olivenöl aus Ihren Ohren quellen, gehen Sie mit Tomaten auf den Augen durch den Supermarkt, lassen Sie Spargelspitzen aus Ihren Hosentaschen lugen. Und stellen Sie sich auf dem Boden ausgestreuten Zucker vor, der unter Ihren Füßen knirscht.

Übung

Nehmen Sie sich Zeit für eine kleine Runde Gehirnjogging. Sie können damit auch gleich testen, wie fit Ihr Kopf ist – wie viel Sie sich merken können. Machen Sie eine kleine Übung: Holen Sie sich ein Blatt Papier mit Bleistift. Nun merken Sie sich folgende 20 Begriffe – ganz ohne Methode:

Reifen
Landkarte
Katze
Zange
Balkon
Ziege
Kissen
Felsen
Pflaster
Uhr
Lampe
Schuh
Weisheitszahn
Stoppschild
Manuskript
Mohrrübe
Internet
Kleiderhaken
Auster
Telefon

Und nun decken Sie die Liste zu.
Nehmen sich das Blatt Papier. Und schreiben die Begriffe in der richtigen Reihenfolge auf das Blatt.
Erst einmal mit der Gedächtniskrücke Spickzettel:
Katze Reifen Landkarte Pflaster Uhr Schuh Stoppschild Balkon Internet Auster Telefon Weisheitszahn Zange Ziege Mohrrübe Lampe Kissen Kleiderhaken Manuskript Felsen

Auswertung

Und? Richtig? Etwa 60 Prozent schaffen das. Aber die kennen alle einen Merktrick. Mein Lieblingsmerktrick ist: mit den Wörtern eine Geschichte erfinden. Das trainiert auch die Kreativität. Mist, Reifen platt. Schnell auf die Landkarte nach dem nächsten Dorf gucken, dort läuft mir eine schwarze Katze über den Weg. Und der hängt eine Zange am Schwanz. Vom Balkon streckt mir eine Ziege, die gemütlich auf einem Kissen liegt, die Zunge raus ...
Und mit so einer Geschichte können Sie sich die Liste auch ohne Spickzettel merken. Gleich mal ausprobieren ... Schreiben Sie die Geschichte im Kopf zu Ende – und dann Begriffe aufschreiben.

56 Wie gut können Sie lügen?

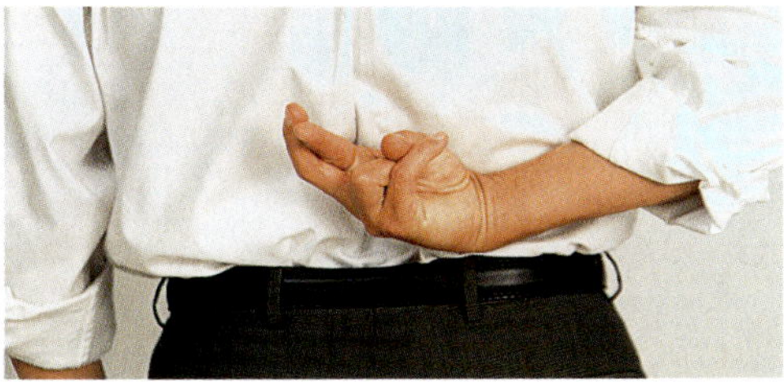

true or false?« »Wahr oder unwahr?« Haben Sie schon mal eine dieser dummen Sendungen gesehen, in denen Beziehungsprobleme für die voyeuristischen Bedürfnisse gelangweilter Menschen ausgeschlachtet werden? So ähnlich geht's da zu: Das Schluchzen des Mädchens mit dem Nasenring geht im Gejohle des Publikums unter. Die Moderatorin entlarvte per Lügendetektor den Seitensprung ihres Freundes: »Lüge« prangt auf dem großen Studiobildschirm.

Das neue Bild der Lüge

So weit ist es gekommen mit dem Lügendetektor, auf den einst amerikanische Polizisten und FBI-Beamte wie auf die Bibel schworen: Er dient als massenmediale Jahrmarktsattraktion der Volksbelustigung. Die deutsche Justiz hat ihn nie zugelassen. Und mittlerweile bezweifeln sogar US-Wissenschaftler seine Zuverlässigkeit. Was kaum jemanden stört. Schließlich gibt es heute ein Gerät, das die Lüge nicht mehr als Kurvendiagramm liefert. Sondern als impressionistisches Computerbild mit vielen bunten Flecken. Den so genannten Magnetresonanztomographen. Mit ihm scannt man das Gehirn und macht die Aktivität der verschiedenen Hirnregionen sichtbar. Sieht die Lüge als Neuronenfeuerwerk aufblinken.

Lügen haben kurze Beine ...

Es gibt besonders begabte Menschen, die Lügnernasen wachsen sehen, während andere guten Glaubens nicken. Lügen kann man theoretisch mit dem bloßen Auge erkennen. Lügend verändert jeder Mensch seine Mimik, Körpersprache, Körperhaltung und Stimme. Er steigert Puls und Atemfrequenz – beides misst im Übrigen der alte Lügendetektor. Nur: Herzrasen und eine verdruckste Körperhaltung entwickelt der Mensch auch, wenn er schüchtern oder verliebt ist. Nicht nur wenn er lügt. Als hundertprozentig zuverlässige Beweise im Prozess der Wahrheitsfindung taugen solche Lügensymptome also nicht. Auch aus der Augenbewegung kann man eine Lüge ablesen. Wandern die Augen in der Mitte nach rechts, konstruiert man einen Satz – eine Lüge –, wandern sie nach oben rechts, einen Wunsch. Wandern sie in der Mitte nach links, dann wühlt man in der Erinnerung. Nur: Beim Linkshänder ist das genau andersherum.

... denn das passiert im Kopf

Verräterischer sind da schon die Vorgänge, die sich während des Lügens im Gehirn abspielen. Im Tomographenscan unterscheiden sie sich deutlich von denen im Zustand der Wahrhaftigkeit. So stellte der US-Forscher Daniel Langlebens von der Pennsylvania School of Medicine in Philadelphia eine

Übung

Das Münchhausen-Spiel

Ob Sie's glauben oder nicht: Den legendären Baron Münchhausen gab es wirklich. Er lebte in einem Schloss bei Bremen, wo er mit Leidenschaft große Feste gab. Da erzählte er dann seine berühmten Geschichten, von denen er übrigens die wenigsten erfunden hatte. Die meisten hatte er irgendwo aufgeschnappt. Aber: Er konnte sie so lebendig erzählen, als hätte er sie mit jeder Faser seines Körpers durchlebt. Genau das ist bei dem Münchhausen-Spiel gefragt. Jeder Spieler erzählt drei Geschichten, eine wahre und zwei erfundene. Die anderen müssen raten, wann er gelogen hat und wann nicht. Gewonnen hat derjenige, der seine Lügen am besten verkauft.

auffällige Aktivität in der präfrontalen Großhirnrinde fest. Die Region gilt im Gehirn als hemmende Instanz, die aktiv wird, wenn man etwas verschweigt oder leugnet. Und wenn man etwas erfindet? Erkennt man das daran, dass die Amygdala, der Mandelkern, die Gefühlsregion, stumm bleibt? Das hat ein Psychologenteam der Universität Bielefeld in einem Experiment ermittelt: Die Gefühle kommen nur dann ins Spiel, wenn man die Geschichte wirklich erlebt hat, die man gerade erzählt.

Eine einfachere Methode mit Elektroden an der Kopfhaut testete kürzlich das CIA. Auf bekannte Informationen reagiert das Gehirn nämlich besonders stark. Mit einem kurzen Anstieg der Gehirnaktivität. Gibt der gewiefte Kriminalist einem Verbrecher nun Informationen, die nur er kennen kann, entlarvt ihn sein Gehirn.

superlinks

Emotionale Intelligenz Seite 132 | Interview: Körpersprache Seite 218 | Interview: Lachen Seite 228 | Negative Gefühle Seite 273

Lügen ist gesund

Die neuen Befunde über die Lüge und die damit verbundene Regsamkeit im Gehirn bestätigt, was Anthropologen schon lange vermuten: Lügen ist eine beachtliche intellektuelle Leistung. Die Evolutionsforscher glauben, dass die Fähigkeit zu lügen zu den wichtigsten Eigenschaften gehört, die den Menschen vom Affen unterscheiden. Im Lauf der Jahrtausende ist der Mensch dem evolutionären Druck ausgesetzt gewesen, immer raffinierter zu schwindeln, um überleben zu können. So zeichnet sich im Lager der Geistesforscher gerade eine Trendwende ab. Die Lüge gilt nicht länger allein als verabscheuungswürdige Strategie der Schwachen und Schlechten. Sondern auch als Tugend der Klugen und Cleveren.

Manchmal ist Lügen ethisch nicht nur vertretbar, sondern auch notwendig. Wer würde es schon gutheißen, wenn ein Partygast einer fülligen Dame – aufrichtig – eine Nulldiät empfehlen würde. Das sieht auch der Philosoph und Erziehungswissenschaftler David Nyberg von der University of New York so: »Ohne Täuschung und Irreführung wäre unser komplexes Beziehungsleben völlig undenkbar.«

Sie wollen etwas? Melden Sie sich beim **Marathon** an

Sie wollen etwas erreichen im Leben? Dann zielen Sie nicht ins Schwarze, zielen Sie daneben. In Johannesburg will der Zoo Charly das Rauchen abgewöhnen. Der Schimpanse ist Kettenraucher. Hat das Rauchen von den Besuchern abgeguckt und ist nikotinsüchtig. Der arme Kerl. Da bin ich schier ratlos. Ich empfehle dem Raucher, der mit dem Rauchen aufhören will, nämlich: Geh nicht zur Verhaltenstherapie, kau keinen Nikotinkaugummi, mach kein Antiraucherseminar. Melde dich doch einfach beim nächsten Marathon an. Am besten in New York oder Hawaii. (Da sind Affen noch nicht zugelassen.) So hört man dann einfach mit dem Rauchen auf. Denkt nicht viel darüber nach. Sondern hört einfach auf. Das tut man ganz automatisch. Im Übrigen passiert noch mehr: Sie werden zielstrebig, willensstark, ausdauernd und ein bisschen härter gegen sich selbst. Passiert einfach, wenn Sie sich auf den Wettkampf vorbereiten. So 60 Kilometer die Woche trainieren. Und Sie wachsen ein Stückchen über sich hinaus, sobald Sie die Ziellinie überqueren. Nichts ist eine bessere Schulung für das Selbstbewusstsein.

Danebenzielen – zum Marathon anmelden

Das kann man auch, wenn der Babywunsch nicht in Erfüllung geht, man den Job wechseln will, die Diät nicht funktioniert, man mit dem Partner in einer Krise steckt oder man auf der Suche nach der Erfolgsspur im Leben ist.

Zielstrebig und erfolgreich

Hans-Carsten Hansen, Personalchef bei BASF, charakterisierte im »Spiegel« (12/2005) einen Marathoni folgendermaßen: »Die brauchen Durchhaltevermögen, müssen sich realistische Etappenziele stecken, strategisch denken, den Wettbewerb einschätzen und Biss auf der Durststrecke beweisen.« Alles, was auch ein Mitarbeiter in einem Unternehmen braucht.

Nur eines sollten Sie niemals tun: das in einer Bewerbung in den Vordergrund stellen. Denn man könnte Sie für einen Einzelkämpfer halten, dem Teamgeist fehlt. Geben Sie einfach noch einen Mannschaftssport an. Und wenn Sie Bestzeiten laufen, so drei Stunden, dann behalten Sie das lieber für sich. Denn das sieht so mancher Personalchef folgendermaßen: ein überehrgeiziger Eigenbrödler, der viel zu viel trainiert, oft allein ist, stur sein eigenes Ziel verfolgt. Wer will das schon in seinem Unternehmen haben! Also: Schreiben Sie »4 Stunden 20« in Ihre Bewerbung.

superlinks

Denksport Seite 123 | Fitnesshäppchen Seite 144 | Plazeboeffekt Seite 279 | Visualisieren Seite 308 | Rauchen Seite 281 | Zen Seite 317 | Interview: Zen Seite 320

58 Meditation

und die Aktivität des Gehirns

Mönche in der Magnetröhre«, las ich kürzlich in der Süddeutschen Zeitung. Ein Beitrag von Ulrich Kraft über ein wunderbares Experiment im Hirnforschungslabor von Richard Davidson in der University of Wisconsin in Madison. Der Dalai Lama selbst schickte acht tibetische Mönche in die USA in den Magnetresonanztomographen des Neuroforschers. Der die Neurophysiologie der Erleuchtung aufklären möchte. Was Buddhisten seit 2500 Jahren wissen, wird heute zur Botschaft der Wissenschaft: Meditation verändert das Gehirn grundlegend – und mit ihm den Menschen.

superlinks

Alpha-Zustand Seite 84 | Angst Seite 94 | Burnout Seite 120 | Flow Seite 150 | Formel-1-Reflex Seite 153 | Glaube Seite 176 | Glück Seite 178 | Interview: Hypnose Seite 186 | Lach-Yoga Seite 226 | Licht Seite 243 | Mind Machine Seite 254 | Negative Gefühle Seite 273 | Opium Seite 276 | Schmerz Seite 284 | Stress weg Seite 293 | Switchen Seite 296 | Tagträume Seite 301 | Trance Seite 303 | Visualisieren Seite 308 | Interview: Zen Seite 320

Meditation macht glücklich ...

Das entdeckte der US-Forscher Davidson schon vor Jahren. Er verglich damals die Gehirnaktivitäten eines indischen Abts mit der von 150 Nicht-Buddhisten. Und fand heraus: Die Aktivität des linken Stirnhirns, des Frontalcortex, ist viel höher. Und was heißt das? Ganz einfach: Heiterkeit,

Ausgeglichenheit, Optimismus. Die Grundstimmung meditierender Menschen ist Glück. Und das, so lautet die wohl fröhlichste Botschaft, lässt sich trainieren, wie ein Muskel oder ein Musikinstrument. Glück kann man machen! Jeder!

... und verändert das Bewusstsein

Nun nahm Davidson die acht Mönche noch etwas genauer ins Neurovisier: Er untersuchte, was sich in ihrem Gehirn abspielt, wenn sie die Meditationsform »vorbehaltloses Mitgefühl« praktizieren. Wenn Liebe und Mitleid durch den Körper fluten. Und da fand er Erstaunliches: Die Mönchgehirne leisten Schwerstarbeit. Messbar in Gamma-Wellen. Delta-Wellen heißt Tiefschlaf, Alpha-Wellen heißt entspannt, aber wach. Und Gamma-Wellen tauchen nur ganz kurz auf, wenn man sich extrem auf etwas konzentriert. Kann der Normalmensch nur für Sekunden, in winzigen Teilen des Gehirns. Und der Mönch in der Röhre zeigte im Augenblick der Versenkung Gamma-Wellen-Tsunamis über das ganze Hirn. Was heißt das? Im Moment tiefster Entspannung entsteht höchste Aufmerksamkeit. Und: Gamma-Wellen sind im Gehirn die Steuerfrequenz, die Wahrnehmen und Bewusstseinszustände herstellen. Die dafür sorgen, dass Sie die Botschaften zu einem Hund (haarig, laut, schnell) im Kopf machen – und zum Anlass für Kampf oder Flucht. Und wenn alle Nervenzellen im Gehirn synchron auf Gamma schwingen, dann wird alles eins, man denkt nicht, spürt seinen Körper nicht mehr ... ist erleuchtet.

Die Forscher ziehen aus diesen Erkenntnissen den Schluss: Kein Mensch muss bleiben, wie er ist. Bewusstsein und Persönlichkeit lassen sich durch Meditation gezielt beeinflussen. Probieren Sie es aus. Jetzt gleich.

Übung

Drei-Minuten-Morgenmeditation

Nehmen Sie sich morgens nach dem Aufstehen drei Minuten Zeit.

- Stellen Sie einen leisen Wecker oder wählen Sie ein etwa dreiminütiges ruhiges Musikstück zur Untermalung (aber CD-Player nur ganz, ganz leise stellen!).
- Setzen Sie sich in einen Raum, in dem Sie kurz ungestört sein können, auf einen Stuhl. Beine leicht auseinander stellen, die Hände nach oben geöffnet locker auf die Oberschenkel legen. Richten Sie Ihren Rücken gerade auf. Man kann sich dazu vorstellen, dass der Kopf am Scheitel durch ein unsichtbares Band ganz sanft nach oben gezogen wird.
- Jetzt setzen Sie ein leichtes Lächeln auf und schließen Ihre Augen. Atmen Sie ruhig und tief bis weit in den Unterbauch. Dem Fluss des Atems, diesem ewigen Ein- und Ausströmen von Lebensenergie, nachspüren. Und sonst nichts. Einfach dasitzen und atmen. Und lächeln.
- Aufziehenden Gedanken und Gefühlen keine weitere Beachtung schenken, sie kommen und gehen lassen – lächeln und atmen. Atem werden. Atem sein.
- Nach drei Minuten die Hände langsam vors Gesicht heben, sanft darüber streichen und die Augen öffnen. Begrüßen Sie jetzt mit offenem Blick und Ihrem Lächeln den neuen Tag.

Später können Sie die Meditationszeit auch ausdehnen auf 5, 10, 20 oder 30 Minuten. Aber: lieber täglich drei Minuten meditieren als einmal die Woche eine halbe Stunde!

59 Mind Machine – *Massagestab für das Gehirn*

Was würden Sie sich unter einer »Mind Machine« vorstellen? Ich muss bei so was immer an »Der Schläfer« denken, den einzigen Science-Fiction-Film, den Woody Allen in seiner Karriere gedreht hat. Da betreten paarungsbereite Verliebte eine seltsame Kabine, die sich »Orgasmodron« nennt. Dahinter steckt die Idee, dass in der Zukunft Maschinen die natürlichen Körperfunktionen übernehmen werden. Der Mensch verwandelt sich in einen Roboter. Eine grausige Vorstellung, die man nur auf Woody-Allen-Manier erträgt: mit viel Humor. Und dem Wissen, dass wir uns erst am Anfang des dritten Jahrtausends befinden. Zur Panik besteht also noch lange kein Grund.

Von außen betrachtet wirkt die Mind Machine ziemlich unspektakulär. Wie die üblichen Accessoires für einen Sonntagnachmittag am Badesee. Zwei Ohrenstöpsel und eine Art Sonnenbrille. Beides verbindet man mit einem Computer oder Laptop. Und das versorgt Ohren und Augen mit spezieller Musik und Lichtimpulsen. Man kann sich das vorstellen als individualistische Minidisko. Als audiovisuellen Walkman. »Light and Sound Machine« nennt man die Dinger in englischsprachigen Ländern. Ich finde, das trifft es besser als »Mind Machine«.

Warum nennt sich das Gerät Mind Machine?

Das Prinzip, auf dem die Maschine beruht, ist keine große Neuigkeit: Töne und Lichtimpulse können Gehirnwellen stimulieren bzw. manipulieren. Ähnlich wie Yoga, Meditation oder autogenes Training können sie entspannen, indem sie die Frequenz der Gehirnwellenaktivität vom angespannten Beta-Zustand in die ruhigeren Zustände (Alpha und Theta) umwandeln. Im Alpha- und Theta-Zustand erhöht sich die Konzentration, die Lernbereitschaft, die Kreativität, man kann Stress, Schlafstörungen und Angst vorbeugen (siehe Seite 84f.).

Wirkt sie – oder nicht?

Angeblich sei die Wirksamkeit der Mind Machines in zahlreichen Studien nachgewiesen, behaupten die Hersteller der Hirnmassagegeräte. Wobei einer der Fürsprecher auf seiner Website einräumt: »Der Umstand der individuellen Akzeptanz gegenüber Mind Machines erscheint auch nach unseren Erfahrungen besonders wichtig.« Das heißt: Nicht jeder kommt mit den Geräten klar. Interessant. Das muss aber nicht heißen, dass die Mind Machine (Preis: ab ca. 40 Euro) wirkungsloser Schrott sein muss. Ich brauche sie jedenfalls nicht. Ich mache mir meine Mind Machine selbst. Ganz einfach und wirkungsvoll: mit Bewegung und aktiver Entspannung.

superlinks

Auswendig lernen Seite 101 | In Bildern denken Seite 109 | Meditation Seite 252 | Murmeltechnik Seite 255 | Trance Seite 303 | Interview: Hypnose Seite 186 | Denksport Seite 123

60 Per Murmeltechnik in den Minutentiefschlaf

Nun bekommen Sie eine Technik fürs Leben. Sie lernen, sofort wenige Minuten lang maximal zu entspannen und sich wieder zu erholen. Das können Sie auch am Schreibtisch einsetzen. Zwei Minuten hat man doch mal – oder drei. Mittendrin. Einfach so. Das mache ich auch, und diese Methode werden Sie jetzt lernen. Die können Sie übrigens theoretisch auch auf dem Operationstisch einsetzen, statt Narkose. Glauben Sie mir nicht. Aber vielleicht Prof. Miltner auf Seite 186ff.

Die Gebrauchsanweisung für diese Technik ist denkbar einfach. Die besteht aus vier Kommandos. Die kann man sich merken. Sie lauten:

- Sitz still!
- Schließ die Augen!
- Wiederhole!
- Weise ab!

Das ist alles.

»Sitz still!« muss ich Ihnen nicht erklären. »Schließ die Augen!« muss ich Ihnen auch nicht erklären. »Wiederhole!«, das erkläre ich Ihnen.

Wiederhole

Es gibt einen physiologischen Reflex, der ist in den menschlichen Kopf eingebaut. In den 1950er Jahren hat man Folgendes bei Ratten entdeckt: Da oben ist ein Zentrum, und wenn man da mit einer Nadel hineinsticht und ein bisschen Strom darauf gibt, macht es »Plopp«, und die Ratte ist im Tiefschlaf.

Und Sie haben exakt das gleiche Zentrum. Es ist drei Millimeter groß. Nur da mit der Nadel reinstechen, das sollte man vielleicht nicht.

Es gibt einen anderen Weg. Sie können dieses Zentrum ansprechen – nicht mit Strom, sondern mit »Wiederhole!«. Und es ist völlig egal, was Sie wiederholen.

Ich bin aufgewachsen mit zwei Brüdern, und wir drei durften im sechsten Lebensjahr jeder drei Instrumente lernen, und jeder von uns drei durfte jedes der Instrumente täglich je eine Stunde lang üben. Das durften wir zwölf Jahre lang.

Wenn Sie das Wort »durften« einer preußischen Mama bitte richtig interpretieren. Was ich sagen will: Ich werde Musik nicht mehr los. Mein Hirn dröhnt vor Musik, jetzt gerade, im Moment. Ich habe ständig Melodien im Kopf, immerfort. Ich wiederhole die auch. Zum Beispiel im Wettkampf. Sehen Sie, ich wiederhole Musik. Wie die Schamanen trommeln.

Wenn Sie Musiker sind, tun Sie das auch. Wenn Sie es nicht sind, wiederholen Sie eben Sprache.

Man könnte Sätze wiederholen ...

Wiederholen Sie Sätze: »Heute ist ein schöner Tag.« Wiederholen Sie Worte: »Heute, heute, heute« oder Silben: »Heu, heu, heu«. Egal. Das Dumme an der Geschichte ist nur: Sie können es nicht. Ich will Sie ja nicht beleidigen, aber Sie können nicht wiederholen: »Heute ist ein schöner Tag.«

Das schaffen Sie nicht. Soll ich es Ihnen beweisen? Passen Sie auf: »Heute ist ein schöner Tag. Heute ist ein schöner Tag. Heute ist ein schöner Tag. Wieso denn heute? Was war denn eigentlich gestern? Heute ist ein schöner Tag. Ist überhaupt kein schöner Tag. Ich habe mich vorhin geärgert.« Merken Sie etwas? Sie schweifen ab.

Kein Mensch, niemand von Ihnen, kann sich länger als zwölf Sekunden auf diesen einen blöden Satz konzentrieren. In der Regel schaffen Sie das nur drei Sekunden, dann sind Sie schon weg. Sie assoziieren irgendetwas. Sie müssen aber weg von den Gedanken. Darum heißt das letzte Kommando: »Weise ab!« Weise die störenden Gedanken ab, die unausweichlich kommen.

Autogenes Training – und die fehlenden Ohren

Prof. Schulz war in den 1930er Jahren ein Genie. Der hat völlig richtig erkannt: Ihre Krankheit heißt »die fehlende Entspannung«. Und Prof. Schulz wollte den Menschen entspannen. Er wusste, mit Wiederholung schafft man das. Und was macht er als guter deutscher Professor? Er zielt direkt ins Schwarze!

Das heißt, der lässt Sie wiederholen: »Entspanne dich, entspanne dich.« Er wusste aber, dass das nicht reicht – und hat eine Wissenschaft daraus gemacht. Er koppelte das »Entspanne dich« mit »Schwere- und Wärmegefühl«.

Der lässt Sie also wiederholen: »Der rechte Arm wird schwer, und der linke Arm wird schwer, das linke Bein wird schwer, und das rechte Bein wird schwer.« Beim rechten Bein fange ich immer das Denken an. Da denke ich mir immer: »Und mein Ohr? Denkt der an mein Ohr? Ich wette, der vergisst mein Ohr.« Dann nehme ich das Buch von Schulz und lese nach. Da fehlt wirklich das Ohr, und das regt mich furchtbar auf. Da fehlen auch andere wichtige Organe des Menschen. Die hat er einfach nicht aufgeführt. Das regt mich auf, und darum funktioniert autogenes Training bei mir nicht. Und bei Ihnen funktioniert es auch aus einem anderen Grund nicht. Weil Sie nämlich das Original nicht lesen. Da steht: »Nach dieser meiner Methode müssen Sie täglich 20 Minuten üben, und das ein halbes Jahr lang – bevor Sie auch nur mitbekommen, ahnen, was ich eigentlich will.« Das sagt die Volkshochschule nicht. Die Methode funktioniert, aber erst nach einem halben Jahr – und wenn man täglich übt. Hätte Prof. Schulz gewusst: »Wenn du etwas Wichtiges im Leben willst, ziele nicht ins Schwarze, sondern ziele daneben«, hätte er das gewusst, liebe Leser, dann würden Sie nicht ein halbes Jahr brauchen, sondern Sie könnten es nach 10, 12, 14 Minuten.

Nur, was heißt das, dieses »Danebenzielen«? Ja, das müssen Sie jedes Mal neu bedenken. Dieses »Danebenzielen« heißt in diesem Zusammenhang: Wiederholen Sie bitte nicht sinnvolle Sachen – linker Arm wird schwer, rechter Arm wird schwer. Das ist ja ganz sinnvoll. Führt ja auch irgendwann ans Ziel. Irgendwann! Nein, wiederholen Sie Unsinn – und schon sind Sie am Ziel.

Unsinn ist das Zauberwort

Was ist denn Unsinn? Ja nun, Unsinn ist zum Beispiel Abrakadabra. Wäre das Unsinn? Ja, bei mir nicht mehr. Da wackeln zwei Kinder daheim rum; seither ist Abrakadabra besetzt. »Besetzt« heißt das Wort. Mit Bildern besetzt. Das heißt, ich sehe sofort vor dem geistigen Auge ein schwarzes Zaubermännchen mit Hut. Und darum wirkt Abrakadabra bei mir nicht. Wenn ich Ihnen ein Unsinnswort vorschlagen würde, wäre das vielleicht auch besetzt bei dem einen oder anderen, und es würde nicht wirken. Darum werden von transzendentalen Organisationen Wörter verkauft, Unsinn verkauft, heißen Mantras, die man nicht weitersagen darf, sonst wirken sie nicht mehr.

Machen wir gemeinsam Unsinn

Ich schlage Ihnen vor: Wiederholen Sie doch einfach das Wort »Triathlon«.

Versuchen Sie es mal: »Triathlon, Triathlon, Triathlon, Triathlon, Triathlon, Triathlon …« Beim sechsten Mal bricht Ihnen die Zunge ab. Garantiert. Dann entschärfen Sie das Wort. Sagen Sie nicht »Triathlon«, sondern nehmen Sie ein paar Konsonanten heraus, dann bleibt übrig: »Ialon«. Also gut: »Ialon, Ialon, Ialon, Ialon, Ialon …« Bei »L« macht der Deutsche hin und her mit der Zunge – viel zu viel Energie verplempert, wollen wir nicht.

Ersetzen Sie das »L« durch ein »M« wie Mama. »Mama, Mama, Mama.« Mama ist kein Zufall – spart dem Baby jede Menge Energie.

Dann bleibt übrig: »Iamon«. »Iamon, Iamon, Iamon, Iamon, Iamon …«.

Das geht leicht. Das geht mühelos, das geht ganz geschmeidig, und dazu fällt Ihnen wirklich nichts ein. »Iamon« ist absoluter Schwachsinn – und genau das ist der Witz. Schwachsinn wiederholen heißt der Trick.

Und das machen Sie jetzt einfach mal. Setzen Sie sich hin, machen Sie die Augen zu und murmeln Sie: »Iamon, Iamon, Iamon, Iamon, Iamon,

Iamon.« Sie verschleifen das Wort wie eine Schlange, die sich in den Schwanz beißt. »Iamon, Iamon, Iamon, Iamon, Iamon, Iamon.« Sie können die ganze Sache beschleunigen, wenn Sie sich vor dem geistigen Auge eine Schiefertafel vorstellen, und jetzt kommt jemand mit der Kreide und schreibt darauf »I-a-m-o-n«, und ab jetzt lesen Sie das Wort gleichzeitig zum innerlichen Murmeln. »Iamon, Iamon, Iamon, Iamon, Iamon, Iamon.«

Woher weiß ich überhaupt: Jetzt bin ich im Tiefschlaf? Sehr gute Frage. Macht es da »Klingeling, Endstation, Tiefschlaf, aussteigen« oder so ähnlich? Tiefschlaf, dieses Gefühl muss man niemandem erklären. Ich kenne vier Gefühle – ich nenne das archetypische Gefühle –, die man keinem Menschen erklären muss. Ein Beispiel ist der Orgasmus. Sie wissen, was das ist, und so ist es auch mit dem Tiefschlaf. Der ist mindestens so gut wie ein Orgasmus. Das wissen Sie bloß noch nicht.

Der Körper ist im Tiefschlaf

Liebe Leser, was Sie da eben begonnen haben, ist die effektivste Methode der Entspannung. Die führt direkt in den Tiefschlaf. In 12 bis 14 Minuten ist der Durchschnittsmensch da, wo er hin soll, nämlich im Tiefschlaf. Der Körper ist im Tiefschlaf. Das ist der Unterschied zu heute Nacht im Bett.

Heute Nacht erleben Sie genau das Gleiche, und Sie erleben es eben nicht. Sie können es nicht kontrollieren. Nur im kontrollierten Tiefschlaf können Sie dasitzen und sagen: »Jetzt ist Schluss. Das Telefon klingelt, ich höre auf.«

Sie können es regulieren. Sie sind nämlich da oben im Kopf noch da, einigermaßen zumindest, und Sie können kontrollieren, und der Körper ist im Tiefschlaf. Das dauert etwa 12 bis 14 Minuten, dann haben Sie es geschafft.

Woher weiß man, dass man im Tiefschlaf ankommt?

»Hoo«, sagen Sie. »Wie kommt der Strunz dazu, das zu behaupten? Ich bin ein Spätstarter. Ich brauche mindestens 20 Minuten.« Oder: »Ich bin schon immer fix gewesen, ich brauche nur acht Minuten.«

Know-how

Drei Reflexe ändern das Leben

Erstens Laufen. Da müssen Sie sich vier Wochen drum kümmern. Täglich 30 Minuten laufen. Und dann gehört es wie das Atmen zum Leben. Sie haben Ihren ersten Reflex. Den zweiten Reflex kriegen Sie automatisch. Der Mensch isst automatisch richtig, wenn er zehnmal mehr Sauerstoff durch den Körper pumpt – wenn er läuft. Das weckt die somatische Intelligenz. Die körperliche Intelligenz, die einem erzählt, was man braucht. Und der dritte Reflex ist die Fähigkeit, immer wenn man will, binnen zehn Sekunden in den kontrollierten Tiefschlaf zu fallen. Sie können es auch Meditation nennen oder Trance oder Selbsthypnose. Wie Sie wollen. Wenn Sie einen Funken Neugier in sich haben, werden Sie es gleich ausprobieren. Und wenn Sie ein normaler Mensch sind, mit genügend Magnesium und innerlicher Entspannung, dann kommen Sie nach 12 bis 14 Minuten dahin, und wer das einmal gefühlt hat, wird es immer wieder haben wollen. Das ist der dritte Reflex.

Ich nenne dieses Gefühl: die Sensation des fehlenden Körpergefühls. Ich habe einfach noch kein vernünftiges Wort dafür.

Die Sensation des fehlenden Körpergefühls

Lassen Sie mich das erklären: Wenn Sie jetzt über diesem Buch sitzen, haben Sie Rückmeldungen von Ihren Fingern, von Ihren Fußsohlen, von Ihrem Po, von Ihrem Rücken. Sie spüren ein bisschen was. Sie kriegen da elektrische Ströme, und die gehen in Ihr Gehirn. Das nenne ich Rückmeldungen.

In diesem Zustand Tiefschlaf, 12 Minuten von hier, fehlt das. Sie kriegen plötzlich keine Rückmeldungen mehr. Das ist sagenhaft! Ich weiß noch genau, wie ich das das erste Mal gemacht habe, da hat mich kein Mensch vorgewarnt – ich warne Sie hiermit.

Nach drei Minuten bin ich tödlich erschrocken. Ich habe registriert, mein linker Arm fehlt. Der war weg. Da kamen einfach keine elektrischen Ströme mehr an, und dann ist der für Sie nicht existent. Er ist einfach nicht da. Und dann hat der rechte Arm gefehlt. Und dann hat der ganze Körper gefehlt, und in dem Moment wurde mir schlagartig klar, worum es hier geht, und dann war ich ziemlich happy. Das ist vielleicht ein Gefühl, wenn Sie nicht mehr da sind, schwerelos, fliegen, und ich weiß heute, alle Märchen, die Sie hören von den verschiedensten Völkern dieser Welt, mit »der Mensch kann fliegen«, die beruhen genau darauf. Die waren weiter, die kannten dieses Gefühl. Das ist Fliegen. Da brauche ich kein Flugzeug. Der Mensch kann fliegen. Das ist genau dieses Gefühl. Das ist sensationell. Wer das einmal gespürt hat, wird es immer wieder spüren wollen. Das ist genau wie beim Orgasmus.

Übung

Schnell in den Tiefschlaf

Kurzschlaf funktioniert überall und in jeder Position. Man muss sich dazu nicht hinlegen. Praktisch, weil man ja selten ein Bett in der Nähe hat, wenn man dringend eine Erholungspause braucht: im Büro, auf dem Autobahnparkplatz, in der U-Bahn oder im Flugzeug.
Sie wollen den bettunabhängigen Kurzschlaf trainieren? So einfach geht's:
In ein ruhiges Zimmer gehen, Türe zu, Handy aus und Wecker auf 15 Minuten stellen. Bequem auf einen Stuhl setzen, die Arme auf einen Tisch vor Ihnen legen, Kopf bequem darauf platzieren, Augen zu – und los geht's: Iamon, Iamon, Iamon, Iamon, Iamon ...
Die Gedanken schweifen ab? Kein Problem. Lassen Sie sie einfach ziehen und kehren Sie immer wieder zu Iamon, Iamon, Iamon zurück. Mit Iamon einatmen, mit Iamon ausatmen. Iamon einatmen, Iamon ausatmen. Iamon einatmen, Iamon ausatmen ... und plötzlich schläft Ihr Körper tief und fest, und Ihr Geist ist dennoch hellwach.
Warten Sie nicht auf dieses sensationelle Gefühl des Fliegens, genießen Sie nur Ihre ruhige, tiefe Entspannung, getragen vom ruhig dahinplätschernden Fluss des Iamon. Dann geschieht es einfach.

Fehlendes Körpergefühl ... Jetzt haben Sie vielleicht eine Ahnung, warum man unter Hypnose operieren kann, ohne dass der Mensch etwas fühlt ... Lesen Sie das Interview ab Seite 186.

Das müssen Sie üben

Kennen Sie von früher, wer was können will, muss üben. Den kontrollierten Tiefschlaf müssen Sie üben, sechs Wochen lang, jeden Tag. Da erschrecken Sie wahrscheinlich: »Ach, jetzt soll ich schon wieder ..., mein Terminkalender ...« Da kann ich Sie beruhigen, das können Sie üben ohne Zeitverlust. Das mache ich nämlich auch. Einfach vor dem Einschlafen. Sie legen sich hin, das linke Ohr berührt das Federkissen, und in dem Moment geht es los. Völlig automatisch: »Iamon, Iamon ...« Machen Sie das. Da haben Sie keinen Zeitverlust. Übrigens eine hervorragende Einschlafübung.

Sie werden darüber einschlafen. Sie werden zwar das Gefühl des Fliegens noch nicht erleben, das dauert zwölf Minuten, und Sie sind ja vorher eingeschlafen. Aber das macht nichts. Durch diese Übung bahnt sich bei Ihnen etwas an – neuronal. Da oben im Gehirn. Das heißt, Sie werden lernen, bei einem Gedanken länger zu bleiben als drei Sekunden.

Sie lernen im Schlaf

Wenn Sie das üben, kann man lernen, länger bei diesem »Iamon« zu bleiben – für 14 Sekunden, 30 Sekunden, 1 Minute. Ohne abzuschweifen, und wenn Sie das geschafft haben – man braucht sechs Wochen dazu –, wird auf einmal die Eintrittszeit kürzer.

Plötzlich brauchen Sie nicht mehr 12 Minuten, was ja sehr unpraktisch ist, sondern plötzlich brauchen Sie nur noch 5 Minuten oder 3 Minuten oder 2 Minuten oder 1 oder 10 Sekunden oder 5 Sekunden. Wupps – und Sie sind unten.

Nach sechs Wochen lohnt es sich – vor dem Besuch …

Ja, und dann wird es schön. Dann erst, also heute in sechs Wochen, lohnt sich das. Beispiel: Es ist 19 Uhr, und Sie erwarten einen Gast. Sie haben zehn Minuten Zeit und müssen sich zwölf Minuten da runtermurmeln, was soll denn das?! Aber wenn Sie nur noch zehn Sekunden brauchen, ja, dann kann man die zehn Minuten sehr gut ausnutzen. »Wupp« ist man unten. Völlig entspannt. Die Eintrittszeit wird verkürzt, auf ein Minimum. Wie gesagt, bei mir sind es fünf Sekunden. Deswegen benutze ich das auch im Wettkampf. Und zwischen zwei Patienten. Fünf Sekunden brauche ich, bin ich unten, 55 Sekunden erhole ich mich, und den Nächsten strahle ich wieder an.

Sie müssen das also üben, sechs Wochen lang, um die Eintrittszeit zu verkürzen. Dann lohnt es sich – und dann können Sie es wirklich. Dann können Sie nach Sizilien fahren. Am Stück. Freilich sollten Sie etwa alle drei Stunden für fünf Minuten am Straßenrand tiefschlafen. Mit dieser Technik haben Sie eine Möglichkeit der optimalen sofortigen Regeneration.

… beim Wettkampf

Darum kommen Sportler zu mir. Was glauben Sie wohl, was Sportler für ein Hauptproblem haben? Das Problem haben wir alle. Das ist genau auch Ihr Problem, Sie sind auch Leistungssportler. Sie haben doch kein Arbeitsproblem. Sie arbeiten doch gern, das sind Sie doch gewohnt. Sie haben das Gegenteil, Sie haben ein Regenerationsproblem. Der Sportler hat kein Trainingsproblem, das macht der nämlich gern. Der hat ein Regenerationsproblem. Der will nämlich morgen wieder acht Stunden und übermorgen wieder acht Stunden. Und das macht der Körper nicht mit. Darum kriegen Sportler gepredigt: »Naja, geht in die Sauna, lasst euch massieren …«

Aber das ist eben nur eine 20-prozentige Erholung. Das hat doch mit Erholung nichts zu tun. Die lernen bei mir 100 Prozent Erholung, Tiefschlaf – und dann können sie morgen wieder acht Stunden und wieder acht Stunden und wieder … und werden immer besser.

… im ganz normalen Arbeitsleben

Das ist Ihr Problem. Sie arbeiten 12, 14 Stunden und morgen wieder und wieder, und am Samstag auch, und irgendwann sind Sie ausgebrannt. Sie haben ein Regenerationsproblem.

Mit der Murmeltechnik können Sie aufholen. Können sich ins Gleichgewicht oder sogar in einen Überschuss bringen. Mit dieser Technik kommen Sie auf mehr Erholungszeit als sonst. Mit dieser Technik lernen Sie noch zwei andere Sachen, die sind einfach entscheidend. Entscheidend für jeden Menschen, der fühlen will. Sie kriegen Ihr Kortisol runter, Ihr zweites Stresshormon (siehe Seite 293ff.), und Sie lernen die Fähigkeit der entspannten Konzentration.

superlinks

Alpha-Zustand Seite 84 | Entspannte Konzentration Seite 217 | Formel-1-Reflex Seite 153 | Interview: Hypnose Seite 186 | Lach-Yoga Seite 226 | Mind Machine Seite 254 | Opium Seite 276 | Schlaf Seite 283 | Stress weg Seite 293 | Switchen Seite 296 | Tagträume Seite 301 | Trance Seite 303 | Visualisieren Seite 308 | Zen Seite 317 | Interview: Zen Seite 320

61 Musik – *Brainfood de Luxe*

die Sache mit dem so genannten absoluten Gehör hat die Wissenschaft immer schon fasziniert. Warum können wenige Menschen – wie etwa Wolfgang Amadeus Mozart – einen Ton hören und ohne zu zögern sagen: »Das ist ein Cis«? Steckt da ein Trick dahinter? Oder ist das Begabung? Jetzt hat ein kalifornisch-chinesisches Forscherteam das Geheimnis weitgehend aufgedeckt. Das absolute Gehör ist eine Gabe, mit der jeder Mensch geboren wird, sagen sie. Im Lauf des Lebens gehe diese Fähigkeit allerdings verloren, weil sie nicht mehr gebraucht wird. Die meisten Menschen der Welt verständigen sich sprachlich – atonal – mit verschiedenen Vokalen und Zungenschlägen. Nur die Mandarin sprechenden Chinesen kommunizieren mit unterschiedlichen Tonhöhen. Ein Laut wie »ma« kann je nach Tonhöhe Mutter oder Pferd bedeuten. Dass die Chinesen dann auch über ein bemerkenswert gutes »absolutes Gehör« verfügen, werten die Forscher als Beweis ihrer These, der zufolge Sprachvermögen und Musikalität zwei wesensverwandte Fähigkeiten des menschlichen Gehirns sind.

Wir sprechen mit Musik

Drei Wissenschaftler der Duke-Universität in Chicago untermauerten diesen Gedanken. Sie fanden heraus, dass die lautesten Töne exakt der chromatischen Tonleiter entsprechen, wenn wir sprechen. Also den Tönen der weißen und schwarzen Tasten auf dem Klavier. Darüber hinaus benutzen wir melodisch sprechend dieselben Intervalle wie die Musik: Terzen, Quarten und Quinten.

Musik ist Trumpf – in der Evolution

Auch die Anthropologen interessieren sich für den engen Zusammenhang von Sprache und Musik und wagen eine partielle Neuschreibung der Evolution: Sie gehen neuerdings nicht mehr davon aus, dass sich der Mensch durch die Ausbildung seiner linken, rationellen Gehirnhälfte vom Affen zum denkenden Wesen gewandelt hat. Vielmehr haben die Strukturveränderungen in der rechten Gehirnhälfte unserer Vorfahren zur Entwicklung von Sprache und Denken beigetragen. Dort, wo die Emotionen und die Musikalität sitzen. Nur so konnte der Mensch sein Grunzen in Jahrmillionen zur Sprache entwickeln. Mit anderen Worten – und das ist wirklich sensationell: Die Musikalität gehört zur Urmasse, aus dem das Fundament der menschlichen Intelligenz gebaut ist. Das ist keine Spekulation. Wie positiv sich Musikalität im sprachlichen Lernprozess auswirkt, wies schon vor einigen Jahren eine Forschergruppe der Chinese University of Hongkong in einer Studie nach. Die Wissenschaftler ließen Musiker und Nichtmusiker Wörter einer Fremdsprache lernen. Ergebnis: Die Musiker schlugen die Nichtmusiker um Längen.

Der Mozart-Effekt

Die Überzeugung, dass Musizieren den Geist fördert, ist wahrscheinlich so alt wie die Menschheit selbst. Schon im Mittelalter gehörte der Musikunterricht so selbstverständlich zur Ausbildung eines Hofzöglings wie Fechten und Reiten. Noch heute zählt das Klavier zum Standardinventar in jedem guten Haus, das etwas auf sich hält. Und die Weltliteratur erzählt gern von großen Geistern, die neben ihren intellektuellen Fähigkeiten mit bemerkenswerter Musikalität brillierten. Albert Einstein und Sherlock Holmes spielten leidenschaftlich Geige. Und Leonardo da Vinci widmete sich der Musik, bevor er sich der Malerei und der Ingenieurskunst zuwandte.

Da muss man sich schon wundern, wie der Musikunterricht an der Schule zum belächelten Orchideenfach verkümmern konnte. Wie Musiker zu verweichlichten Sensibelchen wurden. In einer Gesellschaft, in der man Musik fast nur noch hört. Na immerhin, man hört. Denn, so meinen einige Wissenschaftler: Auch die passive Beschäftigung mit Musik macht schlau. Erstmalig haben dies zwei US-Forscher 1993 behauptet, die einige Collegestudenten für zehn Minuten mit Klaviermusik von Mozart berieselten. Anschließend verbesserte sich angeblich das räumliche und zeitliche Denken der Probanden. Das Experiment wurde später als der so genannte Mozart-Effekt berühmt. Und berüchtigt. Weil die Kritiker bezweifeln, dass der Mozart-Effekt ausschließlich mit Mozart funktioniert. Einig sind sich Experten allerdings darüber, dass Musik tatsächlich eine kleine Wunderpille sein kann. Eine, die nicht nur dem Geist hilft. Sondern auch dem Körper und der Seele.

Warum Wohlklänge wohl tun

- ***Musik lässt die Seele sprechen.*** Sie drückt aus, was man mit Worten nicht immer so gut beschreiben kann. Verliebtheit, Trauer, Melancholie, ausgelassene Fröhlichkeit. Auch eine selbst gebrannte CD im Liebesbrief kann mehr als 1000 Worte sagen.

Musik lässt die Neuronen tanzen. Wer bewusst Musik hört, fordert seinen Kopf. Wie US-Forscher herausfanden, aktiviert das Gehirn dabei gleich mehrere Areale. Welche? Das hängt von dem Musikstück ab. Das Gehirn verarbeitet Musik immer auf neue Weise – sogar, wenn man ein Stück zweimal hintereinander hört. Jeder kennt dieses Phänomen: die CD, die einem erst beim dritten Hören gefällt. Und beim vierten Hören wahre Freude auslöst.

Musizieren verbessert die Intelligenz. Das bestätigt eine dreijährige Studie der Universität Paderborn, bei der musizierende Kinder mit nicht musizierenden verglichen wurden. Der Griff in die Saiten oder Tasten stellt höchste Anforderungen an das Gehör und die Feinmotorik. Dazu müssen Musiker ein abstraktes Notenbild in Klänge übersetzen. Da raucht der Kopf.

Musik lässt das Vergessen vergessen. Alzheimer-Patienten gelingt der Blick in die Vergangenheit, wenn man ihnen Musik vorspielt, mit der sie alte Erinnerungen verbinden.

Musik weckt die Kreativität. Musik wirkt gleichermaßen auf Verstand und Gefühl. So verbindet sie die linke, logische und die rechte, intuitive Gehirnhälfte. Das hilft vor allem bei der Suche nach kreativen Einfällen.

Musik tröstet. Wer Musik macht, wird mit negativen Gefühlen leichter fertig. Eric Clapton verarbeitete seinen Kummer um den Tod seines kleinen Sohnes in einem Song. Andere zertrümmern ihre Gitarre. Oder glauben Sie, einer wie Billy Idol dürfte noch frei herumlaufen, würde er seine Aggressionen nicht auf der Bühne kompensieren?

Klaren Kopf bewahren

Es geht mal wieder richtig rund. Das Telefon bimmelt ständig, der Chef brüllt, die Kollegen zicken, und Termindruck sitzt Ihnen im Nacken. Jetzt brauchen Sie was fürs Herz und für den Bauch. Ruhige oder romantische Klänge, die den aufgepeitschten Adrenalinspiegel runterbringen und so den rasenden Puls, den hochgeschnellten Blutdruck und die flache, kurze, hektische Atemfrequenz wieder senken. Damit Sie wieder glasklar denken, effektiv handeln können.

Legen Sie sich für solche Momente CDs mit Melodien, die Sie an total entspannte und rundherum glückliche Momente erinnern, in der Schreibtischschublade bereit. Und wenn's brennt: einlegen, zuhören, abregen. Und so allen und allem überlegen in aller Gemütsruhe siegen.

Jeden Moment be-Stimmen

Sie wollen Ihre Stimmung selbst be-Stimmen? Kein 0815-Typ sein? Dann setzen Sie sich bitte zumindest spätabends und frühmorgens niemals dieser auf 0815-Typen zugeschnittenen, fremdbe-Stimmten, mit nervigem Gequatsche, blöder Werbung und negativen Nachrichten durchwachsenen Radio- oder TV-Beschallung aus.

Be-Stimmen Sie grundsätzlich selbst, mit welchen Melodien und Rhythmen Ihre Nacht, Ihr Schlaf, Ihre Träume und jeder neue Morgen beschallt und somit geprägt werden soll. Denn Musik wirkt wahre Wunder: Unser Unterbewusstsein reagiert sofort und stellt das gesamte Körper-, Seelen- und Denkprogramm genau nach unserer emotionalen Verfassung ein. Ganz besonders effektiv und lang andauernd, wenn wir völlig entspannt oder schlaftrunken sind. Also immer kurz vor dem Einschlafen und gleich nach dem Aufwachen. Und diese enorm wichtige emotionale Verfassung können Sie mit Musik ganz einfach nach Lust und Laune steuern.

Stellen Sie sich dazu eine kleine Stereoanlage ins Bad. Suchen Sie jeden Abend eine CD aus, deren Musik genau das Lebensgefühl ausdrückt, mit dem Sie einschlafen wollen.

Und eine zweite, die das Lebensgefühl in Ihnen erweckt, mit dem Sie in den kommenden Tag starten möchten.

Legen Sie Ihre Nacht-CD im Bad vor dem Zubettgehen ein und drehen Sie den Tonregler so weit runter, dass Sie die Musik noch angenehm, aber relativ leise hören. Lassen Sie sich beim Ausziehen und Zähneputzen von den angenehmen Tönen sanft berieseln. Dann gleich ins Bett gehen. Sie werden himmlisch schlafen.

Morgens nach dem Aufstehen legen Sie Ihre Tag-CD in die Badezimmeranlage ein, drehen auf, lassen sich von den inspirierenden Klängen so richtig durchfluten. Beim Zähneputzen, Duschen, Frisieren, Anziehen. Vielleicht auch noch beim Frühstück.

Sie werden dank Ihrer persönlichen Powermusik spüren: Egal, was alles heute ansteht – Sie sind voller Energie, saugut drauf, Ihre Grund-Stimmung ist wie zum Bäume ausreißen. Alles stimmt. Und genau deswegen wird Ihnen heute alles, was Sie tun müssen, und auch alles, was Sie tun wollen, mühelos gelingen. Viel Spaß dabei!

62 Namen merken – *endlich höflich!*

Kennen Sie das Gedicht von Eugen Roth aus der bekannten und beliebten »Mensch-Epoche«?

»Ein Mensch, der sich von Gott und Welt
Mit einem anderen unterhält,
muss dabei leider rasch erlahmen:
Vergessen hat er seinen Namen!
»Wer war's denn gleich, Sie wissen doch …
der Dings, na ja, wie hieß er noch,
der damals gegen Osten ging
in Dings gewesen mit dem Dings?«

Eigentlich ziemlich überflüssig: sich Namen von Leuten zu merken, denen man vorgestellt wird. Denn man kann sie ja schließlich fragen. So lange, bis man den Namen eben kennt. Nur: Das macht keinen guten Eindruck. Privat und im Job. Menschen mit schlechtem Namensgedächtnis wirken desinteressiert und arrogant. Sie sagen zu Frau Mittermaier: »Hallo, Frau Hintermaier. Oder war es Hinterhuber? Obermaier?« Und Frau Mittermaier denkt sich: »Oberd…«

Solche Peinlichkeiten lassen sich vermeiden. Mit ein paar simplen Tricks, wie sie auch Klaus Kolb empfiehlt (siehe Interview ab Seite 162).

Die Namen-Merk-Strategie

1. *Namen erfassen:* Prägen Sie sich den Namen während der Begrüßung genau ein. Wiederholen Sie ihn, um sicherzugehen, dass Sie ihn auch richtig verstanden haben.

2. *Person einprägen:* Jetzt machen Sie etwas Smalltalk und versuchen sich die Person einzuprägen. Halten Sie sich an unveränderliche Wesensmerkmale (Aussehen, Körpergröße, Körperumfang, Gestik, Mimik, Ticks) – damit Sie die

Tipp

Sammeln Sie Visitenkarten

Im Palm- und Handyzeitalter halten viele Menschen den Austausch von Visitenkarten für ein überholtes Ritual. Dabei sind die Kärtchen unersetzliche Helfer, wenn Sie sich Namen merken wollen. Visitenkarten sagen Ihnen nämlich:

- den korrekten Namen der Person, in der richtigen Schreibweise. Sie memorieren die nuschelnde Frau Resenberger als Frau Resenberger und nicht versehentlich als Frau Wesengerber.
- Titel, Adresse, Beruf und andere Informationen der Person, die für das Memorieren hilfreich sein können. Außerdem liefern diese Daten wichtige Anknüpfungspunkte für ein Gespräch. »Ach, Sie wohnen am schönen Bodensee. Kann man da jetzt schon baden?«

Tipp: Notieren Sie auf der Rückseite der Karte die wichtigsten Eigenschaften der betreffenden Person. Und lassen Sie die Karte später nicht einfach in einer Schreibtischschublade verschwinden. Archivieren Sie sie in einem Ablagesystem oder übertragen Sie die wichtigsten Informationen in eine Computerdatei.

Person wieder erkennen, wenn sie andere Kleidung, Schmuck, Frisur trägt.

3. Gesicht einprägen: Sehen Sie genau hin und versuchen Sie, sich möglichst viele Charakteristika einzuprägen. Ist das Gesicht schmal oder breit? Ist die Haut straff, rosig, mit Sommersprossen oder Narben übersät, faltig? Sind die Augenbrauen dünn, buschig oder zusammengewach-

sen? Stehen die Augen eng oder weit auseinander? Ist die Nase groß oder stupsig klein? Sind die Lippen voll oder schmal? Ist das Kinn spitz, rund oder eckig? Trägt die Person ein Piercing?

4. Kreativ werden, ein Bild basteln: Verknüpfen Sie die memorierte Person mit einem Bild, das Sie an ihren Namen erinnert. Haben Sie es mit deutschen Namen zu tun, ist die Sache einfach: Eine Frau Bergmann stellen Sie sich mit einem Pickel und einem Bergarbeiterhelm vor. Den Herrn Deutlmoser stellen Sie in den Wald und lassen ihn mit dem Zeigefinger auf das Moos deuten. Schwieriger wird es mit ausländischen Namen. Da müssen Sie lautmalerisch assoziieren. Eine Frau Jovovic stellen Sie sich vor, wie sie mit einem Jo-Jo spielt. Einen Chinesen namens Zuh (gesprochen Tschu) lassen Sie mit löcherigen Schuhen über die chinesische Mauer laufen.

superlinks

Abschreiben Seite 82 | Auswendig lernen Seite 101 | Interview: Gedächtnis Seite 162 | Gedächtnispille Seite 166 | Konzentration Seite 214 | Lesen Seite 241 | Liste Seite 247 | Neurobics Seite 274 | Zahlen merken Seite 315

63 *Die* **Nase** *mehr einsetzen*

Sie treffen auf einen neuen Menschen. Dann schnuppern Sie. Schnuppern Sie wirklich. Einfach die Nase in die Nähe stecken – und höflichkeitshalber fragen: Was ist das für ein Duft, den Sie da benutzen? Die Ein-unbekannter-Mensch-Moleküle dringen zu den 40 Millionen Nervenzellen der Riechschleimhaut. Die schicken Impulse weiter ins limbische System. Dorthin, wo Ihre Gefühle verwaltet werden. Und prompt wird der Geruch bewertet. Kann man den Menschen riechen – oder eben nicht? Da kriecht gleich ein Gefühl hoch, ein fröhliches Kribbeln im Bauch oder auch ein Schauer über den Rücken. Sie wissen sofort, dass Sie jemanden nicht riechen können. Aber warum das so ist, das sagt Ihnen vielleicht ein bisschen später die Hirnrinde, dort, wo Ihnen etwas bewusst wird. Ich verlasse mich gern auf meine Nase. Der Geruchssinn ist nämlich mein einziger Sinn, der direkt ein Gefühl auslöst, ohne dass sich der Denkapparat mit seinen logischen und unlogischen Argumentationen einschaltet.

Know-how

Ein guter Riecher für das Alzheimer-Risiko

Der Geruchssinn spielt eine wesentliche Rolle beim Abspeichern und Abrufen von Erinnerungen aus dem Langzeitspeicher des Gehirns. Sein Verlust ist eines der häufigsten frühen Symptome der Alzheimer-Krankheit. Nun wollen Wiener Wissenschaftler einen einfachen Geruchstest erarbeiten, mit dem sich Alzheimer in einem besonders frühen Stadium diagnostizieren ließe.

Überall reinschnuppern

Wann haben Sie das letzte Mal an etwas gerochen? Tun Sie das künftig an ganz vielen Dingen. Am Apfel, den Sie essen, am Hals Ihres Partners, am Blatt, das Sie zwischen den Händen zerreiben. Am Glas Wein, das Sie trinken. Sensibilisieren Sie Ihre Nase einfach wieder – und lesen Sie noch mal »Das Parfüm« von Patrick Süskind.

Dufte Arbeit!

Wo kommt nur dieser blöde Spruch her: »Das ist dufte!« Genau – etwas weckt ziemlich schnell ein gutes Gefühl. Diesen Effekt, dass Duft Gefühle weckt, können Sie auch nutzen, um die Lust an der Arbeit zu intensivieren – und dabei die Nervennetze im Gehirn auf ungewöhnliche Weise zu aktivieren. Probieren Sie es aus. Zitrusdüfte aktivieren. Vanille beruhigt. Kombinieren Sie die Düfte doch einfach mit Arbeitsschritten. Zitrus, wenn Sie an einem Konzept arbeiten. Vanille, wenn Sie mit Kunden telefonieren.

superlinks

Intuition Seite 198 | Kontemplation Seite 212 | Konzentration Seite 214 | Musik Seite 262 | Neurobics Seite 274 | Sechster Sinn Seite 289

64 Negative Gefühle *kann man umprogrammieren*

Die neuronalen Netze unseres emotionalen Gedächtnisses bilden sich schon im Mutterleib aus. »Infantile Amnesie« sagte Freud dazu, dass wir uns nicht an Ereignisse aus unserer frühesten Kindheit erinnern können. Das liegt daran, dass die Verdrahtungen unserer Netzwerke im Kleinkindgehirn noch nicht vollkommen sind, Erinnerungen nicht so konkret abgespeichert werden wie im Erwachsenenalter. Das unbewusste Gedächtnis speichert die Erfahrung, und die Erinnerungen beeinflussen uns, obwohl wir keinen Zugriff darauf haben. Darum hat mancher Mensch eine vermeintlich unbegründete Angst vor dem Alleinsein, vor der Dunkelheit, vor Gewitter, vor Wasser … Als Kind hat er eine schlechte Erfahrung gemacht – und die nie durch eine gute ersetzt.

Machen Sie sich ein neues Netz

Eine alte Erfahrung kann man nicht löschen. Da kann nicht rumradiert werden. Das Netz ist da. Was man aber tun kann: in dem Bereich eine neue emotionale Erfahrung machen, ein neues neuronales Netz bilden, das das alte korrigiert.

Beispiel Sport. Als Kind wurden Sie gehänselt, weil Sie über den Barren plumpsten, nicht schnell genug liefen, kaum weit kamen beim Sprung. Sagt Ihnen heute jemand, Sie sollen Sport treiben, dann feuert Ihr Netzwerk da oben alles andere als ein Wohlgefühl. Im Gegenteil: Sie spüren heute noch die blauen Flecken und die Scham. Was tun? Ganz langsam die Erfolgsleiter nach oben krabbeln. Die alten Gefühle (Sport tut meiner Seele weh) ersetzen durch neue Emotionen: Sport schenkt mir Freude. Langsam anfangen. Mit einer Minute, sofort. Jetzt gleich, im Wohnzimmer. Trippeln. Spüren, dass das gut tut. Und morgen machen Sie ein bisschen mehr. In spätestens einem halben Jahr sind Sie dann bei den wertvollen 30 Minuten täglich.

Ähnlich funktioniert das mit anderen negativen Gefühlen und Ängsten. Ganz langsam und stetig mit einem Schritt gegen die Angst ein neues Gefühl erzeugen, das das alte ersetzt. Funktioniert bei Neid, Missgunst, Wut …

superlinks

Angst Seite 94 | Damasio Seite 122 | Erinnerung Seite 135 | Flow Seite 150 | Gene Seite 173 | Glück Seite 178 | Licht Seite 243 | Lügen Seite 249 | Meditation Seite 252 | Switchen Seite 296

65 Neurobics – *bescheuert, aber effektiv*

Was wäre die klassische Komödie ohne den obligatorischen alten Trottel, der morgens in der Mülltonne nach frischen Socken sucht? Zweifellos: Der Typ ist eine lustige Figur. Aber auch eine, die Angst macht. Denn irgendwann wird jeder alt sein. Alt und verblödet. Und dann lachen die anderen. Ein unausweichliches Schicksal? Eben nicht. Dank der Forschung landen manchmal auch alte Märchen, wo Opa seine ausgedienten Hüte lagert: im Keller.

Wenn Sie die ersten Seiten dieses Buches gelesen haben, wissen Sie: Die Mär vom geistigen Verfall, der mit zunehmendem Alter unaufhaltsam fortschreitet, ist heute widerlegt. Trotz der Tatsache, dass das Demenzrisiko mit dem Älterwerden steigt. Nur: Das hat nicht – wie früher angenommen – mit biologischen Ursachen zu tun. Sondern mehr mit Vernachlässigung. In der Regel benutzt der erwachsene Mensch sein Gehirn nur um einen Bruchteil so intensiv wie ein Kind oder ein Jugendlicher. Weil er irgendwann genug weiß, um zu überleben. Er hört auf zu lernen. Anstelle von Neugier tritt Routine. Und das Gehirn baut ab.

Die Zukunft gehört Geist-Gym

Ein lascher Muskel liebt Autos, Busse, Rolltreppen und Parkplätze direkt vor der Haustür. Der starke Muskel liebt den Widerstand. Genauso verhält es sich mit dem Gehirn. Um fit zu bleiben, braucht es Herausforderungen, die der Alltag im Leben der meisten Menschen nicht mehr bietet. Neurologen haben dieses Problem schon lange erkannt, und sie empfehlen Denksportaufgaben, Rechenübungen, Kreuzworträtsel und Schach. Das ist alles schön und gut. Allerdings »stimulieren Logikaufgaben nur einen kleinen Teil des Gehirns, sie nehmen zusätzliche Zeit in Anspruch, die niemand hat«, sagt der US-Neurobiologe Lawrence Katz. Sein Rezept ist anders. Er empfiehlt Übungen, die kindliche Offenheit und Neugier wecken. Katz nennt sie »Neurobics«. Sie lassen sich mühelos in den Alltag einbauen und fordern die Aktivität und das Zusammenspiel der verschiedenen Gehirnregionen. Das sollten Sie ruhig mal ausprobieren.

Spielen Sie blinde Kuh

Das geht auch ohne ein Tuch zum Augenverbinden und Mitspieler. Sie tun einfach, was Sie täglich tun – nur mit geschlossenen Augen. Fühlen Sie morgens unter der Dusche, wo Waschlappen und Seife liegen. Versuchen Sie, blind zu frühstücken, und ertasten Sie anschließend das Türschloss Ihres Autos.

Variation: Statt zu tasten, hören, riechen und spüren Sie, was Sie nicht sehen können. Geht am besten, wenn Sie mit geschlossenen Augen U-Bahn fahren und versuchen, die Stationen zu

erraten. Kurz vor der Station »Schumannstraße« quietschen die Gleise. Hält die Bahn am »Regerplatz«, dringt der Geruch der Pommesbude auf dem Bahnsteig in Ihre Nase. Und am Hauptbahnhof hören Sie die Lautsprecher in der großen Halle.

Machen Sie alles mal mit links (oder rechts)

Klar, kommt darauf an, ob Sie Links- oder Rechtshänder sind. Hauptsache, Sie versuchen es mit der verkehrten Hand: Zähneputzen, zeichnen und schreiben, Gitarre spielen, einen Artikel aus der Zeitung ausschneiden. Nein, rasieren bitte nicht!

Seien Sie Alice im Wunderland

Entdecken Sie die Welt immer wieder aufs Neue. Dazu brauchen Sie weder eine Zauberpforte noch ein Flugticket. Es genügt schon, wenn Sie eingefahrene Pfade verlassen: den Weg zur Arbeit, zum Supermarkt, zum besten Freund. Verlassen Sie eine Autobahnstrecke, die Sie oft fahren, eine Ausfahrt früher und legen Sie den Rest über Land zurück. Biegen Sie von der Wanderroute ab und wagen Sie sich querfeldein. Erschließen Sie in Ihrer Stadt Viertel, die Sie noch nicht kennen.

Bringen Sie Ihre Ordnung durcheinander

Beginnen Sie am besten mit der gewohnten Ordnung an Ihrem Arbeitsplatz. Stellen Sie die Gegenstände auf Ihrem Schreibtisch einfach um. So, dass Sie immer im Leeren landen, wenn Sie nach dem Locher oder dem Telefon greifen. Genauso machen Sie es mit dem Kleider- oder Küchenschrank. Einfach alles umräumen.

Wechseln Sie die Perspektive

Wie viele Stammplätze gibt es in Ihrem Alltag: den Bankplatz neben der Musikbox in Ihrer Stammkneipe, den blauen Stuhl am Esstisch, den Eckplatz neben der Tür am Konferenztisch, den Liegeplatz unter der Fichte im Freibad? Entwurzeln Sie sich und spielen Sie »Reise nach Jerusalem«: Platzieren Sie sich, wo Sie der Zufall hintreibt – und staunen Sie.

Spielen Sie

Betrachten Sie das Leben mit seinen unendlichen Möglichkeiten als riesige Spielzeugkiste, deren Inhalt Sie nur zu einem winzigen Bruchteil kennen. Was haben Sie noch nie gemacht: Rollerbladen, ein Instrument gespielt, einen Aktzeichenkurs absolviert, einen Hummer gegessen, ein Buch von Hermann Hesse gelesen, mit einem Ballon gefahren, nach China gereist, ein Walross gestreichelt, in einem Fluss geangelt, ein Ballkleid getragen? Einfach tun. Wichtig: Sie dürfen – wie ein Kind – oberflächlich und sprunghaft sein. Wenn Sie keine Lust mehr haben, einfach aufhören und was Neues ausprobieren. Es geht nicht darum, dass Sie etwas durchziehen, sondern dass Sie Ihr Gehirn vor neue Herausforderungen stellen.

superlinks

Auswendig lernen Seite 101 | Denksport Seite 123 | Divergentes Denken Seite 126 | Frauen Seite 158 | Jonglieren Seite 202 | Kontemplation Seite 212 | Liste Seite 247 | Musik Seite 262 | Namen merken Seite 270 | Nase Seite 272 | Zahlen merken Seite 315

66 Zum Glück gibt's Opium

ritzt man die ausgewachsene unreife Samenkapsel des Schlafmohns an, fließt Milchsaft heraus, der durch Trocknen zum Opium wird. Enthält die Wirkstoffe Morphin und Codein. Seit etwa 6000 Jahren nutzt der Mensch die berauschende, beruhigende und schmerzstillende Wirkung von Opium. Opiumraucher flohen aus dem Alltag in einen Dämmerzustand zwischen Schlafen und Wachen, mit erotischen Traumbildern. Hippokrates verschrieb den getrockneten Mohnsaft Schlaflosen, Fieberkranken und von Durchfall Geplagten. Und weil nichts so stark gegen Schmerzen hilft, gab man Opium (oder später das aus Opium gewonnene Morphin) verwundeten Soldaten, damit sie sich schnell wieder ins Gefecht schlugen. Homer und andere Denker berichten von seiner euphorisierenden, Träume lockenden Wirkung. Mütter stellten damit ihre Babys ruhig. Nervenärzte behandelten damit Melancholie und Hysterie. Ziemlich erfolgreich. Erst als die künstlichen Antidepressiva mehr Geld versprachen, vergaßen die Ärzte (bis auf einige Naturheilbeflissene) die Wirkung der Opiumtinktur.

Opium ist im Grunde ein wunderbares Mittel. Würde es nicht so süchtig machen. Mein Opium macht mich nur glücklich, nur ein bisschen süchtig. Ich mache mir mein Opium selbst.

Die Opiate des Körpers

Vor etwa 30 Jahren, Jahrtausende also, nachdem man Opium entdeckt hatte, stellten Forscher fest: Der Mensch hat Andockstellen, also Rezeptoren für Opium oder Morphin an den Nervenzellen. Die sind wahrscheinlich nicht für die Mohnpflanze gemacht, sondern für Stoffe, die der Körper selbst herstellt. Die fanden die Forscher dann auch. Körpereigene Botenstoffe, die an den Morphiumrezeptoren der Nervenzellen andocken und dort ihre Wirkung entfalten. Man taufte sie Endomorphine, kürzer Endorphine. Diese Botenstoffe wirken wie Opium: Sie hemmen Schmerz, lösen Angst, beruhigen, fördern den Schlaf, vertreiben Depressionen, machen glücklich bis euphorisch. Ganz ohne Nebenwirkungen. Weil wir nicht nur im Gehirn Rezeptoren für Endorphine haben, sondern auch im Nervengeflecht des Darms, wirken sie auch dort beruhigend. Sprich: gegen Durchfall. Übrigens: Süchtig machen die körpereigenen Opiate nicht, weil die Botenstoffe immer gleich nach der Kontaktierung des Rezeptors abgebaut werden. Das gilt natürlich nur, wenn man die körpereigene Endorphinproduktion wohl dosiert. Das tun Triathleten nicht.

Info

Fakten zu Opium

Opium, früher auch als Meconium oder Laudanum bezeichnet, enthält 37 Alkaloide. Hauptbestandteil ist das Morphin, eines der stärksten bekannten Schmerzmittel (Analgetika) überhaupt. Entdeckt 1804 von dem deutschen Apotheker Friedrich Sertürner. Weitere wichtige im Opium vorkommende Alkaloide: Noscapin (Narcotin), Codein, Papaverin, Thebain und Xanthalin. Neben seiner analgetischen (schmerzstillenden) Wirkung ist Opium auch krampflösend, appetithemmend und antidiarrhoisch (durchfalllindernd). Körperliche Folgen von Opiummissbrauch: Appetitlosigkeit und Gewichtsverlust bis zur Abmagerung, völlige Entkräftung, Atemlähmung, Kreislaufstörungen und Muskelschmerzen. Psychische Auswirkungen: rasche seelische und körperliche Abhängigkeit, Antriebsschwäche, Depressionen, Impotenz, häufig starke Persönlichkeitsveränderungen, einhergehend mit Apathie und Teilnahmslosigkeit.

Die Botenstoffe der guten Ideen

Endorphine machen auch kreativ. Ohne Endorphine kommen Ihnen einfach keine guten Ideen. Inspiration heißt nämlich: Endorphine hoch. Nur wenn Ihr Endorphinspiegel oben ist, kommt Ihnen die faszinierende Idee, an der es sich lohnt zu arbeiten.

Auch Erleuchtung heißt: Endorphine hoch. Also in der Phase, in der nach langer Suche endlich der Einfall, die Lösung für ein Problem auftaucht, haben Sie einen hohen Endorphinspiegel. Beide Phasen kommen nur im entspannten Geist vor. Der Körper darf sich ruhig bewegen. Der Geist aber muss entspannt sein.

Wie kann man Endorphine locken?

Läufer wissen das. Wenn Sie ein bisschen länger laufen. Und die Muskeln arbeiten. Dann überflutet jede Körperzelle so ein rauschhaftes Glücksgefühl. Sagt man »Runner's High« dazu.

Eine Flut Endorphine, die schicken die beanspruchten Muskeln als Schmerzdämpfer. Ein Bach Endorphine entsteht schon früher, nach ein paar Minuten, wenn sich laufend Ihr Geist entspannt, die Alltagssorgen Schritt für Schritt abfallen. Und die docken dann in den Gefühlszentren im Gehirn an. Entlocken dem Gehirn die emotionale, die unterbewusste Klugheit. Die Ideen.

Zahnärzte wissen das. Die guten. Die lassen ihren Patienten auf dem Stuhl nicht nur den Bohrer hören, sondern Musik. Wird sie als angenehm empfunden, aktiviert der Körper sein Endorphinsystem, das lindert die Schmerzen.

Liebespaare wissen das. Frisch verliebt sein oder Sex lockt Endorphine. Erklärt die rauschähnlichen Zustände – und erklärt auch, warum der Sado-Maso-Sex erst danach schmerzt.

Schamanen wissen das. Rituale mit Trommeln oder Tänzen oder Handauflegen lassen Schmerzen verschwinden. Sie wecken den körpereigenen Doktor. Da sagen die Forscher heute »Plazeboeffekt« dazu.

Fakire wissen das. Wer sich hundertprozentig entspannen kann, egal, ob durch Meditation, Träumen oder autogenes Training, der erhöht seinen Endorphinspiegel so, dass er Schmerzen nicht mehr fühlt. Übrigens: Auch die Kunst, über brennende Kohlestücke zu laufen, ist nichts anderes, als sich mittels Trancetechniken Endorphine zu machen.

Bungeejumper wissen das. Bei manchen Menschen ist das körpereigene Botenstoffsystem schon ausgeleiert. Es reicht ihnen nicht mehr, 30 Minuten im Wald zu laufen, um Endorphine zu locken, die sie glücklich über den Tag bringen. Nein, sie brauchen einen extremen Reiz. Sie müssen 50 bis 150 Meter am Gummiseil befestigt in die Tiefe rauschen, um sich körpereigene Drogen zu machen. Naja, das hält wenigstens ein paar Tage lang an.

Nachteulen wissen das. Eine durchgemachte Nacht schenkt ein wohlig-glückliches Gefühl. Weil der Körper Endorphine und auch Serotonin mobilisiert. Die Methode »Schlafentzug« nutzen verschiedene Religionen, um übersinnliche Erfahrungen zu machen. Und Schlafentzug wird auch in der Psychiatrie angewandt, um Depressionen zu lindern.

Diskohasen kennen das. Dröhnende Musik, ekstatisches Tanzen – und schon überfluten die körpereigenen Drogen den Geist. Gibt's schon lange bei den Afrikanern oder Indianern: Trommeln und Tanzen bringen in Trance.

superlinks

Alpha-Zustand Seite 84 | Damasio Seite 122 | Denksport Seite 123 | Dolce Vita Seite 128 | Flow Seite 150 | Gehirnmedizin Seite 168 | Glück Seite 178 | Halluzinationen Seite 183 | Interview: Hypnose Seite 186 | Illusionen Seite 192 | Licht Seite 243 | Meditation Seite 252 | Musik Seite 262 | Rauchen Seite 281 | Schlaf Seite 283 | Tagträume Seite 301 | Murmeltechnik Seite 255 | Trance Seite 303

67 Plazeboeffekt – *das Medizinwunder*

Lässt sich der Einfluss des Geistes auf den Körper messen? Ja. Ganz einfach: mit dem Plazeboeffekt. Dieser Scheinbehandlung durch Medikamente, die meist nur aus Zucker oder Mehl bestehen. Der Arzt gibt eine Zuckerpille gegen Rückenschmerzen – und der Mensch wird gesund. Das heißt aber nicht, dass es sich um einen eingebildeten Kranken handelt. Oder vielleicht doch. Aus dem eingebildeten Kranken wird jedenfalls ein eingebildeter Gesunder. Die Schmerzen waren da. Aber er hat sie sich weggebildet. Auch den hohen Blutdruck kriegt man mit solchen Wegbildungsmaßnahmen namens Plazebo runter. Ganz einfach, weil der Mensch an die Wirkung der Pille glaubt. Er glaubt nicht an die Kraft seiner Gedanken, aber an die Pille, die ihm der Arzt verordnet. Wie auch sonst. Ein Arzt, der seinem Patienten erzählt, er solle per Gedanken den Schmerz vertreiben, der hätte ja gleich den Ruf eines esoterischen Scharlatans weg.

In unzähligen Studien wurden Plazebos in den letzten Jahren im Vergleich mit Schmerzmitteln, Antidepressiva oder Blutdrucksenkern getestet. Die Ergebnisse sind verblüffend: Geben die Ärzte 100 Patienten das unechte Medikament, geht es hinterher 50 besser. In Brasilien liegt die Zahl sogar höher, bei 70 Prozent. Dort glaubt man mehr.

Besonders gut wirken Plazebos übrigens gegen Magengeschwüre, Herzkrankheiten, Depressionen. Und gegen Schmerz. Da setzen die falschen Pillen ein uraltes Programm der Natur in Gang: Das Gehirn stellt Hormone, so genannte Opioide, her, die den Schmerz abstellen. Normalerweise werden Opioide nur in Extremsituationen ausgeschüttet. Wenn Frauen eine Geburt erleben. Oder wenn ein Verwundeter um sein Leben rennen muss. Das schafft auch eine kleine Zuckerpille, die den Glauben weckt: Jetzt geht es mir besser.

Eine Plazebogeschichte

Ereignet hat sie sich angeblich in den 1950er Jahren in den USA. Da litt ein Mann namens Wright an einer schweren Krebserkrankung. Verzweifelt, nach Rettung suchend, erfuhr er von einem neuen Medikament, in das die Fachwelt große Hoffnung setzte. Das Mittel war damals noch

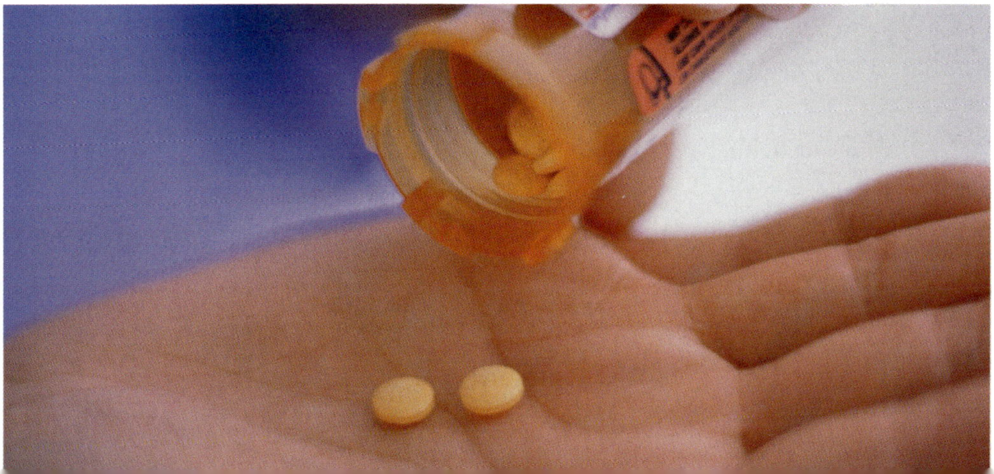

Know-how

Plazeboforschung

- Schwedische Forscher vom Karolinska-Institut in Stockholm untersuchten die Wirksamkeit von Plazebos, indem sie die Gehirnaktivität von Probanden beobachteten. Ergebnis: Plazebos aktivierten wie echte Schmerztabletten den Blutfluss im Hirnstamm und im so genannten Anterior-Cingulate-Cortex, einer der wichtigsten Schaltzellen im Gehirn. Die Gefühle auslöst. Das positive Gefühl: Jetzt geht es mir besser.
- Eine Studie der University of Southampton, England, belegt, dass der Plazeboeffekt wesentlich vom Arztgespräch abhängt. 64 Prozent der Patienten, die Plazebos verabreicht bekamen, fühlten sich besser, wenn der Arzt ankündigte: »In ein paar Tagen fühlen Sie sich besser.« Sagte der Arzt dagegen: »Ich weiß nicht, was Ihnen fehlt«, fühlten sich nur 39 Prozent wohler.

nicht auf dem Markt, es wurde im Labor erforscht. Also bat Mr. Wright seinen Arzt, er möge ihm die Wunderpille besorgen. Was der auch tat. Prompt ging es dem Patienten von Tag zu Tag besser. Nach kurzer Zeit verschwanden seine Tumoren, und er galt als geheilt. Allerdings nur so lange, bis die Zeitungen meldeten, das angebliche Supermedikament sei ein totaler Flop. Völlig wirkungslos. Da erlitt der Patient plötzlich einen schweren Rückfall. Er wurde wieder krank. Ende der Geschichte? Von wegen. Der Patient wurde ein zweites Mal therapiert. Wieder durch ein Wundermittel. Eines, das ganz bestimmt helfen würde, versprach der behandelnde Arzt. In Wirklichkeit injizierte er dem Patienten Kochsalzlösung. Wieder eine wirkungslose Substanz, wenn auch diesmal bewusst verabreicht. Hauptsache, der Patient fiel wieder darauf rein. Tatsächlich überwand er seine Krankheit ein zweites Mal. Bis er den neuen Schwindel aufdeckte und wenige Tage später verstarb.

Wie wirken Plazebos?

Beim Patienten entsteht die Erwartung: Oh, das tut mir jetzt bestimmt gut. Der Schmerz geht weg. Und das Gehirn reagiert darauf. Im limbischen System, wo das Denken und Fühlen sitzt, findet man auch die Verbindung zum körpereigenen Opiatsystem, das Endorphine herstellt. Seelisches Empfinden wird hier in Biochemie umgesetzt. Das heißt: Sie stellen sich vor, die Tablette hilft. Und dann produziert der Körper wirklich Endorphine, die die Schmerzen lindern. Und um das zu beweisen, haben Forscher Versuchspersonen gleichzeitig Nalaxon gegeben. Dieser Stoff blockiert die körpereigenen Opiate. Das heißt, dann wirkt das Plazebo nicht.

Nicht nur das Endorphinsystem können Plazebos beeinflussen, sondern auch das Dopaminsystem. Das heißt, ein Plazebo wirkt auch bei Parkinson, wo der Dopaminhaushalt gestört ist. Übrigens: Größere Pillen wirken besser als kleinere, Kapseln besser als Tabletten. Noch bessere Effekte erzielt der Arzt mit Spritzen oder Pflastern. Und weißgrüne Präparate wirken besonders schmerzlindernd.

Noch ist das so. Leider. Aber irgendwann funktioniert der Glaube an die Selbstheilungskräfte vielleicht auch ohne Spritzen und Pillen.

superlinks

Biofeedback Seite 110 | Body-Mind-Medizin Seite 111 | Glaube Seite 176 | Interview: Hypnose Seite 186 | Trance Seite 303

68 Rauchen
macht konzentriert und dumm

Ich habe mich immer gefragt: Warum brennt bei einem Journalisten eine Zigarette im Aschenbecher und eine im Mund? Der schreibt gescheite Sachen, hat aber die andere Zigarette schon vergessen. Passt doch nicht. Gucken wir mal in sein Gehirn: Dort hat er den Botenstoff der Denker, Acetylcholin. Das sorgt für gute Konzentration und macht das Hirn fähig, etwas zu lernen. Wahrscheinlich hat er nicht viel Acetylcholin, weil er im Stress ist und nicht gesund isst. Zu wenig Fisch, zu wenig Leber, zu wenig Eier, zu wenig Milchprodukte, zu wenig Weizenkeime. Also er hat zu wenig Acetylcholin. Darum braucht er die Zigarette. Nikotin potenziert die Wirkung von Acetylcholin. Es stimuliert, regt geistig an, fördert die Konzentration. Und der Journalist ist eben dermaßen konzentriert auf seine Arbeit, dass er die zweite Zigarette glatt vergisst.

Ein bisschen IQ geht auch drauf

Leider killt Rauchen auch das Gedächtnis (siehe Kasten Seite 282). Macht dem Journalisten nix, weil er ja alles schon aufgeschrieben hat. Hauptsache, Rauchen beschleunigt das Denken. Muss es, weil es ja auch das Leben verkürzt. Und wer will schon dumm sterben. Und durchs Rauchen

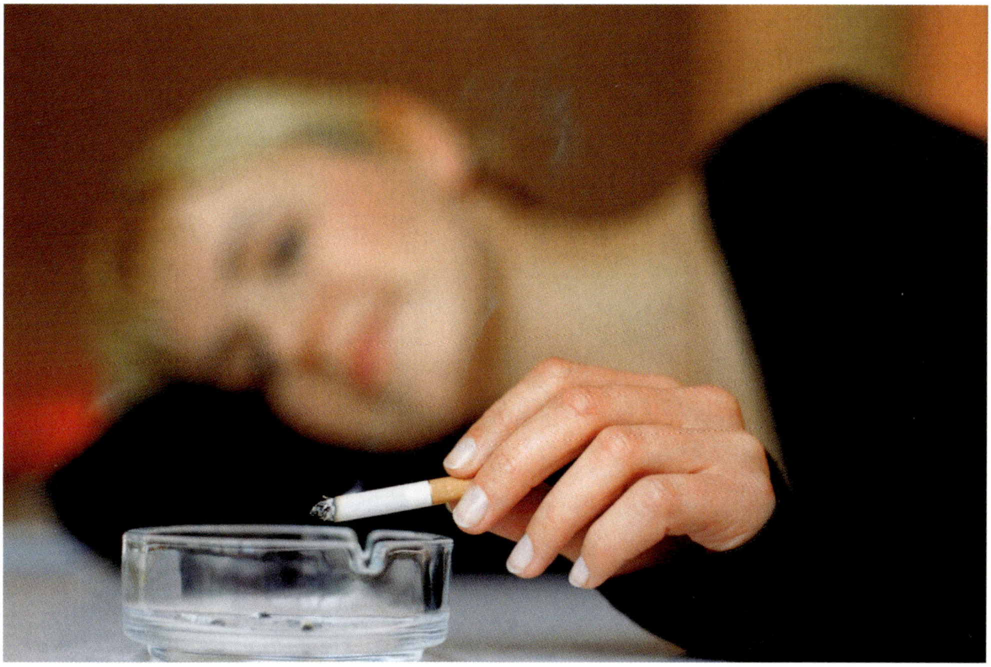

Know-how

Rauchen macht vergesslich

Kürzlich habe ich folgende Studie in RP-Online entdeckt: Rauchen schadet dem Gedächtnis; vor allem Langzeitgedächtnis und Alltagserinnerungen leiden unter hohen Nikotindosen. Das fanden britische Forscher der Northumbria-Universität in Newcastle-upon-Tyne heraus. Sie befragten 763 Raucher und Nichtraucher nach den kleinen typischen Alltagsgedächtnislücken (wie oft vergessen Sie denn, wo was liegt?) und testeten das Langzeitgedächtnis (wie oft erzählen Sie einen Witz, den Sie der gleichen Person schon mal erzählt haben?). Das Ergebnis: Nichtraucher schnitten besser ab als Raucher. Und je mehr die Raucher rauchten, desto schlechter das Gedächtnis. Warum? Wissen die Forscher leider nicht so genau. Sie vermuten, dass Nikotin im Blut die Gedächtnisleistung runterdimmt, weil es psychischen und körperlichen Stress auslöst.

selbst verliert man auch nur ein Prozent des IQ. Das jedenfalls fanden britische Forscher heraus. Sie untersuchten, wie sich die Denkfähigkeit von 465 Menschen im Lauf ihres Lebens verändert (New Scientist 2477, 2004, 16). Für rauchende Journalisten: Bei einem IQ von 100 entspricht das einem Punkt.

Qualm stört beim Denken

Wenn Sie rauchen, dann tun Sie es möglichst allein. Vor allem nicht, wenn Ihre Kinder gerade die Hausaufgaben machen. So beeinflussen Sie nämlich die Ergebnisse der Pisa-Studie. US-Forscher vom Kinderkrankenhaus Cincinnati fanden heraus: Passivrauchen vermindert die Lese- und Rechenfähigkeiten bei Kindern, und das logische Denkvermögen leidet. Das fand die Medizinercrew von Kimberly Yolten in einer Studie an über 4000 Probanden zwischen 6 und 16 Jahren heraus.

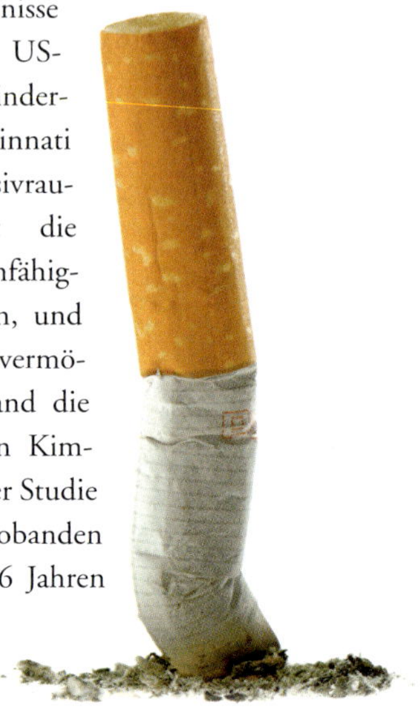

Die Forscher bestimmten den Cotininspiegel im Blut. Cotinin entsteht beim Abbau von Nikotin und kann in Blut, Urin, Speichel und Haaren nachgewiesen werden. Sie stellten fest: Stieg der Cotininspiegel im Blut an, fielen die kognitiven Leistungen ab.

Rauchen macht Alzheimer?

2004 stand im »Medical News Today«: Nikotin ist gut gegen Alzheimer, Parkinson und Hyperaktivität. Fanden Forscher der Universität Chicago heraus. Dann konnte man aber 2005 in der Fachzeitschrift »PNAS« über die Mäusestudien kalifornischer Forscher lesen: Nikotin macht zwar keine Alzheimer-Plaques, fördert aber die schädlichen Ablagerungen im Inneren der Zelle. Suchen Sie es sich aus …

superlinks

Acetylcholin Seite 83 | Denksport Seite 123 | Marathon Seite 251 | Opium Seite 276 | Visualisieren Seite 308

69 Die Mütze voll Schlaf macht klug

Wissen Sie, was ich als Bub immer gemacht habe? Ich habe, statt noch eine Stunde zu lernen, das Physikbuch unters Kopfkissen gelegt. Damals las ich weder »Neuro« noch »Ärzte-Zeitung«. Wusste nicht, dass die intelligenteste Form des Lernens darin besteht, den Kopf aufs Kissen zu legen. Aber ich habe es wohl geahnt. Heute weiß man: Wer nicht genug schläft, kann nicht gut lernen. Denn Einsteins Formel $e = mc^2$ prägt sich fürs Leben nur dann in Gehirnwindungen ein, wenn man schläft. Während wir schlafen, speichert unser Gedächtnis das, was wir tagsüber büffeln. Gedächtnis braucht Tiefschlaf. Unbewusste Vorgänge wie Bewegungsabläufe lernen wir, während wir träumen. Je mehr Tiefschlaf, desto besser das Gedächtnis, fanden Kieler Forscher in einer Studie mit Schizophreniepatienten heraus, die unter Schlafstörungen leiden. Aber auch für Gesunde gilt: 25 Minuten Tiefschlaf pro Schlafphase optimieren die Lernleistung.

Know-how

Schlafintelligenz

Gebildete Frauen schlafen besser. Für den Männerschlaf ist Intelligenz eher hinderlich. Das sagen Forscher aus Taiwan, nach einer Schlafstudie mit über 40 000 Menschen. Fakt ist: Frauen klagen doppelt so häufig über Schlafstörungen wie Männer. Bestimmt nicht, weil sie dümmer sind …

Schlafpillen für Denker?

Natürlich denkt die Pharmawelt nun auch an eine Pille. Eine, die den Tiefschlaf fördert – und so den Geist schärft. Diese Pille brauche ich nicht. Sie auch nicht. Sie können mit der Methode von Seite 255ff. Tiefschlaf machen. Immer und überall. Oder mit den fünf Schlafgeboten einfach so genug vom Honig der Nacht tanken:

- ***Du sollst dich bewegen.*** Viele Studien zeigen: Regelmäßiges Training vertreibt Schlafstörungen. Besser als jede Pille. Kurz vorm Schlafengehen sollte man aber keinen Sport treiben. Weil Sporthormone erst mal wach machen.
- ***Du sollst immer zur gleichen Zeit*** ins Bett gehen und aufstehen. Regelmäßige Schlaf-Wach-Rhythmen beugen Schlafstörungen vor.
- ***Du sollst dich beruhigen.*** Weder das Stresshormon Adrenalin noch die Sorgen des Tages mit ins Bett nehmen. Der eine kommt runter mit einem Entspannungsbad, der andere mit einem kleinen Nachtspaziergang, der dritte mit einer schönen Tasse Baldriantee.
- ***Du sollst keinen Alkohol trinken.*** Besonders Alkohol, aber auch Nikotin und Koffein rauben Tiefschlaf.
- ***Du sollst deinen Nächsten lieben.*** Sex lockt einen wunderbaren Hormoncocktail, der selig schlummern lässt.

superlinks

Aminosäuren Seite 90 | Licht Seite 243 | Murmeltechnik Seite 255 | Opium Seite 276

70 Schmerz *kann man brechen*

albert Schweitzer hat mal gesagt: »Der Schmerz herrscht über die Menschen schrecklicher als selbst der Tod.« Denn Schmerz ist wie alle Sinneswahrnehmungen eng verquickt mit unseren Gefühlen. Diesen Satz müssten Sie mal einem Fakir zeigen. Der würde wissend lächeln.

Ein Beispiel: Sie langen auf die heiße Herdplatte, Schmerzfühler leiten im Bruchteil einer Sekunde elektrische Impulse über das Rückenmark ins Gehirn. Das aktiviert eine Gruppe verschiedener Nervenzellen in unterschiedlichen Hirnregionen. Diese schicken ihre Botenstoffe aus. Das Gehirn verstrickt den Nervenimpuls »schmerzhaft heiß« mit unseren Emotionen, Erfahrungen, Denkweisen. Und so ist jeder Schmerz eine individuelle Wahrnehmung: erträglich, quälend, folternd. Der eine hält sofort den Finger unters kalte Wasser. Denkt: Nicht so schlimm. Und es bildet sich nicht mal eine Blase. Der andere reagiert genauso, mit Wasser, aber panischen, negativen Gedanken: »Hilfe! Das überlebe ich nicht. Immer muss mir so was passieren.« Die Blase wächst, wird zur Wunde – und die entzündet sich.

Schmerz ist anhänglich

Wer fürchtet, Schmerz nie wieder loszuwerden, der behält ihn. Der Schmerz wird chronisch. Schmerz wirkt auf unser Gehirn. Und unser Gehirn auf den Schmerz. So kann Schmerz das Leben eines Menschen regieren. Aber dieser Mensch hat genauso die Macht, den Schmerz zu unterdrücken. Zahlreiche Mechanismen im Gehirn bestimmen, wer die Oberhand hat. Ein Fakir, der auf einem Nagelbett liegt, spürt keinen Schmerz. Er hat ihn mit seinen Gedanken im Griff. Genauso wie einer von diesen Künstlern, die sich vor Publikum die Backe mit einem Nagel durchbohren – ohne dass es blutet. Die haben nicht nur den Schmerz im Griff. Auch ihre Blutgerinnungsfaktoren. Das weiß die Wissenschaft heute: Gefühle und Gedanken können die Biochemie

Know-how

Dem Gedächtnis für Schmerzen auf der Spur

Wissenschaftler der Universität Heidelberg haben entdeckt, dass ein bestimmtes Molekül in den Nervenzellen des Rückenmarks, der so genannte AMPA-Rezeptor, wesentlich zur Entwicklung chronischer Schmerzen beiträgt. Damit hofft man, einen Ansatzpunkt für die Entwicklung von Medikamenten gefunden zu haben, die das Schmerzgedächtnis löschen oder seiner Entwicklung vorbeugen.

unseres Gehirns genauso verändern wie Medikamente – sie sind sogar bessere Schmerzhemmer als jede Pille.

Was hilft gegen den Schmerz?

Ablenkung. Mit Hilfe von bildgebenden Verfahren, wie der funktionellen Magnetresonanztomographie oder der Positronen-Emissionstomographie, fanden Forscher der Universität Oxford heraus, dass die Aktivität schmerzverarbeitender Regionen im Gehirn abnimmt, wenn man die Versuchspersonen ablenkt, sie sich nicht mehr auf den Schmerz konzentrieren. Den Schmerz lässt man einfach nicht ständig in den Kopf! Man trifft sich mit Freunden, geht laufen, ins Theater …

Gefühle. Wunderbare Musik, schöne Bilder, lustige Filme und vor allem angenehme Gerüche sorgen für eine positive Stimmungslage. Die Schmerztoleranz steigt messbar an. Negative Gefühle, Gerüche verstärken dagegen das Schmerzempfinden.

Entspannungstechniken verhelfen nicht nur dazu, den Schmerz zu ignorieren. Das Gehirn lernt auch, auf Schmerz anders zu reagieren. Man hat zwar noch Schmerzen, leidet aber nicht mehr darunter.

Hypnose. Wird einem Patienten unter Hypnose suggeriert, der Schmerz sei sehr unangenehm, dann steigt die Aktivität im singulären Cortex, im limbischen System, dort, wo Gefühle entstehen. Dann tut es besonders weh. Sagt man ihm hingegen in der Hypnose: Tut nicht weh!, dann wird der gleiche Schmerz nicht mehr als quälend empfunden. Nutzt übrigens beispielsweise der gute Zahnarzt.

Ausdauersport: Tägliches Laufen, Walken, Radfahren, Schwimmen … erhöht die Schmerztoleranz. Und man wird umso toleranter, je intensiver man trainiert. Studien zeigen: Sport lindert die Schmerzen sogar langfristig. Nicht nur bei Migräne und Rückenschmerzen, sondern auch bei Patienten mit Fibromyalgie.

superlinks

Biofeedback Seite 110 | Denksport Seite 123 | Gehirnmedizin Seite 168 | Interview: Hypnose Seite 186 | Meditation Seite 252 | Musik Seite 262 | Trance Seite 303

71 Schwermetalle *schaden dem Hirn schwer*

Wenn Sie etwas über Umweltgifte lesen, steht an erster Stelle immer »Schwermetalle«. Kennen Sie vielleicht noch aus der Schule vom chemischen Periodensystem – sie stehen auf der rechten Seite. Einige sind pures Gift für den Kopf. Machen dumm. Vor allem Quecksilber, Aluminium, Kadmium und Blei. Aus dem Klärschlamm, aus der industriellen Produktion, aus den Abgasen dringen sie in den Boden, in die Pflanze, in das Tier, in Ihren Kopf.

Können Sie vermeiden. Nicht immer. Dann nicht, wenn die Feinstaubwerte in der Stadt die Grenzen überschreiten. Sie können schließlich nicht einfach an noch mehr als 35 Tagen die Luft anhalten. Dann müssen Sie was anderes tun: sich mit Entgiftern wappnen.

Quecksilber

»Dumm wie ein Hutmacher«? Der Spruch kommt daher, dass früher die Filzhüte mit Quecksilber imprägniert wurden. Ein arges Gift fürs Gehirn. Die Blut-Hirn-Schranke ist auch noch sehr gut durchlässig für die kleinen Quecksilberteilchen. Und im fetten Gehirn lagert es sich dann gut ein. Die Folgen: Eine chronische Quecksilbervergiftung zeigt sich durch Müdigkeit, Kopf- und Gliederschmerzen, Zahnfleisch- und Mundschleimhautentzündungen, dunklen Rand um das Zahnfleisch, Zittern, schwächeres Gedächtnis, Nervenkrankheiten – bis hin zum Tod. Japaner, die viel Fisch aus Industriegebieten aßen, litten an »Erethismus«. Zeigt sich mit emotionaler Labilität, Schüchternheit, Reizbarkeit, Schlafstörungen, Konzentrationsschwäche, Sprechstörungen, Zittern, Nervenerkrankungen.

Und so kann man sich schützen: Zwar nehmen Fische Schwermetalle auf, aber der meiste Fisch wird entfernt von den Küsten gefangen, ist also kaum belastet. Fragen Sie Ihren Fischhändler, wo sein Fisch herkommt. Bio ist immer besser. Wildpilze nur selten essen. Amalgamplomben (enthalten Quecksilber) entfernen lassen – aber nur, wenn der Zahnarzt gleichzeitig die Gifte ausleitet.

Aluminium

Aluminium ist überall. In der Dose und im Deo. Aluminium sprühen Sie sich morgens unter die Achseln. Warum nur? Im Körper zerstört es Nervenzellen, auch im Gehirn. Und es reichert sich an. Mit der Zeit kommt es zur Aluminiumvergiftung. Die zeigt sich mit Gefühlsverlust, Sprachstörungen, Senilität, Orientierungslosigkeit, Gedächtnisstörungen, Zuckungen und Krämpfen. Inwieweit Aluminium eine Rolle bei Alzheimer spielt, diskutieren die Mediziner. Ich lasse sie diskutieren – und bin lieber vorsichtig. Denn »Aluminium«, sagt auch Alzheimer-Forscher Konrad Beyreuther, Wissenschaftler von Weltruf (siehe Seite 136ff.), »ist ein Faktor, der die Krankheit beschleunigen könnte. Und überraschenderweise essen die Menschen mehr Aluminium, als sie glauben. Aluminium ist als Farbstoff (E173) im Einsatz.« Als Transporteur ins Gehirn braucht Aluminium Zitronensäure; die steckt im Dosengetränk, das Kinder so lieben – und das Alumi-

Karte. Auf die Rückseite schreiben Sie die deutsche Übersetzung (»Zug«). Fertig? Dann beginnen Sie, sich mit den Karten selbst abzufragen. Vokabeln, die Sie noch nicht können, legen Sie im ersten Fach ab. Mussten Sie lange nachdenken oder gar raten, um auf die Übersetzung zu kommen, dann die Karte im zweiten Fach ablegen. Die Antwort kommt wie aus der Pistole geschossen? Dann kommt die Karte ins dritte Fach.

Gehen Sie regelmäßig alle drei Fächer noch einmal durch, bis alle Karten im zweiten und schließlich im dritten Fach liegen.

Tipp: Notieren Sie unter die Vokabeln auf den Karten jeweils einen Satz, in dem die Vokabel vorkommt. Also zum Beispiel: »Mr. Miller was leaving the train at 12 o'clock.« So schaffen Sie einen Zusammenhang. Und das erleichtert die Verknüpfung im Gehirn.

Die Fantasiemethode

Diese Methode kramen Sie am besten aus dem Hinterkopf hervor, wenn Sie Vokabeln lernen müssen, die sich so gar nicht in Ihrem Kopf festsetzen wollen. Wörter, die Ihnen so fremd sind, dass sie sich nirgendwo mit vorhandenem Wissen verknüpfen lassen. Dann müssen Sie die Verknüpfung selbst herstellen. Mit Ihrer Fantasie. Das funktioniert ähnlich wie das Namenmerken (siehe Seite 270f.). Zum Beispiel: Das englische Wort »sobering« bedeutet auf Deutsch »ernüchternd«. Das können Sie sich folgendermaßen merken: Stellen Sie sich vor, Sie besitzen einen Hering, den Sie nach einer feuchtfröhlichen Nacht – um sich zu ernüchtern – in einen Zooteich lassen. Und so aus ihm einen Zoohering machen. Das französische Wort »rêve« für »Traum« merken Sie sich, indem Sie sich eine Traumhochzeit vorstellen, die in der nüchternen Halle eines Rewe-Markts stattfindet. Sie können

Know-how

Learning by Living

Es ist kein Geheimnis, dass man Sprachen am besten dort lernt, wo sie gesprochen werden. Und so heißt der Tipp ganz klar: Verreisen Sie. Aber machen Sie's richtig. Kleben Sie nicht den ganzen Tag einem Deutsch sprechenden Fremdenführer an den Fersen. Füllen Sie Ihren Aufenthalt nicht mit dem üblichen Touristenprogramm. Sondern: Stürzen Sie sich ins pralle Leben.

- Gehen Sie shoppen. Was nicht bedeutet, dass Sie einkaufen und viel Geld ausgeben müssen. Shoppen heißt: sich beraten lassen. Mit Leuten ins Gespräch kommen, die gern mit Ihnen reden – sie wollen ja schließlich was verkaufen.
- Besuchen Sie einen großen Markt. Die vielen Stände mit der ausgebreiteten Ware und den Preisschildern sind Vokabelhefte, die sich mit allen Sinnen einprägen lassen.
- Versuchen Sie, mit Leuten auf der Straße ins Gespräch zu kommen. Stellen Sie sich ruhig ein wenig dumm. Fragen Sie nach dem Weg zur nächsten Bank, lassen Sie sich ein Restaurant oder Café empfehlen.
- Nutzen Sie die Medienangebote des Landes, das Sie bereisen. Lassen Sie sich auf langen Autofahrten mit dem Programm des lokalen Radiosenders berieseln. Gucken Sie im Hotelfernseher nicht die internationalen oder deutschen Kanäle. Entscheiden Sie sich für Nachrichten, Koch- oder Sportsendungen in der jeweiligen Landessprache.

sich nicht merken, dass italienisch »giallo« auf Deutsch »gelb« bedeutet? Dann stellen Sie sich eine Banane mit Armen und Beinen vor, die »hallo, hallo« schreit.

Die Post-it-Methode

Nehmen Sie sich einen Stift und einen Post-it-Block zur Hand und beschriften Sie wichtige Gegenstände in Ihrer Wohnung mit den Wörtern in der Sprache, die Sie lernen wollen. Nachteil: Sie lernen viele konkrete Begriffe wie »Bett«, »Stuhl« oder »Tisch«, aber keine abstrakten wie »Sehnsucht« oder »Hunger«. Vorteil: Sie lernen die Wörter völlig mühelos, weil Sie an den Gegenständen x-mal vorbeigehen und die Begriffe mit einem konkreten Bild verknüpfen können.

Die Schliemann-Methode

Diese Methode scheint auf den ersten Blick ziemlich mühsam zu sein, aber sie funktioniert. Erfunden hat sie jemand, der keine Mühen scheute: der Archäologe Heinrich Schliemann (1822–1890). Der Mann, der sein ganzes Leben dem ehrgeizigen Ziel widmete, Troja auszugraben. Um seinen Traum zu finanzieren, machte er gute Geschäfte als Kaufmann. Er hatte viel Geld, aber wenig Zeit. Wie schaffte er es dann, ganz nebenbei noch 20 Fremdsprachen zu lernen? Ganz einfach: Für jede Sprache, die er lernen wollte, nahm er sich ein Buch vor und übersetzte es von der ersten bis zur letzten Seite. So lernte er nicht nur Vokabeln, sondern Grammatik und Redewendungen. Anschließend lernte er das Original auswendig. Auf diese Weise eignete er sich seinen Sprachschatz in nur zehn Jahren an.

Natürlich braucht man für diese Power-learning-Methode – wie Schliemann – sehr viel Disziplin und einen eisernen Willen. Wer keine antiken Metropolen aus dem Sand buddeln will und sich mit zwei oder drei Fremdsprachen begnügt, für den reicht auch die Lightversion der Schliemann-Methode.

Und die geht so: Besorgen Sie sich eine leicht geschriebene Boulevardzeitung in der Sprache, die Sie lernen wollen. Beliebte Comics oder Kinderbücher sind auch gut. So was wie »Puh, der Bär« oder »Der kleine Nick« im Original. Die arbeiten Sie so lange durch, bis Sie den Text komplett verstanden haben. Sie werden sehen, das motiviert. Wichtig: einige Wochen liegen lassen und dann noch einmal lesen.

Tipp für Fortgeschrittene: die DVD-Methode. Kaufen Sie sich einige DVDs. Französische Filme, wenn Sie Französisch lernen wollen, englische, wenn Sie Englisch lernen wollen etc. Achten Sie darauf, dass die Filme nicht zu lange dauern. Am besten sind Folgen einer Serie oder Sitcoms. Auch wichtig: Die Dialoge sollten nicht zu kompliziert sein und die Schauspieler keinen Dialekt sprechen. Nun in den Player einlegen und den Film auf Deutsch so oft angucken, bis Sie die Dialoge kennen. Dann den Film im Original laufen lassen. Sie haben etwas nicht verstanden? Dann einfach die Szene noch einmal auf Deutsch anschauen.

superlinks

Divergentes Denken Seite 126 | Gedächtnispille Seite 166 | Kreativität Seite 222 | Lernen Seite 238 | Licht Seite 243 | Liste Seite 247

74 Stress weg – *Denkleistung hoch*

Mittlerweile kennen Sie das schnelle Hormon Adrenalin – bleibt in den Nieren, wenn Sie auuuuusatmen. Aber es gibt noch ein langsames Stresshormon: Kortisol. Kortisol ist das Hormon, das Sie umbringt. Kortisol steigt unter Druck im Lauf von Tagen, Wochen, Monaten an.

Nehmen Sie das Abitur. Ein halbes Jahr vor dem Abitur fange ich bei meinen jungen Patienten das Messen an, alle vier Wochen. Ich sehe, wie das Kortisol nach oben steigt. Und wenn der Wert zu hoch ansteigt, werden die eine Woche vor dem Abitur krank, und im Abitur können sie nicht mehr denken.

Kortisol macht katabol

Katabol. Können Sie damit etwas anfangen? Katabol ist das Gegenteil von anabol. Anabol heißt aufbauend. Katabol heißt abbauend. Das heißt, es baut Eiweiß ab. Darum kriegen Sie, wenn Sie viele Kortisontabletten schlucken, brüchige Knochen und schrumpfen. Und Sie zerstören Ihr Immunsystem. Deswegen schluckt man ja das Kortison, um beispielsweise die körpereigene Abwehrreaktion nach der Implantation eines Herzens zu unterdrücken. Und deswegen ist Kortison so gefährlich.

Nur – dieses Hormon produzieren Sie im eigenen Körper. In der Regel in Überdosen. Ich messe das. Etwa bei 200 liegen Sie alle. 200, 220 – und 250 ist die Schallmauer: Sie werden katabol, das heißt, Sie bauen auch Ihr Immunsystem ab, und dann werden Sie krank. Wissen Sie doch: Stress macht krank.

Die Lachse sterben

Um Ihnen das noch ein bisschen einzuhämmern, was Sie jeden Tag für ein Spiel mit Ihrem Körper spielen: Genau so sterben Lachse. Die Lachse

wandern dorthin zurück, wo sie geboren wurden. Da müssen sie die Stromschnellen hoch, laichen und … in der nächsten Woche ist jeder einzelne Lachs tot. Jeder. Die sterben schlagartig auf dem Höhepunkt ihres Lebens. Direkt nach dem Laichen schwillt bei jedem Lachs die Nebenniere an, produziert mehr Kortisol. Die Lachse zerstören ihr Immunsystem innerhalb von Stunden, Tagen und sind dann Freiwild für jeden Virus, jede Infektion. Jeder Lachs beendet sein Leben direkt nach dem Laichen dank Kortisol.

Und mit diesem Hormon spielen Sie rum. Unbewusst, ruinieren Ihre Gesundheit und blockieren Ihr Denken. Nennen Sie dann Blackout im Abitur, beim gespannt erwarteten Vorstellungsgespräch …

Kortisol ist der Grund, warum Sie nicht souverän wirken unter Stressbelastung. Sieht man Ihnen an. Hätten Sie ein tiefes Kortisol, wären Sie der, der immer so gelassen, ausgeglichen wirkt, selbst bei hoher Arbeitsbelastung.

Ab Seite 255 (»Tiefschlaf«) lernen Sie eine Methode kennen, wie man Kortisol aktiv absenken kann – die wirksamste, schnellste Methode: die Murmeltechnik; damit kriegen Sie Kortisol runter. Die bauen Sie jeden Tag in Ihr Leben ein und sind ein völlig anderer Mensch. Souverän.

Murmelnd kommt man unter 2:20

Es kam mal ein Hobbysportler zu mir. Der lief 2 Stunden 23 Minuten beim Marathon. Das ist sehr gut, besser als ich. Alles, was besser ist als ich, ist sehr gut. Dessen ganzer Lebenstraum war, unter 2:20 zu kommen. Er trainierte und trainierte und kam nicht unter 2:20.

Der letzte Ausweg war das mit dem Kortisol. Also Stressfreiheit, innere Gelassenheit. Er senkte den Kortisolspiegel von 180 (üblich) auf 40 (exzellent). 14 Tage später lief er 2:17. Diese sechs

Minuten von 2:23 auf 2:17 können Sie nicht trainieren. Sie können ein paar Sekunden trainieren, aber keine sechs Minuten. Das weiß der auch.

Die letzte Blockade

Meist ist ein tiefes Kortisol, also das gelebte Wissen in Souveränität, Angstfreiheit, die letzte Blockade, die fällt, und dann lebt man seinen Lebenstraum. In diesem Beispiel ein Marathon von 2:20. Mehr wollte er nicht auf dieser Welt. Der ist jetzt glücklich. Und Sie? Auch Sie kennen Ihr Potenzial nicht. Haben es – noch – nie gelebt. Ging mir auch so. Ich habe doch nicht gewusst, dass ich als Triathlonanfänger mit der deutschen Bestzeit meiner Altersklasse von Hawaii nach Hause komme. Nur, es steckte drin, schon immer. Sie kennen Ihr Potenzial nicht. Sie sind vielleicht Bundeskanzler, hätten die Fähigkeit, nur – Sie wissen es nicht. Sie lassen es nicht raus. Natürlich weiß ich nicht, wie viele Blockaden Sie haben. Fünf oder eine? Die letzte Blockade könnte das Kortisol sein. Es könnte die Hauptblockade in Ihrem Leben sein, und dann sind Sie jemand, der gehemmt ist, der sein Potenzial nicht ausspielen kann.

Die hormonellen Hauptblockaden in unserem Leben haben zwei Namen: Adrenalin und Kortisol. Befreien Sie sich von diesen Fesseln … Leben Sie!

superlinks

Angst Seite 94 | Denksport Seite 123 | Formel-1-Reflex Seite 153 | Fitnesshäppchen Seite 144 | Interview: Hypnose Seite 186 | Entspannte Konzentration Seite 217 | Meditation Seite 252 | Murmeltechnik Seite 255 | Switchen Seite 296 | Trance Seite 303 | Visualisieren Seite 308 | Zen Seite 317 | Interview: Zen Seite 320

Übung

Formel-1-Reflex plus Murmeln

Ich kenne Ihre Schwierigkeiten bei der Murmeltechnik – nutzen Sie den Formel-1-Reflex als Zusatzhilfe. Sie können nämlich beide Reflexe zusammenfassen. Adrenalin und Kortisol zusammenfassen. Wenn Sie lamon, lamon, lamon murmeln, müssen Sie ja mal ein- und ausschnaufen. Und immer wenn Sie ausatmen, können Sie die Schultern fallen lassen. Sie könnten das »Ausatmen und Schultern fallen lassen« einbauen in das Murmeln. Wenn Sie das tun, machen Sie die merkwürdige Entdeckung, dass Sie, immer wenn Sie »ausatmen«, die Schultern noch tiefer kriegen und noch tiefer. Das hört nie auf. Sie können 200-mal hintereinander die Schultern fallen lassen, Sie kommen immer tiefer. Das ist zwar objektiv schlichter Schwachsinn, aber subjektiv ist das so. Also, jedes Mal, wenn Sie ausatmen, machen Sie »Haaaa« und nehmen die Schultern runter. Und nun sagen Sie »lamon«, verschleifen das Wort also: »lamon, lamon, lamon, lamon, lamon«, wir sehen die Schiefertafel, wir lesen das Wort »lamon, lamon, lamon«, Schultern fallen lassen, »lamon, lamon, lamon ...«. Was passiert da eigentlich, wenn Sie da so vor sich hinmurmeln? Reine Physiologie. Sie fallen in den Alpha-Zustand.

75 Der Switch zum Glück

erinnern Sie sich an die herrlich kitschige US-Serie »Bezaubernde Jeanny«? Jeanny wackelte immer so süß und sexy kurz mit ihrem Kopf, und schon war die ganze Welt so, wie sie sie haben wollte. Jeanny war natürlich ein Dschinn, ein Flaschengeist – wenn auch in überaus reizender Form – und konnte deshalb mit einem einfachen Kopfnicken alles herbeizaubern, was sie sich wünschte.

Klappt das bei Ihnen auch? Einmal kräftig nicken und schwupps, schon sind Ihre Träume wahr? Funktioniert nicht? Keine Sorge. Alles in Ordnung. Das beweist nur, dass Sie kein Dschinn sind, sondern ein Mensch aus Fleisch und Blut. Und wir Menschen können nun mal nicht zaubern. Aber wir können Zauberei lernen. Auch Sie. In ein paar Sekunden können Sie beispielsweise mit der zauberhaften Switch-Technik, wenn Sie diese beherrschen, wirklich Ihr Leben ändern.

Nein, Switchen kommt weder aus dem Kreis der verschwiegenen Magierlogen noch aus der versponnenen Esoecke.

Die Grundlagen der Switch-Technik verdanken wir zwei ehrwürdigen Professoren aus Kalifornien: Richard Bandler (geb. 1950) und John Grinder (geb. 1939). Beide – der eine Student der Mathematik, Informationswissenschaften und Psychologie, der andere ein junger Linguistikprofessor – wollten Anfang der 1970er Jahre das Geheimnis des Erfolgs ergründen: Was ist der entscheidende Unterschied zwischen jemandem, der nur kompetent ist, und jemandem, der überdurchschnittliche Ergebnisse erzielt? Bandler und Grinder untersuchten Sprache, nonverbales Verhalten, also die Körpersprache, und mentale Prozesse. Das, was Menschen so den ganzen Tag über denken und empfinden. Dabei entdeckten sie bei den Erfolgreichen und Selbstbewussten immer wieder die gleichen, spezifischen Muster.

Diese Muster sind so eindeutig, dass man sie sogar in verschiedene Formeln fassen und anderen beibringen kann.

NLP oder sich selbst neu programmieren

Aus diesen Studien entwickelte sich ein neuer Zweig der modernen Psychologie. Das Neurolinguistische Programmieren, kurz NLP genannt. Alle Forschungen und Techniken im NLP basieren auf der Erkenntnis, dass unser Unterbewusstsein auf emotionale Bilder reagiert. Auf all die Gedanken und Gefühle, die wir den ganzen Tag produzieren. Und weil die meist Grau in Grau sind, ist auch unser Leben Grau in Grau. Denn unsere inneren Bilder haben die Tendenz, Wirklichkeit zu werden.

Wir sprechen so, wie wir uns fühlen, wir bewegen uns so, wie wir uns fühlen. Wir ziehen so automatisch Menschen und Situationen an, die genau unseren eigenen Vorstellungen, unserer inneren Einstellung entsprechen. Wir sind so, wie wir glauben, dass wir sind.

Mit verschiedenen NLP-Techniken kann man lernen, seine negativen inneren Selbstbilder und Denkprozesse, blockierende Körperhaltungen und Gesten und unbewussten negativen Sprachmuster zu erkennen und durch neue, positivere zu ersetzen. Man kann lernen, zu demjenigen Menschen zu werden, der man eigentlich sein möchte.

Wer mit Hilfe eines NLP-Trainers zu einem besseren Menschen werden möchte, findet qualifizierte Therapeuten im Internet unter www.dvnlp.de.

Switch-Kurs für Einsteiger

Hier ein paar Ideen, wie Switch-Diashows aussehen können. Lassen Sie sich davon inspirieren und stellen Sie Ihre eigenen Visionen zusammen.

Die drei goldenen Regeln

- Wichtig ist, dass Ihre Bilder sehr klar und emotional intensiv, trotzdem aber einfach und kurz sind. Die alten Vorstellungen sollten der Realität entsprechen, also möglichst aktuelle Erinnerungen an die missliche Lebenssituation sein.
- Die neuen Bilder, in denen Sie sich den gewünschten Zustand ausmalen, müssen so wirklichkeitsnah gestaltet sein, dass Ihr Unterbewusstsein sie auch annimmt. Also bei Ihnen zu Hause oder an Orten, die Sie gut kennen, stattfinden. Gut ist auch, wenn Sie darin Menschen, die Ihnen nahe stehen, auftauchen lassen.
- Vor dem eigentlichen Üben, dem Switchen, müssen beide Kurzfilme absolut verlässlich in Ihrem Gedächtnis gespeichert sein, also auf Knopfdruck immer wieder sofort abrufbar sein und immer wieder gleich im Kopfkino ablaufen können.

Den blauen Dunst wegswitchen

Das Alte: Sehen Sie sich als Raucher, wie unwohl Sie sich fühlen, wenn Sie sich schon wieder eine anzünden müssen. Oder wie unappetitlich der volle Aschenbecher aussieht, wie hässlich die stinkenden Nikotinschwaden Ihre Gardinen und die Wände giftgelb verfärben. Oder spüren Sie Ihre Atemnot, den quälenden Raucherhusten. Angucken und – schwupps! – im Horizont versenken.

Das Neue: Spüren Sie intensiv, wie herrlich es ist, endlich frei zu sein, tief durchatmen zu kön-

Übung

Mit einem Switch wird alles besser

Switchen ist eine der bekanntesten NLP-Techniken, die man einmal lernen muss und dann immer wieder anwenden kann.
So funktioniert's:

Vorbereitung

1. Stellen Sie sich die Situation, in der Sie gerade sind, die Situation, die Sie verändern wollen, ganz plastisch vor und speichern Sie dieses Bild in Ihrem Gedächtnis gut ab.
2. Entwerfen Sie jetzt ein neues Bild in Ihrer Vorstellung, das zeigt, wie Sie sein möchten, wie Sie sich fühlen, wenn Sie all das erreicht haben, was Sie sich erträumen. Stellen Sie sich lebhaft vor, Sie wären bereits der Mensch, der Sie werden wollen. Hören Sie, spüren Sie, riechen Sie, schmecken Sie, tasten Sie und sehen Sie, wie herrlich es ist, so zu sein, wie Sie es immer wollten. Genießen Sie dieses Gefühl in vollen Zügen und mit allen Sinnen. Und speichern Sie dann auch dieses lebendige, freudvolle und bewegte Bild in Ihrem Gedächtnis mehrfach ab.

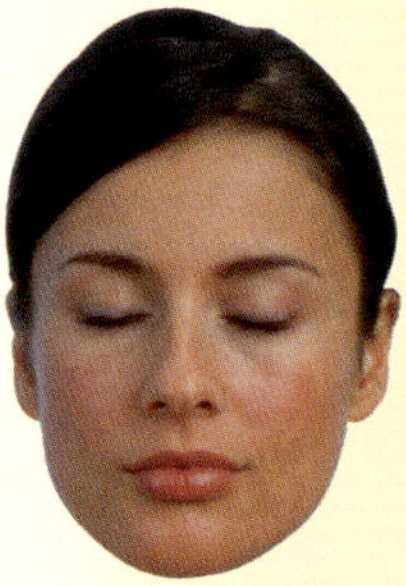

Die Switch-Übung

1. Holen Sie die erste Vorstellung, die düstere Momentaufnahme Ihrer Situation vor Ihr inneres Auge. Kurz ansehen und dann dieses Bild schnell kleiner und kleiner, einen winzigen Punkt am Horizont werden, ganz verschwinden lassen. Ist Ihnen aufgefallen, dass unerwünscht bei Ihnen fast immer heißt: grau – stumm – klein? Stimmt fast immer. Betonen Sie das ruhig.
2. Gleichzeitig, wenn die aktuelle Vision verschwindet, lassen Sie im Bruchteil einer Sekunde am Horizont das Bild, in dem Sie so sind, wie Sie wirklich sein wollen, auftauchen und sich vergrößern, bis es Ihren gesamten Blickwinkel erfüllt. Dieses Bild ist grandios, wundervoll, strahlend vor Energie. Es beglückt Sie, es mit allen Sinnen auszukosten. Sie haben gar keine Vorstellung von grandios? Lassen Sie sich helfen: Das gewünschte Bild ist GROSS – LAUT – BUNT ... Bei »laut« kann das etwa Beifallrauschen sein.
3. Beginnen Sie wieder mit Punkt 1.

Die Switch-Technik

- Wiederholen Sie diesen Austausch bei jeder Übung unbedingt siebenmal. Der Switch, der Wechsel zwischen negativem und positivem Bild, muss so schnell wie ein Fingerschnipsen geschehen.
- Die gesamte Diashow sollte vor Ihrem inneren Auge in wenigen Sekunden ablaufen und immer mit dem farbenfrohen, positiven Wunschbild enden.
- Machen Sie die Switch-Übung mindestens zweimal am Tag, am besten kurz nach dem Aufwachen und direkt vor dem Einschlafen.
- Switchen Sie auch immer dann, wenn Sie sich im Alltag dabei ertappen, dass das, was Sie gar nicht mehr wollen, nicht mehr sein möchten, Ihr Denken und Empfinden oder Handeln beeinflusst, wenn Ängste, Sorgen und Zweifel auftauchen.

nen in sauberer, klarer Luft. Oder fühlen Sie, wie weit Ihre Lunge geworden ist, wie grandios Sie alles wieder riechen und schmecken können. Oder schauen Sie in den Spiegel, erkennen Sie, wie klar Ihre Haut, wie strahlend Ihre Augen und wie weiß Ihre Zähne geworden sind. Oder sehen Sie sich in den Situationen, in denen Sie früher unbedingt eine rauchen mussten – nach dem Essen, im Auto, am Schreibtisch, in der Kneipe – und fühlen Sie, wie wunderbar es ist, nun all diese Momente voll und ganz ohne Glimmstängel genießen zu können. Genießen Sie dieses neue Lebensgefühl: Es ist so herrlich, absolut frei zu sein!

Überflüssige Pfunde wegswitchen

Das Alte: Sehen Sie im Spiegel nackt an sich herunter. Ganz genau. Spüren Sie das unangenehme Gewabble der Fettpolster. Oder es geht auf die Waage. Was zeigt der Zeiger? Und wie fühlen Sie sich dabei? Oder ziehen Sie sich an. Fett quillt über den Hosenbund, das XXL-T-Shirt spannt. Es ist schauderhaft. Oder stellen Sie sich eine Situation vor, in der Sie sich besonders unwohl fühlen mit Ihrer Leibesfülle. Zum Beispiel unter anderen Menschen, beim Klamottenkaufen, beim Essen, am Strand, beim Sport, beim Sex. Angucken und – schwupps! – im Horizont versenken.

Das Neue: Sie stehen vor dem Spiegel, strahlen Ihr schlankes Spiegelbild an. Die Haut ist straff, der ganze Körper knackig. Oder Sie hüpfen auf die Waage. Klar, sie zeigt Ihr Idealgewicht an. Oder Sie gehen zum Kleiderschrank und wählen Ihre Garderobe aus. Der alte Schrank ist voll mit neuen Sachen, alle in Ihrer Wunschgröße. Problemlos schlüpfen Sie in die hautenge Hose, die figurbetonte Bluse oder das Shirt – alles sitzt perfekt. Oder gehen Sie leichtfüßig in die Situationen, die Ihnen früher, in Ihrem dicken Leben, so unangenehm waren. Spüren Sie intensiv, wie herrlich es ist, sich jetzt schlank und rank zu präsentieren, fühlen Sie die bewundernden Blicke, hören Sie die Komplimente. Genießen Sie es, wunderschön, fit und beweglich zu sein.

Finanzielle Sorgen wegswitchen

Das Alte: Erleben Sie sich, wie Sie über Kontoauszügen mit dem dicken Minus, dem Haushaltsbuch und einem Stapel unbezahlter Rechnungen brüten. Oder gehen Sie zum Geldautomaten und fragen Sie Ihren Kontostand ab. Scheine spuckt er keine mehr aus, und Ihr Geldbeutel ist gähnend leer. Ein miserables Gefühl. Oder sehen Sie sich, wie Sie die Absage beim letzten Vorstellungsgespräch kassiert haben. Oder an Ihrem ungeliebten und schlecht bezahlten Arbeitsplatz mit den nöligen Kollegen und dem cholerischen Chef. Angucken und – schwupps! – im Horizont versenken.

Das Neue: Blicken Sie auf Ihre Kontoauszüge, lesen Sie die Pluszahlen, spüren Sie, wie befreiend es ist, endlich keine finanziellen Sorgen mehr zu haben. Erzählen Sie Ihrem Partner, Freunden davon. Oder sehen Sie sich in Ihrem Traumjob, erleben Sie, wie befriedigend es ist, endlich Karriere zu machen, angesehen und beliebt in der Firma zu sein und ein ordentliches Gehalt zu bekommen. Oder zücken Sie Ihren prall gefüllten Geldbeutel und kaufen Sie ganz lässig eine sündteure Uhr, ein Auto, einen Urlaub, ein Haus – das, was Sie sich immer schon gewünscht haben. Sie wissen dabei, auf Ihrem Konto ist trotzdem noch mehr als genug. Kosten Sie dieses herrliche Gefühl, endlich so richtig reich zu sein, voll aus.

superlinks

In Bildern denken Seite 109 | Biofeedback Seite 110 | Interview: Hypnose Seite 186 | Entspannte Konzentration Seite 217 | Marathon Seite 251 | Meditation Seite 252 | Stress weg Seite 293 | Murmeltechnik Seite 255 | Negative Gefühle Seite 273 | Trance Seite 303 | Visualisieren Seite 308 | Zen Seite 317 | Interview: Zen Seite 320

76 Synästhesie – *wie Töne riechen*

An kalten, grauen Regentagen, wenn man sich die Welt ein bisschen bunter wünscht, klingt die Vorstellung sehr verlockend: Der monotone Summton des Telefons lässt gelbe, rote und grüne Luftballone aufsteigen. Ein langweiliges Fax verbreitet den Duft von frisch geschnittenen Tulpen. Das Odeur des Kollegen, der nach drei Tagen Joggen ohne Duschen riecht, vermischt sich mit den hübschen Klängen von Chopins Klaviersonate. Das ist die Welt, wie sie Synästhetiker erleben. Menschen, die die seltsame Gabe haben, Bilder zu hören, Töne zu riechen, Klänge zu schmecken oder Gegenstände mit starken Gefühlen zu verbinden. Zu beneiden sind diese Menschen allerdings nicht. Schließlich müssen sie auch mit den unangenehmen Folgen ihrer Fähigkeit leben. Damit, dass die rote Schiebetüre des Supermarkts, an dem sie jeden Tag vorbeigehen müssen, den unangenehmen Geruch von alten Socken mit sich bringt. Oder dass sie Telefonnummern, die sie regelmäßig auf dem Handydisplay lesen müssen, ekelerregend finden.

Rätselhafte Vorgänge im Gehirn

Es gibt mehr Synästhetiker, als man denkt. Experten schätzen, dass einer von 500 Menschen an dieser rätselhaften Wahrnehmungsstörung leidet, für die Wissenschaftler bis heute noch keine schlüssige Erklärung gefunden haben. Die einen halten dieses Phänomen für eine Störung im Wahrnehmungs- und Informationsprozess im Gehirn. Der Psychiater Hinderlik Emrich, Professor an der Medizinischen Hochschule Hannover, bringt Synästhesie mit einer so genannten limbischen Brücke im Gehirn in Verbindung, mit der alle Menschen ihre Wahrnehmungen verknüpfen. Bei Synästhetikern, glaubt Emrich, sei diese Gehirnregion überaktiv. So komme es zu der Vermischung von Sinneseindrücken.

Ein Frettchen sieht mit dem Hörzentrum

Kann aber auch sein, dass in den Köpfen von Synästhetikern die Wahrnehmungsorgane mit den falschen Gehirnregionen verschaltet sind. Diese These vertritt nämlich der britische Neurologe Simon Baron-Cohen. Dass das zumindest theoretisch möglich ist, wurde bereits in einem Tierversuch nachgewiesen. Da hat man bei einem neugeborenen Frettchen die vom Auge kommenden Nerven in das Hörzentrum umgeleitet. Und das Frettchen konnte anschließend mit dem Hörzentrum sehen. Tja, das Gehirn ist ein plastisches Rätsel.

superlinks

Divergentes Denken Seite 126 | Frauen Seite 158 | Halluzinationen Seite 183 | Illusionen Seite 192 | Musik Seite 262 | Nase Seite 272

77 Tagträume – *die Schleusen zur Intuition*

tagträumen – muss ich Ihnen erklären, wie das geht? Nein. Machen Sie sicher ab und zu ganz automatisch. Ich tu's ständig. Zwischen meinen Patienten. Beim Laufen. Beim In-der-Zeitschrift-Blättern. Meine Bilder sind schöner. Der heiße Asphalt nach 72 Kilometern auf Hawaii, das Mohnfeld auf Mallorca … Tagträumen auch Sie, wenn Sie entspannt auf einer Parkbank oder auf einem Gartenstuhl sitzen und die Gedanken fliegen lassen? Sie freilassen. Raus lassen aus dem Kopfkäfig. Wie ein Kind vor sich hinträumen, stundenlang. Bis die Eltern kamen: »Hör auf zu träumen! Hast du schon deine Schulaufgaben gemacht?«

Träumen kann jeder. Fragt sich nur, wie oft Sie das tun. Viele Menschen halten Tagträumen für verschwendete Zeit. Man kann diese Menschen in der U-Bahn beobachten. Kaum haben sie Platz genommen, beginnen sie, hektisch in einem Buch herumzublättern. Oder sie schlagen eine Zeitung auf. Genauso machen sie es im Zug, im Flugzeug, im Wartezimmer. Solche Menschen wissen viel. Aber wann nehmen sie sich Zeit für gute Einfälle?

Der eilige Mensch lässt der Kreativität keine Chance

Kinder verfügen noch über unendlich viel Zeit. Erst wir Erwachsenen fühlen, mitunter schmerzhaft, wie die Zeit verrinnt – und haben es deshalb eilig. Dabei sind doch die Minuten, die wir tagsüber verträumen, ganz nützlich angelegt. Sie entspannen uns und öffnen die Schleusen unserer Intuition. In solche Tagträume schleicht sich oft ein Gedankenblitz ein – mitunter die kreative Lösung eines lange ungelösten Problems. Kein Wunder, im Gehirn sind tagträumenderweise die Botenstoffe der Kreativität aktiv: Dopamin, Acetylcholin, Noradrenalin … Und die holen sich die Menschen, die zwischendurch in Cafés

rumsitzen. Die sich sonntags Zeit nehmen für einen langen Lauf. Die ein Bitte-nicht-stören-Schild an die Bürotür hängen.

Wer wann wie tagträumt

- Der Tiefenpsychologe steigert per Tagtraumtechnik das Selbstbewusstsein seines Klienten. Zum Beispiel, indem man sich in erfolgreichen Situationen vorstellt.
- Der Verhaltenstherapeut lehrt seinen Patienten mit einer Phobie eine Imaginationstechnik. Stellen Sie sich vor, Sie fahren im Aufzug – und es macht Ihnen gar nichts aus.
- Der Spitzensportler tagträumt vom Sieg, bevor es losgeht.
- Meine Frau macht mir einen Parkplatz in der Maximilianstraße in München, wenn wir auf der Nürnberger Autobahn sind.

Die Kraft der Bilder

Sie können die Tagtraumtechnik nutzen, um zu schlafen oder Trägheit zu vertreiben. Mit einer entspannten Situation locken Sie beruhigende Botenstoffe wie körpereigenes Valium und Serotonin: Sie liegen im warmen Sand, hören das Meer rauschen. Oder: Sie stellen sich vor, wie eine Fee Ihnen den Kopf krault. Ich stelle mir immer vor, ich liege in der Hängematte in Hawaii und habe einen Triathlon hinter mir. Schlaf ich noch im Stehen ein. Genauso kann man Müdigkeit vertreiben. Nur mit anderen Bildern. Locken Sie die belebenden Botenstoffe Noradrenalin, Dopamin und Acetylcholin: Ich stelle mich zum Beispiel unter einen kalten Wasserfall. Oder ich stelle mir Simon Rattle vor, wie er die Berliner Symphoniker dirigiert. Hui, da tanzen die Botenstoffe. Oder ich versetze mich in Vitali Klitschko. Muss mit schnellen Bewegungen dem Punch des Gegners ausweichen … Ach, da gibt es viele Bilder, die so richtig schön munter und fröhlich machen. Die genaue Visualisierungstechnik finden Sie übrigens ab Seite 308.

Wie Träume den inneren Arzt wecken

Im »Journal of Oncology« publizierte Dr. Werner Wöppel von der Hufelandklinik Bad Mergentheim 1997 Auszüge aus dem Tagebuch eines 36-jährigen Krebskranken. Er hatte Hautkrebs am Bein. Ein malignes Melanom, einen bösartigen Tumor, der schon Metastasen gebildet hatte. Die Diagnose: unheilbar. Nur: Der Patient gab nicht auf. Er träumte sich gesund. Er schrieb Folgendes: »Wie erklärt man einem Mitmenschen oder Mediziner, dass man geträumt hat, man ist auf dem richtigen Weg – die Röntgenbilder aber noch etwas ganz anderes auszusagen scheinen? Inzwischen haben sich auch die Röntgenbilder meinem seelischen Zustand angepasst.« Der Krebs und die Metastasen verschwanden. Der behandelnde Arzt Dr. Wöppel dazu: »Die Kombination aus seelischer und körperlicher Unterstützung hat wesentlich dazu beigetragen. Es dauerte einfach einige Zeit, bis die körpereigenen Abwehrsysteme des Patienten bereit und in der Lage waren, die Melanomzellen zurückzudrängen bzw. zu inaktivieren.«

Das ist Frohmedizin: Der Arzt hilft dem Menschen, sich selbst zu heilen. Sogar von unheilbarem Krebs.

superlinks

Alpha-Zustand Seite 84 | Interview: Hypnose Seite 186 | Meditation Seite 252 | Musik Seite 262 | Opium Seite 276 | Murmeltechnik Seite 255 | Trance Seite 303 | Visualisieren Seite 308

78 Trance – *wunderbare Heilkraft*

Was ist Trance? Der eine sagt Zustand der Hypnose dazu, der andere nennt es Meditieren. Der eine erfährt es im Lotussitz, der andere im Zahnarztsessel, der dritte auf der Laufstrecke.

Schauen Sie mal ins Leichtathletik.de-Forum, da schreibt Bassmaid: »Ich bin Langstrecklerin. Und ich kenne eine Art von Trance, wenn der Marathon sehr, sehr gut läuft. Wenn man rundum zufrieden ist und die Beine langsam schwer werden. Dann können mich die Schrittgeräusche – dieses ewige Tapptapptapp vieler Füße – richtig in Trance versetzen. Dann vergesse ich alles, bis ich überglücklich im Ziel bin. Wenn der Marathon nicht gut läuft, funktioniert es gar nicht, weil ich dann nur auf meinen Körper und seine Probleme fixiert bin.« Oder Kösi erzählt: »Wenn ich einmal einen guten 800-Meter laufe, spüre ich auf einmal nichts mehr, keine Erschöpfung, gar nichts. Es ist irgendwie wie Fliegen.«

Oder Martin fragt: »Habt ihr schon einmal empfunden, dass euch irgendeine Art Kraft wie ein Gummiband hin zur Ziellinie zieht?«

Trance oder grüne Kraft

So beschreiben Menschen Trance. Als ein sensationelles fehlendes Körpergefühl, Schwerelosigkeit. Diese Menschen beschreiben auch, dass sie diesen wunderbaren Zustand genau dann nicht empfinden, wenn der Körper zwackt, sich mit seinen Zipperlein beschäftigt. Macht der Kopf nicht mit. Er braucht einen perfekten Körper. Haben Sportler und Mönche. Deswegen erleben die Trance ganz schnell, immer dann, wenn sie sie haben wollen. Die instinktive Intelligenz – die Kraft der Schamanen. Trance hat viele Gesichter – vom Drogenrausch bis zur Technoekstase. Trance ist für mich eine Reise ins Innere, ins Unterbe-

Know-how

Was ist Trance?

Kennen Sie aus dem Alltag, wenn Sie Musik davonträgt. Wenn Sie verliebt, selbstvergessen vor sich hinstarren und lächeln. Wenn Sie ein Buch aufsaugen. Wenn Sie am See sitzen und Ihr Blick in der Ferne haftet, Ihr Gehirn völlig leer ist. Kennen Sie vom guten Zahnarzt, wo's nicht weh tut: Die Hypnose ist eine medizinisch-psychotherapeutisch anerkannte Heiltechnik, die mit Hilfe von Trance arbeitet. Es gibt verschiedene Formen der Trance; die des Yoga ist anders als die des Schamanen oder die der buddhistischen Meditation. Die Trancezustände des Schizophrenen sind anders, genauso wie die, die durch Drogen hervorgerufen werden. Die Trance ist eine Reise ins Innere. Ins Unbewusste. Für den Schamanen manchmal auch eine Reise zwischen den Welten, mit Besuchern aus anderen Welten. Die Konzentration ist verstärkt, die Wahrnehmung des Körpers oder der Umwelt stark verringert. Schließt man ein EEG an, zeigt das Gehirn reine Sinusschwingungen mit 3 bis 7 Hertz. Der Puls der Erde. Sie bewegt sich in diesem Rhythmus. Und in diese monotonen Schwingungen versetzt man das Gehirn durch äußere Reize – durch Trommeln, durch monotones Wiederholen eines Mantras. Man sagt: Das Gehirn wird getriggert, so friedlich entspannt zu schwingen. Ist das Gehirn natürlich nur bereit dazu, wenn Sie entspannt sind. Naturvölker überall auf der Welt schlagen ihre Trommel monoton drei- bis siebenmal pro Sekunde. Machen heute auch Jugendliche mit ihrer Techno- oder Trancemusik. Bewegen sich rhythmisch nach monotonen Klängen, geraten so in rauschhaft-ekstatische Zustände.

wusste, weg von Gedanken, damit die körperliche Intelligenz ihren heilenden Einfluss übernehmen kann. An der Universität Jena arbeitet übrigens ein Professor, der heißt Wolfgang H.R. Miltner, und der hat als Haustier am Lehrstuhl eine Kornnatter und eine Vogelspinne. Die beiden unterstützen die dort Forschenden bei der Therapie von Menschen mit Phobien. Neben der Angst beschäftigt die Forscher auch der Schmerz. Und bei beidem hilft Hypnose, hilft Trance. Lesen Sie dazu das Interview mit Prof. Miltner ab Seite 186.

Die Rituale der Schamanen

Das Wort Schamane bedeutet »der Weise« oder »der die Ekstase kennt«. Seit Jahrtausenden wirken Schamanen auf allen fünf Kontinenten als Weise und Heiler. Als Träger universeller, von ihrem Gott verliehener Kräfte vermögen sie aus Notlagen zu befreien und Krankheiten zu vertreiben. Dafür bedienen sie sich gewisser Rituale. Handauflegen, Talismane, Amulette, Tänze spielen eine Rolle beim Übertragen der Kraft. Sie trommeln und tanzen sich in Trance, rufen die verborgenen Kräfte der Natur, schicken dem Kranken die Götter in seinen Traum, damit sie ihn heilen. Wo heute Kirchen, Kapellen und Klöster stehen, waren früher meist die Kraftplätze der Schamanen. Manche Schamanen arbeiteten mit Drogen, um den Bewusstseinszustand namens Trance zu erreichen, aber vielen reichten Bewegung und Rhythmus, Tanzen und Trommeln.

Doktor der spirituell-geistigen Intelligenz

Krankheit war für sie eine fehlplatzierte Energie, die den Körper besetzt – bedingt durch Angst, durch seelische Belastung. Oder ein Verlust der

Lebensenergie. Und Geisteskräfte sind es, die Energie zurück, also Heilung bringen. Viele Schamanen sahen als den wahren Doktor eine spirituell-geistige Intelligenz des Körpers, die die Kraft hat, den physischen Körper zu kontrollieren, zu erhalten, zu erneuern – zu heilen. Diese spirituell-geistige Intelligenz reguliert Herzschlag und Körpertemperatur, Wasserhaushalt, Hormonproduktion, Entgiftung und Immunsystem. Sie heilt, während der Arzt und seine Pillen und Therapien und Operationen das Ganze nur unterstützen.

Die modernen Schamanen

Und auf diese Kraft der spirituellen geistigen Intelligenz setzen auch heute einige kluge Mediziner wieder. Nennt sich auf Neudeutsch: Body-Mind-Medizin. Die sinnvolle Verknüpfung von Psychologie und Schulmedizin – angereichert mit der Weisheit der Naturheilkunde. Unser Kopf ist es, der entscheidet, was wir leisten können, und der Körper hat ihm als »Knecht« zu folgen. Gesund sind wir, solange der Organismus rund läuft. Schleicht sich allerdings ein Fehler im Betriebssystem ein, sagen wir: Mein Knie tut mir weh. Das Knie mutiert zum Feind, der die Dienste versagt und einen quält. Dabei zeigt das Knie, der Körper doch nur, dass ihm der vom Kopf eingeschlagene Weg nicht gefällt. Die Diplompsychologin Hanne Seemann von der Universität Heidelberg sagt dazu: »Der Körper sitzt im Krankheitsfall am längeren Hebel. Wir müssten uns die Frage stellen: Was können wir tun, um unserem Körper zu gehorchen? Was müsste passieren, damit es mir besser geht?« Und die Antwort, sagt sie, liege meist in der Erinnerung daran, an welchen Orten zu welchen Zeiten und zu welchen Bedingungen wir uns bereits wirklich

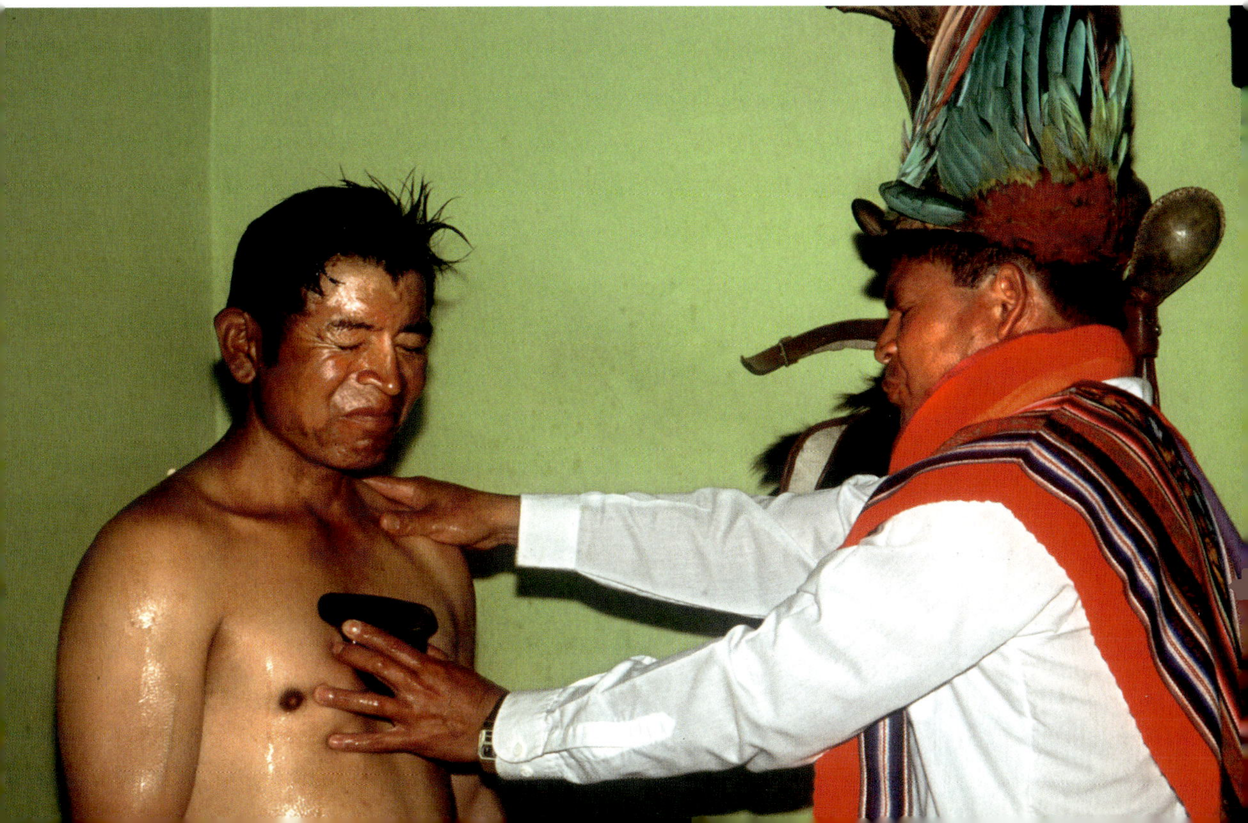

gut gefühlt hätten. Und dorthin führt sie die Menschen mit Hilfe der Trance.

Bei mir war das als Kind so. Da hatte ich einen perfekten Körper. Dann war das lange Zeit nicht so. Und dann war das wieder so, in meiner zweiten Kindheit als 46-jähriger Läufer. Wann war das denn bei Ihnen? Gleich mal nachdenken. Denn, so Frau Seemann: »So können wir den Körper als Kompass auf einem individuellen Weg des Gutgehens nutzen.«

Trance in der Medizin

Die Psychologin Hanne Seemann heilt Kopfschmerzen oder mangelndes Selbstwertgefühl wie die Schamanen: mit Ritualen und Trancezuständen. Sie schickt ihre Klienten in die Entspannung und dann auf eine Reise zu Orten, wo es ihnen besser ging, wo Wünsche erfüllt wurden. 2002 befreite die Wissenschaftlerin in einer Studie mit einer hypnotherapeutischen Gruppentherapie Kinder zu 50 Prozent von chronischen Kopfschmerzen. Diese versteht sie übrigens als Schutzreflex vor Reizüberflutung. Und es helfe nicht, mit Tabletten die Schmerzen zu bekämpfen, sondern die Kinder sollten lernen, auf ihren Körper zu hören, ihn vor Überlastungen zu schützen. Mit Hilfe der Trance erzeugt sie eine gute Stimmungslage und sorgt dafür, dass die Kinder in eigenen Bildern erschließen, was gut für sie ist. Ich bin mir sicher, den Kleinen kam nicht der Computer in den Kopf – sondern das Ballspiel draußen mit Freunden.

Frauen verhilft Hanne Seemann in Seminaren mit der Trancemethode zu mehr Selbstbewusstsein. Im Interview in »Psychologie heute« sagte sie: »Rituale und Trance können Menschen in eine bestimmte innere Rhythmik und Stimmung versetzen. Der Hormonspiegel, der für unsere Stimmung verantwortlich ist, verändert sich. Das bewusste und kritische Denken schweigt meist.« Sage ich doch immer: Erst mal muss man das negative Affengeschnatter im Kopf abstellen. Und dann kann man sich mit Bildern im Kopf alles wünschen – was dann auch in Erfüllung geht. In Dr. Seemanns Worten: »Unsere eigenen Vorstellungsbilder sind es, welche die Wirklichkeit beeinflussen und sogar erzeugen. Das gilt auch für unsere körperlichen Zustände, auf die wir mit unseren Imaginationen großen Einfluss haben.«

Mehr über die große Kraft der Bilder und wie Sie Ihr Leben positiv lenken können, lesen Sie ab Seite 308.

superlinks

Alpha-Zustand Seite 84 | Body-Mind-Medizin Seite 111 | Formel-1-Reflex Seite 153 | Gehirnmedizin Seite 168 | Halluzinationen Seite 183 | Interview: Hypnose Seite 186 | Illusionen Seite 192 | Lach-Yoga Seite 226 | Meditation Seite 252 | Mind Machine Seite 254 | Murmeltechnik Seite 255 | Opium Seite 276 | Plazeboeffekt Seite 279 | Schmerz Seite 284 | Stress weg Seite 293 | Switchen Seite 296 | Tagträume Seite 301 | Visualisieren Seite 308 | Zen Seite 317 | Interview: Zen Seite 320

Übungen

In fünf Minuten in Trance

Wolken verschieben Kennen Sie auch das Spiel »Wolken verschieben« aus Ihrer Kindheit? Wir haben das immer am See oder im Freibad gemacht. Wir legten uns auf die Wiese, guckten in den Himmel und versuchten zuerst, Figuren in den weißen federleichten Formationen zu erkennen. Und dann probierten wir, die Watteböllchen selbst zu formen. Ganz spielerisch. Wir ließen Drachen und Ritter am Himmel gegeneinander kämpfen, zauberten aus gefährlichen Ungeheuern geflügelte Pferde, ließen Hexen und Teufel sich einfach in Luft auflösen und schoben sogar herannahende dunkle Regenwolken einfach wieder an den Horizont zurück. Gelang nicht immer. Aber erstaunlich oft. Nichts bringt Menschen schneller in einen tiefen Trancezustand als der Blick in die endlose Weite des Himmels.

Legen Sie sich an einem schönen Tag einfach fünf Minuten auf eine Wiese, gucken Sie ins Blaue (natürlich nicht in die Sonne!). Folgen Sie dem Zug der Wolken, dem Flug der Vögel. Und in null Komma nix haben Sie sich verloren in der Endlosigkeit des reinen Seins. Trance funktioniert auch prima in warmen Nächten unter klarem, geheimnisvollem Sternenhimmel. Eintauchen in die Tiefen des Alls ... Und im Winter können Sie warm eingepackt im Schnee liegend versuchen zu ergründen, woraus denn eigentlich all die Flocken fallen.

Vom Wasser treiben lassen Gute Tranceobjekte sind auch bewegte Gewässer. Setzen Sie sich ans Meer, an einen Bach, einen Flusslauf oder wenigstens einen Springbrunnen und lassen Sie Ihren Blick übers Wasser schweifen. Lassen Sie alle Gedanken und Gefühle vom ewigen Dahinfließen mitnehmen. Überlassen Sie sich einfach diesem Fließen, werden Sie zu Wasser ...

Zum Baum werden Auch alte Bäume können uns wunderbar in die fantastische Welt jenseits des Alltäglichen führen. Wer sich an den Stamm einer Eiche lehnt oder eng angeschmiegt unter eine Birke setzt und zum Laubdach hinaufblickt, wird entführt ins Universum der Natur. Spüren Sie die Verzweigungen der Wurzeln weit unter der Erde, fühlen Sie, wie sich der Baum Energie aus den dunklen Tiefen bis ins letzte grüne Blättchen ganz oben zieht. Öffnen Sie sich mit seinen Zweigen und Blättern dem Licht, lassen Sie sich vom Wind berühren, schaukeln, treiben wie ein Blättchen. Und hören Sie zu, was der uralte, weise Baum Ihnen zu erzählen hat ...

All das führt in Trance. In tiefste Entspannung, bei der sich das kleine Alltagsbewusstsein grenzenlos weiten und ausdehnen kann. Und in dieser unendlichen Welt nicht nur neue Energie tankt, sondern von so einer Trancereise auch oft völlig überraschende Lösungen für jedwedes Problem mitbringt.

79 Visualisieren – *jeden Wunsch erfüllen*

Die folgenden Seiten sind die wichtigsten in diesem Buch. Sie werden Ihr Leben ändern. Ihre Träume erfüllen. Träume sind Schäume? Nö. Garantiert nicht. Die Filme, die in Ihrem Innersten ablaufen, alle Emotionen, Gedanken, Bilder, die Ihr Unterbewusstsein empfängt, die erleben Sie. Nichts anderes. Nur das, was Sie sich vorstellen können, nur das, was Sie glauben, nur das, was Sie sich ausgemalt haben. Das passiert. Passiert Ihnen. Und das halten Sie dann für Schicksal. Dabei sind und waren Sie immer der alleinige Regisseur Ihres ganz eigenen Lebensfilms.

Sie glauben, ich spinne? Keineswegs. Jeder Mensch denkt ständig nach, fühlt vor, glaubt mehr oder weniger an das, was er sich so ausmalt, und erträumt sich so sein Leben. Buchstäblich.

Nach deinem Glauben wird dir geschehen

Das sagte ein junger Mann. Ein totaler Außenseiter. Ein Rebell. Schon vor über 2000 Jahren. Noch heute wird seine Biografie gelesen, im meistgekauften Buch der ganzen Welt.

Dieser Typ war so unverschämt gut, dass er nicht nur Wasser in Wein verwandelte und Hunderte von Menschen mit ein paar Fischen und etwas Brot satt kriegte. Sondern er konnte auch Krankheiten heilen, gab sogar Blinden ihr Augenlicht zurück. Aber wie?

Steht alles in seiner Biografie: »… und als er nach Hause kam, traten die Blinden zu ihm, und Jesus sagte zu ihnen: ›Glaubt ihr, dass ich das tun kann?‹ Sie antworteten ihm: ›Ja, Herr.‹ Da berührte er ihre Augen und sprach: ›Nach eurem Glauben soll euch geschehen.‹ Es öffneten sich ihre Augen.«

Naja, sagen Sie, dieser Jesus konnte ja Wunder wirken. Ich nicht. Ich kenne auch keinen, der das kann. Brauchen Sie auch nicht.

Wären die Blinden da hineingepilgert mit Skepsis in ihrem Herzen, weil sie nämlich »vernünftige« Leute sind, die genau wissen, dass sie unheilbar blind sind, weil sie schon in vier Unikliniken und bei den besten Fachärzten waren, dann hätten die ihre Zweifel diesem Jesus gegenüber gehabt. Und dann wäre ihnen prompt nach ihrem Zweifel geschehen. Was heißt: Die wären blind geblieben.

Verstehen Sie? Jesus sagte nicht anderes als: »Nach eurem Glauben soll euch geschehen.«

Überzeugung schafft Wirklichkeit

Das ist das ganze Geheimnis: Sie bestimmen Ihr Leben! Das, was Sie persönlich glauben, das, wovon Sie überzeugt sind, das wird für Sie Wirklichkeit. Nach Ihrem Glauben geschieht Ihnen jeder einzelne Tag.

Weil Sie die Technik der Visualisierung jeden Tag anwenden. Ob Sie das wissen oder nicht, ob Sie das glauben oder nicht, ist dieser Gesetzmäßigkeit egal. Jeder Mensch ist gezwungenermaßen, ob er nun will oder nicht, mindestens zweimal täglich im Alpha-Zustand. Nämlich kurz vor dem Einschlafen und kurz vor dem Aufwachen.

Und da steht das Türchen zum Unterbewusstsein sperrangelweit offen. Sie können sich nicht dagegen wehren. Das ist ein physiologisches Gesetz, das können Wissenschaftler in jedem Schlaflabor beweisen. In solchen Momenten, wenn die Gehirnströme langsamer und gleichmäßiger schwingen, flutscht alles, was Sie gerade denken, fühlen, sich ausmalen, ins Unterbewusstsein und wird dort so registriert: »Hättest du gerne? Kannst du haben. Jederzeit. Bin nur für dich da.«

Wer immer das Schlimmste befürchtet, ist schlimm dran

Fast alle Menschen beschäftigen sich tagsüber gedanklich und emotional zu 80 Prozent mit Sachen, die sie nerven und ärgern. Und vor dem Einschlafen kommen die meisten so richtig schön in Fahrt: Über 95 Prozent der Gedanken und Gefühle drehen sich jetzt um Dinge, die sie belasten, vor denen sie Angst haben, von denen sie sich wünschen, dass sie hoffentlich nicht eintreten.

Stellen Sie sich doch jetzt mal irgendetwas vor, von dem Sie wünschen, dass es nicht eintritt. Welches Bild entsteht gerade vor Ihrem geistigen Auge? Ja, genau das, das Sie real nicht erleben wollen. Und was fühlen Sie dabei? Angst, Verzweiflung und Anspannung. Auch genau das, was Sie auf gar keinen Fall spüren möchten. Ihrem Unterbewusstsein ist das aber egal. Es versteht nicht, dass Sie sich etwas ausmalen, was Sie nicht haben wollen. Es empfängt einfach Ihre Bilder und Ihre Emotionen und sagt: »Hättest du gerne? Kannst du haben. Jederzeit. Bin nur für dich da.«

Verstehen Sie? Wer grübelt, wer sich ärgert, wer ängstlich oder verzweifelt ist, programmiert sein Unterbewusstsein immer wieder genau darauf. Programmiert sich selbst, sein Leben auf Misserfolg und Unglück. Denn alles, was Sie sich in Ihrem Kopfkino plastisch genug ausmalen, passiert Ihnen im Leben. Sie ziehen es an, wie ein Magnet. Und kaum haben sich Ihre schlimmsten Erwartungen erfüllt, sagen Sie triumphierend: »Ich hab's doch gewusst, dass das schief geht!«

Richtig. Sie wussten es nicht nur, Sie haben es sogar selbst erschaffen. Kraft der Macht Ihrer eigenen Vorstellungskraft und Fantasie. Sie haben Ihre missliche Situation vorher so gut und so oft visualisiert, dass sie sich eben realisiert hat. Meinen Glückwunsch!

Wir sind Meister im Negativbebildern

Blöderweise sind wir alle viel besser im Ausmalen der gruseligsten Geschichten als im Erträumen von Glück und Erfolg. Warum? Das hat man uns so beigebracht. Von Kindheit an. Ständig kriegen

Know-how

Träume werden wahr

- Sie brauchen einen perfekten Körper, so einen, wie Sie als Kind hatten. Kriegen Sie durch gesundes Essen und Bewegung.
- Sie brauchen einen Knopf, mit dem Sie das Affengeschnatter im Kopf abstellen. Lernen Sie mit der Tiefschlaftechnik ab Seite 255.
- Und dann bedarf es nur noch einer kleinen Technik, wie Sie Ihre Träume in Bilder verwandeln – und diese Wirklichkeit werden. Das kriegen Sie hier. Und an all dem arbeiten Sie in den nächsten 14 Tagen – ab Seite 326. In dieser Zeit kriegen Sie ein Gefühl dafür – und dann, irgendwann, es wird nicht lange dauern, dann fliegen Sie ...

Know-how

Der Weg zum Erfolg

Alle erfolgreichen Menschen visualisieren. Die sind nicht nach oben gelangt, weil sie Glück oder die richtigen Beziehungen hatten. Die haben sich ihren Lebenstraum ganz plastisch ausgemalt und ihn immer wieder visualisiert. Bis ins letzte Detail sahen sie sich ständig so, wie sie sein wollten. An der Spitze. Als strahlende Sieger. Immer wieder. Immer wieder. Immer wieder. Und ihr Unterbewusstsein sagte: »Hättest du gerne? Kannst du haben. Jederzeit. Bin nur für dich da.« Und es schanzt den Träumern wie immer die genau ihren inneren Bildern entsprechenden Einfälle, die entsprechende Ausstrahlung, die körperliche, seelische und geistige Verfassung, die äußeren Verhältnisse und Beziehungen zu. Die wirklich Erfolgreichen rackern sich nicht ab. Die haben richtig Spaß an dem, was sie tun, um dorthin zu kommen, wo sie hinwollen. Und werden vom Tellerwäscher zum Millionär. Vom ewigen Sitzenbleiber zum großen Entertainer. Von der Kindergärtnerin zur Prinzessin. Vom Metzger zum TV-Star. Vom Sohn einer Putzfrau zum Bundeskanzler. Von der unheilbar Krebskranken zur kerngesunden Mutter. Einfach so. Automatisch. Weil sie felsenfest daran geglaubt haben. Sie glauben mir jetzt nicht? Das klingt Ihnen zu einfach, zu esoterisch, zu g'spinnert, zu abgehoben?
Es stimmt aber. Jeder erschafft sich seine Realität. Mit seinen Gedanken, Gefühlen, in seinem Kopfkino. Denn jeder Mensch sendet seine selbst inszenierten Filme ständig an sein Unterbewusstsein. Und das sagt immer: »Hättest du gerne? Kannst du haben. Jederzeit. Bin nur für dich da.«

wir zu hören, dass dies und jenes, was wir haben und sein wollen, nicht geht. Dass wir zu fordernd, verrückt, lieblos, undankbar, überheblich, ungeschickt, klein, hässlich, faul, dumm sind. Dass wir es so nie zu etwas bringen werden. Dass das Leben hart ist. Dass die Welt schlecht ist. Dass es keine Wunder gibt. Dass man ganz vorsichtig sein muss. Dass man sehr, sehr hart arbeiten muss, um Erfolg zu haben. Dass Arbeit kein Vergnügen ist. Dass vom Rumfantasieren noch keiner satt geworden ist. Dass man nicht träumen, sondern seine Pflicht erfüllen soll. Irgendwann glauben wir das alles eben selbst und produzieren immer mehr innere Bilder voller Angst, den Ansprüchen unserer scheinbar bedrohlichen Umwelt, unserer Eltern, Lehrer, Freunde, Arbeitgeber, Partner nicht zu genügen. Die inneren Filme unserer Kindheit, in denen wir der Held sind, in denen wir mühelos siegen, in denen uns das Glück in den Schoß fällt, werden immer seltener, das echte Leben entsprechend farbloser und – unglücklicher. Aha, da haben wir die Bestätigung. Die hatten also Recht. Das Leben ist wirklich schwer, verdammt schwer! Und ungerecht. Das liest und sieht man ja auch ständig in den Medien. Nichts als Arbeitslosigkeit, Unfälle, Krankheiten, Armut, Katastrophen, Terror, Gewalt und Krieg, nichts als Lug und Trug in dieser Welt. Und Ihr Unterbewusstsein hört mit und sagt: »Hättest du gerne? Kannst du haben. Jederzeit. Bin nur für dich da.«

Wer führt Regie in Ihrem Lebensfilm?

Niemand anderer als Sie selbst. Wie gesagt, Ihrem Unterbewusstsein ist es völlig egal, ob Sie das, was Sie sich in Ihrer Fantasie ausmalen, wollen oder nicht wollen. Ein »Hoffentlich passiert das nie, das wäre schrecklich« versteht es nicht. Es nimmt einfach alles, was Sie denken, fühlen und sich vorstellen, ungefiltert an und verhilft Ihnen dazu, Ihre inneren Bilder zu verwirklichen.

Abstellen können Sie dieses automatische Realisierungsprogramm nicht, aber Sie können sehr wohl entscheiden, was sich in Ihrem Kopf abspielt, welche Filme Sie Ihrem Unterbewusstsein schicken. Wollen Sie weiterhin arm, krank, unfähig, verletzt, hässlich sein, belogen und betrogen werden, dann malen Sie sich das ruhig weiterhin immer wieder in schillerndsten Farben aus. Es klappt. Sie wissen ja …

Aber wenn Sie Ihr Leben ändern wollen …

… sich eigentlich nach mehr Erfolg, Fitness, Schönheit, Anerkennung, Glück und Liebe sehnen, dann müssen Sie die Drehbücher für Ihre Kopffilme umschreiben. Sie müssen sich ab sofort vorstellen, dass Sie alles, was Sie sein, erreichen oder haben wollen, schon sind, bereits besitzen! Wer erfolgreich, schön, fit und glücklich sein will, muss sich selbst so vorstellen können. Daran glauben. Richtig mit allem Drum und Dran. Mit allen Sinnen. Ohne Angst, ohne Zweifel. So, als wäre man bereits da, wo man hinmöchte, und würde sich lebhaft erinnern an den heutigen, erfüllten Tag.

Warum das Glück immer auf den größten Haufen macht

Wer davon überzeugt ist, Glück zu haben, wird es kriegen. Egal wie. Und wenn man die ersten Anzeichen seiner permanenten Visualisierung des eigenen Erfolgs real erlebt, wird man bestärkt, sich noch mehr, noch Fantastischeres zu erträumen. Und weil das natürlich auch Wirklichkeit wird, schmiedet man noch größere Pläne. Und die werden auch wahr. Können Sie sich vorstellen, wie man sich da fühlt? Herrlich. Omnipotent. Und das Unterbewusstsein kriegt auch das wieder mit: »Hättest du gerne? Kannst du haben. Jederzeit. Bin nur für dich da.«

Deshalb fällt Erfolgsmenschen immer mehr Erfolg zu. Deswegen gewinnen Glückspilze ständig. Weil sie davon überzeugt sind. Aber auch die ewigen Gewinner stehen mal mit dem falschen Fuß auf. Zweifeln, nörgeln, grübeln. Und schwupps, schon streikt das neue Auto, zwickt plötzlich ein Magengeschwür, fällt die Aktie in den Keller oder spinnt die Familie rum. Gewinnertypen lassen sich von solchen Rückschlägen nicht weiter beeindrucken. Sie fragen sich nicht, was sie falsch gemacht haben. Die gewinnen sogar einer Kündigung, einem Börsencrash, einem Unfall und einem total verregneten Urlaub noch was Grandioses ab. Die übersehen einfach, was gerade mies ist, und suchen überall fieberhaft nach dem Schönen, dem Positiven. Und finden es auch. Und schwupps – schon fühlen sie sich wieder auf der Sonnenseite des Lebens. Und ihr Unterbewusstsein registriert es.

So optimistisch durchs Leben zu gehen, kann man lernen. Vorbilder, von denen man sich das abgucken kann, gibt's genug.

Wie sich Erfolgsmenschen programmieren

Gerhard Schröder wollte schon als Junge nur eines: raus aus der Armut, dem sozialen Abseits, rein ins Leben – und zwar ganz nach oben. Er hat es geschafft. Auch Bill Clinton hat schon auf der Highschool laut gesagt: »Ich werde mal amerikanischer Präsident.« Er hat es geschafft. Und ein Schulfreund von Helmut Kohl hat der Presse erzählt, dass auch Helmut bereits mit 16 felsenfest davon überzeugt war, Bundeskanzler zu werden. Er hat es geschafft.

Wenn Sie felsenfest überzeugt sind, was Sie einmal sein werden, dann ist Ihr Unterbewusstsein abgesättigt mit der Überzeugung »Ich bin Bundeskanzler«. Sie stehen früh auf mit »Bundeskanzler«, gehen abends ins Bett mit »Bundeskanzler«. Es zentriert sich alles auf »Bundeskanzler«. Wissen Sie, was jetzt passiert?

Das führt zu so genannten Zufällen. Zu Handlungen im täglichen Leben, die Sie unbedingt dahin führen. Da kann sich etwas oder jemand in den Weg stellen, egal. Sie finden irgendwelche Ausweichmethoden – und kommen immer wieder auf den direktesten Weg zum »Bundeskanzler« zurück.

Boris Beckers Geheimnis

Auch Spitzensportler visualisieren ihren Erfolg vor dem Wettkampf. Boris Becker beispielsweise.

Herr Becker hat seine 100 Millionen genau deshalb. Und nur deshalb. Becker hat in seiner großen Zeit neun von zehn Tie-Breaks gewonnen. Wenn Sie auch nur ein bisschen Tennis spielen, dann wissen Sie, das geht eigentlich gar nicht. Man kann nicht regelmäßig neun- von zehnmal gewinnen.

Doch, man kann. Wenn man es sich vorher ausmalt. Jede Sekunde des Spiels vorher visualisiert. Genau spürt, wie man schlägt, wie man trifft, wie man gewinnt. Becker hat das mal verraten im Fernsehen, als ihn ein Reporter danach fragte: »Ach, das habe ich doch gestern Abend schon gespielt.«

Verstehen Sie? Er hat das ganze Match am Abend vorher geistig intensiv durchgespielt. Sich dabei deutlich als Sieger gesehen. Und sein Unterbewusstsein sagte: »Hättest du gerne? Kannst du haben. Jederzeit. Bin nur für dich da.«

Diese Technik wenden alle erfolgreichen Sportler an. Sie werden sogar darin gecoacht, sich Wettkämpfe vorher geistig auszumalen, sich dabei überlegen zu fühlen und zu siegen.

Wie visualisiert man Erfolg?

Die beste Gebrauchsanweisung für ein rundherum erfülltes Leben steht auch im größten Bestseller aller Zeiten: »Bei allem, um was ihr bittet und fleht, glaubet, dass ihr es bereits empfangen habt, und es wird euch zuteil werden«, sagt Jesus.

Er sagt, ihr kriegt alles, was ihr wollt. Er sagt nicht, ihr kriegt vielleicht, was ihr wollt – und er sagt auch nicht, ihr kriegt fast alles, was ihr wollt. Er sagt eindeutig: Ihr kriegt alles, was ihr wollt.

Sie müssen es nur glauben. 100-prozentig glauben. Sie müssen Ihr Unterbewusstsein absättigen mit der festen Überzeugung, dass Sie das, was Sie wollen, schon h-a-b-e-n. Das ist der springende Punkt.

Übung

Was wünschen Sie sich? Drehen Sie in Gedanken einen Film – und den schicken Sie in Ihr Unterbewusstsein.

Die drei goldenen Visualisierungsregeln

1. Malen Sie sich möglichst lebhaft aus, wie Sie sich fühlen, wenn Sie bereits das erreicht haben, was Sie sich wünschen. Seien Sie der Mensch, der Sie sein möchten. Leben Sie in genau der Situation, die Sie ersehnen. Verschwenden Sie keinen Gedanken daran zu überlegen, ob und wie das Wirklichkeit werden kann. Nichts ist unmöglich. Ihr Unterbewusstsein wird alles für Sie erledigen, alles wird Ihnen automatisch zufallen.

2. Visualisieren Sie mit allen Sinnen. Fühlen, hören, sehen, riechen und schmecken Sie während Ihrer Fantasiereisen. Lassen Sie Ihren glücklichen Emotionen dabei freien Lauf. Ihre Gefühle verankern nämlich den Wunschfilm felsenfest im Unterbewusstsein.

3. Passen Sie auf, was Sie sich und anderen wünschen, denn es wird Wirklichkeit. Aber nur für Sie. Wünschen Sie selbst Ihrem schlimmsten Feind deshalb lieber alles Gute, statt ihn zu verfluchen. Alle negativen Emotionen schaden. Und zwar Ihnen. In Ihrem Kopfkino laufen die Horrorszenarien ab. Sie fühlen sich wütend, hilflos, verletzt. Ihr Unterbewusstsein kriegt alles mit. Und Ihr Unterbewusstsein sagt wie immer: »Hättest du gerne? Kannst du haben. Jederzeit. Bin nur für dich da.«

Dreimal täglich ins Paradies

Sie sollten Ihren Wunschfilm mindestens dreimal täglich ablaufen lassen, damit er tief ins Unterbewusstsein einsickert. Einmal gleich nach dem Aufwachen, einmal direkt vor dem Einschlafen und einmal tagsüber. Dazu brauchen Sie lediglich ein paar Minuten Ruhe, einen ungestörten Raum, etwas Entspannung und ein leichtes Lächeln im Gesicht. Atmen Sie tief durch und beginnen Sie mit Ihrer Fantasiereise zu Ihrem besseren Ich, in Ihr neues Leben.

Ganz wunderbar lässt es sich übrigens auch beim Laufen träumen!

Konzentrieren Sie sich anfangs nur auf ein oder maximal zwei Themen, die Sie ändern oder erreichen möchten. Erst wenn sich diese realisieren, gehen Sie das nächste Kapitel an. Sie werden sehen – oft verschwinden viele Missstände wie durch Zauberhand mit einem Schlag, obwohl Sie sich nur auf die Änderung einer einzigen Schieflage konzentriert haben.

Bleiben Sie gelassen, geduldig, Tag für Tag einfach träumen, glauben, vertrauen. Sie müssen nichts tun, nur immer wieder sich selbst so sehen, so fühlen, wie Sie sein wollen. Dann werden Sie 's. Automatisch.

Der Hauptfehler, der immer wieder gemacht wird: Die meisten Menschen hoffen nur. Sie wollen im Lotto gewinnen. Sie wären gern schöner und schlanker. Sie hätten gern einen Ferrari. Sie würden gern ein tolles Haus am See haben. Sie würden so gern den affigen Kollegen mal so richtig Paroli bieten. Sie wären gern schmerzfrei. Sie hoffen, irgendwann den Traumpartner zu finden, mit dem sie eine wunderbare Beziehung führen können. Und so weiter und so fort.

Das funktioniert nicht. Denn dabei ist ja das Grundgefühl – genau das, was bei Ihrem Unterbewusstsein ankommt –, dass Sie es eben nicht haben, dass Ihnen das Ersehnte schrecklich fehlt. Und prompt kriegen Sie das, was Sie sich visualisiert haben, nämlich, dass es Ihnen an allen Ecken und Enden zum Glück fehlt.

Haben Sie Mut! Sehen Sie sich einfach mal so richtig wunderschön, dynamisch, erfolgreich, beliebt und glücklich. Sie brauchen sich nicht zu fragen, wie Sie dahin kommen, wo Sie hinwollen. Sie müssen nicht überlegen, was Sie alles tun müssen, um Ihr Ziel zu erreichen. Sie müssen nur bereits das sein in Ihrer Vorstellung, was Sie werden wollen! Das Gesetz der Manifestation kümmert sich ganz automatisch darum, dass es Wirklichkeit wird. Deswegen brauchen Sie nicht zu grübeln, wie Sie das schaffen sollen. Alles wird Ihnen buchstäblich zufallen.

Sie müssen lediglich immer wieder Ihr Unterbewusstsein mit den richtigen Filmen füttern. Es immer wieder überfluten mit Bildern, in denen Sie sich so richtig sauwohl fühlen.

Drei kleine Übungsfilme fürs Kopfkino

Wenn Sie Manager werden wollen, müssen Sie sich selbst am großen Chefschreibtisch sitzen sehen. Sie müssen die tolle Bilanz aufschlagen, Sie müssen die positiven Zahlen darin wirklich lesen. Gucken Sie auf die Uhr, schauen Sie auf den Kalender. Es ist genau der Tag, an dem Sie wollen, dass Sie so weit sind. Sie riechen das Leder Ihres imposanten Sessels, spüren das Papier unter Ihren Händen und das glatte Holz Ihres Schreibtischs, hören im Vorzimmer Ihre Sekretärin telefonieren und von draußen das Vogelgezwitscher. Sie müssen sich voll und ganz als der Boss fühlen, der Sie sein wollen. Mit allen Sinnen.

Sie wollen ein Haus? Dann leben Sie darin! Erleben Sie sich, wie Sie darin herumlaufen, gleiten Sie mit den Fingern über Ihre tollen Möbel, die Vorhangstoffe, die Teppiche, gehen Sie in Ihrem Traumbad duschen, holen Sie sich was zu trinken aus Ihrer Hightechküche, genießen Sie, mit wem Sie dort leben wollen, die herrliche Aussicht von der Terrasse.

Sie brauchen mehr Geld? Dann brauchen Sie sich nur sofort genau so reich zu fühlen, wie Sie in einem Jahr sein möchten. Sehen Sie sich Ihre Konto- und Depotauszüge genau an, freuen Sie sich über Ihr 100- oder 1000-stelliges Plus. Lesen Sie das Datum, das auf den Auszügen steht. Schauen Sie an sich herunter, wie Sie gekleidet sind, welch kostbaren Schmuck und welch teure Uhr Sie tragen. Sehen Sie sich um. Wo sind Sie, wie ist das Zimmer eingerichtet? Öffnen Sie Ihre lederne Brieftasche, ziehen Sie alle Ihre Hunderter und Fünfhunderter heraus, befühlen Sie die vielen Platinkreditkarten. Erinnern Sie sich, welche Herrlichkeiten Sie sich in den letzten Tagen mit Ihrem Vermögen geleistet haben. Und dann gehen Sie shoppen. Oder tun sonst was, das, was Sie wirklich wollen, genau das, warum Sie früher unbedingt ganz viel Geld haben wollten. Jetzt haben Sie es geschafft. Freuen Sie sich darüber, aber so richtig!

superlinks

In Bildern denken Seite 109 | Biofeedback Seite 110 | Glaube Seite 176 | Interview: Hypnose Seite 186 | Intuition Seite 198 | Entspannte Konzentration Seite 217 | Marathon Seite 251 | Meditation Seite 252 | Murmeltechnik Seite 255 | Rauchen Seite 281 | Sechster Sinn Seite 289 | Stress weg Seite 293 | Switchen Seite 296 | Tagträume Seite 301 | Trance Seite 303 | Zen Seite 317 | Interview: Zen Seite 320

80 So können Sie sich Zahlen merken

Klar, Sie können Hausnummern, Telefonnummern und Termindaten auf einem Zettel notieren oder ins Handy speichern. Aber was machen Sie unterwegs, wenn der Handyakku leer ist? Oder Sie haben Ihr Notizbuch vergessen? Die Geheimzahl Ihrer Kreditkarte sollten Sie ausschließlich in Ihrem Kopf aufbewahren, und das geht ganz einfach. Indem Sie sich viele schräge Bilder oder Bildgeschichten ausdenken. Das macht großen Spaß. Und diese Bilder können Sie sich viel leichter merken als abstrakte Zahlenreihen. Das ist der Trick. Ja, auch von Gedächtnisweltmeister Klaus Kolb (siehe Interview ab Seite 162).

Zahlen behalten – Bilder aktivieren

Prägen Sie sich für jede Zahl von eins bis zehn je ein Bild ein, das Sie mit der Ziffer in Verbindung bringen können.

0 ist ein Ei oder eine Rakete (wegen der Null beim Countdown).

1 ist eine Kerze oder ein Pokal (kriegt immer nur der Erste in einem Wettkampf).
2 ist ein Schwan oder Zwillinge.
3 ist ein Dreizack, ein Dreieck oder Dreirad.
4 ist ein Klee oder Kreuz.
5 ist eine Hand (hat fünf Finger) oder ein Wagen (das fünfte Rad am Wagen).
6 ist ein Elefant (Elefantenrüssel) oder ein Lottogewinn (sechs Richtige).
7 ist ein Wimpel oder ein Zwerg (Schneewittchen und die sieben Zwerge).
8 ist eine Sanduhr oder ein Tintenfisch (der hat acht Arme).
9 ist eine Schlange oder ein Kegel.

Für kurze Zahlen Bilder kreieren

Jetzt versuchen Sie sich Zahlen mit Hilfe dieses Bilderreigens zu merken. Fangen Sie mit kleinen Zahlen an.

Eine Kreditkartennummer, die »890« lautet, können Sie sich leicht merken. Stellen Sie sich einen Tintenfisch in einer Bowlingbahn vor, der ein Ei auf die Bahn wirft. Schwieriger wird es mit der Postleitzahl von Osterode, »37513«. Folgender Vorschlag: Auf einem Dreirad sitzt ein Zwerg, der in der Hand eine brennende Kerze hält, auf die ein Dreieck geklebt ist.

Für lange Zahlen Geschichten erfinden

Jetzt wird es schwieriger: 1789 ist das Jahr der Französischen Revolution. Könnte man sich mit folgender Geschichte merken: Wallace & Gromit düsen mit einer Rakete zum Mond. Dort angekommen, stecken sie einen Wimpel mit der britischen Fahne in den Sand. Damit sie nicht vergessen, wie lange der Sauerstoff in ihren Raumanzügen reicht, haben sie eine Sanduhr dabei. Und weil es auf dem Mond sehr langweilig ist, vertreiben sie sich die Zeit mit einer Runde Kegeln.

superlinks

Abschreiben Seite 82 | Auswendig lernen Seite 101 | In Bildern denken Seite 109 | Interview: Gedächtnis Seite 162 | Gedächtnispille Seite 166 | Konzentration Seite 214 | Lesen Seite 241 | Liste Seite 247 | Namen merken Seite 270 | Neurobics Seite 274

81 Zen – *danebenzielen und doch treffen*

Lautet mein Lieblingsmotto. Das ist eine Zen-Weisheit. Eine von vielen. Was machen erfolgreiche Firmenbosse und Manager bei Zen-Meistern?

Sie lassen sich coachen, beraten, wie's besser laufen könnte in der Firma. Besser für alle. Die gesamte Belegschaft. Und auch für die Kunden. Denn dann läuft's auch besser für den Chef. Und wie kommen eisenharte, berechnende und höchst einflussreiche Superbosse zu dieser Erkenntnis? Durch Herumsitzen. Klingt wie ein Märchen? Glauben Sie nicht? Doch. Ist Realität.

André Steiner ist Zen-Meister und Managementtrainer. Er hat eine Praxis in München und gibt Kurse in Firmen. Hält Seminare in ganz Europa und leitet mit dem Zen-Mönch Hinnerk Sobu Polenski ein Zen-Institut in der Schweiz. Zu ihm kommen viele hohe Tiere und setzen sich still auf den Boden. Zum Nachdenken. Zum Zur-Ruhe-Kommen. Zum Wieder-zu-sich-selbst Kommen. Sitzen. Einfach nur still dasitzen. Zazen nennt man das. Sollten Sie vielleicht auch einmal probieren.

Nichtstun schenkt Geistesblitze

Normalerweise schwingt unser Gehirn im Beta-Status, mit 13 bis 30 Hertz, wenn wir wach sind. Durch Stillsitzen, durch Zazen, gerät unser Gehirn in den so genannten Alpha-Zustand. Messbar. Die hektischen Schwingungen des EEGs werden geringer und geringer, sinken auf 10 bis 8 Hertz. Und sind regelmäßiger, weicher, rhythmischer. Das bedeutet, der Geist ist ruhig und so weit wie im Tiefschlaf. Heißt nicht, dass Sie schlafen. Nein, Sie sind hellwach, aber haben einen unglaublich weiten, messerscharfen Geist. Und wer lange genug und regelmäßig so tatenlos rumsitzt, gerät noch tiefer in körperlich unglaublich erholsame Tiefenentspannung. Und gleichzeitig zu allerhöchster Konzentration, ja zu schier allumfassendem Wissen. In so genannte Theta-Zustände. Hier schwingt das Hirn nur noch zwischen 4 und 8 Hertz. Da ist das Denken absolut und glasklar. Normalerweise können wir so eine geistige Höchstleistung nur ganz selten vollbringen – und wenn, nur für wenige Sekunden.

Wer Zazen übt, kann über viele Stunden hinweg in diese wunderbare Welt, in der nichts unmöglich ist, eintauchen.

Unser menschliches Gehirn arbeitet in diesem Zustand am allerbesten, am effektivsten. Nur hier gibt's die legendären Geistesblitze. Auf denen alle wahrhaft großartigen Erfindungen der Menschheit beruhen. Und die plötzlich eine ganz einfache Lösung für alltagslogisch gesehen unlösbare Probleme aufzeigen. Geistesblitze kann man leider nicht erzwingen. Weder durch Nachdenken noch durch Herumfragen. Echte Geistesblitze funkeln nur von selbst in einem auf. Und nur, wenn man still und weit genug wird, sie ins eigene Bewusstsein durchdringen zu lassen, kann man ihr Licht erkennen.

»Zen ist eine Lebenseinstellung. Die Dinge geschehen lassen. Nicht unnötig gegen den Strom schwimmen, nicht herumgrübeln, sondern nur ruhig, wach und ganz da sein. Das löst Probleme von alleine«, sagt André Steiner. »Das Leben ist wie ein Glas Wasser, in dem auch etwas Schlamm ist. Nur ein Teelöffelchen voll. Aber wenn man ständig schüttelt und wie wild darin rumrührt, sieht man immer nur eine trübe, eklige Masse vor sich. Wenn man das Glas jedoch einfach eine Zeit lang ganz ruhig hält, setzt sich der Schlamm von ganz allein am Boden ab. Und man sieht wieder klar. Glasklar. Das ist Zen.«

Manchmal redet der Zen-Meister auch mit den Ratsuchenden. Aber nicht wie ein Coach. Sondern er setzt sich einfach gegenüber seinem Klienten mit auf den Boden. Und dann wird erst mal gesessen. Erst wenn innere und äußere Ruhe eingekehrt ist, die Gehirnwellen langsam und rhythmisch schwingen, die Gedanken klar werden, beginnt das Gespräch. Wenige Worte. Ruhig. Langsam. Leise. Friedvoll. Dazwischen immer wieder Stille. Minutenlang nur Sitzen, Nachspüren, Erkennen. Wissen. Ein Zen-Meister ist wie ein riesiger, ganz klarer Spiegel, in dem der Schüler seine eigenen Potenziale entdecken kann. Denn nur, was man kennt, kann man nutzen. Und erkennen kann man nur, wenn man still wird.

Zen für den Alltag

Man muss nicht gleich stundenlang in einem Zen-Kloster auf dem Boden sitzen, um zu kosten, welch unglaubliches Potenzial in den eigenen grauen Zellen geschlummert hat. Man kann auch im eigenen Leben, im ganz normalen Alltag immer wieder zu so tiefer Ruhe kommen, dass sich dieser Zen-Geist meldet.

Zur Ruhe kommen mitten im Stress? Daheim, während die Kinder brüllen, sich Wäsche und Geschirr stapeln und ausgerechnet jetzt die Schwiegermama vor der Tür steht? Im Büro bei nervigem Telefondauergeklingle und vor den Aktenbergen, die bis heute Abend erledigt sein müssen? Auf der Autobahn im Stau, wegen dem Sie und Ihr Partner Ihren Ferienflieger verpassen werden? Während der wichtigen Konferenz, bei der Ihr Job auf dem Spiel steht?

Know-how

Zen im Netz

Wenn Sie auch mal einen klaren Spiegel brauchen, um in Ihrem vom ständigen Herumwirbeln und Grübeln trüb gewordenen Geist wieder fischen lernen zu können, gucken Sie im Internet unter dmoz.org oder wikipedia.org unter »Zen«. Dort finden Sie Portale, Adressen, Zen-Seiten, wie beispielsweise Zen.de, Zen-guide.de, Zen-Forum.de.

Genau in solchen Situationen wäre es wichtig, einen klaren Kopf zu haben und souverän die Situation zu meistern.

Zen lehrt, ruhig zu bleiben. Zu atmen. Einfach nur zu atmen. Tief in den Unterbauch zu atmen. Ein und aus. Nichts weiter. Die in Ihnen tosenden Gefühle sind wie ein Sturm, er wütet gerade, aber er wird vorüberziehen, kann Ihnen nichts anhaben. Sie sind ruhig und still und fest verwurzelt, wie eine riesige Eiche. Nichts kann Sie erschüttern. Auch wenn die Zweige und Blätter gerade etwas zerzaust werden, es geht vorbei, Sie sind stark und fest. Sie atmen, Sie sind. Das ist alles.

Klingt einfach. Ist einfach. Und funktioniert. Probieren Sie's aus!

Zen oder die Kunst, Geschirr zu waschen

Wer tiefer in den Zen-Geist einsteigen will, kann das bei ungeliebten, nervigen Arbeiten am besten. Erinnern Sie sich an Beppo Straßenkehrer bei

Momo? Er hatte kilometerlange Straßen zu kehren, sah unendlich viel Arbeit immer wieder vor sich liegen. Hektik, Stress, Frust. Bis er lernte, immer nur einen einzigen Besenstrich zu tun. Ruhig. Gründlich. Liebevoll. Und dann den nächsten. Ruhig. Gründlich. Liebevoll. Und dann den nächsten … Plötzlich war jeder Arbeitstag wundervoll. Jeder Besenstrich die reine Freude. Und jedes kleine Stückchen saubere Straße erfüllte ihn mit tiefem Glück.

Das können Sie auch haben. Beim Autowaschen. Beim Unkrautjäten. Beim Geschirrspülen. Beim Fensterputzen. Beim Ablagemachen. Beim Belege-für-die-Steuererklärung-Sortieren.

Konzentrieren Sie sich einfach voll und ganz mit allen Sinnen auf den augenblicklichen Handgriff. Denken Sie an nichts anderes, nicht ans Fertigwerden, nicht an das, was Sie alles sonst noch erledigen müssen oder was Sie anschließend oder in einem Monat machen wollen.

Wenn die Gedanken abschweifen – und das werden sie – egal. Kehren Sie immer wieder ins Jetzt zurück, zu dem, was Sie wirklich gerade tun. Tun Sie es ruhig, gründlich, staunend, wie ein Kind. Spüren Sie, was Ihre Hände machen, wie sich Wasser, Lappen, die Tasse, das Auto, die Papiere oder die Erde anfühlen. Seien Sie achtsam, behutsam in Ihren Bewegungen und berühren Sie alle Dinge so, als ob diese lebendig und hoch empfindsam seien.

Sie werden sehen: Plötzlich vergessen Sie sich, Ihre Sorgen, Ihre Ängste und Pläne. Sie leben. Die Arbeit wird zum Spiel, macht Spaß, ist überwältigend. Sie gehen voll darin auf, wie früher als Kind. Sie sind im Zen-Bewusstsein. Sie leben im unendlichen und omnipotenten Hier und Jetzt.

superlinks

Formel-1-Reflex Seite 153 | Interview: Hypnose Seite 186 | Entspannte Konzentration Seite 217 | Marathon Seite 251 | Murmeltechnik Seite 255 | Stress weg Seite 293 | Switchen Seite 296 | Trance Seite 303 | Visualisieren Seite 308 | Interview: Zen Seite 320

Frieden säen bei jedem Schritt

Der bei uns bekannteste Zen-Meister ist der vietnamesische Mönch Thich Nhat Hanh. Er lehrt weltweit die Kunst des achtsamen Lebens, des Zen. Eine der schönsten Übungen, die er uns Westlern gebracht hat, ist seine Gehmeditation. Sie ist – wie alles im Zen – ganz einfach.

Wenn Sie gestresst sind, gehen Sie etwas spazieren. Im Wald, über Wiesen, in der Wohnung, auf der Straße, egal. Setzen Sie langsam einen Schritt vor den anderen. Atmen Sie ruhig und tief. Konzentrieren Sie sich voll und ganz auf den Akt des Gehens. Seien Sie sich bewusst, dass Ihre Füße die Erde berühren. Spüren Sie, wie der Fuß darauf aufsetzt, abrollt und wieder abhebt. Und jetzt stellen Sie sich vor, wie Sie mit jedem Schritt auf dem Boden Frieden hinterlassen. Durch Ihre Füße strömt Frieden, breitet sich im Boden aus. Jeder Schritt ein Segen. Für den Boden, den Sie berühren, für jeden, der diesen nach Ihnen betritt, für alles, womit dieser Fleck, den Sie betreten haben, in Verbindung ist, für die ganze Welt und alle Wesen. Wenn Ihnen diese Vorstellung zu abstrakt ist, können Sie sich auch denken, dass mit jedem Ihrer Schritte eine wunderschöne Lotusblume aus dem Boden wächst. Sie säen und hinterlassen ein Blumenmeer – zu Ihrer und der Freude aller.

Was das bringen soll? Es ist unbeschreiblich. Machen Sie's. Das muss man erlebt haben, kann man nicht in Worte fassen.

Interview
mit Thich Nhat Hanh

Thich Nhat Hanh, der 1926 in Vietnam geboren wurde, ist einer der einflussreichsten und bekanntesten spirituellen Lehrer unserer Zeit. Dem Zen-Meister, Mönch, Poet und Friedensaktivisten gelingt es, die alten Traditionen des Zen-Buddhismus mit den aktuellen Problemen der westlichen Lebensweise zu verknüpfen.

Zen – oder vom Wunder zu atmen

Wie kann man sein geistiges und seelisches Potenzial erhöhen, sein Leben zum Besseren wenden?
:Man muss innehalten und sich bewusst werden, dass man inmitten des Himmelreichs Gottes, im Buddhaland ist. Jetzt. Hier. In diesem Moment. Wer sich nicht darüber bewusst ist, nicht spürt, dass er mit allem, was existiert, in Verbindung steht, fühlt sich allein, unglücklich, unfrei. Solange man sich ständig seinen Problemen und Befürchtungen überlässt, seinem Nachgrübeln über Vergangenes, seinem Sorgen über die Zukunft, ist man kein freier, kein erfüllter Mensch. Die meisten Menschen sind immer in Hektik, ihr Geist ist gefangen. Schauen Sie sich doch mal die Leute auf der Straße an: Alle rennen, alle hetzen, alle wollen irgendwo ganz schnell hin, wollen ganz schnell irgendein Ziel erreichen. Wer rennt, wer hetzt, kann nicht achtsam sein. Wer rennt, wer hetzt, spürt nicht, dass er atmet, spürt nicht, dass seine Füße den Boden berühren, spürt nicht, dass er lebt, dass er atmet, dass er verbunden ist mit allem um ihn herum.
Er kann nicht erkennen, dass er bereits inmitten des Buddhalandes, im Himmelreich Gottes ist. Viele Menschen meinen, wenn sie das und das Ziel erreicht haben, dann würden sie sich wie im Paradies fühlen. Aber das stimmt nicht.

Warum nicht?
:Wer nicht bemerkt, dass alles, was er zum Glücklichsein braucht, schon da ist, jetzt, in diesem Moment, in jedem Moment, kann das auch in einem zukünftigen Moment nicht wahrnehmen. Die Zukunft ist mit der Gegenwart verbunden, nicht getrennt von ihr. Deswegen gebiert jeder erfüllte Wunsch bei einem rastlosen Menschen nicht das ersehnte Glücksgefühl, keine Erfüllung, sondern lediglich tausend neue Wünsche, die wieder erfüllt werden wollen, und tausend neue Ängste, die Herz und Geist noch weiter einengen, noch fester einsperren. Und deswegen geht die Rennerei, die Hetzerei so lange weiter, bis man entweder stirbt oder sich des Wunders des Lebens in diesem Moment bewusst wird. Achtsam wird. Das ist es, was Buddha und auch alle anderen großartigen spirituellen Meister gelehrt haben. Im Zen-Buddhismus üben wir, jeden Moment unseres Lebens so achtsam und friedvoll wie möglich zu gestalten.

Sie sagen, wir sind mit allem, was existiert, verbunden. Das stimmt doch nicht. Ich bin ich und nicht Sie, nicht diese Blume in der Vase oder die Wolke draußen am Himmel.

:Wir sind zwei individuelle Menschen, und trotzdem bestehen wir nur aus Teilen, die nicht von uns sind, die nicht individuell sind. Sie kommen von unserer Mutter und unserem Vater und deren Eltern und wieder deren Eltern usw. Wir sind zusammengesetzt aus unzähligen Teilchen, die nicht von uns selbst kommen, uns nicht einmal für eine Sekunde gehören, sondern sich ständig in andere Seinsformen, auch in andere Menschen verwandeln. So gesehen besteht jede Manifestation, egal, ob Mensch, Tier, Stein oder Wolke, aus dem ganzen Kosmos und ist miteinander immer verbunden. Ein Beispiel: Einen winzigen Teil der Luft, die Sie gerade einatmen, die zu Ihnen wird, haben ich und die anderen hier im Raum gerade ausgeatmet. Und was Sie jetzt ausatmen, atmen wir alle wieder ein, das wird wieder zu uns. Und die Frage, die Sie gestellt haben, lässt mich jetzt antworten. Wer von uns ist der Urheber dieser Antwort? Meine Antwort hören nicht nur Sie, sondern alle, die hier sind. Und auf diese Menschen haben meine Worte,

Know-how

Zen-Geist erleben

Schon als junger Mönch engagierte sich Thich Nhat Hanh in seinem vom Krieg erschütterten Heimatland Vietnam für Mitgefühl und soziale Gerechtigkeit und begann, sich weltweit für Gewaltfreiheit und Frieden einzusetzen. 1962 gründete er den Tiep-Hien-Orden (Intersein-Orden) und versuchte, zwischen den Kriegsparteien zu vermitteln. Heute ist dieser Orden weltweit verbreitet. Ihm gehören nicht nur Mönche und Nonnen, sondern auch Normalbürger mit Beruf und Familie an. Seit 1966 lebt er im Exil in Frankreich, wo er ein großes buddhistisches Kloster namens »Plum Village« gründete. Jährlich kommen Tausende Menschen dorthin, um zu lernen und am friedvollen klösterlichen Leben teilzunehmen. Heute gibt es in vielen Ländern, auch in Deutschland, spirituelle Zentren und Klöster, die, von Thich Nhat Hanh inspiriert, ein achtsames Leben als Gemeinschaft praktizieren und Sinnsuchende in den Zen-Geist einführen. Thich Nhat Hanh hat unzählige Bücher geschrieben, die Suchenden eine Anleitung für ein erfülltes Leben geben. Er hält auch weltweit Vorträge und Retreats (Seminare). Und er besucht die ganz Großen dieser Welt, international einflussreiche Politiker, Industrie-Tycoone, Topmanager und Firmenbosse, um ihnen und ihren Mitarbeitern seine Botschaft des Mitgefühls und der Achtsamkeit nahe zu bringen.

Wenn Sie mehr über den Weg und die Lehre von Thich Nhat Hanh wissen oder ein paar Tage Rückzug und Stille im Zen-Geist erleben möchten: www.plumvillage.org, www.intersein-zentrum.de, www.quelle-des-mitgefuehls.de.

die Sie mit Ihrer Frage hervorgerufen haben, auch eine Wirkung. Wenn Sie das niederschreiben in Ihren Worten, wird es auf jeden, der es liest, wieder eine Wirkung haben. Wer war die Ursache dafür? Sehen Sie die Verbindungen, die Sie in genau diesem Moment zu unzähligen Menschen haben? Und das waren jetzt nur zwei Beispiele von Milliarden von Interaktionen, die uns Menschen alle miteinander ständig verbinden. Alles, was wir tun, hat Auswirkungen auf andere. Auf den ganzen Kosmos. Deswegen ist es so wichtig, achtsam zu sein.

Und was ist mit der Blume?
:Auch in der Blume ist das ganze Universum enthalten. Sie ist da, einzigartig, und besteht doch nur aus Nicht-Blumen-Elementen. In ihr ist die Erde, in der sie wuchs, all die zu Kompost gewordenen Pflanzen und tierischen Ausscheidungen, die Bodenlebewesen und Mineralien, die die Erde so fruchtbar machten, dass sie daraus sprießen konnte. In ihr ist die Luft, die uns alle umgibt, und die Sonne, der sie entgegengewachsen ist. In der Blume sind auch Teile der vielen Menschen, die sie gesät, gehegt und gepflegt haben, abgeschnitten, transportiert, verkauft und schließlich hier in diese Vase gestellt haben. Ohne diese Menschen wäre sie jetzt nicht hier. In der Blume ist auch die Wolke da draußen. Wolken bestehen aus Wassertröpfchen, und ohne Wasser gäbe es diese Blume nicht. Und uns Menschen auch nicht. Wir bestehen zu ca. 80 Prozent aus Wasser. Also sind wir eine ganz schön große Wolke!

Wir schweben aber nicht am Himmel dahin ...
:Die vielen winzig kleinen Wassertröpfchen, die sich in der Luft, die Sie gerade ausatmen, befinden, verdunsten, schweben in der Luft. Und wenn später jemand das Fenster öffnet, schlupfen einige dieser Wassertröpfchen ins Freie, steigen hoch auf, sammeln sich mit anderen und bilden eine Wolke. Mindestens ein Teilchen, das gestern oder vor einem Jahr Bestandteil Ihres Körpers, von Ihnen war,

schwebt jetzt irgendwo am Himmel dahin. Und dann fällt es irgendwo mit anderen Wasserteilchen als Tropfen wieder herab. In ein Meer, auf einen Wald, auf ein Hausdach, auf die Nasenspitze eines Kindes. Egal, wohin der Tropfen fällt, egal, wie oft er Teil einer Pflanze, eines Tieres oder Menschen wird, irgendwann findet er seinen Weg zurück in die Erde, sickert tief nach unten und kommt schließlich als Quelle wieder ans Tageslicht. Um dann wieder Bestandteil anderer Lebensformen zu werden, die es trinken. Vielleicht stecken in der Wasserflasche hier auf dem Tisch Tröpfchenelemente, die einst Sie selbst als Baby, Dschingis Khan, Ihre Ururgroßmutter, einen Präsidenten, einen Nobelpreisträger, einen Mörder oder Ihren Nachbarn mitgebildet haben. Jeder winzige Tropfen hat unzählige Manifestationen hinter und vor sich. Und wenn Sie dieses Wasser trinken, werden all diese Tröpfchen kurzfristig zu Ihnen. Es gibt keine Trennung, kein individuelles, von allem anderen abgegrenztes Existieren, sondern nur ein »Intersein«, wie ich es nenne.

Was bringt es, wenn man sich seiner Verbindung zu aller Existenz bewusst wird?
:Man wird frei. Frei von aller Angst und allen Sorgen. Man erkennt, dass man bereits im Land des Buddha, im Himmelreich Gottes weilt. Immer war, immer sein wird. Dass Trennung, Geburt und Tod so nicht existieren. Dass alles, was ist, immer ist. Und alles voneinander abhängt. Die dualistische Vorstellung von Ursache und Wirkung, von Anfang und Ende ist eine Illusion. Was nicht ist, ist nicht weg, sondern wir können es nur gerade nicht erkennen. Wie ausgeatmete Wassertröpfchen. Die sehen wir nicht, erkennen weder, dass sie Teil von uns waren, noch, dass dieser Teil von uns jetzt zu etwas anderem wird. Weil unser Geist zu beschränkt ist, wir uns vom Universum getrennt fühlen, glauben wir, dass wir von einem Nichts durch Zeugung und Geburt zu etwas, zu einem individuellen Menschen geworden sind und mit dem Tod wieder verschwinden, uns in Nichts auflösen. Dabei kann doch nicht einmal ein winzig kleiner Wassertropfen aus dem Nichts erzeugt oder zum absoluten Verschwinden gebracht werden! Deswegen sagt man im Zen: Es gibt keine Geburt und keinen Tod. Kein Sein und kein Nichtsein.

Aber wir werden geboren und wir sterben.
:Ständig. In achtsamem Bewusstsein, wenn man Zen praktiziert, erkennt man, dass sich alles aus allem manifestiert und gleichzeitig alles aus allem demanifestiert. Ein Beispiel: Sehen Sie sich ein Foto von sich an. Sind Sie jetzt, als Betrachter, noch genau derselbe Mensch wie der auf dem Bild? Und wenn nicht, wer und wo ist dieser Mensch auf dem Bild, und wer sind Sie, der Betrachter? Ein anderes Beispiel: Zwei Frischvermählte schauen sich am Hochzeitsmorgen an. Er sagt erstaunt zu ihr: »Bist du wirklich die Frau, die ich gestern geheiratet habe?« Sie sagt: »Mach dir keine Sorgen, mein Schatz. Ich bin noch ganz genau die, die du geheiratet hast, und ich bin auch eine andere.« Wir bleiben immer wir selbst und wir wandeln uns gleichzeitig ständig. Jede Sekunde werden Teile von uns geboren und sterben Teile von uns. Und trotzdem bleiben wir immer wir selbst. Denn alles, was existiert und nicht existiert, ist immer miteinander verbunden. Wenn man das erlebt, begreift, dann geht einen die ganze Welt plötzlich etwas an. Man will weder sich noch irgendeinem anderen Wesen ein Leid antun, sondern nur das Allerbeste. Denn alles, was man anderen antut,

tut man sich selbst an. Und alles, was man sich selbst antut, tut man auch anderen an.

Tatenlos zusehen und Frieden wünschen reicht nicht, wenn andere leiden oder Unrecht geschieht!

:Nein. Wenn man sieht, dass jemand in Not ist, ist man, weil mit ihm verbunden, selbst in Not. Und wird alles versuchen, um diese Not zu lindern. Man muss sich auch wehren, wenn man selbst oder andere verletzt werden. Aber mit Mitgefühl. Denn man ist auch mit dem, der die Verletzungen verursacht hat, verbunden und spürt, dass er aus eigenem Leid heraus so gehandelt hat. Wer achtsam lebt, verurteilt nichts und niemanden, sondern handelt in jedem Moment angstfrei und voller Mitgefühl und Friedfertigkeit.

Haben Sie die Lehre des Mitgefühls und der Friedfertigkeit, die Sie vertreten, nie angesichts persönlich miterlebten Leids und all der Gewalt und Ungerechtigkeit, die in dieser Welt ständig geschehen, in Frage gestellt?

:Nein. Wenn man mir eine Welt oder einen Himmel ohne Leid anbieten würde, ich möchte dort nicht sein. Nur durch miterlebtes Leiden kann man wahres Mitgefühl in jeder Hinsicht entwickeln, kann man das »Intersein« erfahren. Wir Menschen können außerdem gar nicht anders, als anderen Wesen irgendwie Leid anzutun. Selbst der friedfertigste Vegetarier muss Lebendiges, nämlich Pflanzen, töten und aufessen, um selbst überleben zu können. Sogar ein Fastender tötet ständig in seinem Körper Mikroorganismen ab und verletzt oder zerstört mit jedem seiner Schritte unabsichtlich Kleinstlebewesen. Leben und Tod, Sein und Nichtsein sind eins. Im Zen versuchen wir, durch Achtsamkeit die damit zwangsläufig verbundenen Leiden für alle Wesen so gering wie möglich zu halten und mehr Freude, Bewusstheit, Liebe und Frieden in diese Welt zu bringen.

Sie widersprechen sich. Einerseits sagen Sie, diese Welt ist bereits das Paradies, und andererseits, dass Leid unvermeidlich ist.

:Was Sie sagen, ist wie ein Koan, ein Satz, den Zen-Meister ihren Schülern zum Darüber-Meditieren geben, um dabei zur wahren Einsicht, zu absolutem Mitgefühl mit allem Seienden zu gelangen. Sein und gleichzeitig nicht sein, leben und gleichzeitig sterben, leiden und gleichzeitig lieben. So ist unser Leben. Wer Achtsamkeit übt, täglich praktiziert, erweckt und entwickelt in der Wahrnehmung der ständigen Verbundenheit mit all diesen scheinbaren Widersprüchen seine Buddhanatur.

Und was bringt das?

:Erfüllung, Freiheit, Weisheit, also tiefes Verstehen und wahren, inneren Frieden. Für einen selbst und alle Wesen. Wer achtsam lebt, der wirkt ja auch auf andere. Bewusst und unbewusst. Vor kurzem war ich beispielsweise in den USA in Washington DC und habe mit Kongressmitgliedern das achtsame Gehen geübt. Etliche erzählten mir später, dass sie noch immer, wenn sie gestresst sind oder bei einer politischen Entscheidung nicht weiterkommen oder einfach, weil es inzwischen zu ihrem Leben gehört, regelmäßig auf dem Capitol Hill die Gehmeditation praktizieren. Täglich also viele Atemzüge voller Frieden und viele Schritte voller Frieden machen. Was meinen Sie, wie das wirkt? Auf politische Entscheidungen, die anderen Abgeordneten, die Mitarbeiter, die Familien, die Freunde, die Bekannten ... Jeder Mensch, der Achtsamkeit praktiziert, kann nicht nur seine Welt, sondern die ganze Welt verändern.

Mein Lieblingsmotto: »Wenn du ins Schwarze treffen willst, musst du danebenzielen.«
:Dieses Beispiel illustriert, dass es nicht darum geht, etwas zu erreichen, etwas zu werden, sondern darum, voll und ganz zu sein, wo und wie man ist, und nur das, was man gerade tut, mit voller Aufmerksamkeit zu machen. Also achtsam zu atmen, achtsam zu stehen, achtsam den Pfeil einzulegen, achtsam den Bogen zu spannen. Eins mit Pfeil und Bogen zu werden. Dann fliegt der Pfeil, man selbst automatisch mitten ins Ziel, ohne dass man es vorher anvisiert hat, ohne dass man es sich vorher gewünscht hat. Wenn man achtsam ist, ist ein Volltreffer kein Wunder, hat keine besondere Bedeutung. Er manifestiert sich einfach, weil die richtigen Voraussetzungen dafür da sind. Und man erlebt ihn achtsam und voll bewusst. Wer sich aber auf etwas Zukünftiges konzentriert, darauf, gleich ins Schwarze zu treffen, ist nicht mehr achtsam, nicht mehr eins mit dem Universum, nicht mehr im Himmelreich Gottes. Dann wird man ängstlich und verkrampft, und das überträgt sich auch auf den Bogen, den Pfeil, die Zielscheibe. Wir sind ja wirklich mit allem verbunden! Dann wird es sehr schwer, wirklich zu treffen. Und selbst wenn man es trotzdem geschafft hat, kann man das erhoffte Glück kaum oder nur ganz kurz genießen. Denn dann kommt schon wieder der Zweifel, ob man es morgen und übermorgen und in einem Jahr auch wieder schaffen wird.

Ist es manchmal schwierig für Sie, für Millionen Menschen Vorbild und Lehrer zu sein?
:Es ist kein Unterschied für mich, ob ich allein ein Glas Wasser trinke oder einen Vortrag halte. Wenn ich allein ein Glas Wasser trinke, versuche ich, das so achtsam wie möglich zu tun. Wenn ich auf eine Bühne gehe, um zu Tausenden Menschen zu sprechen, dann versuche ich, so achtsam wie möglich zu atmen. So achtsam wie möglich auf die Bühne zu gehen. So achtsam wie möglich zu sprechen. Das ist das, was ich tue. Die mir zuhören, versuchen, achtsam zu atmen, achtsam zu sitzen, achtsam zuzuhören. Das ist es, was sie tun. Beide, meine Zuhörer und ich, tun also das Gleiche. Wir üben Achtsamkeit, wir praktizieren Zen.

Kann man als gestresster Europäer auch im Alltag Achtsamkeit üben, Zen praktizieren?
:Ja. Man sollte sich des Einfachsten, was man immer tut, bewusst werden. Des Atmens. Jeder einzelne Atemzug ist ein Wunder. Beim Einatmen wahrnehmen, dass man einatmet, beim Ausatmen wahrnehmen, dass man ausatmet. Als freier Mensch einatmen, als freier Mensch ausatmen. Dem Einatmen innerlich zulächeln, dem Ausatmen innerlich zulächeln. Wer wirklich weiß, mit allen Sinnen erlebt, dass er gerade atmet, ist da. Ist im Moment. Ist im Buddhaland. Weiß, dass er mit allem und allen verbunden ist. Jeder Gedanke, jedes Wort und jede Tätigkeit kann dann zur mitfühlenden, friedvollen Achtsamkeitsübung werden.

Wann und wo soll man das üben?
:Immer und überall!

superlinks

Formel-1-Reflex Seite 153 | Interview: Hypnose Seite 186 | Entspannte Konzentration Seite 217 | Marathon Seite 251 | Meditation Seite 252 | Murmeltechnik Seite 255 | Trance Seite 303 | Zen Seite 317

2-wochen-mental-programm

Nun nehmen Sie sich zwei Wochen Zeit für Ihren Kopf.

- *Sie essen all die wunderbaren kleinen Moleküle der Natur, die dem Geist zu Höhenflügen verhelfen, die Kreativität herauskitzeln und für gute Laune sorgen.*

- *Sie tanken Gehirnmedizin namens Bewegung, die Ihr Neuronennetz verdichtet und es dort oben blitzen lässt.*

- *Sie verbannen mit kleinen Techniken den Erzfeind des Gehirns namens Stress.*

- *Sie machen sich vertraut mit einem wunderbaren Gehirnwellenzustand namens »Alpha« – in dem visualisierend sogar Wünsche in Erfüllung gehen.*

- *Zudem bauen Sie Tag für Tag eine kleine Merk-, Konzentrations- und Kreativitätsübung ein, die Ihre grauen Zellen auf Trab bringt.*

Viel Erfolg!

1. tag mental-programm

Herzlich willkommen im Club der Denker! Heute starten Sie mit Ihrem Zwei-Wochen-Mentalprogramm. So sieht der Tag aus:

- Sie trinken morgens auf nüchternen Magen ein Glas Wasser – darf aber ruhig auch ein Eiweißshake mit fettarmer Milch sein.
- Sie bringen 30 Minuten lang Sauerstoff ins Gehirn. Indem Sie kraftvoll spazieren gehen, walken (ideal mit Nordic-Walking-Stöcken) oder laufen. Das macht kreativ – und den Kopf fit für den ganzen Tag.
- Nun gehen Sie unter die Dusche. Warm-kalt-warm-kalt – das regt die Durchblutung an. Auch im Kopf.
- Auf zum Denkerfrühstück: Brainmüsli mit Blaubeeren isst auch der Gehirnforscher Prof. Beyreuther (siehe Interview ab Seite 136).
- Und vor der Arbeit finden Sie noch zehn Minuten Zeit für Gehirnjogging. Machen Sie die Merkübung auf Seite 248.
- Schon vormittags trinken Sie 1,5 Liter Wasser. Sie können auch einen Teebeutel (warum nicht grün?) hineintun.
- Am Schreibtisch machen Sie ein Fitnesshäppchen von Seite 145ff. Trampolin, Springseil oder Tube.
- Kommt Hunger auf? Ab Seite 357 finden Sie herzhafte und süße Snacks. Einen essen Sie vormittags, einen nachmittags.
- Mittags genießen Sie das Kohlrabi-Birnen-Carpaccio.
- Danach tun Sie 1000 Schritte. Oder machen die Tiefschlafübung von Seite 257ff.
- Alle 90 Minuten verlangt der Geist nach einer Pause. Geben Sie sich doch ruhig mal Tagträumen hin – siehe Seite 301f.
- Abends essen Sie Lammfilet mit Mangold und Linsen.
- Machen Sie die Kontemplationsübung von Seite 213.
- Für heute haben Sie genug für Ihr Gehirn getan. Schalten Sie ab.
- Vor dem Einschlafen murmeln Sie noch einmal Iamon-Iamon-Iamon … siehe Seite 257f.

FRÜHSTÜCK

Brainmüsli mit Blaubeeren

3 EL Vollkornhaferflocken
100 ml fettarme Milch
100 g Blaubeeren
1 EL Weizenkeime
1 EL Hefeflocken
1 TL geschroteter Leinsamen
1 TL flüssiger Honig
2 TL gehackte Haselnüsse

1 Die Haferflocken in einer kleinen Schüssel mit der Milch übergießen und quellen lassen.
2 Die Blaubeeren kurz abbrausen, verlesen und trockentupfen. Mit den Weizenkeimen, Hefeflocken und Leinsamen unter die Haferflocken mischen. Das Müsli mit dem Honig süßen und mit den Nüssen bestreuen.

Variante: Wahlweise andere frische Beeren nehmen, zum Beispiel Erdbeeren, Himbeeren, Brombeeren.

MITTAGESSEN

Kohlrabi-Birnen-Carpaccio

- 1 kleiner zarter Kohlrabi
- 1 kleine feste Birne (etwa 100 g)
- 1 EL Zitronensaft
- 1 TL Apfelessig
- Salz, schwarzer Pfeffer
- 1 EL Rapsöl
- 40 g Gorgonzola
- 2 TL Kürbiskerne

1 Den Kohlrabi schälen und halbieren, die Birne gut waschen, abtrocknen, halbieren und das Kerngehäuse entfernen. Kohlrabi und Birne mit einem Hobel in sehr dünne Scheiben schneiden, auf einem Teller locker anrichten.

2 Den Zitronensaft, Apfelessig, Salz, Pfeffer und Rapsöl kräftig verrühren, das Carpaccio gleichmäßig damit beträufeln. Den Gorgonzolakäse klein würfeln, Kürbiskerne hacken, beides über das Carpaccio streuen. Alles mit Pfeffer übermahlen.

Tipp

Zu Kohlrabi-Birnen-Carpaccio

Im Blattgrün des Kohlrabi stecken viel mehr Vitamin C, Carotin und Mineralstoffe als in der Knolle selbst. Die zarten Blättchen also nicht wegwerfen, sondern feinstreifig schneiden und über das Carpaccio streuen.

ABENDESSEN

Lammfilet mit Mangold und Linsen

- 1 kleine Zwiebel
- 1 kleine Knoblauchzehe
- 2–3 Mangoldblätter (etwa 200 g)
- $1\,^1/_2$ EL Olivenöl
- 50 g grüne Linsen
- 150 ml Gemüsefond oder -brühe
- $^1/_2$ Lorbeerblatt
- Salz, schwarzer Pfeffer
- 1 Lammfilet (etwa 80 g)
- $^1/_2$ TL getrockneter Thymian
- 100 g kleine Strauchtomaten
- 1 TL Aceto balsamico

1 Die Zwiebel und die Knoblauchzehe abziehen und fein würfeln. Den Mangold waschen und putzen, die Stiele in kleine Würfel schneiden, die Blätter hacken.

2 In einem Topf 1 Esslöffel Olivenöl erhitzen, Zwiebel, Knoblauch, Mangoldstiele und Linsen darin unter Rühren anbraten. Fond oder Brühe angießen, mit Lorbeer, Salz und Pfeffer würzen. Alles aufkochen und zugedeckt bei mittlerer Hitze 25 Minuten köcheln lassen, bis die Linsen weich sind.

3 Etwa 10 Minuten vor Garende das übrige Öl in einer kleinen Pfanne erhitzen. Lammfilet mit Pfeffer und Thymian einreiben, rundherum 2 bis 3 Minuten anbraten. Herausnehmen und salzen. In Alufolie wickeln und warm stellen.

4 Die Tomaten waschen und vierteln, mit den gehackten Mangoldblättern unter das Linsengemüse mischen, noch 5 Minuten ziehen lassen. Mit Salz, Pfeffer und Balsamessig abschmecken, Gemüse mit dem Lammfilet anrichten.

Dazu schmecken zwei Scheiben knuspriges Vollkornbaguette.

2. tag mental-programm

Auch heute und an den folgenden zwölf Tagen schenken Sie Ihrem Gehirn die Standardfitnesseinheiten:

Morgens vor dem Aufstehen ein Glas Wasser trinken und dann einen Eiweißshake mit Magermilch. Nun 30 Minuten Sauerstoff ins Gehirn pumpen, indem Sie die Beine einsetzen. Wechseldusche. Über den Tag begleiten Sie die Brainfood-Rezepte auf dieser Seite, statt des Frühstücks können Sie auch einen Denkerdrink von Seite 356 wählen. Und wenn Sie Hunger haben, dann picken Sie sich einen Snack heraus. Trinken Sie drei Liter über den Tag verteilt – Wasser und Tee. Am Schreibtisch machen Sie ein Fitnesshäppchen von Seite 145ff. Trampolin, Springseil oder Tube. Nach dem Mittagessen tun Sie 1000 Schritte. Oder machen die Tiefschlafübung von Seite 257ff. Und die üben Sie auch noch einmal vor dem Einschlafen. Gucken Sie immer mal wieder wie ein Kind (siehe Seite 213).

Ihr heutiges Zusatzprogramm fürs Gehirn

- Heute steht der Formel-1-Reflex auf dem Programm (ab Seite 153). Malen Sie sich Ihre Visitenkärtchen, bringen Sie diese an Ihren Stressoren an.
- Als Gehirnjoggingübung wählen Sie ein Neurobic ab Seite 274.
- Machen Sie eine Aktion, die mit Kultur und/oder sozialem Leben zu tun hat: Treffen Sie Freunde, spielen Sie, gehen Sie tanzen, ins Theater oder ins Kino.

FRÜHSTÜCK

Brötchen mit Himbeermus

- 50 g frische Himbeeren
- 2–3 Minzeblätter
- 1 TL Zitronensaft
- 1 TL Ahornsirup
- 1 Roggenvollkornbrötchen (etwa 50 g)
- 2 EL Magerquark

1 Die Himbeeren verlesen, falls nötig, abbrausen und abtrocknen, mit einer Gabel zerdrücken. Die Minze abreiben, fein hacken und unter das Beerenmus mischen. Dieses mit Zitronensaft und Ahornsirup aromatisieren.

2 Das Brötchen halbieren, jede Hälfte mit 1 Esslöffel Quark bestreichen. Das Himbeerpüree darauf verteilen, mit 1 Minzeblättchen garnieren.

Variante: Begrüßen Sie den Morgen zur Abwechslung mal mit einem Erdbeermus!

MITTAGESSEN

Marinierter Tofu mit Gemüse

100 g fester Tofu
2 EL helle Sojasauce
1 kleine Möhre
50 g Zuckerschoten
2 Frühlingszwiebeln
100 g frische Mungobohnensprossen
Salz, schwarzer Pfeffer
1 $^1/_2$ EL Reisessig (ersatzweise milder Obstessig)
1 TL Sesamöl
1 EL Erdnussöl

1 Den Tofu zwischen Küchenpapier leicht auspressen, in Würfel schneiden und mit 1 Esslöffel Sojasauce beträufeln.

2 Die Möhre schälen und in Stifte schneiden, die Zuckerschoten waschen und halbieren. Die Frühlingszwiebeln putzen und in Scheiben schneiden. Die Sprossen ganz lassen. Alles Gemüse in kochendem Salzwasser 1 Minute blanchieren, abtropfen lassen, 2 Esslöffel Gemüsekochwasser aufheben.

3 Den Essig, übrige Sojasauce, den abgenommenen Gemüsesud, Salz, Pfeffer und beide Ölsorten verquirlen. Das Gemüse mit dem Tofu dekorativ anrichten, Marinade darüber gießen und 10 Minuten ziehen lassen.

Tipp

... für das Büro

Den Tofu abends vorbereiten und am nächsten Tag in einer Frischhaltedose verpackt als leichte Mittagsmahlzeit mit ins Büro nehmen.

ABENDESSEN

Kräuter-Reis-Suppe mit Lachs

30 g Naturreis mit Wildreis
Salz, schwarzer Pfeffer
120 g Lachsfilet
1 EL Zitronensaft
1 kleine Möhre (etwa 40 g)
1 Schalotte
2 TL Olivenöl
200 ml Fischfond (aus dem Glas)
2 EL gehackte Kräuter (zum Beispiel Petersilie, Dill, Schnittlauch)
2 TL Schmand (24 % Fett)

1 Den Reis nach Packungsangabe in Salzwasser garen.

2 Das Lachsfilet waschen, trockentupfen und in mundgerechte Stücke schneiden, salzen, pfeffern und mit Zitronensaft beträufeln.

3 Die Möhre und Schalotte schälen und fein würfeln, in dem heißen Öl andünsten. Fischfond angießen und aufkochen lassen. Den Lachs in die Suppe einlegen und bei schwacher Hitze in 4 Minuten gar ziehen lassen.

4 Den Reis abgießen, abtropfen lassen und mit Kräutern und Schmand in die Suppe geben. Kurz ziehen lassen.

3. tag *mental-programm*

Und wieder schenken Sie Ihrem Gehirn die Standardfitnesseinheiten:

Das Glas Wasser morgens, wenn Sie wollen, den Eiweißshake. 30 Minuten Sauerstoff tanken. Wechseldusche. Über den Tag begleiten Sie die Brainfood-Rezepte auf dieser Seite, statt des Frühstücks können Sie auch einen Denkerdrink von Seite 356 wählen. Ab Seite 357 gibt's Snacks für den Extrahunger. Drei Liter trinken. Am Schreibtisch machen Sie ein Fitnesshäppchen von Seite 145ff. Spaziergang oder Tiefschlafübung nach dem Mittagessen. Letzteres noch einmal vor dem Einschlafen. Und trainieren Sie den Formel-1-Reflex immer dann, wenn Stress aufkommt. Gucken Sie wie ein Kind. Machen Sie noch eine der Neurobicübungen von Seite 274f. Das tun Sie nun täglich.

Ihr heutiges Zusatzprogramm fürs Gehirn

- Heute wird gelächelt (ab Seite 234) und gelacht.
- Und zehn Minuten gehirnjoggend probieren Sie sich an den Zahlen auf Seite 315f.
- Machen Sie eine Aktion, die mit Kultur und/oder sozialem Leben zu tun hat: Treffen Sie Freunde, spielen Sie, gehen Sie tanzen, ins Theater oder ins Kino.

FRÜHSTÜCK

Hähnchen-Kiwi-Brot

1 Scheibe Mehrkornbrot (etwa 45 g)
1 TL fettreduzierter Frischkäse
$^1/_2$ TL scharfer Dijonsenf
1 Kiwi
30 g gegarter Hähnchenbrustaufschnitt
schwarzer Pfeffer aus der Mühle
etwas Kresse

1 Das Brot erst mit dem Frischkäse, dann mit dem Senf bestreichen.

2 Die Kiwi dünn abschälen und in Scheiben schneiden. Die Hälfte der Kiwi- und Hähnchenbrustscheiben überlappend auf dem Brot anrichten. Mit Pfeffer übermahlen und mit etwas Kresse garnieren. Die übrigen Kiwischeiben dazu essen.

Variante: Lust auf Käse? Dann tauschen Sie die Hähnchenbrust gegen dünne Scheiben Brie aus!

MITTAGESSEN

Gefüllte Tomate mit Thunfisch

2 reife Strauchtomaten (etwa 300 g)
50 g Zucchino
1 kleine Dose Thunfisch im eigenen Saft (60 g Abtropfgewicht)
1 kleine Knoblauchzehe
1 EL saure Sahne
1 EL gehackte Petersilie
1 TL Zitronensaft
Salz, schwarzer Pfeffer

1 Die Tomaten waschen, auf der runden Seite einen flachen Deckel abschneiden. Kerne und Fruchtfleisch mit einem Löffel herausschaben, anderweitig verwenden. Die Tomaten umgedreht ablaufen lassen.

2 Für die Füllung Zucchino waschen, putzen und fein würfeln. Den Thunfisch abgießen, in kleine Stückchen zupfen und beides vermengen. Die Knoblauchzehe abziehen und dazudrücken. Saure Sahne und Petersilie hinzufügen, die Masse mit Zitronensaft, Salz und Pfeffer abschmecken.

3 Die Thunfischmasse in die Tomaten füllen, eventuell mit Petersilie garnieren und den Tomatendeckel auflegen.

Dazu 1 Scheibe Vollkornbrot servieren.

ABENDESSEN

Sommergemüse-Penne mit Mozzarella

100 g grüner Spargel
75 g grüne Bohnen
Salz, schwarzer Pfeffer
50 g Vollkorn-Penne
1 kleine Zwiebel
1 kleine Knoblauchzehe
1 kleine rote Paprikaschote
1 EL Olivenöl
6 EL trockener Weißwein (ersatzweise Gemüsefond oder -brühe)
$^1/_2$ TL gehackter Thymian
5 schwarze Oliven
50 g Mozzarella
1 Zweig Basilikum

1 Den Spargel waschen, Endstücke abschneiden und das untere Drittel schälen. Die Stangen schräg in 3 bis 4 Zentimeter lange Stücke schneiden. Die Bohnen waschen, putzen und halbieren.

2 In einem Topf 1 Liter Salzwasser zum Kochen bringen, Nudeln, Spargel und Bohnen darin zusammen in 8 bis 10 Minuten bissfest garen, dann abgießen und abtropfen lassen.

3 Inzwischen die Zwiebel und Knoblauchzehe abziehen und fein hacken, die Paprikaschote waschen, putzen und in kleine Würfel schneiden.

4 Das Öl in einer mittelgroßen Pfanne erhitzen, Zwiebel und Knoblauch darin glasig dünsten. Paprika hinzufügen und 3 Minuten mitdünsten. Wein angießen, Thymian hinzufügen und 5 Minuten einkochen lassen. Nudeln samt Gemüse und Oliven dazugeben und in der Pfanne wenden. Mit Salz und Pfeffer würzen.

5 Den Mozzarella in Scheiben schneiden, auf das Gemüse legen und zugedeckt bei schwacher Hitze in 5 Minuten schmelzen lassen. Die Nudelpfanne mit Basilikum garnieren.

Herbstvariante: Mit Auberginen, Zucchini und gelber Paprika wird es ein ebenso bunter und aromatischer Genuss.

4. tag mental-programm

Geht Ihnen schon in Fleisch und Blut über:

Das Glas Wasser morgens, Eiweißshake. 30 Minuten Sauerstoff tanken. Wechseldusche. Unsere Brainfood-Rezepte auf dieser Seite. Snacks für den Extrahunger. Drei Liter trinken. Fitnesshäppchen am Schreibtisch. Formel-1-Reflex. Tiefschlafübung mittags und abends … Wie ein Kind gucken, Neurobicübung, eine Telefonnummer merken, lächeln, herzhaft lachen …

Ihr heutiges Zusatzprogramm fürs Gehirn

- Und heute wird gelacht (ab Seite 234).
- Und zehn Minuten gehirnjoggend probieren Sie sich an den »Namen«, Seite 270f. Merken Sie sich heute all die Namen, die Ihnen begegnen.
- Machen Sie eine Aktion, die mit Kultur und/oder sozialem Leben zu tun hat: Treffen Sie Freunde, spielen Sie, gehen Sie tanzen, ins Theater oder ins Kino. Oder lesen Sie ein schönes Buch.

FRÜHSTÜCK

Pikante Hafer-Kefir-Suppe

150 ml Gemüsefond oder -brühe
3 EL feine Vollkornhaferflocken
1 kleine rote Spitzpaprika
5 Schnittlauchhalme
100 g fettarmer Kefir (1,5 % Fett)
Salz, schwarzer Pfeffer
1 TL Zitronensaft

1 Fond oder Brühe aufkochen, die Haferflocken einstreuen und zugedeckt bei kleiner Hitze 5 Minuten quellen lassen.

2 Inzwischen die Paprikaschote waschen, halbieren und putzen. Die Hälften in kleine Würfel schneiden. Den Schnittlauch waschen, trockenschütteln und in feine Röllchen schneiden.

3 Den Haferbrei vom Herd nehmen, den Kefir unterrühren. Mit Salz, Pfeffer und Zitronensaft abschmecken. Den Brei auf einen tiefen Teller geben, die Paprika und den Schnittlauch obendrauf streuen.

Variante: Schmeckt auch prima mit Radieschenscheiben obendrauf.

MITTAGESSEN

Melone mit Wildschinken und Ziegenkäse

1 Stück gekühlte Cantalup-Melone (etwa 200 g)
1 Mini-Romanasalat
30 g roher Wildschweinschinkenaufschnitt (ersatzweise Lachsschinken)
1 kleiner frischer Ziegenkäse (40 g)
1 EL Weißweinessig
Salz, schwarzer Pfeffer
1 EL Orangensaft
1 EL Olivenöl
1 Schalotte

1 Das Melonenstück entkernen, schälen und in Spalten schneiden. Den Salat waschen, trockenschütteln, putzen und mundgerecht zerpflücken.
2 Die Melonenspalten, den Salat und den Schinken auf einem Teller dekorativ anrichten. Den Ziegenkäse darauf legen.
3 Essig, Salz, Pfeffer, Orangensaft und Olivenöl verquirlen. Die Schalotte abziehen und sehr fein würfeln, unter die Vinaigrette heben. Die Marinade über Käse und Salat träufeln und gleich servieren.

Dazu schmeckt knuspriges Walnussbrot.

Tipp

Für mehr Genuss

Den Ziegenkäse in einer mit Öl ausgestrichenen Pfanne bei milder Hitze kurz erwärmen.

ABENDESSEN

Thymianpfannkuchen mit Pfifferlingen

1 Ei
Salz, schwarzer Pfeffer
40 g Weizenmehl (Type 1050)
5 EL fettarme Milch
5 EL Mineralwasser
1 TL gehackter Thymian (frisch oder getrocknet)
60 g Pfifferlinge (ersatzweise Shiitakepilze oder Egerlinge)
1 kleiner Zucchino (etwa 100 g)
1 Strauchtomate
1 Schalotte
1 kleine Knoblauchzehe
1 EL + 2 TL Olivenöl
1 EL gehackte Petersilie

1 Das Ei mit 1/4 Teelöffel Salz, Mehl, Milch und Mineralwasser sowie dem Thymian verquirlen, 30 Minuten quellen lassen.
2 Inzwischen die Pfifferlinge abreiben, nur falls nötig waschen, putzen und grob zerschneiden. Den Zucchino waschen, putzen und in kleine Würfel schneiden. Die Tomate waschen, halbieren, entkernen und ebenfalls klein würfeln.
3 Die Schalotte und den Knoblauch abziehen, fein hacken und in 1 Esslöffel heißem Öl glasig dünsten. Zucchino und Pilze dazugeben und 3 Minuten mitdünsten. Salzen und pfeffern, Tomaten einrühren und zugedeckt noch 3 Minuten schmoren.
4 Inzwischen eine mittelgroße beschichtete Pfanne mit dem übrigen Öl ausstreichen, die Eiermasse hineingießen und bei mittlerer Hitze in 4 bis 5 Minuten einen Pfannkuchen backen, dann wenden und noch 2 bis 3 Minuten weiter backen. Das Gemüse auf eine Hälfte geben, Petersilie aufstreuen. Pfannkuchen umklappen und gleich servieren.

5. tag mental-programm

Alles klar:

Auch heute gibt es wieder das Glas Wasser morgens, den Eiweißshake. 30 Minuten Sauerstoff tanken. Wechseldusche. Brainfood-Rezepte. Snacks. Drei Liter trinken. Fitnesshäppchen am Schreibtisch. Neurobicübung. Formel-1-Reflex. Tiefschlafübung mittags und abends. Lächeln. Mindestens einmal so richtig herzhaft lachen. Wie ein Kind gucken. Und eine Telefonnummer und einen Namen merken.

Ihr heutiges Zusatzprogramm fürs Gehirn

- Gehirnjogging: Machen Sie sich eine Liste – wie´s geht, steht auf Seite 247f.
- Und küren Sie diesen Tag zum Nasentag: Schnuppern Sie überall rein – erst mal auf Seite 272.
- Vergessen Sie Ihre Kultur- oder Soziales-Leben-Aktion nicht.

FRÜHSTÜCK

Melone mit Mandelquark

1/4 Cantalup-Melone (etwa 250 g)
4 Erdbeeren
1 EL Zitronensaft
100 g Quarkzubereitung (0,2 % Fett)
2 TL Birnendicksaft
1 EL gehackte Mandeln
1 Zweiglein Zitronenmelisse

1 Das Melonenstück entkernen, schälen und in schmale Spalten schneiden. Die Erdbeeren waschen, grüne Kelchblätter entfernen und die Beeren halbieren. Melonen und Erdbeeren auf einem Teller anrichten und mit dem Zitronensaft beträufeln.

2 Die Quarkzubereitung mit dem Birnendicksaft verrühren. Die Mandeln – nach Belieben vorher anrösten – untermischen. Den Mandelquark über den Früchten verteilen, mit etwas Zitronenmelisse garnieren.

Variante: Statt Mandeln zur Abwechslung gehackte Pistazien nehmen.

MITTAGESSEN

Kräuter-Bulgur-Salat mit Garnelen

100 ml Gemüsebrühe
40 g Bulgur
1 Minigurke (etwa 100 g)
1 Frühlingszwiebel
1 EL Zitronensaft
1 EL Weißweinessig
1/2 TL scharfer Senf
Salz, schwarzer Pfeffer
1 EL + 1 TL Rapsöl
1/2 Kästchen Kresse
1/4 Bund Schnittlauch
100 g rohe Riesengarnelenschwänze

Tipp

Variation

Kleine Garnelen, zum Beispiel Shrimps, können Sie auch unter den Salat heben.

1 Die Brühe aufkochen, Bulgur einstreuen und zugedeckt bei milder Hitze 2 bis 3 Minuten quellen lassen, dann etwas abkühlen lassen.

2 Die Gurke putzen, schälen und klein würfeln. Die Frühlingszwiebel waschen, putzen und in feine Ringe schneiden. Gemüse und Bulgur vermengen.

3 Für die Marinade den Zitronensaft, Essig, Senf, Salz, Pfeffer und 1 Esslöffel Öl verschlagen, mit dem Salat vermischen. Kresse abschneiden, den Schnittlauch waschen, trockenschütteln und in feine Röllchen schneiden. Die Kräuter unter den Salat heben, kurz durchziehen lassen.

4 Eine kleine Pfanne mit 1 Teelöffel Öl ausstreichen und erhitzen, Garnelen darin 1 bis 2 Minuten braten, auf dem Salat verteilen.

ABENDESSEN

Kaninchenkeule mit Paprikagemüse

1 Kaninchenkeule (etwa 200 g)
1 TL Chiliöl
1 TL gehackter Rosmarin
Salz, schwarzer Pfeffer
1 EL + 2 TL Olivenöl
Je 1 kleine rote und grüne Paprikaschote
2 Schalotten
1 Knoblauchzehe
1 TL Tomatenmark
6 EL Geflügelfond oder -brühe
3 Stängel Petersilie

1 Die Kaninchenkeule waschen und abtrocknen. Das Chiliöl mit 1/2 Teelöffel Rosmarin, Salz und Pfeffer verrühren, die Kaninchenkeule damit rundherum bestreichen.

2 In einer Pfanne 2 Teelöffel Öl stark erhitzen, die Kaninchenkeule darin auf beiden Seiten 10 Minuten anbraten. Die Hitze reduzieren und noch 15 Minuten bei mittlerer Hitze weiterbraten.

3 Inzwischen die Paprikaschoten waschen, putzen und in Rauten, die Schalotten abziehen und in Spalten schneiden. Die Knoblauchzehe abziehen und fein hacken.

4 1 Esslöffel Olivenöl in einem Topf erhitzen, Schalotten, Knoblauch und Paprika darin kurz andünsten. Tomatenmark einrühren, anschwitzen, mit dem Fond oder der Brühe ablöschen. Übrigen Rosmarin zufügen. Alles zugedeckt bei mittlerer Hitze 10 Minuten schmoren lassen, mit Salz und Pfeffer abschmecken. Die Petersilie waschen, abzupfen und fein hacken. Auf das Gemüse streuen, mit der Kaninchenkeule anrichten.

Dazu schmeckt Vollkornbaguette oder Naturreis.

Variante: Keine Kaninchenkeule im Angebot? Dann nehmen Sie stattdessen eine Hähnchenkeule und ziehen vorher die Haut ab!

6. tag mental-programm

Zu diesem Tag gehören:

Glas Wasser. Eiweißshake. Bewegungsrunde. Wechseldusche. Brainfood-Rezepte. Snacks. Drei Liter trinken. Fitnesshäppchen. Neurobicübung. Wie ein Kind gucken. Formel-1-Reflex. Tiefschlafübung. Lächeln. Lachen! Zahlen und Namen merken. Liste machen. Bewusst auch mal die Nase einsetzen.

Ihr heutiges Zusatzprogramm fürs Gehirn

- Gehirnjogging: Abschreiben! Lesen Sie Seite 82 – und schreiben Sie 20 Zeilen ab von einem Roman, einem Zeitschriftenartikel – irgendetwas, das Sie behalten wollen.
- Und heute sind die Ohren dran: Machen Sie die Musikmeditation auf Seite 268.
- Vergessen Sie Ihre Kultur- oder Soziales-Leben-Aktion nicht.

FRÜHSTÜCK

Avocado und Tomaten mit Räucherlachs

$^1/_2$ reife Avocado
3 kleine Strauchtomaten (etwa 150 g)
1 EL Limettensaft
Salz
1 EL Olivenöl
1–2 Spritzer Tabasco (nach Belieben)
Schwarzer Pfeffer aus der Mühle
50 g Räucherlachsaufschnitt

1 Die Avocado entsteinen und schälen. Das Fruchtfleisch in dünne Scheiben schneiden, die Tomaten waschen und in Spalten schneiden.

2 Die Avocadospalten und Tomaten auf einen Teller dekorativ anrichten. Limettensaft, Salz und Olivenöl verrühren, nach Belieben mit Tabasco schärfen. Marinade über das Gemüse träufeln, mit Pfeffer übermahlen. Die Lachsscheiben in Stücke zupfen, obendrauf legen.

Dazu schmeckt eine Scheibe Pumpernickel.

Variante: Statt Räucherlachs passt auch Corned Beef, Wildschweinschinken oder geräucherte Putenbrust zur Avocado.

MITTAGESSEN

Handkäse auf Lauch

1 dünne Stange Lauch (etwa 150 g)
Salz, schwarzer Pfeffer
1–2 Rollen Harzer Handkäse (100 g)
1 EL Weißweinessig
$^1/_4$ TL geriebener Meerrettich
1 EL kaltgepresstes Rapsöl
1 EL gehackter Schnittlauch

1 Den Lauch waschen, putzen und schräg in dünne Ringe schneiden. In 1 Liter kochendem Salzwasser in 2 Minuten bissfest garen, dann abgießen (2 Esslöffel Kochwasser aufheben!), abschrecken und gut abtropfen lassen. Lauch auf einem Teller verteilen.

2 Den Handkäse in dünne Scheiben schneiden, überlappend auf den Lauch legen. Essig, Salz, Pfeffer, Meerrettich, Öl und 2 Esslöffel Lauchsud verquirlen, über den Käse träufeln. Den Schnittlauch aufstreuen, 5 Minuten ziehen lassen.

Dazu schmeckt ein kräftiges Roggensauerteigbrot.

Variante: Statt Harzer Käse können Sie auch dünn geschnittene Scheiben Greyerzer oder Gouda marinieren.

ABENDESSEN

Rote-Kichererbsen-Pfanne mit Joghurt

1 Möhre
1 rote Paprikaschote
1 rote Zwiebel
100 g Kichererbsen (aus der Dose)
1 EL Olivenöl
1 TL edelsüßes Paprikapulver
1/4 TL gemahlener Kreuzkümmel
3 Minzeblätter
Salz, schwarzer Pfeffer
1–2 TL Zitronensaft
100 g fettarmer Naturjoghurt
Chiliflocken zum Bestreuen

1 Die Möhre schälen und würfeln, die Paprikaschote waschen, putzen und in feine Streifen schneiden. Die Zwiebel abziehen, halbieren und in dünne Halbringe schneiden. Die Kichererbsen in einem Sieb abtropfen lassen, 1/8 Liter Sud auffangen.

2 Das Öl in einer mittelgroßen Pfanne erhitzen, die Zwiebelringe darin glasig werden lassen. Möhrenwürfel und Paprikastreifen hinzufügen, 3 Minuten mitdünsten. Mit dem Paprikapulver bestäuben und anschwitzen, den Kichererbsensud angießen. Mit Kreuzkümmel würzen. Alles zugedeckt bei mittlerer Hitze 5 Minuten dünsten.

3 Die Kichererbsen einrühren, die Minzeblätter abzupfen, hacken und unterheben. Die Pfanne mit Salz, Pfeffer und Zitronensaft abschmecken. Den Joghurt obendrauf geben, mit Chiliflocken bestäuben.

Tipp

Zwei Möglichkeiten

Schmeckt als vegetarisches Hauptgericht mit Naturreis oder als Beilage zu kurzgebratenem Lamm- oder Rindfleisch.

7. tag mental-programm

Zu diesem Tag gehören:

Glas Wasser. Eiweißshake. Bewegungsrunde. Wechseldusche. Brainfood-Rezepte. Snacks. Drei Liter trinken. Fitnesshäppchen. Neurobicübung. Formel-1-Reflex. Tiefschlafübung. Lächeln. Lachen! Gucken Sie immer mal wieder wie ein Kind. Zahlen und Namen merken. Liste machen. Bewusst auch mal die Nase einsetzen und Fröhlichkeit mit Musik ertanken.

Ihr heutiges Zusatzprogramm fürs Gehirn

- Gehirnjogging: Starten Sie mit einer Fremdsprache, Seite 290ff.
- Und machen Sie den kleinen Jonglierkurs ab Seite 206.
- Auch heute steht Kultur oder soziales Leben auf dem Programm. Tun Sie irgendetwas, das Ihnen Spaß macht.

FRÜHSTÜCK

Sprossenrührei

2 Eier
2 TL helle Sojasauce
1 TL Zitronensaft
2–3 Tropfen Sesamöl
50 g gemischte frische Sprossen (zum Beispiel Linsen-, Mungobohnensprossen; selbst gezogen oder aus dem Kühlregal)
1 dünne Frühlingszwiebel
1 TL Erdnussöl
2 Blätter Kopfsalat
3 Zweige Koriandergrün (ersatzweise Petersilie)

1 Die Eier mit der Sojasauce, Zitronensaft und Sesamöl verrühren. Die Sprossen abbrausen und abtropfen lassen. Die Frühlingszwiebel waschen, putzen und in feine Ringe schneiden. Beides unter die Eiermasse rühren.

2 Das Öl in einer beschichteten Pfanne erhitzen, die Eiermasse hineingießen und bei milder Hitze zu einer cremigen Masse stocken lassen, dabei zusammenschieben.

3 Die Salatblätter waschen, trockenschütteln, putzen und mundgerecht zerpflücken. Auf einem Teller anrichten, das Rührei darauf geben und mit den abgezupften Korianderblättern bestreuen.

Dazu 1/2 Roggenvollkornbrötchen essen.

MITTAGESSEN

Linsen-Spinat-Salat mit Hähnchenbrust

30 g rote Linsen
100 g Hähnchenbrustfilet
1 TL Erdnussöl
Salz, schwarzer Pfeffer
80 g zarter Blattspinat
6 Kirschtomaten
1 EL Weißweinessig
1/2 TL flüssiger Honig
1 EL Walnussöl

1 In einem Topf 150 Milliliter Wasser zum Kochen bringen, die Linsen einstreuen und zugedeckt bei milder Hitze in 7 bis 10 Minuten bissfest garen.

2 Inzwischen das Hähnchenbrustfilet waschen und trockentupfen. Das Öl in einer beschichteten Pfanne erhitzen, das Filet darin bei mittlerer Hitze in 8 bis 10 Minuten auf beiden Seiten braten. Salzen und pfeffern.

3 Den Spinat gründlich waschen, verlesen und gut abtropfen lassen. Die Tomaten waschen und in Scheiben schneiden. Für die Marinade Weißweinessig, Salz, Pfeffer, Honig und Walnussöl verquirlen.

4 Die Linsen abgießen und abtropfen lassen, mit dem Spinat und den Tomaten auf einem Teller dekorativ anrichten. Das Hähnchenfilet schräg in Scheiben schneiden und dazulegen. Mit der Marinade beträufeln.

Variante: Anstelle des Hähnchenfilets können Sie auch Putenbrustfilet braten.

Tipp

Statt Forelle

Auf die gleiche Art können Sie auch eine Meerbrasse zubereiten. Göttlich!

ABENDESSEN

Gedämpfte Asien-Forelle

1 küchenfertige Forelle (etwa 300 g)
Salz, schwarzer Pfeffer
2 Limettenscheiben
5 Zweige Koriandergrün (ersatzweise Petersilie)
1 EL trockener Sherry (Fino)
1 EL Sojasauce
1 TL Erdnussöl
1 haselnussgroßes Stück Ingwer
1 rote Chilischote
1 Frühlingszwiebel

1 Die Forelle waschen, trockentupfen und auf beiden Seiten 2-mal schräg einschneiden. Innen und außen salzen und pfeffern. Limettenscheiben und 2 Korianderzweige in die Bauchhöhle stecken.

2 Für die Marinade Sherry, Sojasauce und Öl verrühren und über die Forelle träufeln. Ingwer schälen, Chilischote putzen und entkernen, beides sehr klein würfeln. Die Frühlingszwiebel waschen, putzen und in feine Ringe schneiden.

3 In einem breiten Topf mit dem passenden Dämpfeinsatz etwa 3 Zentimeter hoch Salzwasser aufkochen. Die Forelle auf den Dämpfeinsatz legen, mit Ingwer, Chilischote und Frühlingszwiebeln bestreuen. Die Marinade darüber gießen und die Forelle zugedeckt im Wasserdampf in 15 bis 20 Minuten garen.

4 Die übrigen Korianderblätter abzupfen und über das Gericht streuen.

Dazu schmeckt Naturreis.

8. tag mental-programm

Die Liste für heute:

Glas Wasser. Eiweißshake. Bewegungsrunde. Wechseldusche. Brainfood-Rezepte. Snacks. Drei Liter trinken. Fitnesshäppchen. Neurobicübung. Formel-1-Reflex. Tiefschlafübung. Lächeln. Lachen! Wie ein Kind gucken. Zahlen und Namen merken. Liste machen. Bewusst auch mal die Nase einsetzen und Fröhlichkeit mit Musik tanken. Und warum nicht ab heute täglich fünf Vokabeln lernen? Hat Ihnen das Jonglieren Spaß gemacht? Dann üben Sie täglich für fünf bis zehn Minuten.

Ihr heutiges Zusatzprogramm fürs Gehirn

- Lassen Sie sich verblüffen von den Illusionen auf Seite 196/197.
- Lernen Sie ein Gedicht auswendig (Seite 104).
- Auch heute steht Kultur oder soziales Leben auf dem Programm.

FRÜHSTÜCK

Frischkornmüsli mit Trauben

40 g frisch geschroteter Dinkel oder Weizen
100 g grüne und blaue Weintrauben
2 Walnusskerne
1 TL Korinthen
1 EL Weizenkeime
100 g Dickmilch
1 TL Ahornsirup

1 Am Vorabend das Getreide mit 5 Esslöffeln Wasser verrühren und zugedeckt über Nacht im Kühlschrank quellen lassen.

2 Am nächsten Tag die Trauben waschen, von den Stielen abzupfen, halbieren und eventuell entkernen. Die Walnüsse hacken.

3 Einige Weintrauben zum Garnieren beiseite legen, die übrigen Trauben mit den Walnüssen, Korinthen, Weizenkeimen, Dickmilch und Ahornsirup vermischen. Das Müsli in einen tiefen Teller geben, mit den übrigen Trauben belegen.

Variante: Zur Sommerzeit das Müsli mit Beeren, zum Beispiel Himbeeren, Blaubeeren, Erdbeeren oder Brombeeren, abwandeln.

MITTAGESSEN

Spargelsalat mit Graved Lachs

150 g grüner Spargel
Salz, schwarzer Pfeffer
1 Mini-Römersalat
1 Hand voll Rucola
1 kleine Schalotte
75 g Graved-Lachs-Aufschnitt
1 EL Zitronensaft
1/2 TL scharfer Dijonsenf
1/2 TL flüssiger Honig
1 EL Olivenöl

1 Den Spargel waschen, putzen, nur im unteren Drittel schälen und schräg in 3 bis 4 Zentimeter lange Stücke schneiden. In kochendes Salzwasser geben und in 10 Minuten bissfest garen.
2 Inzwischen den Römersalat waschen, putzen und in Stücke zupfen. Rucola waschen, grobe Stiele abknipsen. Die Schalotte abziehen und fein würfeln. Den Lachs in Streifen schneiden.
3 Den Spargel abgießen (2 Esslöffel Spargelsud abnehmen!), abschrecken und gut abtropfen lassen. Dann mit dem Römersalat, Rucola, Schalotte und Lachs locker vermischen. Für das Dressing den Zitronensaft, den abgenommenen Spargelsud, Senf, Honig, Salz, Pfeffer und Olivenöl gut verquirlen, über den Salat träufeln. Kurz ziehen lassen, servieren.

Dazu schmecken 2 Scheiben Vollkornbaguette.

ABENDESSEN

Paprikasuppe mit Räuchertofu

100 g Räuchertofu
1 gelbe Paprikaschote
1 kleine Zwiebel
1 Knoblauchzehe
1 EL Olivenöl
30 g rote oder gelbe Linsen
1 TL edelsüßes Paprikapulver
100 ml Tomatensaft
100 ml Gemüsebrühe
Salz, schwarzer Pfeffer
1–2 TL Zitronensaft
Etwas Petersilie zum Garnieren

1 Den Tofu klein würfeln. Die Paprikaschote waschen, vierteln und putzen, bis auf ein Stück in kleine Würfel schneiden. Die Zwiebel und den Knoblauch abziehen und fein hacken.
2 In einem Topf das Öl erhitzen, den Tofu darin in 2 bis 3 Minuten goldbraun braten. Herausnehmen und beiseite stellen. Zwiebel und Knoblauch im übrigen Bratfett glasig dünsten, die Paprika und Linsen einrühren, kurz andünsten. Mit Paprikapulver bestäuben, kurz anschwitzen. Mit Tomatensaft und Brühe ablöschen, alles aufkochen und zugedeckt bei milder Hitze 10 Minuten köcheln lassen, dann die Suppe mit dem Schneidstab des Handmixers oder im Mixer fein pürieren. Mit Salz, Pfeffer und Zitronensaft abschmecken.
3 Das übrige Paprikastück in kleine Würfel schneiden, mit dem Räuchertofu auf die Suppe streuen. Mit Petersilie garnieren.

9. tag *mental-programm*

Die Liste für heute:

Glas Wasser. Eiweißshake. Bewegungsrunde. Wechseldusche. Brainfood-Rezepte. Snacks. Drei Liter trinken. Fitnesshäppchen. Neurobicübung. Formel-1-Reflex bei Stress. Tiefschlafübung. Lächeln. Lachen! Wie ein Kind gucken. Zahlen und Namen merken. Liste machen. Etwas erschnuppern, etwas erhören – und auch mal ertasten. Ist das Gedicht noch parat? Fünf Vokabeln wiederholen. Fünf neue lernen. Jonglieren.

Ihr heutiges Zusatzprogramm fürs Gehirn

- Versuchen Sie sich mal in der Technik des Switchens, Seite 298.
- Und Fitness für den Kopf tanken Sie mit der Ideenübung von Seite 225 (Drehtechnik).
- Auch heute steht Kultur oder soziales Leben auf dem Programm.

FRÜHSTÜCK

Käse-Radieschen-Knäcke

2 EL Ricotta (60 g)
1 EL Mineralwasser
20 g mittelalter Gouda oder Bergkäse
Salz, schwarzer Pfeffer
50 g Radieschen
2 Scheiben Mehrkornknäckebrot
1 EL Schnittlauchröllchen

1 Den Ricotta mit dem Mineralwasser cremig rühren. Den Gouda oder Bergkäse grob raspeln und untermischen, mit etwas Salz und Pfeffer abschmecken.

2 Die Radieschen waschen, putzen und in dünne Scheiben schneiden. Die Knäckebrote mit dem Ricottakäse bestreichen, die Radieschenscheiben darauf legen. Mit dem Schnittlauch bestreuen.

Tipp

Als Snack

Ein Knäckebrot können Sie sich auch zwischendurch als Snack genehmigen.

MITTAGESSEN

Reispapierrollen mit Tofu

6 Blatt Reispapier (ø 16 cm; Asienladen)
50 g Räuchertofu
1/2 Minigurke (etwa 50 g)
1 kleine Frühlingszwiebel
3 Stängel Petersilie
2 EL Maiskörner aus der Dose
Salz, schwarzer Pfeffer
2 TL Zitronensaft
2–3 TL helle Sojasauce
1 reife Tomate
1 TL Tomatenmark
1 TL Reis- oder Obstessig

1 Das Reispapier in Wasser 1 bis 2 Minuten einweichen, dann paarweise übereinander legen und auf einem feuchten Küchentuch nebeneinander ausbreiten.
2 Den Tofu klein würfeln. Die Gurke schälen und in sehr kleine Würfel schneiden. Frühlingszwiebel waschen, putzen und in feine Ringe schneiden. Die Petersilie waschen, abzupfen und grob hacken. Alle Zutaten mit dem Mais vermischen, mit Salz, Pfeffer, Zitronensaft und 1 Teelöffel Sojasauce würzen.
3 Die Füllung auf dem Reispapier verteilen, zuerst das untere Ende über die Füllung schlagen, dann die Seiten. Von unten her zu Rollen formen.
4 Für den Dip die Tomate waschen, halbieren, entkernen und hacken. Mit dem Tomatenmark glatt pürieren. Mit Reis- oder Obstessig, übriger Sojasauce, Salz und Pfeffer würzen. Zu den Röllchen servieren.

Tipp

Fingerfood

Die Gemüserollen werden in den Tomatendip gestippt und nach Belieben mit der Hand gegessen.

ABENDESSEN

Kalbsleber mit Apfel und Salbei

2 kleine rote Zwiebeln
1 kleiner säuerlicher Apfel (etwa 100 g)
3–4 Salbeiblätter
120 g Kalbsleber
1 EL Rapsöl
Salz, schwarzer Pfeffer
1 TL Butter
2 TL Rotweinessig
6 EL Kalbsfond oder Hühnerbrühe
1 EL Crème légère (15 % Fett)

1 Die Zwiebeln abziehen und in schmale Spalten schneiden. Den Apfel vierteln, schälen und entkernen, die Viertel quer in kleine Stücke schneiden. Die Salbeiblätter abreiben und in Streifen schneiden. Die Kalbsleber waschen, trockentupfen und in feine Streifen schneiden.
2 In einer Pfanne das Öl erhitzen, die Leberstreifen darin unter Wenden bei mittlerer Hitze 2 bis 3 Minuten braten. Herausnehmen, salzen und pfeffern, abgedeckt warm halten.
3 Die Butter im Bratfett zerlassen, die Zwiebeln in 5 Minuten weich dünsten. Apfelstücke und Salbei hinzufügen, kurz andünsten. Essig und Fond oder Brühe angießen, Crème légère einrühren. Alles vermischen und noch 2 bis 3 Minuten dünsten. Vor dem Servieren die Leberstreifen untermischen, alles mit Salz und Pfeffer abschmecken.

Dazu Naturreis oder Vollkornbrot reichen.

10. tag *mental-programm*

Die Liste für heute:

Glas Wasser. Eiweißshake. Bewegungsrunde. Wechseldusche. Brainfood-Rezepte. Snacks. Drei Liter trinken. Fitnesshäppchen. Neurobicübung. Formel-1-Reflex bei Stress. Tiefschlafübung. Lächeln. Lachen! Wie ein Kind gucken. Zahlen und Namen merken. Liste machen. Etwas erschnuppern, etwas erhören – und auch mal ertasten. Können Sie das Gedicht noch? Zehn Vokabeln wiederholen. Fünf neue lernen. Wenn Sie Lust haben, jonglieren Sie. Und versuchen Sie sich zwischendurch mal in der Switch-Technik.

Ihr heutiges Zusatzprogramm fürs Gehirn

- Auf Seite 307 finden Sie Tranceübungen. Die sollten Sie heute mal machen. Und ab und zu in den Alltag einbauen.
- Auch heute steht Kultur oder soziales Leben auf dem Programm. Still Musik hören oder ein Buch lesen, mit anderen ein Spiel spielen, Tanzen gehen? Worauf haben Sie Lust?

FRÜHSTÜCK

Früchte mit Knusperkernen

- 1 kleine Birne
- 1 reife Nektarine
- 50 g Brombeeren
- 1 EL Orangensaft
- 1 EL Amaranth
- 1 TL geschälte Sesamsamen
- 1 TL Pinienkerne
- 1 TL flüssiger Honig
- 150 g fettarmer Naturjoghurt
- 2 TL Weizenkeime

1 Die Birne und Nektarine waschen, entkernen bzw. entsteinen und in dünne Spalten schneiden. Brombeeren kurz abbrausen und verlesen. Alle Früchte auf einem Teller anrichten und mit dem Orangensaft beträufeln.

2 Amaranth, Sesam und gehackte Pinienkerne in einer trockenen Pfanne goldbraun rösten, den Honig hinzufügen, schmelzen lassen und die Kerne darin wenden. Die Mischung vom Herd nehmen und auf einem Teller abkühlen lassen.

3 Den Joghurt mit den Weizenkeimen ver-

3 Die Matjesfilets kurz unter kaltem Wasser abspülen und gut trockentupfen. Auf einen Teller legen, die Radieschensauce darüber geben. Mit den Sonnenblumenkernen – eventuell vorher angeröstet – und dem Schnittlauch bestreuen.

Dazu 1 Scheibe dunkles Vollkornbrot essen.

ABENDESSEN

Tomaten-Champignon-Gratin mit Putenbrust

- 100 g Putenbrustfilet
- 1 EL + 2 TL Olivenöl
- Salz, schwarzer Pfeffer
- 2–3 Riesenchampignons (etwa 100 g)
- 2 Tomaten (etwa 150 g)
- 1 EL fein gehackte Mandeln
- 1 EL geriebener Emmentaler
- 1 EL gehackte Petersilie
- Olivenöl für die Form

1 Das Putenbrustfilet waschen und trockentupfen. In einer Pfanne 1 Esslöffel Öl erhitzen, das Fleisch darin bei mittlerer Hitze auf beiden Seiten 3 Minuten anbraten. Herausnehmen, salzen und pfeffern, dann schräg in Scheiben schneiden.

2 Den Backofen auf 200 °C vorheizen. Die Champignons abreiben, putzen und in $^1/_2$ Zentimeter dicke Scheiben schneiden. Tomaten waschen und ebenfalls in Scheiben schneiden. Eine Gratinform mit Öl auspinseln, die Champignons-, Tomaten- und Putenscheiben überlappend in die Form schichten.

3 Die Mandeln mit Käse, Petersilie, Salz und Pfeffer vermischen, über das Gemüse streuen. Mit dem übrigen Olivenöl beträufeln. Im Ofen (mittlere Schiene, Umluft 180 °C) 15 bis 20 Minuten backen.

Als Beilage passt Mehrkornbaguette.

Tipp

Gut vorbereitet

Das Gratin am Vormittag vorbereiten, in den Kühlschrank stellen, abends backen.

13. tag mental-programm

Die Liste wächst wieder:

Glas Wasser. Eiweißshake. Bewegungsrunde. Wechseldusche. Brainfood-Rezepte. Snacks. Drei Liter trinken. Fitnesshäppchen. Neurobicübung. Formel-1-Reflex bei Stress. Tiefschlafübung. Lächeln. Lachen! Wie ein Kind gucken. Zahlen und Namen merken. Liste machen. Können Sie eigentlich das Gedicht noch? Etwas erschnuppern, etwas erhören – und auch mal ertasten. Die letzten 15 Vokabeln wiederholen. Fünf neue lernen. Jonglieren. Immer mal wieder darauf achten, was der Bauch sagt.

Ihr heutiges Zusatzprogramm fürs Gehirn

- Heute laufen Sie – und versuchen dabei zu meditieren. Einfach indem Sie sich laufend auf Ihren Atem konzentrieren – Tipps dazu gibt's auf Seite 123f. Ausprobieren!
- Und für den Kopf machen Sie eine Kreativitätsübung von Seite 223.
- Lust auf Kultur oder soziales Leben?

FRÜHSTÜCK

Tomatenbrot

1 Scheibe Roggenvollkornbrot (etwa 50 g)
2 EL fettarmer körniger Frischkäse (0,8 % Fett)
1 TL Leinöl
1 TL Zitronensaft
Salz, schwarzer Pfeffer
3 Stängel Petersilie
4 Basilikumblätter
1 große Strauchtomate

1 Das Roggenbrot nach Belieben auf dem Toaster rösten.

2 Den Frischkäse mit dem Leinöl, Zitronensaft, Salz und Pfeffer vermischen. Die Petersilie waschen, trockenschütteln und die Blättchen abzupfen, 3 Basilikumblätter abreiben. Die Kräuter hacken und unter den Frischkäse heben.

3 Die Tomate waschen, vom Blütenansatz befreien und 2 knapp zentimeterdicke Scheiben abschneiden. Diese nebeneinander auf das Brot legen, die Frischkäsemasse darauf verteilen. Mit Pfeffer übermahlen und mit einem Basilikumblatt garnieren. Die übrige Tomate in Spalten schneiden und dazu essen.

MITTAGESSEN

Lamm-Carpaccio mit Avocadovinaigrette

80 g Lammlende oder -filet
Salz, schwarzer Pfeffer
1 EL + 2 TL Olivenöl
1 rote oder grüne Spitzpaprika
1/2 reife Avocado
1 Schalotte
1 kleine Knoblauchzehe
1 EL Rotweinessig
1 TL Aceto balsamico
3 EL Gemüsefond oder -brühe
1 Messerspitze Cayennepfeffer
3 Stängel Petersilie

1 Den Backofen auf 100 °C vorheizen. Das Fleisch waschen, abtrocknen, rundherum salzen und pfeffern. In einer Pfanne 1 Esslöffel Öl erhitzen, das Fleisch darin rundherum 5 Minuten

braun anbraten. In Alufolie wickeln und im Ofen (mittlere Schiene, Umluft 80 °C) 15 Minuten ruhen lassen.

2 Inzwischen die Paprikaschote waschen, putzen und in 1/2 Zentimeter kleine Würfel schneiden. Die Avocado entsteinen, schälen und ebenfalls klein würfeln. Die Schalotte und den Knoblauch abziehen und fein hacken.

3 In einer Pfanne 2 Teelöffel Öl erhitzen, Schalotte und Knoblauch darin andünsten. Die Paprikawürfel dazugeben und 3 Minuten mitdünsten. Vom Herd nehmen, Rotwein- und Balsamessig sowie Gemüsefond oder -brühe unterrühren. Die Avocadowürfel behutsam unterheben, mit Salz und Cayennepfeffer abschmecken.

4 Das Lammfleisch in sehr dünne Scheiben schneiden und auf einem Teller ausbreiten. Die Vinaigrette über dem Fleisch verteilen. Die Petersilie abbrausen, abzupfen, fein hacken und aufstreuen.

Tipp

Blitzküche

Wenn es schnell gehen muss, statt des Lammfleischs mageren Kalbsbraten- oder Roastbeefaufschnitt marinieren.

ABENDESSEN

Thai-Curry mit Meeresfrüchten

100 g küchenfertige Tintenfische
50 g rohe geschälte Riesengarnelen
100 g Mungobohnensprossen
50 g Kirschtomaten
80 g zarter Blattspinat
5 EL ungesüßte Kokosmilch aus der Dose
1 TL rote Currypaste
2 TL Limettensaft
2 TL Fischsauce
1/2 TL Vollrohrzucker
Salz, schwarzer Pfeffer

1 Die Tintenfische abbrausen, trockentupfen und klein schneiden. Die Garnelen waschen und abtrocknen. Die Sprossen, Tomaten und Spinat waschen und putzen. Tomaten quer halbieren, Spinat verlesen und grob hacken.

2 In einem Topf die Kokosmilch erhitzen, Currypaste, Limettensaft, Fischsauce und Zucker einrühren und 1 bis 2 Minuten köcheln lassen. Dann die Tintenfische und Garnelen hinzufügen und 2 Minuten mitgaren. Sprossen, Tomaten und Spinat untermischen und alles 1 weitere Minute bei milder Hitze garen. Mit Salz und Pfeffer abschmecken.

Dazu schmeckt Vollkornbasmatireis.

Variante: Statt der Tintenfische zur Abwechslung Fischfilet, beispielsweise Rotbarsch- oder Kabeljaufilet, in Stücke schneiden und unterheben.

14. tag *mental-programm*

Nun haben Sie etwas verstanden:

Es sind nur wenige Minuten, die Sie brauchen, um Ihr Leben, Ihr Denken, Ihr Fühlen grundsätzlich umzustellen. Winzig kleine Rezepte, die da lauten: Wasser. Eiweißshake. Bewegungsrunde. Wechseldusche. Brainfood-Rezepte. Fitnesshäppchen. Neurobicübung. Formel-1-Reflex. Tiefschlafübung oder Meditation. Lächeln. Lachen! Die Welt wie ein Kind sehen. Alle Sinne einsetzen. Und das Gehirn täglich mit »Merken« trainieren – und mit Fingerfertigkeit und Balance, wie zum Beispiel durch Jonglieren. Und ganz nebenbei können Sie auch eine neue Sprache lernen.

Ihr heutiges Zusatzprogramm fürs Gehirn

- Das Beste habe ich mir für den Schluss aufgehoben: Heute machen Sie die Visualisierungsübung von Seite 313. Wünschen Sie sich etwas Wunderbares, schicken Sie es in Ihr Unterbewusstsein – das wird dann an der Erfüllung arbeiten.
- Ich hoffe, Sie haben in den 14 Tagen so viel gelernt und so viel gespürt, dass Sie sich künftig weiter um Ihr wunderbarstes Organ kümmern. Um Ihr Gehirn. Das sollten Sie nie vergessen!

FRÜHSTÜCK

Orangenmüsli mit Bananenschaum

- 1 kleine Orange
- 3 EL Weizenvollkornflocken
- 1 EL Sonnenblumenkerne
- 1 kleine feste Banane (etwa 100 g)
- 1 TL Sanddornmark mit Honig
- 75 g kalte Buttermilch
- 1 TL gehackte Bitterschokolade (mindestens 70 % Kakaoanteil)

1 Die Orange schälen und in kleine Stücke schneiden. Die Weizenflocken

Tipp

Mehr Aroma

Wenn Zeit ist, die Sonnenblumenkerne für mehr Aroma vorher anrösten.

mit den Sonnenblumenkernen und den Orangenstücken vermischen, in eine Schale geben.
2 Die Banane schälen und klein schneiden. Das Sanddornmark und die Buttermilch hinzufügen und alles mit dem Pürierstab schaumig aufschlagen. Über dem Müsli verteilen und mit der gehackten Schokolade bestreuen.

Variante: Statt der Orange eine Mandarine oder Klementine verwenden.

MITTAGESSEN

Gemüse-Käse-Salat

2–3 Blätter grüner Blattsalat (zum Beispiel Romana, Batavia; 75 g)
1 Stück Knollensellerie (etwa 80 g)
1 kleine Möhre (etwa 60 g)
60 g Bergkäse am Stück
1 EL Zitronensaft
Salz, schwarzer Pfeffer
1 EL Olivenöl
2 EL fettarmer Joghurt
1 EL saure Sahne
1/2 TL scharfer Senf
1 TL Walnussöl
1 Büschel Kresse zum Garnieren

1 Die Salatblätter putzen und mundgerecht zerpflücken. Sellerie und Möhre schälen, den Käse entrinden und alles in sehr feine Stifte schneiden. Den Zitronensaft, 2 Esslöffel Wasser, Salz, Pfeffer und Olivenöl verquirlen. Gemüse und Käse auf einem Teller locker anrichten und mit der Marinade beträufeln.
2 Den Joghurt, saure Sahne, Senf, Salz, Pfeffer und Walnussöl verrühren, in die Mitte des Salats geben und mit Kresse garnieren.

Dazu schmeckt 1 Scheibe Vollkornbrot.

ABENDESSEN

Hirschmedaillons mit Chicoréegemüse

2 Hirschrückenmedaillons (etwa 90 g)
Salz, schwarzer Pfeffer
1 Schalotte
1–2 Kolben Chicorée (etwa 250 g)
1 EL Rapsöl
1 TL Butter
6 EL Wild- oder Geflügelfond
2 EL Sahne
1/2 Messlöffel pflanzliches Bindemittel (zum Beispiel Biobin aus dem Reformhaus)
2 Walnusskerne
3 Stängel Petersilie

1 Die Hirschrückenmedaillons waschen, trockentupfen, flach streichen und auf beiden Seiten salzen und pfeffern.
2 Den Backofen auf 180 °C vorheizen. Die Schalotte abziehen und fein würfeln. Vom Chicorée die Blätter ablösen, diese kurz waschen und in feine Streifen schneiden.
3 Das Öl und die Butter in einer Pfanne erhitzen, die Medaillons darin von jeder Seite 1 bis 2 Minuten anbraten. Herausnehmen, in eine kleine Gratinform legen und im heißen Ofen (untere Schiene, Umluft 160 °C) 10 Minuten weitergaren.
4 Die Schalotte im heißen Bratfett andünsten, Chicorée hinzufügen und unter gelegentlichem Umrühren bei milder Hitze 3 Minuten schmoren. Fond, Sahne und Bindemittel einrühren, mit Salz und Pfeffer würzen. Alles kurz einkochen lassen. Die Walnüsse und abgezupfte Petersilie hacken, vor dem Servieren untermischen. Die Hirschmedaillons mit dem Chicoréegemüse anrichten.

Dazu 2 Scheiben Mehrkornbaguette essen.

ZWEI DENKERDRINKS

Beeren-Aprikosen-Shake

2 getrocknete Softaprikosen
50 g Beeren (zum Beispiel Himbeeren)
100 ml frisch gepresster Orangensaft
100 ml ungesüßter kalter Sojadrink (Reformhaus)
2 EL Eiweißpulver
1 TL flüssiger Honig
1 EL Weizenkeime
1 EL Hefeflocken
1 TL Leinöl
1–2 TL Zitronensaft
1 Zweiglein Minze

1 Die Aprikosen in sehr kleine Würfel schneiden. Die Beeren verlesen. Beides in den Mixer geben, den Orangensaft angießen und alles fein pürieren.
2 Den Sojadrink, Eiweißpulver, Honig, Weizenkeime, Hefeflocken und Leinöl hinzufügen und alles noch einmal kurz und kräftig durchmixen.
3 Den Drink mit Zitronensaft abschmecken, in ein hohes Glas gießen und mit dem Minzezweiglein garnieren. Mit einem dicken Trinkhalm genießen.

Tipp

Außerhalb der Beerensaison wird der Drink mit gefrorenen Beeren, zum Beispiel Himbeeren, Brombeeren oder Heidelbeeren aus der Eistruhe, zubereitet – dadurch gelingt er besonders sämig.

Latte macchiato Orange

75 ml heißer Espresso
1 TL Fruchtzucker
$^{1}/_{2}$ Orange
2 EL Eiweißpulver
$^{1}/_{8}$ l fettarme Milch
Etwas Kakaopulver zum Bestäuben
1 Orangenspalte zum Garnieren

1 Den heißen Espresso mit dem Fruchtzucker süßen und etwas abkühlen lassen.
2 Das Orangenstück samt der weißen Haut sorgfältig schälen und in kleine Stücke schneiden, in den Mixer geben. Den Espresso angießen und alles fein pürieren. Das Eiweißpulver hinzufügen, noch mal kurz und kräftig durchmixen.
3 Die Milch in einem Topf erhitzen, aber nicht kochen lassen. Mit dem Schneebesen oder Milchaufschäumer gründlich aufschäumen. Die heiße Milch in ein hohes Glas füllen. Den Orangen-Espresso über den Rücken eines Teelöffels langsam am Rand des Glases in die Milch einlaufen lassen. Mit etwas Kakao bestäuben. Die Orangenspalte einschneiden und an den Glasrand stecken. Den Drink mit einem dicken Trinkhalm genießen.

Varianten: Die Milch zusätzlich mit 1 Teelöffel Mandelmus (aus dem Reformhaus) oder mit etwas abgeriebener Schale einer unbehandelten Orange aromatisieren.

HERZHAFTE SNACKS

Chicorée mit Spinatdip

1 Hand voll Blattspinat fein hacken, mit 75 Gramm fettarmem Hüttenkäse und 1 Teelöffel geriebenem Meerrettich mischen. Mit Salz und Pfeffer würzen. Chicoréeblätter von 1 kleinen Kolben zum Dippen verwenden.

Tofu-Gurken-Spieße

60 Gramm Räuchertofu in 6 Würfel schneiden. Abwechselnd mit je 4 Basilikumblättern und Gurkenscheiben auf kleine Holzspieße stecken. Mit je 1 Teelöffel Essig und Olivenöl beträufeln, salzen und pfeffern.

Tomaten-Orangen-Teller

1 kleine Orange schälen und in Scheiben schneiden (abtropfenden Saft auffangen!). Abwechselnd überlappend mit Scheiben von 1 großen Tomate anrichten. Orangensaft mit Salz, Pfeffer und 1 Esslöffel Olivenöl verrühren, darüber träufeln.

Kohlrabi-Erdnuss-Sandwich

1 Esslöffel fettreduzierten Frischkäse mit 1 Esslöffel Erdnussmus vermischen, auf 2 dünne Scheiben Kohlrabi streichen. Mit je 1 weiteren Kohlrabischeibe abdecken.

Käseröllchen

2 dünne Scheiben Bergkäse mit je 1 Teelöffel Tomatenmark bestreichen, mit je 1 Teelöffel Schnittlauchröllchen bestreuen und mit 1 kleinem Salatblatt belegen. Aufrollen und mit je 1 Schnittlauchhalm zubinden.

Champignons mit Kressedip

75 Gramm kleine Champignons in 2 Teelöffeln Olivenöl 5 Minuten braten, salzen und pfeffern. 100 Gramm Joghurt mit Salz, Pfeffer, 1 Teelöffel Zitronensaft und 2 Esslöffeln gehackter Kresse vermischen. Zu den Pilzen servieren.

Pikanter Thunfisch

60 Gramm Thunfisch im eigenen Saft (aus der Dose) abtropfen lassen und zerpflücken, mit je 1 Teelöffel Olivenöl, Zitronensaft und Kapern vermischen. Je 1 Esslöffel gehackte Petersilie und Joghurt unterrühren. Dazu Streifen einer roten Spitzpaprika knabbern.

Schinkenpflaumen

2 Backpflaumen mit je 1 Scheibe Lachsschinken umwickeln, mit je 1 Holzstäbchen zustecken.

Fruchtiger Putenspieß

2 dünne Scheiben gegarte Putenbrust mit 1 kleinen geviertelten Feige und 2 kleinen Erdbeeren locker auf einen Holzspieß stecken. Mit 1 Esslöffel Limettensaft beträufeln und mit Pfeffer aus der Mühle übermahlen.

SÜSSE SNACKS

Kakaopfirsich

1 Pfirsich halbieren und entsteinen. Auf die Schnittfläche jeweils 1 gehäuften Esslöffel Magerquark geben, mit Kakaopulver üppig bestäuben.

Himbeer-Ricotta

3 Esslöffel Ricotta mit 1 Esslöffel Milch glatt rühren, 1 Hand voll Himbeeren darauf geben und mit 1 Teelöffel Honig beträufeln.

Birne mit Kokosquark

1 kleine Birne in Spalten schneiden, mit 2 Teelöffeln Zitronensaft beträufeln. 100 Gramm Quarkcreme mit 1 Teelöffel Birnendicksaft verrühren, auf die Birnen geben und mit 1 Esslöffel Kokosraspeln bestreuen.

Melonen-Minze-Molke

1 kleines Stück Honigmelone (etwa 100 Gramm) putzen und klein schneiden, mit 3 Minzeblättern, etwas Zitronensaft und $^1/_8$ Liter Trinkmolke pürieren.

Pflaumensalat

1 große Pflaume oder 3 Zwetschgen klein schneiden, mit 1 klein gewürfelten getrockneten Dattel und 1 Teelöffel Apfeldicksaft vermischen. 100 Gramm fettarmen Joghurt darauf verteilen, mit Zimt bestäuben.

Apfel-Nuss-Quark

$^1/_2$ Becher Magerquark mit 1 Esslöffel Mineralwasser und je 1 Teelöffel Apfeldicksaft und Zitronensaft glatt rühren. $^1/_2$ grob geraspelten Apfel und 1 Esslöffel gemahlene Haselnüsse unterheben.

Trauben-Tofu-Creme

100 Gramm Seidentofu mit je 1 Teelöffel Honig und Zitronensaft cremig rühren. 1 Hand voll grüne halbierte Weintrauben unterheben.

Erdbeeren mit Avocadodip

Das Fruchtfleisch von $^1/_2$ kleinen Avocado mit je 1 Teelöffel Limettensaft und Ahornsirup sowie 2 Esslöffeln fettarmem Joghurt pürieren. 100 Gramm Erdbeeren zum Dippen dazu essen.

Schokomango

$^1/_2$ kleine Mango in Spalten mit 30 Gramm geschmolzener Bitterschokolade überziehen.

Bücher zum Nachschlagen

Amberger, Hermi: **Wer glaubt, lebt länger**. Ueberreuter Verlag, Wien

Arndt und Albers: **Handbuch Proteine und Aminosäuren**. Novagenics Verlag, Arnsberg

Bartosch, Holle: **Frauen laufen anders**. Econ Verlag, Berlin

Biesalski et al: **Vitamine, Spurenelemente und Mineralstoffe, Prävention und Therapie mit Mikronährstoffen.** Thieme Verlag, Stuttgart

Bourre, Jean-Marie: **Intelligenz & Ernährung**. Econ Verlag, München

Carper, Jean: **Wundernahrung fürs Gehirn**. Ullstein Verlag München

Csikszentmihalyi, Mihaly: **Flow.** Klett-Cotta Verlag, Stuttgart

Damasio, Antonio R.: **Der Spinosa-Effekt. Wie Gefühle unser Leben bestimmen.** Ullstein Heyne List GmbH & Co. KG, München

Damasio, Antonio R.: **Descartes' Irrtum. Fühlen, Denken und das menschliche Gehirn.** List Taschenbuch, Ullstein Buchverlage, Berlin

Diener, Hans-Christoph: **Migräne.** VCH Verlagsgesellschaft, Weinheim

Egoscue und Gittines: **Schmerzfrei leben mit der Egoscue-Methode.** Beust-Verlag, München

Eysenck und Eysenck: **Der durchsichtige Mensch.** Kösel-Verlag, München

Finnigan, Dave: **Alles über die Kunst des Jonglierens.** Dumont Verlag, Köln

Fuchs, Norbert: **Mit Nährstoffen heilen.** Ralf Reglin Verlag, Köln

Gegenfurtner, Karl G.: **Gehirn & Wahrnehmung.** Fischer Taschenbuchverlag, Frankfurt/Main

Grillparzer, Marion: **GLYX-Diät.** Gräfe und Unzer Verlag, München

Grillparzer, Marion: **Salto Vitale. In 24 Stunden in ein neues Leben starten.** Gräfe und Unzer Verlag, München

Grimm, Hans-Ulrich: **Die Ernährungslüge. Wie uns die Lebensmittelindustrie um den Verstand bringt.** Droemer Verlag, München

Guntern, Gottlieb: **Sieben goldene Regeln der Kreativitätsförderung**. Scalo Verlag, Zürich

Heinze, Dr. und Vohmann-Heinze: **NLP – mehr Wohlbefinden und Gesundheit.** Gräfe und Unzer Verlag, München

Höhne und Hochenegg: **Brainfood. Powernahrung fürs Gehirn.** Heyne Verlag, München

Hollmann und Hettinger: **Sportmedizin.** Schattauer Verlag, Stuttgart

Hüther, Gerald: **Die Macht der inneren Bilder.** Vandenhoeck & Ruprecht, Göttingen

Kautzmann, Gabriele: **Das Wunder im Kopf. Intelligenz, Gedächtnis und Gefühle verstehen und optimal nutzen.** Zabert Sandmann, München

Klausnitzer, J. E.: **Der IQ-Selbsttest.** Heyne Verlag, München

Kolb, Klaus und Miltner, Frank: **Leichter lernen mit Köpfchen und Spaß**. Gräfe und Unzer Verlag, München

Loyola, von, Ignatius: **Die Exerzitien.** Johannes Verlag, Einsiedeln

Meyendorf, Prof. Dr. med., R.: **Depressionen und Angst.** Wort & Bild Verlag, Baierbrunn

Miltner, Frank und Kolb, Klaus: **Gedächtnistraining für den Job**. Gräfe und Unzer Verlag, München

Pease und Pease: **Warum Männer nicht zuhören und Frauen schlecht einparken**. Ullstein Taschenbuchverlag, München

Pöppel, Ernst: **Grenzen des Bewusstseins**. Insel Verlag, Frankfurt/Main

Schieber, Schmidt und Zilles: **Anatomie.** Springer-Verlag, Berlin

Schwebke, Frank R.: **Der Weg zum Superhirn. Schlauer, schneller, kreativer.** Gräfe und Unzer Verlag, München

Seiwert, Lothar: **Das Bumerang-Prinzip. Mehr Zeit fürs Glück.** Gräfe und Unzer Verlag, München

Servan-Schreiber, David: **Die neue Medizin der Emotionen**. Kunstmann Verlag, München

Strunz, Ulrich: **Forever Young. Das Leicht-Lauf-Programm**. Gräfe und Unzer Verlag, München

Strunz, Ulrich: **77 Tipps für ein gesundes Herz**. Heyne Verlag, München

Strunz, Ulrich: **Frohmedizin.** Heyne Verlag, München

Strunz und Jopp: **Fit mit Fett.** Heyne Verlag, München

Titze und Patsch: **Die Humor-Strategie.** Kösel-Verlag, München

Vester, Frederic: **Denken, Lernen, Vergessen.** dtv München

Weikert, Wolfgang: **Selbstheilung durch die Kraft der Gefühle.** Südwest Verlag, München

Zehentbauer, Josef: **Körpereigene Drogen.** Patmos Verlag, Zürich

Zeitschriften

Bild der Wissenschaft
Focus
Gehirn und Geist
Geo (Magazin, Kompakt, Special, Wissen)
Psychologie Heute
Science
Spektrum der Wissenschaft
Spiegel
Stern
SZ Wissen

Infos online

Angst
Informationen und Hilfestellung für Betroffene und Angehörige von Angst- und Panikerkrankungen unter:
www.angst-und-panik.de

Fitness & Frohmedizin
www.strunz.com

Gedächtnis
Deutsche Gedächtnismeisterschaft:
www.memoriade.net
Gedächtnis online testen unter:
www.memoquotient.com

Illusionen
Vexierbilder gucken unter
www.langeneggers.ch
www.deecee.de/

Körpersprache
Vorträge und Seminare:
www.matschnig.com

Kreativität
Internationale Stiftung für Kreativität und Leadership Creando:
www.creando.org

Lachen & Humor
Hier werden Sie 20-mal angelächelt – nicht immer echt:
www.bbcgermany.de/bbcexklusiv/bewusstsein_d_menschen/

Gesellschaft zur Förderung von Humor in Therapie, Pflege, Pädagogik und Beratung:
www.humorcare.de

Licht
www.lichttherapie.de
www.davita.de

Linkshänder
Infos zur Rückschulung:
www.lefthander-consulting.org

Minitrampolin
Hier wird´s nach Hause geliefert:
www.fidolino.com

Stress weg
www.seiwert.de
www.zeitzuleben.de

Wissensportale Gesundheit
www.aerztezeitung.de
www.ernaehrungsmed.de
www.netdoktor.de
www.wissenschaft.de

Zen
www.zencoaching.de
www.plumvillage.org
www.intersein.de
www.quelle-des-mitgefuehls.de

Register

A

Abendessen (Rezepte) 329ff.
Abschreiben **82**
ACC (anteriore cinguläre Cortex) 289
Acetylcholin 17, 32f., 46, **83,** 87, 93, 113, 115, 117, 281, 301f.
Acetyl-L-Carnitin 49
ACTH (Adrenocoticotropes Hormon) 91, 124
Adenosin 208f.
Adrenalin 31f., 153, 239, 283, 293, 295
ADS (Aufmerksamkeitsdefizit-Syndrom) 214f.
Alanin 92
Alarmismus (nach Horx) 20
Algen 114, 288
Alkohol 117, 283
Alpha-/Theta-Rhythmen 15, 254
Alpha-Liponsäure 99
Alpha-Zustand **84f.**, 254, 295, 308, 317
Alterungsprozess 11
Aluminium 286f.
Alzheimer 17, 26, 37, 43, 45, 83, **86ff.,** 93, 98, 113ff., 131, 166, 173, 264, 272, 282, 286f.
Alzheimer-Gene 88, 125
Aminosäuren 24, 44f., **90ff.,** 114
AMPA-Rezeptor 285
Ananas 114
Ängste **94ff.,** 170, 176, 246, 254
Anti-Aging für den Kopf **42ff.**
Antidepressiva 107
Antikreativa **68f.**
Antioxidanzien 38, 45, 89, **98ff.,** 113f.
Äpfel 44
Arginin 90f.
Arteriosklerose 37, 86
Arthritis 172
Asthma bronchiale 111, 172
Aufsatz schreiben (Konzentrationstraining) 215
Auswendiglernen **101ff.**
Autofahrermüdigkeit 156f.
Autogenes Training 256f.
Avocado 115, 148, 171

B

Banane 115
Bärlauch 288
Bauchhirn **107**
Beeren **108**
Beta-Amyloide 87, 98
Bewegung 10f., 21, 33, **42f.,** 59, 83, 90f., 112, 123, 131, **168ff.,** 202, 210, 254, 283
Bewegungsmangel 86, 169
Bewusstsein 52
Beyreuther, Prof. Konrad 11, 45, 114, 116, 136ff., 161, 224, 286
Bilder entstehen lassen **109**
Biofeedback **110**
Blei 287f.
Blutfettwerte, erhöhte 86
Blut-Hirn-Schranke 24, 128, 288
Bluthochdruck 86, 89, 125, 176
Body-Mind-Medizin **111f.,** 305
Bohnen 90
Bono, Edward de, angelsächs. Philosoph 19
Bor 44, 49
Brain-Doping **46ff.**
Brainfood 11, 45, 59, 93, **113ff.**
Brainstorming 224
Brokkoli 115
Burnout **120f.,** 168
B-Vitamine 45, 83, **105f.,** 114ff., 149

C

Calvin, Prof. William 22
Carnitin 92
Cholesterin 33, 86, 88f., 108, 171f.
Cholin 49, 83, 113, 115, 117
Chrom 115
Coenzym Q10 45, 48, 99, 115
Computertomographie (CT) 27
Cortisol ☞ Kortisol
Cotininspiegel 282
Crick, Francis 52
CRP-Spiegel 89
Curry 115
Cystein 92f.

D

Damasio, Antonio R. **122**
Dämmerungssimulator 244
Dankbarkeit lernen 181f.
Darmentzündungen 111f.
Déjà-vu 184f.
Demenz 86, 91, 93, 98. 105, 113, 115, 117, 125, 131, **166**
Denken, divergentes **126f.**
Denkintelligenz 62
Denksport 11, **123f.**
Depressionen 17, 28, 30, 36, 44, 52, 89, 92f., 98, 113, 121, 142, **169f.,** 172, 179, 243f., 246, 279
DHA (Docohexaensäure) 142f.
Diabetes mellitus 37, 86, 89, 125, 131, 168, 175
Dick & Doof **125**
Dinse, Prof. Hubert, Neurowissenschaftler 39f.
DNA 52
Dolce Vita ☞ Süßigkeiten
Dopamin 17, 32f., 91, 93, 113, 115, 117, 169f., 183, 203, 280, 301f.
Dreh als Ideentechnik 224f.
Drei-Minuten-Morgenmeditation 253
Durchfall 107, 277, 287

E

Eicosanoide 172
Eier 33, 90ff., 106, 113, **115**
Eigelb 83, 113

Eisen 114f., 117, 149, 211
Eiweiß 33, 45, 59, 90ff., 113f., 161
Eiweißshake 92
Emotionale Intelligenz 62f., **132ff.**
Endorphine 17, 30ff., 91, 124, 170, 200, **277f.,** 280
Endovalium 32
ENS (Entrisches Nervensystem) 107
Entspannung 10, 33, 63, 71, 200, 254, 256f.
Epilepsie 26, 88
Erdbeeren 108
Erdnüsse 33
Erfolgsintelligenz 63
Erinnerungen 35, **135**
Ernährung, falsche, allgemein 59

F
Fantasiemethode 291f.
Fertigprodukte 45
Fettsäuren 44f.
Fibromyalgie 285
Fisch 45, 83, 91f., 113f., 119, **142f.,** 171f.
Fischer, Joschka 125, 145
Fitnesshäppchen **144ff.**
Flavonoide 45, 98f., 116, 118
Fleisch 92f., 106, 113, **148f.**
Flow 62, **150ff.,** 180
Flüssigkeitszufuhr 45, 119, 161
Folsäure 46, 83, 105f.
Formel-1-Reflex **153ff.,** 295
Frauen im Vergleich **158ff.**
Frei, Günter 11, **204ff.**
Freie Radikale 45, 89, 92f., 98, 100, 108, 113, 115
Freud, Sigmund 52
Frühstück **161, 328ff.**

G
GABA 32f.
Gamm, Rüdiger, Rechenkünstler 23
Gedächtnis 11, 28, 37, 44, 83, 108, 113, 136ff., 166f.
Gedächtnispille gegen Vergessen 166f.
Gedächtnisverlust 52
Geflügel 92
Gefühle 44, 122, 272, **273,** 285
Gehirn 10f., **22ff.,** 50ff., 168ff., 193f., 245, 266, 284, 300
– Alterungsprozess **39ff.**
– Aufbau **23ff.**
– Entwicklung **34ff.**
Gehirnforschung, Grenzen **50ff.**
Gehirnjogging 248
Gehirnmedizin **168ff.**
Gehirnnahrung, optimale 43f.
»Gehirnschmalz« 171f.
Gehirntraining 247f.
Gemüse 33, 45, 92, 98ff., 105, 128f.
Gene **173**
Geruchssinn 272
Getreide 90, 92f.
Gicht 86, 168
Gingko 11, **174f.**
Ginseng 175
Glauben 11, **176f.**
Gliazellen 24
Glück **178ff.,** 252f., 311
Glukose 46, 92, 128
Glutamat 45, 87, 287
Glutamin 93
Gluthation 99, 288
Glycin 93
Glykämischer Index (GLYX) 131
Grüner Tee 116
Guarana 175
Guntern, Gottlieb 11, 64, 67, **72ff.,** 199

H
Hafer 33, 92
Halluzinationen 11, **183ff.**
Hefe 83, 116
Herzerkrankungen 19, 89, 91, 111, 131, 279
Hirnforschung 21
Histidin 93
Hollmann, Prof., Sportmediziner 42f.
Homocystein 89, 91, 105f.
Hormone 29f., 90, 112, 244
Horx, Matthias, Trendforscher 19, 71
Hülsenfrüchte 83
Humor **228ff.**
Hyperventilationstetanie 154
Hypnose 186ff., 261, 285, 303
Hypophyse 26, 93
Hypothalamus 25f., 128, 170, 243f.

I
Iamon-Technik 201, 217, **257f.,** 260, 295
Illusionen **192ff.**
Immunsystem 36, 42, 90, 92f., 112, 172, 176, 293, 305
Impotenz 91
Inkontinenz 110
Inkubation 71, 199, 213, 224
Insulin 129f., 149
Intelligenz 11, 24, 43f., **54ff.,** 211, 264
– »kristallisierte« 40f.
– acht Säulen der **60ff.**
– emotionale 11
Intelligenzhäppchen 11, **80ff.,** 113
Intelligenzquotient (IQ) 55, 58, 142, 148, 160, 282
Intelligenztest 56f., 211
Interview
– mit Dr. Gottlieb Guntern 72ff.
– mit Dr. Michael Titze 228ff.
– mit Günter Frei 204ff.
– mit Klaus Kolb, Mentaltrainer 162ff., 270
– mit Monika Matschnig 218ff.
– mit Prof. Konrad Beyreuther 136ff.
– mit Prof. Wolfgang Miltner 186ff.
– mit Thich Nhat Hanh 320ff.
Intuition 53, 66, **69ff.,** 85, 133, **198ff.**, 224, 226, 241, 301f.
Isoleuzin 91

J
Jod 114, 142f.
Jonglieren **202ff.**
Jonglierkurs 206f.
Junkfood 90, 98, 210f.

K
Kadmium 287
Kaffee 161, **208f.**
Kalium 115
Kalzium 149, 154f., 288
Kandel, Eric, Gedächtnisforscher 52, **166f.**
Karteikartenmethode 290f.
Kartoffeln 90, 92f.
Käse 106
Kids, kluge **210f.**
Kittler, Martina 11
Knoblauch 116, 288
Koffein 208f., 283
Kohlenhydrate 59, 92, 130
Kolb, Klaus, Mentaltrainer **162ff.**, 270
Konservierungsstoffe 45
Kontemplation 71, **212f.**
Konzentration 28, 44f., 90, 150f., 161, 175, 203, **214ff.**, 261, 281
Kopfschmerzen 110, 265 ☞ Migräne
Koriander 288
Körperintelligenz 61
Körpersprache 218ff.
Kortisol 30, 32, 179, 261, 292ff.
Kortison 112, 293
Kreativität 11, 17, 32f., 37, 44f., 58, **64ff.,** 90, 113, 126f., 142, 150f., 203, **222ff.,** 227, 264
Kreativitätsblockaden 67
Krebs 91, 111, 172
Kupfer(mangel) 88
Kurzschlaf trainieren 260

L
Lächeln **234f.**
Lach-Yoga 11, **226f.**
Lähmungen 110
Laufen 71, 123, 167ff., 209, 224, 258, 290 ☞ Bewegung
Lebensenergie 15
Lebensklugheit 58
Leber 83, 93
Legasthenie 11, **236f.**
Lernen, vergnügliches **238ff.**
Lesen, effektives **241f.**
Leucin 91
Lezithin 46, 83, 115, 117, 119
Licht **243f.**
Lichttherapie 243f.
Limbisches System 26, 31, 34, 272, 280, 285
Linkshänder **245f.**
Liste im Kopf **247f.**
Loci-Technik 247f.
Logiktraining 37
Lügen **249f.**

M
Magnesium 115, 149, 170, 258
Magnetresonanztomographie (fMRT) 26f., 249, 252, 285
Mais 90, 92
Mandelkern (Amygdala) 20, 25f., 52, 250
Marathon 11, **251**
Matschnig, Monika 11, **218ff.**
Meditation 11, 33, 37, 85, 213f., 217, **252f.,** 258, 303
Melatonin 32, 243
Memotechniken 10
Mentalprogramm, kleines 45
Mentalwochen 101
Methionin 91
Migräne 110f., **170,** 246, 265, 285
Milch 83, 90ff., 106, 113, **116f.**
Milchsäure 156
Miltner, Prof. Wolfgang 11, **186ff.,** 255, 304
Mind Machine **254**
Mindness 11, 18f., 21
Mitochondrien 45, 129, 174
Mittagessen (Rezepte) **329ff.**
Motivation 58f.
Mr.-Bean-Methode 127
Multiple Sklerose 26, 98
Multitasking 214f.
Murmeltechnik **255ff.,** 294f.
Musik 33, 112, 121, 255, **262ff.**
Musikintelligenz 62
Musikmeditation 268
Musiktherapie 265f.
Muskatnuss 117
Muskelschmerzen 92

N
Nährstoffe 10
Namen merken **270f.**
Nase einsetzen **272**
Nervenbotenstoffe 11, 23f., **28ff.** ☞ Neurotransmitter
Neurobics 11, **274f.**
Neurodegenerative Erkrankungen 37, 168 ☞ Demenz
Neurophysiologie 10
Neurotransmitter 11, 44, 90f., 113
Niazin 47
Nikotin 86, 168, 283, 297 ☞ Rauchen
NLP (Neurolinguistisches Programmieren) 297
Noradrenalin 30ff., 91, 93, 115, 117, 239, 243, 301f.
Nordic Walking 43, 216
Nüsse 44, 92f., 113, **117,** 171

O
Obst 33, 45, 92, 98f., 105, 128f., 161
Oliven-/Rapsöl 117, 171f.
Omega-3-Fettsäuren 44ff., 98, 100, 108, 115, 117, 119, 142f., 148f., 161, 171f., 211
Opioide 279
Opium **276ff.**
Östrogen 39, 89, 168
Oxytocin 32

P
Panickattacken 95, 110
Parkinson 37, 98, **168**
Passivrauchen 282

Pepper-High-Effekt 118
Pessimismus 20
Phenylalanin 91ff., 161
Philosophie 21
Phosphat 288
Phosphatidylcholin 83
Phosphatidylserin 48
Phosphor 115, 148f.
Plazeboeffekt **67f.**
Pöppel, Prof. Ernst 15
Positronen-Emissionstomographie (PET) 23, 26f., 51, 88, 285
Post-it-Methode 292
Psyche 35, 52
Psychoneuroimmunologie (PNI) 112

Q

Quecksilber 286

R

Rauchen **281f.,** 297, 299
Raumintelligenz 61
Reflexe 258
Regeneration 261
Reis 90, 92
Reizdarmsyndrom 107
Rezepte **328ff.**
Rheuma 92
Rilke, Rainer Maria 104
Roter Traubensaft 117f.

S

Samen 113
Satyamurti, ind. Yogi 15
Säure, alpha-lipoische 45
Schach spielen 215
Schamanen 304ff.
Schilddrüsenhormone 32
Schlaf 283
Schlafintelligenz 283
Schlafstörungen 120, 254, 283
Schlaganfall 36, 41, 51, **168f.**
Schliemann-Methode 292
Schmerz 40, **284f.**
Schokolade 118f.
Schwermetalle 45, **286ff.**
Schwimmen 43, 285
Sechster Sinn **289**
Selen 38, 45, 48, 91, 113, 288
Selfness 19
Serin 93
Serotonin 30ff., 44, 92, 113ff., 129ff., 170, 209, 243, 302
Sexualhormone 32
Sexualität 160
Soja(bohnen) 33, 90ff., **119,** 161
Southampton-Kinderversuch 210f.
SPECT (Single-Photon-Emissions-Computer-tomographie) 88
Sprachen lernen **290ff.**
Sprachintelligenz 61
Stärke 45
Stoffwechsel 15
Stress 15, 28, 32, 43f., 52, 86, 91, 93, 107, 110, 112, 151f., 157, 168, 170, 238f., 254, 268, 293ff.
Studentenfutter 171
Superlearning 84
Süßigkeiten 128ff.
Switch-Technik 296ff.
Synapsen 23f., 29f., 35, 45, 211
Synästhesie **300**

T

Tagträume 71, **301f.**
Tanzen 43, 121, 267f.
Tee 209
Testosteron 130
Thich Nhat Hanh 11, 319, **320ff.**
Thioctsäure 48, 99, 115
Tiefschlaf 85, 258ff., 283, 294
Tinnitus 266
Titze, Dr. Michael 11, **228ff.**
To-do-Liste 247
Trainingspuls, optimaler 124
Trance 11, 278, **303ff.**
Tryptophan 92, 113, 114, 131, 161
Tyrosin 93, 113, 143, 161

U

Übergewicht 86, 89, 125, 168
Übungen 97, 145ff., 200, 213, 216, 248, 267f., 298, 307, 313
Unterbewusstsein 53, 104, 201, 213, 224, 310ff.

V

Valin 92
Verspannungen 110
Visitenkarten 271
Visualisieren 11, 111, 216, 224, 302, **308ff.**
Vitamin A 98
Vitamin B1 (Thiamin) 47, 83
Vitamin B12 (Kobalamin) 47, 83, 105f.
Vitamin B6 (Pyridoxin) 46
Vitamin B6 105
Vitamin C 38, 45, 47, 88, 98f., 108, 113, 288
Vitamin E 38, 45, 47, 98ff., 113, 288
Vitamine 44, 210
Vollkornprodukte 119

W

Walnüsse 171f.
Wasser 45, 113, **119**
Wellness 19
Winterdepression 243f.
Witterborn, Dirk 67
Wohlfühlintelligenz 63

Z

Zahlen merken **315f.**
Zen 11, **317ff.**
Zink 149, 211, 287f.
Zucker 45, 92, 128ff., 211
Zuhören lernen 215
Zwei-Wochen-Mentalprogramm 11, 114, **326ff.**
Zwiebeln 116

Bildnachweis

Boxler, Frank: 11, 146, 147(3); **Cinetext, Frankfurt:** 94; **Corbis, Düsseldorf:** 198; **Getty Images, München:** 1. US. (Robert Koene); **IFA-Bilderteam, Taufkirchen:** 4, 42 (DIAF/SDP), 18, 166 (Alexandre), 21, 68 (Int. Stock), 31, 319 (IDS), 65 (Geiersperger), 66 (Alvaro), 134 (Chmura), 150, 255 (Photex), 175, 276 (KCM), 192 (NovaStock), 214 (IT/tlp), 243 (K. Kober), 251 (Imagez), 278 (AP&f), 322 (J.A. Images); **jump, Hamburg:** 1. US. 107, 123, 124, 144, 145 (3), 200, 202, 203, 205, 206, 256, 294, 298; **Mauritius, Mittenwald:** 9, 12, 16, 40, 54, 102, 111, 133, 190, 191, 199, 300, 303; **Medical Pictures, Köln:** 30; **picture-alliance, Frankfurt:** 7, 61 (3), 62 (3), 63 (2), 122, 125, 127, 187, 188, 250, 284, 305; **Stockfood, München:** 6, 9, 45, 49, 89, 100, 108, 115, 131, 140,161, 171, 172, 143, 149, 209, 211, 329, 330, 331, 332, 333, 334 (2), 337, 339, 340, 342, 343, 344 (2), 346, 349, 351, 353, 354, 356, 357, 358; **Zefa, Düsseldorf:** 4, 5, 6, 33, 80 (Creasource), 5 (Cole), 7, 8, 22, 24, 26, 38, 53, 60, 87, 106, 109, 116, 132, 174, 207, 216, 231, 247, 252, 267, 271, 273, 274, 293, 316326 (Masterfile), 8, 229 (Pinto), 14 (Stockdisc), 17 (S. Morrison), 20, 178 (A. Green), 28, 230 (Grace), 32 (Elliott), 34, 226, 233 (L. Williams), 36 (O. Graf), 39 (A. Christo), 41 (D. Muir), 50 , 64, 260 (Ausloeser), 52 (B. Wilson), 58 (K. Hackenberg), 67 (W. Flamisch), 69, 153 (A. Schein), 70, 112 (L. Moses), 71, 261 (M. Kulka), 77 (M. Lema), 82 (Imageshop), 84 (I. Hatz), 88 (S. Krouglikoff), 99 (H. Scheibe), 100 (Satchan), 101, 152, 236, 262 (G. Schuster), 114, 241, 242 (A.B.), 118 (A. Cavalli), 119 (Chr. Schmidt), 120, 189 (R. McMahon), 121 (E. Rian), 156, 225 (Heuvel), 157, 201 (J. Westrich), 158, 159 (J. Feingersh), 163 (F. Hirdes), 169 (A. Inden), 173 (M. Kulka), 177, 182, 296 (Emely), 178 (S. Shaeffer), 183 (P. Leonard), 185 (M. Thomsen), 194 (More), 195 (J. Hosking), 204, 245 (H. Pyle), 208 (U. Kaiser), 212 (G. Palmer), 222 (A. Peisl), 224 (G. Edwerds), 232, 234, 312 (LWA), 238, 279, 293 (M. Keller), 239, 289 (B. Pepone), 249 (R. Morsch), 259, 281 (B. Sporrer), 264 (G. Fritz), 270 (G. Baden), 282 (N. Wong), 285 (G. Salter), 290, 306 (J. Bourke), 292 (Goldstein), 297 (E. Breed), 301 (L. Gordon), 307 (Llewellyn), 315 (Star)

Danksagung

In erster Line gilt mein herzlicher Dank Marion Grillparzer für Ihre ausdauernde und unermüdliche Hilfe sowie Martina Kittler für die Erstellung der wunderbaren Rezepte. Bedanken möchte ich mich auch bei allen Experten, die mit ihrem Wissen zum Gelingen dieses Buches beigetragen haben. Ebenfalls bedanken möchte ich mich für die tatkräftige Unterstützung bei Holle Bartosch, Nina Basocvic, Carola Engler, Frank Naumann und Dr. Stephan Sepp.

Der Autor

Dr. med. Ulrich Strunz, Jahrgang 1943, praktizierender Internist, Gastroenterologe und Bestsellerautor, entwickelte das Forever-young-Erfolgsprogramm für körperliche und geistige Höchstleistungen. Er begeistert in Seminaren, Vorträgen und TV-Auftritten Jahr für Jahr Zehntausende von Menschen und führt sie in ein neues, gesundes und schlankes Leben. In seiner Altersklasse gehört er zur Weltspitze der Ultra-Triathleten.

Haftungsausschluss

Die Ratschläge in diesem Buch sind vom Autor und vom Verlag sorgfältig erwogen und geprüft. Sie bieten jedoch keinen Ersatz für kompetenten medizinischen Rat. Jede Leserin und jeder Leser ist für sein eigenes Handeln selbst verantwortlich. Alle Angaben in diesem Buch erfolgen daher ohne jegliche Gewährleistung oder Garantie seitens des Autors und des Verlages. Eine Haftung des Autors bzw. des Verlages und seiner Beauftragten für Personen-, Sach- und Vermögensschäden ist ausgeschlossen.

Impressum

Originalausgabe

Der Wilhelm Heyne Verlag ist ein Verlag der Verlagsgruppe Random House GmbH
www.heyne.de

Redaktion: Nicola von Otto
Bildredaktion: Gabriele Feld
Layout: Katharina Schweissguth, München
Coverdesign und Artwork: eisele grafikdesign, München
unter Verwendung eines Fotos von Robert Koene/Getty Images
Satz und Lithos: Buch-Werkstatt GmbH, Bad Aibling
Druck und Verarbeitung: Uhl, Radolfzell

Printed in Germany

Gedruckt auf chlor- und säurefreiem Papier

ISBN-10: 3-453-87267-3
ISBN-13: 978-3-453-87267-7

dr. strunz bei heyne –

eine Auswahl der lieferbaren Titel

ISBN 3-453-87517-6

ISBN 3-453-87268-1

Erscheint im Dezember 2005

ISBN 3-453-87884-1

ISBN 3-453-66000-5

ISBN 3-453-12026-4

ISBN 3-453-66013-7

HEYNE